U0078650

LOGIC 第四版

Fourth Edition 邏輯

林正弘 著

三民書局

增訂二版序

本書於一九七〇年九月初版，迄今已逾兩年。現趁再版之便，作如下增訂：

一、初版中的一部分疏誤是由於手民的誤植及作者的筆誤。我們已發現的疏誤都已在本版中加以訂正。

二、初版第 6、7 兩頁有下列語句：

論證的有效或無效不能根據前提與結論的真假來判斷。

嚴格說，這句話是有語弊的。因為當前提全真而結論假時，我們可以斷定論證無效。我們在本版中把「不能根據」四字改為「不能完全根據」六字。

三、初版內容只限於含有等同符號及運算符號的初階邏輯；而並未涉及確定描述詞。其實，以含有等同符號的初階邏輯為基礎，可以引介確定描述詞及確定描述式；而且若利用確定描述式來引介運算符號，則可以釐清運算符號的邏輯性質。因此，我們在本版中增加 8–3～8–7 五節介紹確定描述詞及確定描述式，而 8–8「運算符號」則由初版中的 8–3 改寫而成。

確定描述詞有很多種不同的處理方法。我們介紹了三種主要的方法，並詳細比較其異同及得失。據作者所知，恐怕還沒有其他邏輯教科書對此題材作如此詳盡的討論。很多邏輯教科書都沒有涉及此項題材；有些書雖介紹某一種處理確定描述詞的方法，但並未與其他方法作比較。我們詳細比較各種方法的目的，是想藉此題材讓讀者明瞭設計邏輯規則所要考慮的因素以及從邏輯觀點來分析問題的思維方式。

　　四、初版的進修書目過於簡略，對於打算繼續進修的讀者，恐無多大幫助。本版有一份較詳細、較實用的進修書目。

1973 年 1 月 21 日　林正弘

序

    抽象思考的能力與嚴密推理的習慣是處理複雜的事物所不可缺少的。有許多方法可以培養這種能力與習慣，而最簡便的方法就是學習邏輯；因為邏輯是直接以推理的規則為其研究的對象。我們如果學會依據這些規則來推理，則不但會顯著的增加推理的速度與正確性，同時也能夠逐漸的培養抽象思考的能力。因為推理的步驟既然有抽象的規則可以依據，則我們在推理的過程之中就不必考慮前提與結論的內容；而這正是抽象思考的初步訓練。

    從亞里斯多德發表工具論以來，邏輯已有兩千三百多年的歷史；而從世界最早的大學講授邏輯課程以來，它成為一般大學的普通課程，也有了八、九百年的歷史。近百年來，由於符號邏輯的興起，整個邏輯的內容與方法都有極大的改變。目前，歐美各國大多把初等符號邏輯列為邏輯課程的主要教材。所謂「初等」有兩層含意。第一，在內容方面，包括語句邏輯以及含有等同符號、運算符號和個體變元的量限邏輯；而不包括集合論、多值邏輯，以及含有述詞變元的量限邏輯等在內。第二，在方法上，採用自然演繹法，設計一套由前提導出結論的推論規則；而不採用公理法，把邏輯定理構成公理系統。

    本書是初等符號邏輯的教科書。第一章介紹最基本的概念，第二章到第四章介紹語句邏輯，第五章到第七章介紹量限邏輯，第八章介紹等同關係，並簡單說明如何處理含有運算符號的句式。這些教材大約可以供一學年四學分的理則學教學之用。如果時間允許，教師們不妨按照自己的興趣與學生的科系，斟酌添加一些本書所沒有的教材；例如：語言的功能、謬誤、意義的形態、定義、科學方法、集合論、公理方法等等。一學期三學分的理則學課程，則可以略去 4-7、7-7、

7–8，以及第八章的全部教材。

　　為了使初學者在沒有教師指導下也能夠自行閱讀，凡是初學者不易瞭解或容易誤解的地方，本書都不厭其煩的反覆舉例說明。作者三年來在臺灣大學、中國文化學院、世界新聞專科學校，以及大同工學院等校擔任理則學課程，並在臺大和文化學院的哲學系講授符號邏輯；雖然不敢說在教學上有什麼心得，然而多少知道初學者的困難所在。這本書可說是這幾年教學經驗的一點小小的成果。作者撰寫本書時，心裡存著一項奢望，希望它不但能幫助讀者學習邏輯，同時對擔任邏輯課程的教師們也能夠有點幫助。當然，作者更渴望能夠得到他們的批評和指正。

　　本書的內容，尤其是例題和習題，大多取材於 Patrick Suppes 的 *Introduction to Logic*、Benson Mates 的 *Elementary Logic*、Donald Kalish and Richard Montague 的 *Logic: Techniques of Formal Reasoning*、Irving M. Copi 的 *Symbolic Logic*，以及 W. V. Quine 的 *Methods of Logic*，雖然編排的順序與說明的方式並不相同。在此，我必須向這幾位作者深致謝意。

　　最後，我要向三民書局的劉振強先生表示感謝。他的好意與幫助促使我提早達成多年來的一椿心願。

1970 年 8 月 2 日　林正弘於永和

邏 輯

目 次

第七章　量限推論

第八章　等同關係、確定描述詞與運算符號

第一章　緒　論

1-1　論證、前提與結論

當我們說出一句話，而別人表示懷疑，則為了使別人相信我們所說的話，必須提出證據或理由。例如：我們告訴朋友說明天會下雨，如果他不相信，我們可以告訴他：這是氣象局的報告。我們的朋友也許因此相信明天會下雨，也許仍然不信。他不相信，可能是因為不相信氣象局曾有明天會下雨的報告，也可能是因為不信任氣象局的報告。

上面這個淺近的例子可以用來說明一些邏輯上的基本概念。任何事實都可用語句來敘述，因此我們要別人相信某一件事實，亦即要他相信敘述該事實的語句是真的 (true)。例如：我們要朋友相信明天會下雨，亦即要他相信「明天會下雨」這句話是真的。如果他不相信這句話為真，我們必須提出證據或理由，而證據或理由也可用語句來敘述。例如：我們要別人相信

　　⑴　明天會下雨。

這句話，而提出下面的語句做為證據或理由：

　　⑵　氣象局報告明天會下雨。

我們既以⑵做為⑴的證據或理由，或者說用⑵來支持⑴，則必有如下的假設：如果⑵為真，則⑴也必定為真；任何人如相信⑵，則對⑴當不再懷疑。為了使別人相信某一句話，而提出一些別人已經相信的語句來做為證據或理由，這叫做「論證」(argument)。敘述證據或理由的語句叫做「前提」(premise 或 premiss)，前提所支持的語句叫做「結

論」(conclusion)。在上例中，(2)是前提，(1)是結論。

　　論證也可用來使自己相信某一語句。當我們手頭上沒有量角器而要判斷一個三角形 ABC 中 ∠A 與 ∠B 是否全等，只要用繩子量出 BC 與 AC 是否相等即可。假如 BC 與 AC 果然相等，則下面的論證就足以使自己確信 ∠A 與 ∠B 全等：

〔例 I〕　(1)　等腰三角形的底角必全等。

　　　　　(2)　△ABC 中，BC 與 AC 相等。

∴(3)　∠A 與 ∠B 全等。

在這個論證中，(1)和(2)是前提，(3)是結論。我們只要確信(1)和(2)，則對(3)當不會加以懷疑。由此可見，我們要確信一個論證的結論為真，必須保證兩點：㈠前提全部為真；㈡如果前提全真，則結論也必定真。在上面的例子，第㈡點是絕無問題的。但前提是否全部為真卻值得懷疑，因為用繩子度量長度並不十分可靠。

　　我們現在再回過頭來考慮開頭所舉的例子。那個論證可寫成：

〔例 II〕　(1)　氣象局報告明天會下雨。

∴(2)　明天會下雨。

這個論證不但前提是否為真值得懷疑；即使前提真，結論也不必定真。因為氣象局的報導並不完全準確；因此即使它確曾報告明天會下雨，但明天是否真會下雨還是不能十分確定。

　　像〔例 I〕這種論證，前提真則結論必定真，我們稱之為「有效的論證」(valid argument)；反之，像〔例 II〕有前提真而結論假的可能，我們稱之為「無效的論證」(invalid argument)。

　　請注意：我們在上段說明中，已不採用「任何人只要相信前提，則對結論不再懷疑」這種說法。一個論證，如果事實上不可能前提真

而結論假，則為有效；不管是否有人相信其前提而懷疑其結論。反之，一個論證，如果事實上可能前提真而結論假，則為無效；儘管有很多人相信其前提已足以保證其結論必定真。這也就是說：一個論證的有效無效是有客觀標準的。邏輯的目的之一正是要尋求判斷論證有效無效的方法。

　　不但論證的有效無效有客觀的標準，語句的真假也有客觀的標準，並不是大多數人（甚至全部的人）認為真的就是真，認為假的就是假。在邏輯上所討論的語句，以敘述事態的語句為限，這種語句叫做「敘述句」(statement)。敘述句所敘述的如與事實相符，則該敘述句為真；否則即為假 (false)。一個敘述句不是真便是假，不可能既不真也不假。因為敘述句既然是敘述事態，則必有是否與事實相符的問題；而相符與不相符，兩者必有其一。有些敘述句，雖然目前我們還不知其真假（假如：「火星上有生物。」），甚至可能永遠無法知道其真假（例如：「老子姓李名耳。」），但是一定非真即假，兩者必有其一。一個敘述句，不但真或假兩者必有其一，而且僅有其一，不可能既是真又是假。關於這一點，往往引起誤解。有些敘述句被誤認為可由真變假，由假變真，因此是可真可假的。例如：

　　　　現任美國總統是尼克森。

這句話，在一九六八年三月十日為假，在一九六九年三月十日為真。其實，並不是同一句話由假變真，根本是兩個敘述不同事態的敘述句：

　　　　一九六八年三月十日美國總統是尼克森。

　　　　一九六九年三月十日美國總統是尼克森。

「現」字在前者是代表一九六八年三月十日，在後者是代表一九六九年三月十日。因為說話的時間不同，所以「現在」一詞所指的時間也不同。像「現在」、「今天」、「昨天」等詞叫做「時間代名詞」；「此地」、「那邊」等叫做「空間代名詞」；「我」、「你」、「他」等叫做「人

稱代名詞」。這些代名詞因說話之時、地、人不同，而其所指亦因而不同。使用代名詞的兩個敘述句，往往雖則表面上相同，但其意義並不相同，而應該看做兩個不同的敘述句，不應該當做一個句子看待。

1-2　論證的有效與無效

上面說過：論證的有效或無效有客觀的標準。但這標準是什麼呢？所謂「前提真，結論也必定真」是什麼意思？請比較下列兩個論證：

(I)　(1)　如果 16 能被 4 整除，則 16 能被 2 整除。

　　(2)　16 能被 4 整除。

　　∴　16 能被 2 整除。

(II)　(1)　如果 16 能被 4 整除，則 16 能被 2 整除。

　　(2)　16 能被 2 整除。

　　∴　16 能被 4 整除。

在(I)中，不管用任何語句來取代「16 能被 4 整除」，也不管用任何語句來取代「16 能被 2 整除」，絕對不可能產生前提真而結論假的論證。換句話說，下列形式的論證是有效的：

(III)　(1)　如果 P，則 Q。

　　(2)　P

　　∴　Q

在(II)中，雖然前提與結論全部為真，但如果把每一出現「16」的地方都改成「18」，則產生一個前提真而結論假的論證：

(IV)　(1)　如果 18 能被 4 整除，則 18 能被 2 整除❶。

---

❶ 有人也許會懷疑這個句子何以是真的。關於這一點，以後會有詳細的說明（參閱 2-4）。在此我們只須知道：任何能被 4 整除的數目必定能被 2 整除，所以如果（請注

⑵　18 能被 2 整除。

∴　18 能被 4 整除。

換言之，下列形式的論證是無效的：

(V)　⑴　如果 P，則 Q。

⑵　Q

∴　P

因為我們如以「16 能被 4 整除」及「16 能被 2 整除」分別取代 P 和 Q，則前提與結論全真；反之，如以「18 能被 4 整除」及「18 能被 2 整除」分別取代 P 和 Q，則前提真而結論假。這也就是說：(V)這種形式的論證中，前提之為真無法保證結論必定為真。

我們再比較兩個論證：

(VI)　⑴　所有的偶數都是整數。

⑵　所有的整數都是有理數。

∴　所有的偶數都是有理數。

(VII)　⑴　所有的偶數都是整數。

⑵　所有的偶數都是有理數。

∴　所有的整數都是有理數。

在(VI)中，不管用任何普通名詞來取代「偶數」、「整數」、「有理數」，絕對不可能產生前提真而結論假的論證。換句話說，下列形式的論證是

意「如果」兩字）18 能被 4 整除，則 18 必也能被 2 整除。儘管事實上 18 不能被 4 整除，但「如果 18 能被 4 整除，則 18 能被 2 整除」這句話還是真的。我們再舉一個類似的例子來說明：

　　如果林肯是中國人，則林肯是亞洲人。

我們知道所有的中國人必定是亞洲人，所以如果林肯是中國人，那麼他必定是亞洲人。林肯雖然不是中國人，但「如果林肯是中國人，則林肯是亞洲人」這個句子仍然是真的。

有效的：

　　　　(Ⅷ)　(1)　所有的 A 都是 B。

　　　　　　　(2)　所有的 B 都是 C。

　　　　　　　∴　所有的 A 都是 C。

在(Ⅶ)中，雖然前提與結論全部為真，但如果把「整數」改成「實數」，則產生前提真而結論假的論證：

　　　　(Ⅸ)　(1)　所有的偶數都是實數。

　　　　　　　(2)　所有的偶數都是有理數。

　　　　　　　∴　所有的實數都是有理數。

換言之，下列形式的論證是無效的：

　　　　(Ⅹ)　(1)　所有的 A 都是 B。

　　　　　　　(2)　所有的 A 都是 C。

　　　　　　　∴　所有的 B 都是 C。

　　　因為我們如以「偶數」、「整數」、「有理數」分別取代 A、B、C，則前提與結論全部為真；反之，如以「偶數」、「實數」、「有理數」分別取代 A、B、C，則前提真而結論假。這也就是說：(Ⅹ)這種形式的論證中，前提之為真無法保證結論必定為真。

　　　從上面的說明，我們不難看出：論證的有效或無效不能完全根據前提與結論的真假來判斷；而是根據其形式 (form) 來判斷的。當我們說某一個論證「前提真，結論也必定真」，意即：與該論證同其形式的任何論證，不可能前提真而結論假。

習　題

寫出五個論證，分別與下面五個論證同其形式：

1.(1)如果韓福瑞當選，則尼克森落選。

　　⑵尼克森並未落選。

　　∴韓福瑞不當選。

2.⑴如果韓福瑞落選，則尼克森當選。

　　⑵如果尼克森當選，則越戰局勢會改觀。

　　∴如果韓福瑞落選，則越戰局勢會改觀。

3.⑴尼克森當選或韓福瑞當選。

　　⑵韓福瑞未當選。

　　∴尼克森當選。

4.⑴所有的整數都是有理數。

　　⑵有些整數是偶數。

　　∴有些偶數是有理數。

5.⑴所有的鯨都是哺乳類。

　　⑵有些哺乳類是雄性的。

　　∴有些鯨是雄性的。

1-3　真假與有效無效

　　我們在 1-2 的最後一段說過：論證的有效或無效不能完全根據前提與結論的真假來判斷。現在我們再加以詳細的討論。我們知道，前提與結論的真假有四種可能的配合：㈠前提真，結論亦真；㈡前提真，結論假；㈢前提假，結論真；㈣前提假，結論亦假。在此須要說明一點：一個論證一定只有一個結論，但可以有一個以上的前提。當前提不止一個時，所謂「前提真」意即所有的前提全部為真；而所謂「前提假」意即前提不全是真的，也就是說：至少有一前提為假。現將上述四種配合分別說明如下：

(一)**前提真，結論亦真**

　　(A)前提真，結論亦真，論證可能有效。例如：1-2 中的(I)與(VI)。

　　(B)前提真，結論亦真，論證可能無效。例如：1-2 中的(II)與(VII)。

可見在前提真，結論亦真的情形，無法據以判斷論證是否有效。

(二)**前提真而結論假，論證必定無效**

　　因為根據 1-1 中「無效論證」的定義，一個論證有前提真而結論假的可能，則為無效。

　　剛才我們曾用舉例的方法證明：前提真，結論亦真，論證可能有效也可能無效。從事這個證明時只要舉出一個前提與結論皆為真的有效論證，然後再舉出一個前提與結論皆為真的無效論證即可。反之，我們無法用舉例的方法證明：前提真而結論假，論證必定無效。因為前提真而結論假的論證有無窮多個，我們無法一一列舉出來，證明它們都是無效的。其實，我們也無須用舉例的方法來證明這種論證皆為無效，因為這是根據「無效論證」的定義而來的。

(三)**前提假，結論真**

　　(A)前提假而結論真，論證可能有效。例如：

　　(I)　(1)　如果 10 能被 4 整除，則 10 能被 2 整除。

　　　　(2)　10 能被 4 整除。

　　　　∴　10 能被 2 整除。

　　(II)　(1)　所有的整數都是實數。

　　　　(2)　所有的實數都是有理數。

　　　　∴　所有的整數都是有理數。

在這兩個論證中，前提(2)為假而結論為真。然而它們都是有效的，因為論證(I)的形式與 1-2 中的(I)相同，而論證(II)與 1-2 中的(VI)相同。

　　(B)前提假而結論真，論證可能無效。例如：

　　(III)　(1)　如果 10 能被 2 整除，則 10 能被 4 整除。

(2) 10 能被 4 整除。

∴ 10 能被 2 整除。

(IV) (1) 所有的實數都是整數。

(2) 所有的實數都是有理數。

∴ 所有的整數都是有理數。

在這兩個論證中，前提(1)、(2)皆為假而結論為真。然而它們都是無效的，因為論證(III)的形式與 1–2 中的(II)和(IV)相同，而論證(IV)與 1–2 中的(VII)和(IX)相同。

可見在前提假而結論真的情形，無法據以判斷論證是否有效。

㈣前提假，結論亦假

(A)前提假，結論亦假，論證可能有效。例如：

(V) (1) 如果 15 能被 4 整除，則 15 能被 2 整除。

(2) 15 能被 4 整除。

∴ 15 能被 2 整除。

(VI) (1) 所有的整數都是有理數。

(2) 所有的有理數都是負數。

∴ 所有的整數都是負數。

在這兩個論證中，前提(2)為假，結論亦假。然而它們都是有效的。

(B)前提假，結論亦假，論證可能無效。例如：

(VII) (1) 如果 15 能被 4 整除，則 15 能被 2 整除。

(2) 15 能被 2 整除。

∴ 15 能被 4 整除。

(VIII) (1) 所有的有理數都是實數。

(2) 所有的有理數都是整數。

∴ 所有的實數都是整數。

在這兩個論證中，前提(2)為假，結論亦假。然而它們都是無效的。

　　可見在前提假，結論亦假的情形，無法據以判斷論證是否有效。

　　綜合上面所述的四種情形，我們知道：除了前提真而結論假，我們能夠據以判斷其論證必定無效之外；其餘三種情形，我們無法根據前提與結論的真假來判斷論證是否有效。現將這四種情形列成下面的圖表：

	前　提	結　論	論　證
一	真	真	？
二	真	假	無　效
三	假	真	？
四	假	假	？

表中的三個問號表示無法判斷有效或無效；也就是說：可能有效，也可能無效。

　　我們現在來討論另一個問題：根據前提的真假與論證的有效或無效，能否判斷結論的真假？前提的真假與論證的有效無效有四種可能的配合：㈠前提真，論證有效；㈡前提真，論證無效；㈢前提假，論證有效；㈣前提假，論證無效。現在分別說明如下：

　　㈠前提真而論證有效，則結論必定真

　　因為根據 1–1 中「有效論證」的定義，一個有效論證中，前提真則結論必定真。

　　㈡前提真，論證無效

　　⒜前提真而論證無效，結論可能為真。例如：1–2 中的(II)與(VII)。

　　⒝前提真而論證無效，結論可能為假。例如：1–2 中的(IV)與(IX)。

　　可見在前提真而論證無效的情形，無法據以判斷結論的真假。

㈢前提假，論證有效

　㈎前提假而論證有效，結論可能為真。例如：本節（即 1–3）
　　中的(Ⅰ)與(Ⅱ)。

　㈏前提假而論證有效，結論可能為假。例如：本節中的(Ⅴ)與(Ⅵ)。
可見在前提假而論證有效的情形，無法據以判斷結論的真假。

㈣前提假，論證無效

　㈎前提假而論證無效，結論可能為真。例如：本節中的(Ⅲ)與(Ⅳ)。

　㈏前提假而論證無效，結論可能為假。例如：本節中的(Ⅶ)與(Ⅷ)。
可見在前提假而論證無效的情形，無法據以判斷結論的真假。

　　綜合上述四種情形，我們知道：除了前提真而論證有效，我們能
夠據以判斷其結論必定為真之外；其餘三種情形，我們無法根據前提
的真假與論證的有效或無效來判斷結論的真假。現將這四種情形列成
下面的圖表：

	前　提	論　證	結　論
一	真	有　效	真
二	真	無　效	？
三	假	有　效	？
四	假	無　效	？

表中三個問號表示無法判斷真假；也就是說：可能真，也可能假。

　　從上表中，我們可以看出：只當(i)前提真及(ii)論證有效這兩個條
件同時具備，才能保證結論必定為真。只有前提真或論證有效，無法
保證結論必定真。再者，前提假或論證無效，結論不必定為假。當我
們指出某一論證無效或其所根據的前提為假，只能顯示其結論不可靠，

亦即不必定為真，並不足以顯示結論必定為假。最後，我們從表中又可看出：在論證有效的情形下，我們還可以根據前提之為真來判斷結論必定真；而在論證無效的情形，則不管前提是真是假，我們完全無法據以判斷結論的真假。我們可以這樣說：正因為這種論證無法使我們根據前提的真假來推斷結論的真假，所以我們才稱之為「無效的論證」。

習　題

1. 我們在這一節曾討論：(i)根據前提與結論的真假，能否判斷論證是否有效；(ii)根據前提的真假與論證的有效或無效，能否判斷結論的真假。現在請讀者討論：根據結論的真假與論證的有效或無效，能否判斷前提的真假。並將其相互關係列出一張圖表。

2. 下面十二個題目中，每一題都有一個空格。有的要在前提欄或結論欄填上「真」或「假」，有的要在論證欄填上「有效」或「無效」。請根據每題中已標明的兩個項目，來填寫空白的一項。如果空白的項目無法根據已標明的項目來判斷，則填上問號。

	前　提	結　論	論　證
(a)	真	真	＿＿＿
(b)	真	＿＿＿	有　效
(c)	＿＿＿	真	有　效

(d)	真	＿＿	無　效
(e)	＿＿	真	無　效
(f)	假	假	＿＿＿
(g)	假	＿＿	有　效
(h)	＿＿	假	有　效
(i)	假	＿＿	無　效
(j)	＿＿	假	無　效
(k)	真	假	＿＿＿
(l)	假	真	＿＿＿

第二章 語句連詞

2–1 論證形式與語句連詞

我們在 1–2 的最後一段曾經說過：論證的有效或無效是根據其形式來判斷的；所謂「論證有效」意即：與該論證同其形式的任何論證，不可能前提真而結論假。然則怎麼叫做「形式相同的論證」？換言之，兩個論證之間要有何種關係，才被認為具有相同的形式？嚴格地說，在沒有回答這個問題之前，不能認為對論證的有效或無效已做了明確的說明。然而，我們相信：1–2 和 1–3 兩節中的實例已足以使讀者相當正確地判斷兩個論證是否形式相同，因而對論證有效或無效的概念也有相當清楚的瞭解。現在就讓我們利用那些實例來分析所謂「論證形式相同」的意義。1–2 和 1–3 兩節中的十四個實例可區分為四種不同的論證形式：

㈠ 1–2 的(Ⅰ)

   (1)　如果 16 能被 4 整除，則 16 能被 2 整除。

   (2)　16 能被 4 整除。

   ∴　16 能被 2 整除。

  1–3 的(Ⅰ)

   (1)　如果 10 能被 4 整除，則 10 能被 2 整除。

   (2)　10 能被 4 整除。

   ∴　10 能被 2 整除。

  1–3 的(Ⅴ)

(1)　如果 15 能被 4 整除，則 15 能被 2 整除。

(2)　15 能被 4 整除。

∴　15 能被 2 整除。

這種形式的論證有兩個前提和一個結論❶，前提(1)是一個條件句，前提(2)是前提(1)的前件，而結論是前提(1)的後件。這裡有三個專門術語須要加以說明：由兩個語句用「如果……，則……」連成的複句叫做「條件句」(conditional)，介於「如果」與「則」之間的語句叫做條件句的「前件」(antecedent)，緊接著在「則」字後面的語句叫做條件句的「後件」(consequent)。假如以 P 和 Q 表任意語句，則這種形式的論證如下：

(1)　如果 P，則 Q。

(2)　P

∴　Q

其中出現 P 的兩個地方以相同的單句來取代，出現 Q 的兩個地方也以相同的單句來取代；如此取代而產生的論證即被認為與上面三個論證具有相同的形式。例如：

(I)　(1)　如果尼克森當選，則越南戰局會改觀。

(2)　尼克森當選。

∴　越南戰局會改觀。

(II)　(1)　如果徐孟仁患瘧疾，則他必須服用金雞納鹼。

(2)　徐孟仁患瘧疾。

∴　徐孟仁必須服用金雞納鹼。

---

❶一個論證一定只有一個結論，但前提的個數卻無限制，可以有一個前提，也可以有二個、三個、四個……前提；在特殊場合甚至可以有零個前提，亦即有結論而無前提（請參閱 4–7）。

這兩個論證的形式即與上面三個論證相同。因為(Ⅰ)是以「尼克森當選」代 P，「越南戰局會改觀」代 Q 而產生的；(Ⅱ)是以「徐孟仁患瘧疾」代 P，「徐孟仁必須服用金雞納鹼」代 Q 而產生的。用來取代 P 和 Q 的語句並不一定要「……能被……整除」這一類語句。換言之，我們是把單句當做最基本的單元來處理，我們並不進一步去考慮單句本身的內部結構。只要前提(2)是前提(1)的前件，結論是前提(1)的後件即可；至於該前件和後件是怎麼樣的單句，則無任何限制。從這些說明，我們不難看出：不管用什麼語句來取代 P 和 Q，「如果……則……」這些字眼必須保存而不能加以變動。這種把單句連成複句的字眼叫做「語句連詞」(sentential connective)。在論證中，以單句取代單句當然不致使語句連詞發生變動。因此，形式相同的論證必使用相同的語句連詞。

　　㈡ 1–2 的(Ⅱ)

　　　(1)　如果 16 能被 4 整除，則 16 能被 2 整除。

　　　(2)　16 能被 2 整除。

　　　∴　16 能被 4 整除。

　　1–2 的(Ⅳ)

　　　(1)　如果 18 能被 4 整除，則 18 能被 2 整除。

　　　(2)　18 能被 2 整除。

　　　∴　18 能被 4 整除。

　　1–3 的(Ⅲ)

　　　(1)　如果 10 能被 2 整除，則 10 能被 4 整除。

　　　(2)　10 能被 4 整除。

　　　∴　10 能被 2 整除。

　　1–3 的(Ⅶ)

　　　(1)　如果 15 能被 4 整除，則 15 能被 2 整除。

　　　(2)　15 能被 2 整除。

∴　15 能被 4 整除。

這種形式的論證有兩個前提和一個結論，前提(1)是一個條件句，前提(2)是前提(1)的後件，而結論是前提(1)的前件。

　　㈢ 1–2 的(VI)

　　　　⑴　所有的偶數都是整數。

　　　　⑵　所有的整數都是有理數。

　　　　∴　所有的偶數都是有理數。

　　　1–3 的(II)

　　　　⑴　所有的整數都是實數。

　　　　⑵　所有的實數都是有理數。

　　　　∴　所有的整數都是有理數。

　　　1–3 的(VI)

　　　　⑴　所有的整數都是有理數。

　　　　⑵　所有的有理數都是負數。

　　　　∴　所有的整數都是負數。

這種形式的論證有兩個前提和一個結論，前提和結論全都是全稱肯定句，前提(1)的述詞恰好是前提(2)的主詞，而結論的主詞是前提(1)的主詞，結論的述詞是前提(2)的述詞。這裡有三個專門術語須要加以說明：像 「所有的……都是……」 這種形式的語句叫做 「全稱肯定句」 (universal affirmative statement)，介於「所有的」與「都是」之間的普通名詞叫做「主詞」(subject term)，緊接著在「都是」之後的普通名詞或形容詞叫做「述詞」(predicate term)。假如以 A、B、C 表任意普通名詞，則這種形式的論證如下：

　　　　⑴　所有的 A 都是 B。

　　　　⑵　所有的 B 都是 C。

　　　　∴　所有的 A 都是 C。

㈣ 1–2 的(VII)

    (1) 所有的偶數都是整數。

    (2) 所有的偶數都是有理數。

    ∴ 所有的整數都是有理數。

  1–2 的(IX)

    (1) 所有的偶數都是實數。

    (2) 所有的偶數都是有理數。

    ∴ 所有的實數都是有理數。

  1–3 的(IV)

    (1) 所有的實數都是整數。

    (2) 所有的實數都是有理數。

    ∴ 所有的整數都是有理數。

  1–3 的(VIII)

    (1) 所有的有理數都是實數。

    (2) 所有的有理數都是整數。

    ∴ 所有的實數都是整數。

這種形式的論證有兩個前提和一個結論，前提和結論全都是全稱肯定句，前提(1)的主詞是前提(2)的主詞，而結論的主詞是前提(1)的述詞，結論的述詞是前提(2)的述詞。

當我們考慮㈢、㈣兩種論證形式時，如果也像考慮㈠、㈡那樣把單句當做最基本的單元，而不進一步去考慮單句的內部結構，則無法區分㈢、㈣兩種不相同的論證形式，因此也就不能顯示出㈢為有效而㈣為無效。因為㈢、㈣兩種形式的論證中，前提與結論皆為單句；如果允許以任意單句取代其中的單句，則取代後所產生的論證其前提與結論未必都是全稱肯定句，前提(1)的主詞未必是結論的主詞或前提(2)的主詞，前提(1)的述詞未必是前提(2)的主詞或結論的主詞，前提(2)的

述詞未必是結論的述詞。在討論㈢、㈣兩種論證形式時，形式相同的論證中普通名詞雖可能不同，但是「所有的……都是……」這些字眼卻必須相同。

　　從上面的說明，可見所謂「論證形式相同」有兩種不同的意義。一種是像考慮㈠、㈡兩種論證形式那樣，把單句當做最基本的單元，只考慮「如果……，則……」等語句連詞以及單句與單句之間的相關位置。另一種是進一步分析單句的內部結構，除了考慮語句連詞以及單句與單句之間的相關位置之外，還要考慮「所有的……都是……」這類字眼以及名詞與名詞之間的相關位置。我們不難看出：兩個論證在第二種意義下形式相同，則也必在第一種意義下形式相同；因為在第一種意義下所考慮的因素，在第二種意義下也必加以考慮。反之，在第一種意義下形式相同，在第二種意義下未必形式相同；因為有些因素在第一種意義下不加考慮，而在第二種意義下卻要加以考慮。

　　所謂「論證形式相同」既然有兩種不同的意義，則所謂「論證有效」當然也有兩種不同的意義。因為所謂「論證有效」意即：與該論證同其形式的任何論證，不可能前提真而結論假。此處所謂「形式相同」如果是第一種意義，則該論證在第一種意義下有效；如果是第二種意義，則在第二種意義下論證有效。一個論證如果在第一種意義下有效，則必在第二種意義下有效；反之，在第二種意義下有效，卻未必在第一種意義下有效。現將其理由詳予敘述：設有一個論證 A，與 A 在第一種意義下形式相同的論證叫做「B 種論證」，而與 A 在第二種意義下形式相同的論證叫做「C 種論證」。根據上一段的敘述，任何論證如果屬於 C 種，則必屬於 B 種；換言之，B 種論證是包括 C 種論證在內的。所以，如果 B 種論證中沒有前提真而結論假的，則 C 種論證中也沒有前提真而結論假的。所謂「B 種論證中沒有前提真而結論假的」意即：論證 A 在第一種意義下有效；而所謂「C 種論證中沒有

前提真而結論假的」意即：論證 A 在第二種意義下有效。因此，如果論證 A 在第一種意義下有效，則必在第二種意義下有效。又因為屬於 B 種的論證未必屬於 C 種，因此又可證明：即使論證 A 在第二種意義下有效，也未必在第一種意義下有效。

在第一種意義下有效的論證，只要其中的語句連詞以及單句與單句之間的相關位置保持不變，則不管以任何單句取代原來的單句，都不致產生前提真而結論假的論證。可見這種論證之所以不可能前提真而結論假，其關鍵完全在於語句連詞，而與單句的內容或單句的內部結構無關。換言之，一個論證之所以在第一種意義下有效，乃是由於語句連詞的意義或用法使其有效。同樣的道理，一個論證之所以在第二種意義下有效，乃是由於語句連詞以及「所有的……都是……」這一類字眼的意義或用法使其有效。所以，如果要判斷論證的有效或無效，必須明瞭語句連詞的意義與用法。這正是本章所要說明的。

2–2　否定句

我們認為某一個語句為真而要加以肯定，有兩種不同的表示方法：(i)說出該語句為真；(ii)不使用「真」、「假」這些字眼，只說出該語句本身即表示其為真。例如：我們知道「牛頓與萊布尼茲是同時代的人」這句話為真。我們要肯定這個語句，有兩種說法：

(1)　「牛頓與萊布尼茲是同時代的人」為真。

(2)　牛頓與萊布尼茲是同時代的人。

同樣的，我們認為某一個語句為假而要加以否定，也有兩種不同的表示方法：(i)說出該語句為假；(ii)不使用「真」、「假」這些字眼，而說出另外一個語句，這個語句恰好能夠表示我們所要否定的語句為假。這種恰能表示某語句為假，而又不使用「真」、「假」這些字眼的

語句，叫做該語句的「否定句」(negation)。例如：我們知道「中庸為子思所作」這句話為假。我們要否定這個語句，有兩種說法：

⑶　「中庸為子思所作」為假。

⑷　中庸不是子思所作。

⑷即為「中庸為子思所作」的否定句。我們在本節開頭就說過：說出某一語句即表示該語句為真。所以，當我們說出一個否定句時，即表示該否定句為真。而該否定句又表示其所否定的原語句為假。因此，一個語句與其否定句之間有如下的關係：一個語句為真，則其否定句為假；一個語句為假，則其否定句為真。

在自然語言中，只要在一個語句的適當地方加上「不」、「非」等字眼，就形成該語句的否定句。所謂「適當地方」並無明確的文法規則可資遵循。有些含有「不」字的語句，從表面上的文法結構看來，很像某一個語句的否定句，而其實不然。例如：「王元琛每天不遲到」很像是「王元琛每天遲到」的否定句，而其實不然。因為如果「王元琛每天遲到」為真，則「王元琛每天不遲到」固然必定為假；但是如果「王元琛每天遲到」為假，則「王元琛每天不遲到」仍可能為假，而不必定為真。可見這兩個語句之間並沒有具備一個語句與其否定句之間的關係。「王元琛每天遲到」的否定句是「王元琛不每天遲到」，而「王元琛每天不遲到」是「王元琛曾經遲到」的否定句。在邏輯上，如果要寫出某一語句的否定句，一律在該語句前面加上一個否定號「−」。例如：「中庸為子思所作」的否定句「中庸不是子思所作」可寫成

⑸　−（中庸為子思所作）。

設 P 表任意語句，則 −P 即為 P 的否定句。P 與 −P 之間的真假關係可表列如下：

P	–P
T	F
F	T

表中「T」表示真，「F」表示假；第一列❷列舉了 P 這個語句真假兩種可能；第一行（最上面列出「P」和「–P」的一行不算在內，以後仿此）表示：當 P 為真時，–P 為假；第二行表示：當 P 為假時，–P 為真。 這種列舉語句與語句之間真假關係的表叫做 「真值表」 (truth table)。任何語句一定要與 P 有上表所列的關係，才能認為是 P 的否定句，而寫成 –P。例如：「王元琛每天不遲到」並不是「王元琛每天遲到」的否定句，因此不能寫成

　　⑹　–（王元琛每天遲到）。

而要寫成

　　⑺　–（王元琛曾經遲到）。

「王元琛不每天遲到」才能寫成⑹。

　　任何語句，不管簡單或複雜，一定有一個否定句。不管 P 是什麼語句， 其否定句 –P 也必為一個語句； 因此 –P 也必有一個否定句 – –P。– –P 叫做 P 的「雙重否定句」(double negation)。現在讓我們來看看 – –P 何時為真，何時為假。當 P 為真，則 –P 為假，而 –P 的否定句 – –P 為真；當 P 為假，則 –P 為真，而 –P 的否定句 – –P 為假。P 只有真假兩種可能，而在這兩種情形下，P 與 – –P 的真假皆相同。換言之，任一語句與其雙重否定句在任何情況下真假相同。因此，我們可以在任何語句之前加上雙重否定號「– –」，或刪去任何雙重否定

---

❷為了敘述的簡便起見，讓我們約定：縱的叫「列」，橫的叫「行」。

號，而不致影響該語句的真假。

習　題

寫出下列各語句的否定句：

1. 氣象局報告明天會下雨。
2. 等腰三角形的底角必全等。
3. 所有的偶數都是整數。
4. 韓福瑞未當選。
5. 尼克森當選或韓福瑞當選。
6. 前提真而結論假，論證必定無效。
7. 前提真而結論真，論證可能有效。

2–3　連　言

　　當我們認為某兩個語句為真而要加以肯定，可以個別地加以肯定，亦即分別說出這兩個語句；也可以一起加以肯定，即說出一個語句，恰好足以同時肯定這兩個語句。例如：我們知道

　　(1)　林肯總統於一八六五年四月十四日被布斯刺殺。

　　(2)　甘迺迪總統於一九六三年十一月二十二日被奧斯瓦德刺殺。

這兩個語句為真而要加以肯定，可以把它們分別說出；也可以說出另一個語句，恰好足以表示(1)與(2)皆為真。這個要表示(1)和(2)皆為真的語句必須與(1)和(2)有如下的真假關係：當(1)和(2)皆為真時，該語句為真；當(1)和(2)不全真，亦即(1)和(2)中有一為假，或兩者皆假時，該語句為假。 與(1)和(2)具有如此真假關係的語句叫做(1)和(2)的 「連言」

(conjunction)，而(1)和(2)叫做該連言的「連言因子」(conjunct)。我們不難看出，下面的語句恰好與(1)和(2)具有上述的真假關係，而為(1)和(2)的連言：

　　⑶　　林肯總統於一八六五年四月十四日被布斯刺殺，而甘迺迪總統於一九六三年十一月二十二日被奧斯瓦德刺殺。

　　如上例所示，在自然語言中，只要用「而」、「且」或「而且」、「並且」等字眼將兩個語句連成一個複句，則這個複句就是該兩個語句的連言。但自然語言並不如此呆板，而有許多修辭上的變化。主詞相同的兩個語句，主詞不須在連言中重覆出現。例如：

　　⑷　　詹森曾任美國參議員。

和

　　⑸　　詹森是美國第三十六任總統。

的連言，在自然語言中往往不寫成

　　⑹　　詹森曾任美國參議員，而且詹森是美國第三十六任總統。

這樣累贅的語句，通常只寫成

　　⑺　　詹森曾任美國參議員而且是美國第三十六任總統。

我們不難看出：當⑷和⑸皆為真時，⑺為真；而當⑷和⑸不全真時，⑺為假。因此，⑺也跟⑹一樣是⑷和⑸的連言。再者，述詞相同的兩個語句，在連言中，述詞也不須重覆出現。例如：

　　⑻　　詹森曾任美國參議員。

和

　　⑼　　甘迺迪曾任美國參議員。

的連言可寫成

　　⑽　　詹森和甘迺迪曾任美國參議員。

而不必寫成

　　⑾　　詹森曾任美國參議員，而且甘迺迪曾任美國參議員。

在邏輯上，如要寫出兩個語句的連言，一律用連言號「∧」將兩個語句連成一個語句。例如：⑴和⑵的連言⑶可寫成

　　⑿　（林肯總統於一八六五年四月十四日被布斯刺殺）∧

　　　　（甘迺迪總統於一九六三年十一月二十二日被奧斯瓦德刺殺）。

⑷和⑸的連言⑹或⑺可寫成

　　⒀　（詹森曾任美國參議員）∧（詹森是美國第三十六任總統）。

⑻和⑼的連言⑽或⑾可寫成

　　⒁　（詹森曾任美國參議員）∧（甘迺迪曾任美國參議員）。

設 P、Q 表任意語句，則 P∧Q 為 P 和 Q 的連言，而 P 和 Q 即為 P∧Q 的連言因子。P∧Q 與 P 和 Q 之間的真假關係可表列如下：

P	Q	P∧Q
T	T	T
T	F	F
F	T	F
F	F	F

因為 P 有真假兩種可能，Q 也有真假兩種可能，因此 P 和 Q 的真假有四種可能的配合，因而 P∧Q 的真值表必須有四行。上面的真值表表示：P∧Q 只有在 P 和 Q 皆為真的情形下為真，而在其他三種情形下皆為假。任何語句，只要與 P 和 Q 具有如此真假關係，即可視為 P 和 Q 的連言，而寫成 P∧Q。例如：

　　⒂　王元琛很笨拙但很勤勉。

這個語句，只有在

(16)　王元琛很笨拙。

(17)　王元琛很勤勉。

這兩個語句皆為真的情形下為真；而只要(16)和(17)之中有一個語句為假，或兩個語句皆為假，則(15)為假。因此，(15)可視為(16)和(17)的連言，而寫成

(18)　（王元琛很笨拙）∧（王元琛很勤勉）。

在自然語言中，「而且」和「但是」這兩個連詞的意義和用法是不相同的，它們之間微妙的差異很難加以精確的區別。在邏輯上，「P 而且 Q」與「P 但是 Q」一律寫成 P∧Q，而不加以區別。這倒不是因為不易區別就避重就輕，而是因為邏輯上所考慮的只是「P 但是 Q」與 P 和 Q 之間的真假關係；除此之外，「P 但是 Q」這個語句所隱含的其他微妙的含意，皆不在邏輯考慮範圍之內。在邏輯上，「P 但是 Q」的意義不過是：P 與 Q 皆為真；而「P 而且 Q」在邏輯上的意義也恰是如此。

在自然語言中，兩個語句必須有某種關聯，我們才使用「並且」、「但是」等連詞把它們連成連言。例如：本節中(1)和(2)兩個語句都是敘述美國總統的被刺事件；(4)和(5)都是敘述詹森的經歷；(8)和(9)是敘述兩位美國總統都曾任某一職位；(16)和(17)都是敘述王元琛這個人的某些特質。然而，兩個語句須有何種關聯才能連成連言，在自然語言的文法中也沒有明確的規則可循。幸好在邏輯上我們不必顧慮這個問題。P∧Q 的意義只是：P 與 Q 皆為真；P∧Q 並不意味著 P 與 Q 之間須有何種關聯。因此，只要我們想要同時肯定兩個語句，即可把它們連成連言，而不必考慮它們之間有無任何關聯。例如：我們知道

(19)　雪是白的。

(20)　$2 + 2 = 4$。

這兩個語句皆為真,而要同時加以肯定,即可將它們連成連言:

　　(21)　(雪是白的)∧(2＋2＝4)。

在自然語言中,不大可能會出現像

　　(22)　雪是白的,而且2＋2＝4。

或

　　(23)　雪是白的,但是2＋2＝4。

這類語句,因為我們不大容易想像(19)和(20)會有什麼關聯。可見邏輯上的連言號「∧」的意義並不與自然語言中的「並且」、「但是」等字眼完全相同。P∧Q 表示 P 和 Q 皆為真,而「P 並且 Q」、「P 但是 Q」則除了表示 P 和 Q 皆為真之外,還隱含著 P 和 Q 之間具有某種關聯等等其他含意。我們把「P 並且 Q」、「P 但是 Q」寫成邏輯式 P∧Q,就是把真假關係以外的含意完全過濾掉。只有在邏輯的意義上,亦即只考慮真假關係時,我們才可以把「P 並且 Q」、「P 但是 Q」以及 P∧Q 等視為意義相同的語句。邏輯為了達成精確的目的,往往把自然語言中微妙而模糊的含意過濾掉。所謂「邏輯上的意義」即指這種過濾後的意義而言。在邏輯上意義相同的語句或語詞,在自然語言的意義上不一定相同。

　　任意兩個語句皆可連成連言,P∧Q 是一個語句,因此可以和 R 連成連言 (P∧Q)∧R。(P∧Q)∧R 只有在 P∧Q 和 R 皆為真的情況下為真,而 P∧Q 又只在 P 和 Q 皆為真的情況下為真。因此,(P∧Q)∧R 只在 P、Q、R 三個語句全真的情況下為真;P、Q、R 之中有一為假,(P∧Q)∧R 即為假。換言之,(P∧Q)∧R 同時肯定了 P、Q、R 三個語句。如果我們也用同樣的方法分析 P∧(Q∧R),當可看出 P∧(Q∧R) 也是肯定了 P、Q、R 三個語句。我們如果只考慮真假關係而不考慮其他含意,則 (P∧Q)∧R 與 P∧(Q∧R) 並無不同。也就是說,它們在邏輯上意義相同。借用數學上的用語來敘述,我們可以說:結合律 (associative law) 對連言號可以適用；而適用在連言號的結合律就叫做「連言結合律」(associative law for conjunction)。根據這個定律，P、Q、R 三個語句所構成的連言，不管是 P 和 Q 先結合，然後再與 R 結合；或者是 Q 和 R 先結合，然後 P 再與 Q∧R 結合；其結果在邏輯意義上並無不同。因此我們只須寫成 P∧Q∧R 即可，不必使用括弧來指出那兩個語句先行結合。像 P∧Q∧R 這樣的語句叫做「連續連言」(continued conjunction)，而 P、Q、R 即為該連續連言的連言因子。即使像 (P∧Q)∧R 或 P∧(Q∧R) 這種未脫掉多餘括弧的連言，我們也稱之為「連續連言」，而 P、Q、R 即為連言因子。

　　連言號的這種可任意結合的性質 (associative property) 很像加法和乘法，而與減法和除法不同。我們知道：在連續的加法或乘法運算中，那兩個數先行運算，其結果並無不同。也就是說，下面兩個定律是可以成立的：

　　　　加法結合律 $(x+y)+z = x+(y+z)$
　　　　乘法結合律 $(x\cdot y)\cdot z = x\cdot(y\cdot z)$

反之，結合律不能適用於減法和除法。除了可任意結合的性質之外，連言號還有另一性質是加法和乘法所具有而為減法和除法所沒有的。那就是可交換的性質 (commutative property)。所謂「連言交換律」(commutative law for conjunction) 意即：P∧Q 與 Q∧P 這兩個連言在邏輯上意義相同。我們不難看出它們都是肯定了 P、Q 兩個語句；也就是說，它們都是在 P、Q 皆為真的情形下為真，而在 P、Q 有一為假或皆為假的情形下為假。

　　最後，連言還有一個性質值得一述，即：P∧P 與 P 這兩個語句在邏輯上意義相同。很明顯的，當 P 為真時，P∧P 亦真；而當 P 假時，P∧P 假。因此，在任何場合，我們可隨意將 P∧P 改成 P，或將 P 改成 P∧P，而不致影響其邏輯上的意義。這個性質叫做「連言的重同性」

(idempotency of conjunction)，而敘述這個性質的規則叫做「連言重同律」(idempotent law for conjunction)。加、減、乘、除四種運算符號都沒有這個性質。

綜合上面所述的三種性質——即可任意結合、可交換及重同——我們不難看出：在一個連續連言中，變動其連言因子的結合順序、排列先後、以及出現次數，皆不足以改變該連續連言的邏輯意義。換言之，我們只要知道一個連續連言有那些連言因子即可，對於該連續連言的內部結構——諸如：那些連言因子先行結合？連言因子的排列順序如何？出現次數多少？——則無須追究。再換另一個說法：兩個連言，只要它們的連言因子相同，則在邏輯上意義相同。例如：

⑵4　$(P \wedge -Q) \wedge (P \wedge R)$

⑵5　$(R \wedge -Q) \wedge (P \wedge -Q)$

這兩個連言在邏輯上意義相同，因為它們的連言因子都是 P、-Q、R 三個語句。⑵4和⑵5都與 $P \wedge -Q \wedge R$ 在邏輯意義上相同。

習　題

1.辨別下列各語句是否為連言；如為連言，則指出其連言因子。

(a)萊布尼茲與牛頓是同時代的人。

(b)萊布尼茲與牛頓都是十七世紀的人。

(c)美國第三十五任總統是甘迺迪而副總統是詹森。

(d)甘迺迪任美國總統時，詹森是副總統。

(e)高中畢業和補習班結業者皆可報考。

(f)高中畢業而且又在補習班結業者必可錄取。

(g)高中畢業者可報考大專院校或軍官學校。

(h)要免試出國留學必須取得外國大學獎學金或由國內公立機關

派遣出國。

(i)詹森和尼克森都曾任美國總統及副總統。

(j)未滿十八歲人或滿八十歲人犯罪者，不得處死刑或無期徒刑。

2. 分別說明下列各語句在何種情形下為真，在何種情形下為假。

(a) $P \wedge -Q \wedge R$

(b) $-(P \wedge Q)$

(c) $P \wedge -(Q \wedge R)$

(d) $-(P \wedge -Q)$

(e) $-(P \wedge Q \wedge R)$

3. 設 P 表「抽煙會導致肺癌」，Q 表「抽煙可提神解悶」，R 表「喝酒可促進血液循環」。試將上題各語句寫成中文。

2-4　選　言

我們往往知道某兩個語句中至少有一個為真，然而不知道到底那一個為真。例如：當一九六八年美國總統選舉未開票之前，我們知道尼克森與韓福瑞兩人中至少有一人會落選；也就是說，可能兩人皆落選，也可能一人當選一人落選，但不可能兩人皆當選。因此，我們知道

(1)　尼克森落選。

(2)　韓福瑞落選。

這兩個語句中至少有一個為真，但不知道到底那個為真。如果有一個語句，在(1)、(2)皆真，(1)真(2)假，以及(1)假(2)真這三種情形下為真，而在(1)、(2)皆假的情形下為假，則這個語句恰好表示(1)、(2)兩個語句中至少有一個為真，而又沒有肯定到底那個為真。這樣的語句叫做(1)和(2)的「選言」(disjunction)，而(1)和(2)叫做該選言的「選言因子」(disjunct)。我們不難看出，下面的語句恰好與(1)和(2)具有上述的真假

關係，而為(1)和(2)的選言：

　　⑶　尼克森落選，或者韓福瑞落選。

當然，在自然語言中，我們不寫如此累贅的語句，而往往以較簡短的語句來表達：

　　⑷　尼克森或韓福瑞落選。

這一點在 2–3 已有說明，此處不再重覆。

　　在自然語言中，我們用「或者」、「或」等字眼將選言因子連成選言；在邏輯上，則一律用選言號「∨」。例如：(1)和(2)的選言(3)或(4)可寫成：

　　⑸　(尼克森落選)∨(韓福瑞落選)。

設 P、Q 表任意語句，則 P∨Q 為 P 和 Q 的選言，而 P 和 Q 即為 P∨Q 的選言因子。P∨Q 與 P 和 Q 之間的真假關係可表列如下：

P	Q	P∨Q
T	T	T
T	F	T
F	T	T
F	F	F

這個真值表表示：P∨Q 只有在 P 和 Q 皆為假的情形下為假，而在其他三種情形下皆為真。任何語句，只要與 P 和 Q 具有如此真假關係，即可視為 P 和 Q 的選言，而寫成 P∨Q。例如：

　　⑹　你必須參加補考，否則要重修。

這個語句，只告訴你：不參加補考就要重修；並沒有向你保證：參加補考就不必重修；要不要重修，還得看補考的成績才能決定。可見這個語句只有當你沒有參加補考而卻不必重修時，我們才能說它是假的。

也就是說，在

　　⑺　　你參加補考。

　　⑻　　你要重修。

這兩個語句皆為假的情形下，⑹為假；而⑺和⑻之中只要有一個語句為真，或兩個語句皆為真，則⑹為真。因此，⑹可視為⑺和⑻的選言，而寫成：

　　⑼　　（你參加補考）∨（你要重修）。

英文字「or」有「或者」和「否則」兩種意義，其實「或者」和「否則」這兩個連詞的邏輯意義是相同的，它們都可寫成選言號「∨」。

　　在自然語言中，只有當我們還不知道兩個語句中那一個為真，而只知道至少有一個為真時，才會用「或者」把它們連成選言。例如：當我們還不知道一九六八年美國總統選舉結果時，將⑴、⑵連成選言⑶或⑷，表示⑴、⑵中至少有一句為真。如果我們已經知道⑴為假⑵為真，則可直截了當地寫出：

　　⑽　　－（尼克森落選）∧（韓福瑞落選）。

而不會寫出語氣不太肯定的選言。可見自然語言中的「P 或者 Q」除了表示 P、Q 至少有一為真之外，還有別的含意，即：P 與 Q 之間須有某種關聯；寫出「P 或者 Q」這個語句的人，在寫這句話的時候還不知道 P、Q 中那一句為真。反之，邏輯式 P∨Q 則只表示 P、Q 中至少有一句為真，除此真假關係以外，沒有其他含意。我們把「P 或者 Q」寫成邏輯式 P∨Q，就是過濾掉真假關係以外的含意。「P 或者 Q」、「P 否則 Q」及 P∨Q 在邏輯上意義相同。

　　在自然語言中，有時「P 或者 Q」不僅表示 P、Q 至少有一為真，還進一步表示 P、Q 之中至多也只有一句為真；換言之，P、Q 兩個語句中恰有一真一假。例如：小學老師警告學生：「明天不交作業的要罰跑或勞動服務」。第二天，如果老師令不交作業的學生跑過操場之後還

要他們勞動服務，學生們大概就會抗議老師不守諾言了。因為照一般的瞭解，所謂「罰跑或勞動服務」意思是兩者之中選擇一種，不能兩種處罰都執行。這也就是說，只有在老師罰不交作業的學生跑步而不罰勞動服務以及不罰跑而罰勞動服務這兩種情形下，才能使「明天不交作業的要罰跑或勞動服務」這句話為真（也就是使這位老師沒有違背自己說的話）；而在老師既不罰這些學生跑步又不罰勞動服務以及既罰跑又罰勞動服務這兩種情形下，該語句即為假（也就是這位老師違背了自己說的話）。可見在這個語句中，「或」字的意義與上一段所說明的不同。在這種意義下，「P 或者 Q」只有在 P 真 Q 假以及 P 假 Q 真這兩種情形下為真，而在 P、Q 皆真以及 P、Q 皆假時為假。「或」字的這種意義叫做「互斥的意義」(exclusive sense)，因為在這種意義下，「P 或者 Q」表示 P、Q 不全真；P 真則 Q 假，Q 真則 P 假。反之，上一段所說明的 「或」 字的意義叫做 「兼容的意義」 (inclusive sense) 或「非互斥的意義」(non-exclusive sense)，因為在這種意義下，「P 或者 Q」 並不表示 P、Q 不全真，P 和 Q 並不互相排斥。我們既然用選言號「∨」表示兼容意義的「或」字，則只有當「或」字是兼容意義時，我們才能把「P 或者 Q」叫做「選言」而寫成 P∨Q；如果「或」字是互斥的意義，則「P 或者 Q」不能寫成 P∨Q。但是，如何判斷某一語句中的「或」字到底是兼容的意義還是互斥的意義？如果是互斥的意義，既不能寫成 P∨Q，則如何寫成邏輯式？是否須要設計一個新的符號來表示互斥意義的「或」字？現在讓我們來考慮這幾個問題的答案。

　　我們知道，語言的功能是多方面的，敘述事實只是其中的一種功能。當我們只顧慮這種功能的時候，才會把語句的真假看做唯一重要的問題。也只有在這個時候，我們才可以把邏輯意義以外的含意完全過濾掉。通常一篇敘述事實的文字並不僅僅敘述事實。例如：司馬遷

的項羽本紀，除了純粹敘述史實之外，似乎還表露出對項羽狂飆精神的嚮往，還不時運用巧妙的筆法暗諷劉邦的刻毒與庸懦。我們如果僅僅根據這篇文字所敘述的史實而加以改寫，或翻譯成白話，恐怕要喪失許多原文中所隱含的微義，儘管所敘述的史實並無不同。如果我們所要研究的只是史實，而沒有興趣去顧慮司馬遷所做的褒貶，那麼為了精確與清晰起見，可以把敘述事實以外的其他含意過濾掉。然而，自然語言為了要達成多方面的功能，必有許多微妙而含糊的字眼與文句，我們必須很細心地揣摩它的語氣，參照它的上下文，才能把握它的邏輯意義，而正確地把它寫成邏輯式。當我們要把模糊的自然語言寫成精確的邏輯式的時候，並沒有固定的規則可以遵循。因此，我們很難定下一個實用的規則或標準，據以判斷自然語言中某一個語句中的「或」字到底是兼容的意義還是互斥的意義。我們在這裡只能舉幾個實例來說明，但願這些實例對讀者多少有點幫助。

　　我們在日常生活所接觸的文字中，大概以契約和法律上的用字最為謹嚴而精確。我們現在就以刑法上的法條為例，加以說明。我國刑法第三〇九條規定：

　　⑾　　公然侮辱人者，處拘役或三百元以下罰金。

這個條文中的「或」字是兼容的意義呢？還是互斥的意義？換句話說，法官可否對違犯這條法律的犯人同時處以拘役和罰金？如果可以，則條文中的「或」字是兼容的意義；如果不可以，則為互斥的意義。關於這一點，刑法總則雖然沒有明白的規定，但是任何法官都不致誤解立法原意，而對一個犯罪行為處以兩種主刑。也就是說，任何法官都不致把這個條文中的「或」字解釋為兼容的意義。那麼，我們是根據什麼，把它解釋為互斥的意義呢？我們只要再翻閱另一個條文，就可明白。我國刑法第三三五條規定：

　　⑿　　意圖為自己或第三人不法之所有，而侵佔自己持有他人

之物者，處五年以下有期徒刑，拘役或科或併科一千元
以下罰金。

根據這個條文的規定，對違犯此條的犯罪行為，法官可就五年以下有
期徒刑、拘役、一千元以下罰金這三種刑罰中擇一處罰；如果法官所
選擇的是前兩種之中的一種，那麼還可同時再處以一千元以下罰金。
假如⑿後段中的「或」字是兼容的意義，則三種刑罰之中任意選擇一
種、兩種或全部，皆無不可，條文中「或併科」三字即為多餘的贅詞。
在⑿中既有此三字允許併科，則⑾中沒有這三個字即表示處以拘役時
不得再併科罰金，因而推知其中的「或」字是互斥的意義。然而，刑
法條文中的「或」字並不全是互斥的意義。刑法第二五七條規定：

⒀　販賣或運輸鴉片者，處七年以下有期徒刑，得併科五千
元以下罰金。

根據此條文的規定，販賣鴉片者是犯法，運輸鴉片者也是犯法。問題
是：同時販賣鴉片而又運輸鴉片，算不算是違犯本條的犯罪行為？如
果條文中的「或」字是兼容的意義，則本條所規定的犯罪行為包括同
時販賣而又運輸的行為在內。反之，如果是互斥的意義，則不包括在
內。我們憑常理就可判斷：絕對不可能讓同時從事兩種犯罪行為的人
反倒可以避免刑法的制裁。而刑法又沒有另外專立一個條文，規定同
時從事這兩種犯罪行為的人應如何處罰。因此，我們可以判斷：對這
種犯人的處罰已規定於⒀之內，而其中的「或」字是兼容的意義。同
樣的理由，⑿中的第一個「或」字也是兼容的意義。

　　數學上的用字遣詞較之法律更為嚴謹，現在就讓我們看看數學書
上的「或」字是兼容的意義還是互斥的意義。我們先來考慮下面的
例子：

⒁　$A \cup B = \{x \mid x \in A \text{ 或 } x \in B\}$

不管「或」字的意義如何，屬於 A 而不屬於 B 的元素，以及屬於 B 而

不屬於 A 的元素，必都屬於 A 與 B 的聯集。問題是：既屬於 A 又屬於 B 的元素是否屬於 A 與 B 的聯集？如果(14)中的「或」字是兼容的意義，則既屬於 A 又屬於 B 的元素也屬於 A 與 B 的聯集；反之，如果「或」字是互斥的意義，則否。我們知道，集合論上有所謂「聯集重同律」(idempotent law for union)，它告訴我們：任何集合與其本身的聯集，還是該集合本身。亦即：

(15)　$A \cup B = A$

根據(14)可得

(16)　$A \cup B = \{x \mid x \in A \text{ 或 } x \in A\}$

假如(14)和(16)中的「或」字是互斥的意義，則任何滿足「$x \in A$ 或 $x \in A$」之條件者必既屬於 A 又不屬於 A。因為沒有任何東西可能既屬於又不屬於同一個集合，因此 $\{x \mid x \in A \text{ 或 } x \in A\}$ 必為空集合 (empty set)，亦即 $A \cup B = \phi$。換言之，任何集合與其本身的聯集必為空集合，而不一定是該集合本身。因此(15)即不成立。集合論上既有所謂「聯集重同律」告訴我們(15)可以成立，則(14)和(16)中的「或」字當然不是互斥的意義。我們不難看出：如果「或」字是兼容的意義，則「$x \in A$ 或 $x \in A$」可寫成「$x \in A \lor x \in A$」。而根據選言冪等律 （參閱本節倒數第三段），「$x \in A \lor x \in A$」與「$x \in A$」在邏輯上意義相同。因此，(16)可改寫成

(17)　$A \cup B = \{x \mid x \in A\}$

而 $\{x \mid x \in A\}$ 恰是 A 本身。所以，(15)可以成立。

(14)中的「或」字既是兼容的意義，則

(18)　$\{x \mid 5 < x < 10 \text{ 或 } 8 < x < 20\}$

中的「或」字照理也是兼容的意義。如果(18)中的「或」字是互斥的意義，則因「$5 < 9 < 10$ 或 $8 < 9 < 20$」為假，故 9 不滿足該集合的條件「$5 < x < 10$ 或 $8 < x < 20$」，亦即：

(19)　$9 \notin \{x \mid 5 < x < 10 \text{ 或 } 8 < x < 20\}$。

反之，如果⒅中的「或」字是兼容的意義，則「$5<9<10$ 或 $8<9<20$」為真，而

⒇ $9 \in \{x \mid 5<x<10$ 或 $8<x<20\}$。

在集合論上，$\{x \mid 5<x<10$ 或 $8<x<20\}$ 的意義確實是包括 9 在內的；也就是說，⒆為假而⒇為真。可見⒅中的「或」字確實跟⒁一樣是兼容的意義❸。

儘管我們可以根據上下文來判斷「或」字的意義，但是一般數學書上大都避免含糊不清地使用「或」字。有些書上，特別註明「或」字是兼容的意義❹；有的在「P 或 Q」之後附加幾個字眼，以表明是否允許 P、Q 皆真。如果我們的意思是允許兩者皆真，則「P 或 Q」可寫成：

(21) P 或 Q 或兩者皆然。(P or Q or both.)

反之，如果我們的意思是不允許 P、Q 皆真，則寫成：

(22) P 或 Q 但非兩者皆然。(P or Q but not both.)

將「P 或 Q」寫成(21)之後，則不管(21)中的「或」字是兼容的意義還是

---

❸以上兩段中的實例皆取自集合論 (set theory)，沒有學過集合論的讀者恐怕不易讀懂。好在這兩段不懂無礙於本節其他各段的瞭解。集合論是數學領域中的一部門，因為它跟某些邏輯上的概念密切相關，因此有些初級邏輯課本也做了簡單而基本的介紹。本書因篇幅所限，不擬涉及。坊間有不少集合論的入門讀物，若讀者有興趣，可自行研讀。下列三本不須預備任何基本知識，即可讀懂：

1. Seymour Lipschutz, *Theory and Problems of Set Theory and Related Topics*（新月圖書公司）
2. Flora Dinkines, *Elementary Theory of Sets*（中央圖書公司）
3. Joseph Breuer, *Introduction to the Theory of Sets*（淡江書局）

❹例如：Flora Dinkines, *Elementary Theory of Sets*, p. 14 中 Remarks on 'or'; Abraham A. Fraenkel, *Abstract Set Theory*, Second Completely Revised Edition, p. 18 中的註 2。

互斥的意義，都允許 P、Q 兩者皆真。同樣的，當 P、Q 皆真時，(22)
即為假，不管其中的「或」字是兼容的意義還是互斥的意義。可見，
(21)允許 P、Q 皆真，乃是因為附加了「或兩者皆然」這幾個字眼的緣
故，而不是因為把(21)中的「或」字解釋為兼容的意義。如果已確知(21)
中的「或」字是兼容的意義，則那些附加的字眼反而成為多餘的。同
樣的，我們說(22)不允許 P、Q 皆真，也是因為附加了「但非兩者皆然」
這幾個字眼，而不是因為把(22)中的「或」字解釋為互斥的意義。如果
已確知(22)中的「或」字是互斥的意義，則那些附加的字眼也成為多餘
的。我們把「P 或 Q」寫成(21)，只表明原來「P 或 Q」中的「或」字
是兼容的；把「P 或 Q」寫成(22)，也只表明原來「P 或 Q」中的「或」
字是互斥的。至於(21)和(22)中的「或」字，則仍然可以隨意解釋而不致
影響(21)和(22)的意義。有人認為：(21)中的「或」字必定是互斥的意義；
因為如果解釋為兼容的意義，則「或兩者皆然」這幾個附加的字眼就
成為多餘的了❺。這種說法並不妥當。我們之所以要把「P 或 Q」寫
成(21)，乃是因為我們的意思是要允許 P、Q 皆真，但是不曉得別人對
「或」字會做何種解釋。如果解釋為兼容的意義，則即使不附加任何
字眼也足以表示允許 P、Q 皆真，而那些附加的字眼固然是多餘的；
但是如果解釋為互斥的意義，則我們所附加的字眼正表示允許 P、Q
皆真。可見，我們附加那些字眼的目的正是為了使「或」字可以任意
解釋，而不致影響我們所要表達的意思。怎麼可以因為我們附加了那
些字眼，就斷定(21)中的「或」字是互斥的意義呢？同樣的理由，(22)中
的「或」字也不一定是兼容的。

　　比較細心的讀者也許會懷疑：我們既不認為(21)中的「或」字一定

---

❺美國邏輯學家 Willard Van Orman Quine 就持此說法，見他的 *Mathematical Logic*, p.
12。

是互斥的意義，也不認為⑵中的「或」字一定是兼容的意義；然則，何以因為⑿中有「或併科」三字即認為⑿中的「或」字是互斥的意義呢？對這個疑問，我們可以答覆如下：刑法條文中，有些地方有「科或併科」等字眼，有些地方沒有。因此，我們認為這些字眼不是多餘的贅詞，附加這些字眼與不附加這些字眼，在意義上一定有所不同；因而認定沒有附加這些字眼時，即表示不允許併科；如此，則「或」字必是互斥的意義。反之，在數學上，只要出現「或」字，必然是可隨意解釋而不致影響全句的意義；再不然，就是特別註明「或」字是兼容的意義。因此，我們不必去揣測「或」字的意義。

在數學書上，往往使用「或」字而不附加任何字眼，也不註明它是兼容的意義還是互斥的意義。碰到這種情況，似乎須要我們根據上下文去揣測「或」字的意義，其實不然。因為只有當「或」字的意義不管做何解釋，都不足以影響全句的意義時，數學書上才會如此處理。例如：方程式 $x^2 - 3x + 2 = 0$ 的解，我們寫成：

(23)　　$x = 1$ 或 $x = 2$

既沒有附加任何字眼，也沒有註明其中的「或」字是那一種意義。其實，像⑵這種語句，因為 $x = 1$ 和 $x = 2$ 不可能同時為真，因此不論「或」字的意義為何，⑵的意義是不變的。我們知道：兩種意義的「或」字，只有在 P、Q 都為真時，才會使「P 或 Q」的真假發生差異。如果 P、Q 根本不可能同時為真，則兩種意義的「或」字即無差異，無須再考慮它到底是那一種意義。在⑾中，「或」字的意義關係著拘役、罰金可否併罰；⒁中「或」字的意義關係著：同屬於 A 和 B 的元素是否屬於 A∪B；⒅中「或」字的意義關係著：9 是否屬於 $\{x \mid 5 < x < 10$ 或 $8 < x < 20\}$。既然如此，則⑾、⒁、⒅中的「或」字到底是那一種意義，就必須加以辨明。至於⑵，因 $x = 1$ 和 $x = 2$ 既不可能同時為真，則「或」字的意義到底是否允許它們皆為真，就無關緊

要了。可見，如果 P、Q 不可能皆為真，則即使不附加任何字眼，「P 或 Q」中的「或」字也可隨意解釋而不致影響「P 或 Q」的意義。既然如此，則⑵中的「或」字也跟⑵、⑵一樣，我們無法判斷它到底是那一種意義。我們不能只因 P、Q 不可能皆真，就判斷「P 或 Q」中的「或」字一定是互斥的；其實，在此種情形下，我們反而無法判斷它的意義，也無須判斷它的意義❻。

綜合上面三段所述，數學書上的「或」字，不是註明為兼容的意義，就是可隨意解釋；沒有特別註明為互斥意義的。因此，最簡便的處理方法就是把數學書上的「或」字一律解釋為兼容的意義。我們在此也順便做個約定：本書中使用「或」字也一律解釋為兼容的意義。

在以上的六段文字中，我們利用實例，約略地說明了如何判斷「或」字的意義。關於這個問題，我們就到此為止。希望讀者能舉一反三，自己思考。現在讓我們來考慮第二個問題：如果「P 或 Q」中的「或」字是互斥的意義，既不能寫成 P∨Q，則如何寫成邏輯式？我們知道：不管⑵中的「或」字做何解釋，⑵恰好表示允許 P、Q 中一真一假，而不允許兩者皆真或兩者皆假。既然如此，我們只要把⑵中的「或」字當做兼容的意義，而把⑵寫成邏輯式，則這個邏輯式的意義恰好是「或」字為互斥意義時「P 或 Q」所要表達的意義。然則⑵如何寫成邏輯式呢？首先，將⑵中的前半「P 或 Q」寫成：

⑵   P∨Q

其次，我們知道

⑵   P∧Q

表示 P、Q 皆真，因此⑵的否定句

---

❻ Flora Dinkines 在 *Elementary Theory of Sets*, p. 15 中認為：「x 是 A 的元素或 x 不是 A 的元素」中的「或」字是互斥的意義。這種說法並不妥當。

(26)　–(P∧Q)

即表示不允許 P、Q 皆真，也就是(22)的後半「非兩者皆然」所要表達的意思。我們又知道「但」字可寫成「∧」，因此(22)即為(24)與(26)的連言

(27)　(P∨Q)∧–(P∧Q)

我們在前面已經指出：許多看起來好像互斥意義的「或」字，其實是可以隨意解釋的。在自然語言中，真正須要把「或」字解釋為互斥意義的情形並不多。即使須解釋為互斥的意義，也可把「P 或 Q」寫成(27)；也就是說，使用「–」、「∨」、「∧」三個符號就足以表達互斥意義的「或」字。因此，沒有必要為它另外設計一個符號。

有關「或」字的兩種意義，我們就討論到此為止，現在讓我們再回到選言號「∨」。在 2–3 的最後四段，我們說明了連言號「∧」的三種性質。讀者大概已經看出：選言號也具備這三種性質；結合律、交換律和冪等律對選言號也可以適用。其理由請讀者從 2–3 的說明中參照得之，此處不再贅述。

選言號與連言號之間具有一些重要而有趣的關係，須要在此詳述。首先，讓我們來考慮一個連言的否定句：

(28)　–(P∧Q)

在什麼情形下為真，在什麼情形下為假。根據否定號的意義，P∧Q 為真時，(28)為假；P∧Q 為假時，(28)為真。再根據連言號的意義，只在 P、Q 皆真時，P∧Q 為真；而在其他情形下，P∧Q 為假。因此，(28)只有在 P、Q 皆真時為假，而在 P、Q 有一為假或兩者皆假時為真。這種真假關係恰與

(29)　–P∨–Q

相同。因為根據選言號的意義，(29)只有在 –P 和 –Q 皆假時為假，而在其他情形下為真；亦即在 P、Q 皆真時為假，而在 P、Q 有一為假或兩者皆假時為真。(28)與(29)的真假關係既然相同，則它們在邏輯上意義

相同。當連言有三個以上的連言因子時，其否定句也可依此類推，即

$$(30) \quad -(P \wedge Q \wedge R \wedge \cdots)$$

與

$$(31) \quad -P \vee -Q \vee -R \vee \cdots$$

的邏輯意義相同。因為(30)、(31)都在 P、Q、R、 … 皆真時為假，而在其他情形下為真。選言號與連言號的這種關係可敘述如下：

　　一個連言的否定句與其連言因子的否定句所連成的選言，在邏輯意義上相同。

選言號與連言號的另一關係是：

　　一個選言的否定句與其選言因子的否定句所連成的連言，在邏輯意義上相同。

也就是說，下面兩個語句的邏輯意義相同：

$$(32) \quad -(P \vee Q \vee R \vee \cdots)$$

$$(33) \quad -P \wedge -Q \wedge -R \wedge \cdots$$

其理由何在，請讀者自己思考。選言號與連言號之間的這兩個關係，早就有十三世紀的 Petrus Hispanus 和十四世紀的 William of Ockham 等人敘述過了。 但是， 一直到十九世紀， 英國邏輯學家狄摩根 (Augustus DeMorgan, 1806～1871) 才重新發現它們的重要性，而再加以明白地敘述。 我們現在都把它們叫做 「狄摩根律」 (DeMorgan's laws)。 下面的實例將幫助我們瞭解， 在自然語言中如何使用狄摩根律。請考慮下面的語句：

　　(34) 甲、乙、丙三人不會全部當選。

設以 P 表「甲當選」，Q 表「乙當選」，R 表「丙當選」，則三人全部當選可寫成：

$$(35) \quad P \wedge Q \wedge R$$

而三人不會全部當選就否定了(35)，可寫成：

(36)　$-(P \land Q \land R)$

根據狄摩根律，(36)與下列語句在邏輯上意義相同：

(37)　$-P \lor -Q \lor -R$

(37)表示 P、Q、R 中至少有一句為假，即

(38)　甲、乙、丙三人中至少有一個不當選。

因此，(34)與(38)的邏輯意義是相同的。用類似的方法，我們也可看出下面兩個語句的邏輯意義是相同的：

(39)　甲不須補考或重修。

(40)　甲不須補考也不須重修。

其實，即使不使用狄摩根律，我們也能夠很輕易地看出這兩個語句具有相同的邏輯意義；(34)與(38)也是如此。很多邏輯規則只不過是把我們都已知道的一些淺顯的道理精確地敘述出來而已。我們先從淺顯的實例中來瞭解邏輯關係，把它們寫成精確的邏輯規則；然後，這些規則就可以應用到比較複雜的實例。只有當我們把邏輯規則應用到不淺顯的實例時，才能顯示出邏輯規則的實用價值。

最後，連言號對選言號，以及選言號對連言號，有一種類似乘號對加號的關係。代數上有所謂「乘法對加法的分配律」(distributive law for multiplication with respect to addition)，允許我們把代數式「乘開」(multiply out)：

(41)　$x \cdot (y + z) = x \cdot y + x \cdot z$

邏輯上也有所謂 「連言號對選言號的分配律」 (distributive law for conjunction with respect to disjunction)，告訴我們

(42)　$P \land (Q \lor R)$

與

(43)　$(P \land Q) \lor (P \land R)$

的邏輯意義相同。根據這個規則，下面兩個語句的邏輯意義相同：

(44) 甲會當選，而且乙、丙兩人中至少有一人當選。

(45) 甲、乙當選或甲、丙當選，也可能三人皆當選。

在代數上沒有所謂「加法對乘法的分配律」，而邏輯上卻有選言號對連言號的分配律 (distributive law for disjunction with respect to conjunction) 告訴我們

(46) P∨(Q∧R)

與

(47) (P∨Q)∧(P∨R)

的邏輯意義相同。這兩個分配律之所以會成立的理由，也就是(42)與(43)以及(46)與(47)何以具有相同的邏輯意義，我們不擬詳述，而留給讀者自己去說明。

習 題

1. 辨別下列各語句是否為選言；如為選言，則指出其選言因子。

(a)你必須選修政治學或社會學。

(b)整數必定是奇數或偶數。

(c)大一學生必須選修邏輯或哲學概論。

(d)除非你會游泳，千萬不要到碧潭划船。

2. 分別說明下列各語句在何種情形下為真，在何種情形下為假。

(a) −P∨Q∨−R

(b) −(P∨Q)∧(P∨R)

(c) −〔P∧−(Q∧R)〕

(d) −〔P∨−(Q∨R)〕

(e) (P∨Q)∧−(P∧Q)

3. 在本節中，我們曾以集合論上有所謂「聯集重同律」為理由，

判斷(14)中的「或」字是兼容的意義。在集合論上，下列兩式亦可成立：

$A \cap B \subseteq A \cup B$

$A \subseteq A \cup B$

根據這兩式也可判斷(14)中的「或」字是兼容的意義。請詳述其理由。

4. 設以符號「$\underline{\vee}$」表互斥意義的「或」字，試以「$\underline{\vee}$」、「$-$」、「$\wedge$」三個符號寫出與 P$\underline{\vee}$Q 在邏輯上意義相同的語句，並說明其所以相同的理由。

5. 敘述所謂「選言結合律」、「選言交換律」以及「選言重同律」，並說明其可成立的理由。

6. 本節曾指出(32)與(33)、(42)與(43)、(46)與(47)在邏輯上意義相同，但未說明理由。現在請讀者詳述之。

7. 根據連言結合律與選言結合律，(P$\wedge$Q)$\wedge$R 與 P$\wedge$(Q$\wedge$R) 的邏輯意義相同，(P$\vee$Q)$\vee$R 與 P$\vee$(Q$\vee$R) 的邏輯意義相同。但是，當語句連詞一為「$\wedge$」一為「$\vee$」時，括弧即不可隨意移動；也就是說，(P$\wedge$Q)$\vee$R 與 P$\wedge$(Q$\vee$R) 的邏輯意義並不相同。請敘述這兩個語句的邏輯意義有何不同，並舉例加以說明。

8. 設 P 表「甲參加會議」，Q 表「乙在家」，R 表「丙請病假」。試將第 2 題中的各語句寫成中文。

9. 請從報章雜誌或任何書籍找出十個含有「或」字的語句，判斷並說明其中的「或」字各應解釋為何種意義。

2–5　條件句

我們往往不知道 P、Q 兩個語句的真假，但知道不會 P 真而 Q 假。

例如：我們不知道徐孟仁是否患了瘧疾，因此也就不知道他是否須要服用金雞納鹼。但是我們知道不會患了瘧疾而卻不須服用金雞納鹼。也就是說，我們不知道

　　⑴　徐孟仁患了瘧疾。

　　⑵　徐孟仁須服用金雞納鹼。

這兩個語句的真假，但是知道不會⑴真而⑵假。如果有一個語句，在⑴真⑵假的情形下為假，而在其他三種情形下為真，則這個語句恰好表示不會有⑴真⑵假的情形，而又沒有個別地對⑴和⑵的真假做進一步的肯定或否定。這樣的語句叫做「條件句」(conditional)，而⑴叫做該條件句的 「前件」 (antecedent)，⑵叫做該條件句的 「後件」 (consequent)。我們不難看出，下面的語句恰好與⑴和⑵具有上述的真假關係，而為以⑴為前件，以⑵為後件的條件句：

　　⑶　如果徐孟仁患了瘧疾，則他須服用金雞納鹼。

因為在徐孟仁患了瘧疾而須要服用金雞納鹼，以及徐孟仁沒有患瘧疾而不須服用金雞納鹼這兩種情形下，⑶固然是真的；即使在徐孟仁沒有患瘧疾而須服用金雞納鹼的情形下（例如：發高燒，須用金雞納鹼解熱），也不能認為⑶是假的，因為⑶並沒有說只有患瘧疾才須服用金雞納鹼。只有在徐孟仁患了瘧疾，而有別種藥物可以治療，不須服用金雞納鹼的情形下，才能認為⑶是假的。

　　在自然語言中，我們用「如果……，則……」將兩個語句連成條件句，前件放在「如果」與「則」之間，後件放在「則」字之後。在邏輯上，則用條件號「→」將前件與後件連成條件句，前件在前，後件在後。例如：以⑴為前件，以⑵為後件的條件句⑶可寫成：

　　⑷　（徐孟仁患了瘧疾）→（徐孟仁須服用金雞納鹼）。

設 P、Q 表任意語句，則 P→Q 為以 P 為前件，以 Q 為後件的條件句。P→Q 與 P 和 Q 之間的真假關係可表列如下：

P	Q	P→Q
T	T	T
T	F	F
F	T	T
F	F	T

這個真值表表示：P→Q 只有在 P 真 Q 假的情形下為假，而在其他三種情形下為真。任何語句，只要與 P 和 Q 具有如此的真假關係，即可視為以 P 為前件，以 Q 為後件的條件句，而寫成 P→Q。例如：

(5)　只要徐孟仁患了瘧疾，他就須服用金雞納鹼。

這個語句也只有在(1)真(2)假的情形下為假，而在其他三種情形下為真，因此也可寫成(4)。再如：

(6)　只有當徐孟仁患了瘧疾時，他才須服用金雞納鹼。

這個語句並沒有說要治徐孟仁的瘧疾非用金雞納鹼不可，而是說金雞納鹼只能治瘧疾，不能治其他疾病。所以，即使有別種藥物可治徐孟仁的瘧疾，也不能認為(6)是假的；只有在徐孟仁不患瘧疾而仍須服用金雞納鹼的情形，才能認為(6)是假的。換言之，(6)只有在(1)假(2)真時為假。因此，(6)可視為以(2)為前件，以(1)為後件的條件句，而寫成：

(7)　(徐孟仁須服用金雞納鹼)→(徐孟仁患了瘧疾)。

可見，「只要 P，則 Q」可寫成 P→Q，而「只有 P，才 Q」可寫成 Q→P。此外，在數學書上有所謂「充分條件」(sufficient condition) 和「必要條件」(necessary condition)，也可寫成條件句。例如：林海峰已在本因坊衛冕戰中勝了三局，挑戰者加藤正夫勝了兩局；林海峰只要在第六局中獲勝就足以衛冕。因此，我們可以說

(8)　林海峰在第六局中獲勝是衛冕成功的充分條件。

這個語句只有在<u>林海峰</u>勝了第六局而衛冕不成功的情形下為假。也就是說，當

　　　⑼　<u>林海峰</u>在第六局中獲勝。

為真，而

　　　⑽　<u>林海峰</u>衛冕成功。

為假時，⑻為假；而在其他情形下，⑻即為真。因此，⑻可視為以⑼為前件，以⑽為後件的條件句，而寫成：

　　　⑾　（<u>林海峰</u>在第六局中獲勝）→（<u>林海峰</u>衛冕成功）。

因為⑼為真即足以使⑽為真，因此我們說⑼是⑽的充分條件。但是，要使⑽為真，⑼不一定要真；<u>林海峰</u>即使輸了第六局，只要勝了第七局，仍可衛冕成功；因此⑼不是⑽的必要條件。反之，挑戰者<u>加藤正夫</u>即使勝了第六局，不一定能贏得本因坊，他必須連勝六、七兩局才行；因此，

　　　⑿　<u>加藤正夫</u>在第六局中獲勝。

並不是

　　　⒀　<u>加藤正夫</u>在此次比賽中贏得本因坊。

的充分條件。但是，<u>加藤正夫</u>如要在這次比賽中贏得本因坊，必須在第六局中獲勝；因此，⑿是⒀的必要條件。可見，

　　　⒁　<u>加藤正夫</u>在第六局中獲勝是在此次比賽中贏得本因坊的
　　　　　必要條件。

這個語句只有在<u>加藤正夫</u>輸掉了第六局而卻在這次比賽中贏得本因坊的情形下為假。亦即只有在⑿為假而⒀為真的情形下，⒁為假；而在其他情形下，⒁為真。因此，⒁可視為以⒀為前件，以⑿為後件的條件句，而寫成：

　　　⒂　（<u>加藤正夫</u>在此次比賽中贏得本因坊）→（<u>加藤正夫</u>在第
　　　　　六局中獲勝）。

可見，「P 是 Q 的充分條件」可寫成 P → Q，而「P 是 Q 的必要條件」
可寫成 Q → P。綜上所述，下列各語句皆可寫成 P → Q，因而它們的
邏輯意義是相同的：

　　⒃　如果 P，則 Q。

　　⒄　只要 P，則 Q。

　　⒅　只有 Q 時，才 P。

　　⒆　P 是 Q 的充分條件。

　　⒇　Q 是 P 的必要條件。

　　在自然語言中，兩個語句必有某種關聯，我們才會把它們連成條
件句。例如：當我們要表示沒有其他藥物可治療瘧疾時，我們才以

　　(21)　徐孟仁患瘧疾。

為前件，以

　　(22)　徐孟仁須服用金雞納鹼。

為後件，連成條件句(4)。因此，(4)除了表示不會(21)為真而(22)為假之外，
多少還表示患瘧疾與服用金雞納鹼之間的某種關聯。反之，一個條件
句的邏輯意義則只表示不會前件真而後件假。除此真假關係以外的其
他含意，在邏輯上是不予考慮的。因此，只要徐孟仁不患瘧疾，則條
件句(4)即為真，不管是否有其他藥物可治瘧疾。(4)既然不表示患瘧疾
與服用金雞納鹼之間的關聯，那麼，我們如何表示：除了金雞納鹼之
外，沒有其他藥物可治瘧疾呢？我們可以使用下面的語句來表示：

　　(23)　任何人只要患了瘧疾，則須服用金雞納鹼❼。

也許我們之所以知道(4)為真，乃是根據(23)而推論出來的；換言之，先
知道(23)為真，又知道以(23)為前提，以(4)為結論的論證是有效的，因此

---

❼「任何…只要 ———，則×××。」　這種形式的語句叫做全稱條件句 (universal
conditional)。

才斷定(4)為真。果真如此，則確實表示了患瘧疾與服用金雞納鹼之間的關聯。但是如果既不寫出(23)，又不說明(4)是由(23)推得的，而只寫出一個條件句(4)；則只表示不會(21)為真而(22)為假，並不表示(21)與(22)之間有任何關聯。

同樣的道理，(11)之所以為真，乃是根據比賽的規則以及林海峰已勝了三局這件事實。但是，如果我們只寫出(11)，而不說明它是由那些前提推出的，則(11)只表示不會(9)為真而(10)為假，並不表示林海峰勝第六局與衛冕成功這兩件事之間有任何其他的關聯。其實，同樣的道理也可適用到否定句、連言和選言。一個選言只表示其選言因子之中至少有一為真，並不表示這些選言因子之所以不會全部為假的理由，換言之，並不表明我們判斷它們不會全部為假所根據的前提。否定句和連言也可依此類推。

一個條件句 $P \rightarrow Q$ 既然表示不會 P 真 Q 假，則 $P \wedge -Q$ 的否定句

(24)　$-(P \wedge -Q)$

與 $P \rightarrow Q$ 在邏輯上意義相同。因為只有在 $P \wedge -Q$ 為真時(24)為假；亦即在 P 真 Q 假時(24)為假，而在其他情形下(24)皆為真。(24)的這種真假關係恰好與 $P \rightarrow Q$ 相同。再者，$P \rightarrow Q$ 既然只在 P 真 Q 假時為假，則只要 P 假或 Q 真，$P \rightarrow Q$ 即為真。而選言

(25)　$-P \vee Q$

恰好也表示 P 假或 Q 真，因此(25)與 $P \rightarrow Q$ 也具有相同的邏輯意義。其實，只要使用狄摩根律把(24)改寫成 $-P \vee --Q$，再削去雙重否定號，就可看出(24)與(25)具有相同的邏輯意義。

很明顯的，交換律對條件號是不能適用的。因為 $P \rightarrow Q$ 與 $Q \rightarrow P$ 的邏輯意義並不相同：前者表示不會 P 真 Q 假，而後者表示不會 P 假 Q 真。一個條件句，將前後件倒置之後，其邏輯意義即隨之變動；但是，如果在倒置其前後件時，同時在前後件各加一否定號，則其邏輯

意義將保持不變。也就是說，P→Q 與

(26)　−Q→−P

的邏輯意義相同。因為(26)只有在 −Q 真 −P 假，亦即 P 真 Q 假時為假，而在其他各種情形下為真。告訴我們 P→Q 與 −Q→−P 的邏輯意義相同的定律叫做「異質位換律」(law of contraposition)。除了交換律之外，結合律和冪等律對條件號也不能適用。理由非常明顯，讀者不難自行索解。

　　根據雙重否定律和狄摩根律，我們知道否定句的否定句、連言的否定句、以及選言的否定句分別具有怎麼樣的邏輯意義。現在讓我們也來考慮一下條件句的否定句。條件句 P→Q 只在 P 真 Q 假時為假，因此，其否定句

(27)　−(P→Q)

只在 P 真 Q 假時為真。而 P 真 Q 假可寫成

(28)　P∧−Q

可見(27)與(28)具有相同的邏輯意義。否定一個條件句意即肯定其前件而否定其後件。

習　題

1. 辨別下列各語句是否為條件句；如為條件句，則指出其前件和後件。

(a)你在沒有完成指定工作之前不可休息。

(b)大一男生必須接受入伍訓練之後才能註冊。

(c)你必須繳足學費才能註冊。

(d)明天如果沒有意外的事件，則只要晴天我就會去參加你們的集會。

2. 分別說明下列各語句在何種情形下為真，在何種情形下為假。

　(a) $(P \wedge Q) \to (R \to -S)$

　(b) $(P \vee Q) \to -(R \wedge S)$

　(c) $(P \to Q) \wedge (Q \to P)$

　(d) $P \to (Q \to R)$

　(e) $-(P \to Q) \to -(P \vee Q)$

3. 設 P 表「甲隊冠軍」，Q 表「乙隊亞軍」，R 表「丙隊季軍」，S 表「丁隊殿軍」。試將第 2 題中的各語句寫成中文。

4. 下面的語句是真的還是假的？何故？有沒有表示可被 2 整除與可被 4 整除之間的關係？如果沒有，那麼要寫成怎麼樣的語句才能表示兩者之間的關係？

　如果 9 能被 2 整除，則 9 能被 4 整除。

5. 我們知道 $P \to Q$ 與 $-P \vee Q$ 的邏輯意義是相同的。利用這個事實以及選言交換律、雙重否定律，即可推知 $P \to Q$ 與 $-Q \to -P$ 具有相同的邏輯意義。試詳述之。

6. 利用 $P \to Q$ 與 $-P \vee Q$ 具有相同的邏輯意義這一事實，以及狄摩根律、雙重否定律，可推知 $-(P \to Q)$ 和 $P \wedge -Q$ 的邏輯意義相同。試詳述之。

7. 結合律與冪等律為何不能適用於條件號？試詳述其理由。

8. 寫出三個語句，使其與下面的語句具有相同的邏輯意義：

　如果甲隊冠軍，則丙隊亞軍。

　（提示：本節的(24)、(25)、(26)皆與 $P \to Q$ 在邏輯上意義相同。）

9. $P \to (Q \to R)$ 與 $(P \wedge Q) \to R$ 的邏輯意義是否相同？試述其理由。

2–6　雙條件句

　　一個真的條件句，將其前後件倒置之後所產生的條件句不一定仍然為真，它可能變成假的。例如：

　　⑴　如果 6 能被 4 整除，則 6 是偶數。

是真的；但

　　⑵　如果 6 是偶數，則 6 能被 4 整除。

卻是假的。換言之，「6 能被 4 整除」是「6 是偶數」的充分條件，但不是必要條件。另外有些真的條件句，將其前後件倒置之後所產生的條件句仍然是真的。例如：

　　⑶　如果 6 能被 2 整除，則 6 是偶數。

是真的；而

　　⑷　如果 6 是偶數，則 6 能被 2 整除。

也是真的。換言之，「6 能被 2 整除」不但是「6 是偶數」的充分條件，同時也是必要條件。請注意：我們只是說⑶與⑷皆為真而已；這並不表示⑶與⑷的邏輯意義相同，也不表示⑷可由⑶推出。因此，如果要表示⑶與⑷皆為真，必須把它們連成連言：

　　⑸　如果 6 能被 2 整除，則 6 是偶數；而且，如果 6 是偶數，
　　　　則 6 能被 2 整除。

設以 P、Q 表任意語句，則

　　⑹　$(P \rightarrow Q) \wedge (Q \rightarrow P)$

表示 P 是 Q 的充分必要條件 (necessary and sufficient condition)。我們知道：$P \rightarrow Q$ 在 P 真 Q 假時為假，而 $Q \rightarrow P$ 在 P 假 Q 真時為假。因此，P、Q 一真一假時⑹為假，而 P、Q 皆真或皆假時⑹為真。可見⑹是表示 P、Q 兩個語句的真假相同，而不會一真一假。

　　我們常常須要表示兩個語句的真假相同，而像(5)這樣的句子又嫌太過累贅，現在讓我們尋求一個比較簡短的語句來表達。首先，我們把(3)寫成

　　　　(7)　當 6 能被 2 整除時，6 是偶數。

其次，把(4)寫成

　　　　(8)　只當 6 能被 2 整除時，6 才會是偶數。

最後，把(7)和(8)所要表達的意思寫成如下的語句

　　　　(9)　當且只當 6 能被 2 整除時，6 是偶數。

我們就把(9)當做是(7)和(8)的連言，儘管中文沒有「當且只當」(if and only if) 這個用語❽。同樣的，像(6)這樣的符號式也嫌太繁。我們用雙箭頭符號「↔」表示「當且只當」，而(6)就可寫成

　　　　(10)　P↔Q。

因為(10)表示 P 與 Q 所連成的兩個條件句 P→Q 和 Q→P 皆為真，因此叫做「雙條件句」(biconditional)。它與 P 和 Q 之間的真假關係如下：

---

❽除非萬不得已，我們總是避免使用自然語言中所沒有的用語。因為我們希望本書所講的這套邏輯，在處理用自然語言敘述的論證時，也能夠相當合用。英文的「if and only if」實在找不到現成的中文同義語，只好把它譯成「當且只當」。現行高中數學課本譯成「若且唯若」，而且把它放在兩個語句之間，不像我們把「當且只當」放在雙條件句的最前端。中文語法似乎沒有這樣寫的，本來經過長久使用之後也就可以習慣；但是目前一般沒有讀過新數學課本的讀者恐怕尚未習慣，因此本書不採用數學課本所已有的譯語。

P	Q	P↔Q
T	T	T
T	F	F
F	T	F
F	F	T

P↔Q 既是表示 P、Q 皆為真或皆為假，則它又可寫成

　　　　⑾　(P∧Q)∨(−P∧−Q)

P↔Q 的否定句

　　　　⑿　−(P↔Q)

表示 P↔Q 為假；亦即 P、Q 兩句中一真一假；再換句話說，P 真 Q 假或 P 假 Q 真；因此可寫成

　　　　⒀　(P∧−Q)∨(−P∧Q)

習　題

1. 分別說明下列各語句在何種情形下為真，在何種情形下為假。

　(a) (P∧−Q) ↔ (P∨Q)

　(b) P ↔ −Q

　(c) −P ↔ Q

　(d) −P ↔ −Q

2. 上題中，(b)和(c)兩個語句的邏輯意義是否相同？(d)和 P↔Q 的邏輯意義是否相同？

3. 交換律、結合律、以及冪等律可否適用於雙條件號？試詳述之。

4. −(P↔Q) 的邏輯意義與互斥意義的「P 或 Q」是相同的。請詳加說明。

2–7　單句與複句

　　我們在上面五節之內一共介紹了五個符號，除了否定號之外，其他四個符號都是用來把兩個語句連成一個語句，因此叫做「語句連詞」。否定號雖然不是把兩個語句連成一個語句，而是把一個語句變成另外一個語句，但是為了方便起見，我們也把它叫做「語句連詞」。一個語句如果含有語句連詞，則它必是由較簡單的語句，用語句連詞所連成的。例如：

　　　(1)　P → (–Q∧R)

是由 P 和 –Q∧R 這兩個較簡單的語句，用條件號所連成的。這種含有語句連詞的語句，叫做「複句」(compound statement)。反之，一個語句如果不含任何語句連詞，例如(1)中的 P、Q、R，則已是最小單位的語句，而不能再分成更簡單的語句。這種語句叫做「單句」(atomic statement)。

　　複句是由單句用語句連詞連成的，有些複句含有好幾個語句連詞。如果一個複句中的語句連詞全部是連言號或全部是選言號，則其結合的先後順序如何並無關緊要。否則，複句中單句的結合順序必須非常清楚。通常我們用括弧來指明結合的順序。例如：(1)中的括弧指明 –Q 與 R 先連成連言，再以 P 為前件，以 –Q∧R 為後件連成條件句。我們在本章各節中已一再使用括弧，讀者不難看出：它的用法及功能與算術中所使用的括弧完全一樣。

　　在自然語言中，語句也有單句與複句之分，而複句中單句之結合順序亦有先後之別。但是，在自然語言中，語句連詞並不寫成前面各節所介紹的符號；而用來指明結合順序的也不是括弧，而是標點符號及某些字眼。現在讓我們用實例來說明：

　　　⑵　如果徐孟仁的英文成績不滿五十分，則不能補考，而要
　　　　　重修。

設以 P 表「徐孟仁的英文成績在五十分以上」，Q 表「徐孟仁可以補
考英文」，R 表「徐孟仁要重修英文」，則⑵可寫成

　　　⑶　–P → (–Q∧R)

而不寫成

　　　⑷　(–P → –Q)∧R

因為按照⑷的意思，不管 P 的真假如何，R 一定要真。假如我們知道
徐孟仁的英文程度絕對得不到六十分，即使有補考的機會，補考成績
也得不到六十分，那麼我們也許要表達⑷的意思。但我們仔細揣摩⑵
的文義，它並沒有表達這層意思。要表達這層意思，須寫成

　　　⑸　如果徐孟仁的英文成績不滿五十分，則不能補考；但無
　　　　　論如何一定要重修。

在「但」字前面標上分號「；」，並且在最後一個單句前面加上「無論
如何」四字，就表示 R 一定要真，因而也就表示了 –P 與 –Q 先連成
條件句。可見，自然語言中的標點符號以及類似「無論如何」這些字
眼可以達成邏輯式中括弧所要達成的功能——即指明單句的結合
順序。

　　括弧固然可以用來指明單句結合的順序，但是在一個邏輯式中出
現太多括弧，也足以令人眼花撩亂。例如：

　　　⑹　(((P∨Q) → ((Q → –S)∨P))∨(P∧–(Q∨R))) ↔
　　　　　((R∨(P → Q))∨–(S∨(Q∧R)))

任何人恐怕都無法一眼看出這個複句中單句的結合順序，我們須要謹
慎地替這些括弧配對。為了節省括弧的使用，讓我們做如下的約定：

　　如果沒有括弧指明那一個語句連詞優先適用，則其先後順序依
　　次為：

(i) － ；

(ii) ∧，∨ ；

(iii) → ，↔ 。

例如：把(3)、(4)的括弧去掉，而寫成

    (7)　$-P \to -Q \land R$

則「－」最優先適用，把 P、Q 各變成 $-P$、$-Q$；其次適用「∧」，把 $-Q$ 和 R 連成 $-Q \land R$；最後才適用 「→」，把 $-P$ 和 $-Q \land R$ 連成 $-P \to -Q \land R$。可見(7)的邏輯意義與(3)相同，而與(4)不同；亦即(3)的括弧可以省略，而(4)則否。按照這項約定，(6)可省略八個（即四對）括弧而寫成

    (8)　$(P \lor Q \to (Q \to -S) \lor P) \lor (P \land -(Q \lor R)) \leftrightarrow$

        $(R \land (P \to Q)) \lor -(S \lor (Q \land R))$

　　辨明了複句中單句結合的先後順序，我們就能夠由單句的真假來判斷複句的真假。例如：假設已知 P、Q 為真，R 為假，則能夠判斷

    (9)　$-(P \land Q) \lor R \to -P \lor R$

的真假。首先，以「T」取代 P、Q，以「F」取代 R，則(9)變成

    (10)　$-(T \land T) \lor F \to -T \lor F$

其次，因為如果連言因子全真，則它們所連成的連言即為真，因此 $T \land T$ 為真；又因為如果一個語句為真，則其否定句為假，因此 $-T$ 為假。我們把(10)中的 $T \land T$ 改成 T，$-T$ 改成 F，則(10)變成

    (11)　$-T \lor F \to F \lor F$

同理，再把(11)中的 $-T$ 改成 F，則得

    (12)　$F \lor F \to F \lor F$

我們知道：如果選言因子全假，則其選言為假。因此 $F \lor F$ 可改成 F，而(12)即變成

    (13)　$F \to F$

最後，因為前後件皆假時，條件句為真，故 F→F 可改成 T，而(13)變成

　　　(14)　　T

因為最後只剩下一個「T」字，我們就知道：當 P、Q 為真，R 為假時，(9)為真。下面再舉一個例子供讀者參考，但不再附加任何說明。設 Q、R 為真，P、S 為假，試判斷下面語句的真假：

　　　(15)　(P → Q∧R)∨(Q∧S) → (Q → S)

　　　　　(F → T∧T)∨(T∧F) → (T → F)

　　　　　(F → T)∨F → F

　　　　　T∨F → F

　　　　　T → F

　　　　　F

因此，(15)為假。

習　題

1.用英文大寫字母代表單句，將下列各語句寫成邏輯式。

　(a)如果甲隊獲勝，則乙隊將被淘汰；如果甲隊不獲勝，則丙隊將被淘汰。

　(b)只要甲、乙兩隊中有一隊獲勝，則丙、丁兩隊都將敗北。

　(c)如果魏敦儀出庭作證而說實話，則他將被發現有罪；如果不出庭作證，也會被發現有罪。

　(d)甲已被錄用，如果乙也被錄用，則丙就不會被錄用。

　(e)如果韓國隊勝日本隊，則韓國隊必須與 中、菲兩隊中的優勝隊比賽。

　　　（提示：以 P 表「韓國隊勝日本隊」，Q 表「中國隊勝菲律

賓隊」，R 表「菲律賓隊勝中國隊」，S 表「韓國隊與中國隊比賽」，U 表「韓國隊與菲律賓隊比賽」。)

(f)明天如果沒有意外的事件，則只要晴天我就會去參加你們的集會。

(g)除非你會游泳或攜帶救生圈，千萬不要到碧潭划船。

2.根據本節的約定，將下列各句中可以省略的括弧加以刪除。

(a) $((P \wedge Q) \wedge -P) \rightarrow (Q \rightarrow P)$

(b) $(P \wedge Q) \rightarrow ((P \vee R) \wedge (P \rightarrow (Q \rightarrow R)))$

(c) $(Q \rightarrow P) \rightarrow ((P \rightarrow -R) \rightarrow (-R \rightarrow Q))$

(d) $-(Q \leftrightarrow R) \rightarrow ((P \rightarrow -Q) \wedge (P \rightarrow R))$

3.設 P、Q 為真，R 為假，試判斷上題各句的真假。

2–8　恆真句、矛盾句與適真句

我們如果知道一個複句中每一單句的真假，就可據以判斷此複句的真假；複句的真假是根據其所含單句的真假來判斷的。因此，如果用一個真的語句(不管是單句或複句)來取代複句中的某一真的單句，或是用一個假的語句來取代複句中的某一假的單句，則不可能改變此複句的真假。例如：

(1)　如果詹森不參加一九六八年的美國總統競選，則尼克森將成為美國第三十七任總統而在一九六九年底撤走全部駐越美軍。

這個複句中的單句

(2)　尼克森在一九六九年底撤走全部駐越美軍。

是假的，因此我們用一個假的語句

(3)　尼克森在一九六九年底徹底摧毀北越政權。

來取代⑴中的⑵所產生的複句

　　⑷　　如果詹森不參加一九六八年的美國總統競選，則尼克森
　　　　　將成為美國第三十七任總統而在一九六九年底徹底摧毀
　　　　　北越政權。

必與⑴的真假相同。 我們只要用 2–7 所講的方法來判斷⑴和⑷的真
假，就可以看出⑴與⑷真假相同的理由。設以 P 表「詹森參加一九六
八年的美國總統競選」，Q 表「尼克森是美國第三十七任總統」，R 表
⑵，S 表⑶，則⑴可寫成

　　⑸　　−P → Q∧R

而⑷可寫成

　　⑹　　−P → Q∧S

為要判斷⑸和⑹的真假，我們必須用「T」來取代真的單句，用「F」
來取代假的單句。經過如此取代之後，⑸與⑹都變成

　　⑺　　−F → T∧F

而⑺是假的，因此⑴與⑷，亦即⑸與⑹，皆為假。現在，它們真假之
所以相同的理由非常明顯：⑸出現 R 的地方，⑹出現 S，除此之外，
⑸與⑹完全相同 ；但是因為 R 與 S 的真假相同 （皆為假）， 因此用
「T」與「F」分別取代⑸、⑹的真假單句之後，⑸與⑹之間的差異即
行消失（即都變成⑺）。如此，則⑸與⑹的真假必定相同。我們不難看
出：不僅用 S 取代⑸中的 R （亦即用⑶取代⑴中的⑵），就是用任何假
的語句取代⑸中的 P 或 R，或用任何真的語句取代⑸中的 Q，所產生
的複句也必定都是假的。這個例子告訴我們：複句中所含單句的真假
確定之後，此複句的真假也隨之確定；即使單句的內容有所變動，只
要單句的真假不變，則此複句的真假也必定保持不變。

　　然而，如果複句中所含單句的真假有所變動，則此複句的真假是
否也隨之發生變動？換言之，如果我們用真的語句來取代複句中的某

一假的單句，或用假的語句來取代複句中某一真的單句，則此複句的真假是否會因而發生變動？讓我們仍以(1)做為討論的實例。我們用一個真的語句

(8)　尼克森在就任美國總統之後逐步以越軍接替駐越美軍的任務。

來取代(1)中的假的單句(2)，則(1)這個假的複句就變成

(9)　如果詹森不參加一九六八年的美國總統競選，則尼克森將成為美國第三十七任總統而在就任之後逐步以越軍接替駐越美軍的任務。

這個真的複句。可見，複句中所含單句的真假如有變動，此複句的真假可能隨之變動。問題在於：是否每一單句的真假變動必定導致複句的真假變動？我們試以假的語句

(10)　尼克森將成為美國第三十七任副總統。

來取代(1)中的真的單句

(11)　尼克森將成為美國第三十七任總統。

經過這樣取代之後，(1)變成

(12)　如果詹森不參加一九六八年的美國總統競選，則尼克森將成為美國第三十七任副總統而在一九六九年底撤走全部駐越美軍。

我們知道(1)是假的，但變成(12)之後仍然為假。可見，單句真假的變動不一定導致複句真假的變動。

有一種複句，不管其所含單句的真假如何變動，其本身必定為真。例如：

(13)　如果魏景琛期考要得七十分以上學期總成績才會及格，而他的學期總成績已經及格了，那麼他的期考分數必在七十分以上。

不管所含單句的真假如何，這個複句本身必定為真。設以 P 表「魏景
琛期考得七十分以上」，Q 表「魏景琛學期總成績及格」，則(13)可寫成

(14)　$(Q \rightarrow P) \wedge Q \rightarrow P$

我們現在要證明：不管 P 和 Q 的真假如何，(14)必定為真。首先，我們
來考慮 P 和 Q 皆為真的情形。以「T」取代(14)中的 P 和 Q，得

$(T \rightarrow T) \wedge T \rightarrow T$

$T \wedge T \rightarrow T$

$T \rightarrow T$

T

可見在此情形下，(14)為真。其次，考慮 P 真 Q 假的情形。以「T」取
代 P，「F」取代 Q，得

$(F \rightarrow T) \wedge F \rightarrow T$

$T \wedge F \rightarrow T$

$F \rightarrow T$

T

在此情形下，(14)亦為真。在其餘的兩種情形下，亦即在 P 假 Q 真，以
及 P 和 Q 皆假的情形下，(14)皆為真：

$(T \rightarrow F) \wedge T \rightarrow F$

$F \wedge T \rightarrow F$

$F \rightarrow F$

T

$(F \rightarrow F) \wedge F \rightarrow F$

$T \wedge F \rightarrow F$

$F \rightarrow F$

T

(14)只含有 P、Q 兩個單句，而每個單句只有真假兩種可能，因此上面

四種真假配合已窮盡了所有的可能情形。⒁既在此四種情形下皆為真，則意即在任何情形下為真。我們不要忘記⒁是⒀的符號式，因此⒀也必在任何情形下為真，不因單句真假的變動而有所改變。這樣的語句叫做「恆真句」(tautology)。

　　另外有一種複句，與恆真句恰恰相反，不管其所含單句的真假如何變動，其本身必定為假；換言之，不管以何種語句來取代其所含的單句，經過如此取代之後所得的複句必定為假。這樣的語句叫做「矛盾句」(contradiction)。例如：

　　　　⒂　　$-(P \to Q) \wedge Q$

就是一個矛盾句，因為它在(i) P、Q 皆真，(ii) P 真 Q 假，(iii) P 假 Q 真，以及(iv) P、Q 皆假等四種情形下皆為假。現將⒂在此四種情形下的真假判斷，詳列如下：

　　　　(i)　　$-(T \to T) \wedge T$

　　　　　　　$-T \wedge T$

　　　　　　　$F \wedge T$

　　　　　　　F

　　　　(ii)　$-(T \to F) \wedge F$

　　　　　　　$-F \wedge F$

　　　　　　　$T \wedge F$

　　　　　　　F

　　　　(iii)　$-(F \to T) \wedge T$

　　　　　　　$-T \wedge T$

　　　　　　　$F \wedge T$

　　　　　　　F

　　　　(iv)　$-(F \to F) \wedge F$

　　　　　　　$-T \wedge F$

$$F \wedge F$$
$$F$$

如上所述，恆真句和矛盾句的真假都不會受其所含單句的真假的影響。另外有一種複句，既不是恆真句，也不是矛盾句，它們在某些情形下為真，而在另一些情形下為假；換言之，它們的真假，常因其所含單句真假之變動，而隨之變動。例如：(5)的真假，會因 P、Q、R 真假的變動，而隨之變動。當 P 假、Q 真、R 假時，(5)為假；而當 P 假、Q 真、R 真時，(5)為真。這種語句叫做「適真句」(contingent statement)，所謂「適真」意即「適然為真」，表示可能為真，而不必然為真。可能為真，故非矛盾句；不必然為真，故非恆真句。除了恆真句和矛盾句以外的語句都是適真句。要判斷適真句的真假，必須知道其所含單句的真假。例如：我們必須知道 P、Q、R 的真假，才能判斷(5)的真假；也就是說，必須知道：詹森有沒有參加一九六八年的美國總統競選、尼克森是否為美國第三十七任總統、尼克森是否在一九六九年底撤走全部駐越美軍等等，才能判斷(1)的真假。反之，恆真句或矛盾句是必然為真或必然為假，要判斷它們的真假，不須知道其所含單句的真假。例如：我們不須知道 P、Q 的真假，就能判斷(14)必定為真；也就是說，不須要知道魏景琛的期考分數和學期成績，我們就能判斷(13)必定為真。同樣的，不須知道 P、Q 的真假，也能夠判斷(15)為假。

習　題

1. 恆真句與矛盾句必定是複句，而單句必為適真句。試詳述其理由。

2. 用自然語言寫出五個恆真句，並證明它們在任何情形下為真。

3.用自然語言寫出五個矛盾句，並證明它們在任何情形下為假。

4.用自然語言寫出五個適真複句，並證明它們可能為真而不必然為真。

2–9　真值表

我們如要判斷一個複句到底是恆真句、矛盾句或適真句，必須考慮該複句所含單句的各種真假情形。如果在任何情形下此複句皆為真，則為恆真句；皆為假，則為矛盾句；在某些情形下為真，而在某些情形下為假，則為適真句。但是，一個複句所含單句的真假情形有多少種呢？要回答這個問題，必須先知道這個複句含有幾個單句。一個複句可以只含一個單句，例如：

(1)　$P \rightarrow -P$

只含單句 P，因此只須考慮 P 真和 P 假兩種情形。一個複句也可以含有兩個單句，例如：

(2)　$P \wedge Q \rightarrow P \vee Q$

含有 P 和 Q 兩個單句，每個單句各有真假兩種可能，因此須要考慮的情形共有 $2 \times 2 = 4$ 種。這四種情形是

P	Q
T	T
T	F
F	T
F	F

一個複句如果含有 P、Q、R 三個單句，則須考慮下列八種情形：

P	Q	R
T	T	T

T	T	F
T	F	T
T	F	F
F	T	T
F	T	F
F	F	T
F	F	F

為什麼會有八種情形呢？我們知道：Q、R 兩個單句有下列四種真假配合：

Q	R
T	T
T	F
F	T
F	F

現在多了一個單句 P，P 有真假兩種可能，而每一種可能都可與這四種情形中的任何一種相配合，因此共有 $2 \times 4 = 8$（或 $2 \times 2 \times 2 = 8$）種情形。同樣地，一個複句如果含有四個單句，則其真假的可能配合情形共有 $2 \times 2 \times 2 \times 2 = 16$ 種。依此類推，一個複句如果含有 n 個單句，則其真假的可能配合情形共有 $2n$ 種。因此，我們必須考慮過這 $2n$ 種情形之後，才能判斷這個複句是恆真句、矛盾句或適真句。

但是，如果須要考慮的情形太多（比方說 $2^5 = 32$ 種），而我們又必須判斷該複句在每一種情形下的真假，則未免太過煩瑣。幸而我們有一個比較簡便的方法，就是用真值表把一個複句在各種情形下的真假全部列出。例如：我們可以把

　　　⑶　$-P \rightarrow Q \wedge R$

這個複句在各種情形下的真假，用真值表列出來。首先，我們知道⑶

含有 P、Q、R 三個單句，共有 $2^3 = 8$ 種情形，因此先畫一個九行的表格，最上面一行的前三格分別填寫 P、Q、R，其他八行的前三格分別列出八種可能的單句真假配合：

P	Q	R	
T	T	T	
T	T	F	
T	F	T	
T	F	F	
F	T	T	
F	T	F	
F	F	T	
F	F	F	

因為(3)是一個條件句，因此如果要判斷(3)在各種情形下的真假，必須先判斷其前件和後件在各種情形下的真假。(3)的前件是 P 的否定句，其真假是根據 P 的真假來判斷的，而 P 的各種真假情形已在表中列出，因此我們就在最上面一行的第四格填寫 –P，然後將 –P 在各種情形下的真假分別填入同一列的其他八格之中：

P	Q	R	–P	
T	T	T	F	
T	T	F	F	
T	F	T	F	

T	F	F	F	
F	T	T	T	
F	T	F	T	
F	F	T	T	
F	F	F	T	

上表中第四列的真假是根據第一列的真假來填寫的：第一列填「T」
的各行，第四列則填「F」；第一列填「F」的各行，則第四列填「T」。
因為第四列中的 –P 是第一列中 P 的否定句。處理了前件之後，讓我
們來考慮後件。⑶的後件 Q∧R 是由 Q 和 R 所連成的連言，其真假是
根據 Q 和 R 的真假來判斷的，而 Q 和 R 的各種真假情形已在表中列
出，因此我們就在最上面一行的第五格填寫 Q∧R，然後將 Q∧R 在各
種情形下的真假分別填入同一列的其他八格之中：

P	Q	R	–P	Q∧R	
T	T	T	F	T	
T	T	F	F	F	
T	F	T	F	F	
T	F	F	F	F	
F	T	T	T	T	
F	T	F	T	F	
F	F	T	T	F	
F	F	F	T	F	

表中第五列的真假是根據第二列和第三列的真假來填寫的：第二列和
第三列都填「T」的各行，第五列則填「T」；其餘各行，第五列皆填
「F」。因為第五列中的 Q∧R 是第二列中的 Q 和第三列中的 R 所連成
的連言。最後，因為(3)的前件 –P 和後件 Q∧R 的各種真假情形都已在
表中列出，因此我們就在最上面一行的第六格填寫 –P → Q∧R，並將
其在各種情形下的真假分別填入同一列的其他八格之中：

P	Q	R	–P	Q∧R	–P → Q∧R
T	T	T	F	T	T
T	T	F	F	F	T
T	F	T	F	F	T
T	F	F	F	F	T
F	T	T	T	T	T
F	T	F	T	F	F
F	F	T	T	F	F
F	F	F	T	F	F

表中第六列的真假是根據第四列和第五列的真假來填寫的：第四列填
「T」而第五列填「F」的各行，第六列則填「F」；其餘各行，第六列
皆填「T」。因為第六列中的 –P → Q∧R 是以第四列的 –P 為前件，以
第五列的 Q∧R 為後件，所連成的條件句。到這裡，我們已經把(3)在各
種情形下的真假用表列出，這個表就是(3)的真值表。從真值表，我們
可以看出：(3)在(i) P、R 為假，Q 為真；(ii) P、Q 為假，R 為真；以及
(iii) P、Q、R 皆為假這三種情形下為假。而在其餘五種情形下，(3)皆為
真。因此，(3)是適真句。

一個恆真句在任何情形下皆為真，故其真值表的最後一列必定全部為「T」。反之，一個矛盾句的真值表，最後一列必定全部為「F」。現在將 2–8 的⒁、⒂兩個複句的真值表列在下面，並附加說明，以供參考：

P	Q	Q→P	(Q→P)∧Q	(Q→P)∧Q→P
T	T	T	T	T
T	F	T	F	T
F	T	F	F	T
F	F	T	F	T

說明：⑴第三列的 Q→P 是以第二列的 Q 為前件，以第一列的 P 為後件，所連成的條件句。因此，只有第二列填「T」而第一列填「F」的那一行（亦即第三行），第三列填「F」；其餘各行，第三列皆填「T」。

⑵第四列的 (Q→P)∧Q 是第三列的 Q→P 和第二列的 Q 所連成的連言。因此，只有第三列和第二列都填「T」的那一行（亦即第一行），第四列填「T」；其餘各行，第四列皆填「F」。

⑶第五列的 (Q→P)∧Q→P 是以第四列的 (Q→P)∧Q 為前件，以第一列的 P 為後件，所連成的條件句。因此，只有第四列填「T」而第一列填「F」的各行，第五列才填「F」。但表中沒有一行是第四列填「T」而第一列填「F」的；因此，第五列的各行都填「T」。

⑷第五列各行皆填「T」，可知 (Q→P)∧Q→P 在任何情形下為真，因此是一個恆真句。

P	Q	P→Q	–(P→Q)	–(P→Q)∧Q
T	T	T	F	F
T	F	F	T	F
F	T	T	F	F
F	F	T	F	F

說明：(i)第三列的 P→Q 是以第一列的 P 為前件，以第二列的 Q
　　　為後件，所連成的條件句。因此，只有第一列填「T」
　　　而第二列填「F」的那一行（亦即第二行），第三列填
　　　「F」；其餘各行，第三列皆填「T」。

　　　(ii)第四列的 –(P→Q) 是第三列的 P→Q 的否定句。因此，
　　　只有第三列填「F」的那一行（亦即第二行），第四列填
　　　「T」；其餘各行，第四列皆填「F」。

　　　(iii)第五列的 –(P→Q)∧Q 是第四列的 –(P→Q) 和第二列
　　　的 Q 所連成的連言。因此，只有第四和第二兩列皆填
　　　「T」的各行，第五列才填「T」。但是，表中並沒有一
　　　行是第四和第二兩列皆填「T」的，因此第五列的各行
　　　都填「F」。

　　　(iv)第五列各行皆填「F」，可知 –(P→Q)∧Q 在任何情形下
　　　為假，因此是一個矛盾句。

　　在本節結束之前，讓我們為下面這個較複雜的複句畫真值表，並
判斷其為恆真句、矛盾句、或適真句：

　　(4)　〔(P→Q)∧(R→S)〕∧(Q∨S)→P∨R

P	Q	R	S	P→Q	R→S	(P→Q)∧(R→S)	Q∨S	〔(P→Q)∧(R→S)〕∧(Q∨S)	P∨R	〔(P→Q)∧(R→S)〕∧(Q∨S)→P∨R
T	T	T	T	T	T	T	T	T	T	T
T	T	T	F	T	F	F	T	F	T	T
T	T	F	T	T	T	T	T	T	T	T
T	T	F	F	T	T	T	T	T	T	T
T	F	T	T	F	T	F	T	F	T	T
T	F	T	F	F	F	F	F	F	T	T
T	F	F	T	F	T	F	T	F	T	T
T	F	F	F	F	T	F	F	F	T	T
F	T	T	T	T	T	T	T	T	T	T
F	T	T	F	T	F	F	T	F	T	T
F	T	F	T	T	T	T	T	T	F	F
F	T	F	F	T	T	T	T	T	F	F
F	F	T	T	T	T	T	T	T	T	T
F	F	T	F	T	F	F	F	F	T	T
F	F	F	T	T	T	T	T	T	F	F
F	F	F	F	T	T	T	F	F	F	T

表中最後一列既出現「T」又出現「F」，可見(4)在某些情形下為真，而在另一些情形下為假，因此是一個適真句。

習　題

1.恆真句的否定句必為矛盾句，矛盾句的否定句必為恆真句，而適真句的否定句必仍為適真句。試說明其理由。

2.用真值表判斷下列各句是恆真句、矛盾句，還是適真句。

(a)〔P → (P → Q)〕→ Q

(b) P →〔(P → Q) → Q〕

(c) (P∧Q)∧(P → −Q)

(d) P → (−P → Q∨−Q)

(e) P → (P → Q∧−Q)

(f) (P → P) → Q∧−Q

(g)〔P → (Q → R)〕→〔(P → Q) → (P → R)〕

(h)〔(P → Q)∧(R → S)〕∧(P∨R) → Q∨S

(i)〔P∧Q → (P∧−P → Q∨−Q)〕∧(Q → Q)

(j) (P → Q)∨(Q → R)

2–10　單句的取代

　　一個恆真句，不論其所含單句的真假如何，其本身必定為真。因此，以任意語句（不論是複句或單句）來取代恆真句中的某一單句，所產生的語句必定仍為恆真句。例如：

　　　　⑴　(Q → P)∧Q → P

是恆真句。以單句 R 取代⑴中的 Q，所產生的語句

　　　　⑵　(R → P)∧R → P

仍為恆真句。以複句 −R∧S 取代⑴中的 P，所產生的語句

　　　　⑶　(Q → −R∧S)∧Q → −R∧S

也是恆真的。以單句 R 取代⑴中的 Q，同時又以複句 −R∧S 取代⑴中的 P，所產生的語句

　　　　⑷　(R → −R∧S)∧R → −R∧S

還是恆真句。⑷也可以看做是以單句 R 取代⑶中的 Q 而產生的語句；

又可看做是以複句 −R∧S 取代⑵中的 P 而產生的語句。

　　為什麼恆真句經過取代之後仍為恆真句呢？理由是非常明顯的。以上面的實例來說，不管我們用單句或複句來取代⑴中的 P、Q，這些用來取代的語句都只有真假兩種可能。而⑴中被取代的單句 P、Q 也都只有真假兩種可能。當我們判斷⑴為恆真句時，已經把⑴中所含各單句 P、Q 的各種真假情形都考慮過了。考慮的結果是：在任何情形下，⑴皆為真。因此，我們把⑴中的單句 P、Q 換成別的語句，絕對不可能使⑴變成假。也就是說，取代後的語句必定為真，而為恆真句。

　　這裡有一點必須注意的，就是：在一個恆真句中，某一個單句往往不只出現一次；我們如果要用某一個語句來取代這個單句，則必須將其每一次的出現全都加以取代。這樣才能保證取代後的語句必定仍為恆真句。例如：在⑴中，單句 Q 出現了兩次，我們如果要用 R 取代 Q，則必須將⑴中的兩個 Q 都用 R 來取代。如果用 R 取代其中的一個 Q，而用另一個語句取代另一個 Q；或者用 R 取代其中的一個 Q，而另一個 Q 保持不變；則取代後所產生的語句就不一定是恆真句。理由是非常明顯的。一個語句不可能既為真又為假，當我們判斷⑴為恆真句時，並沒有考慮其中兩個 Q 一真一假的情形，我們只考慮兩個 Q 皆為真或皆為假。我們如果用不同的語句分別取代這兩個 Q，或者只取代其中的一個而不取代另一個，則會使得原來相同的語句變成不相同的語句。不同的語句就不一定真假相同，它們可能一真一假。而這一真一假的情形，是我們當初判斷⑴為恆真句時所沒有考慮到的。因此，⑴經過如此取代之後就不一定仍為恆真句。相反的，用相同的語句來取代一個恆真句中原本不相同的單句，所產生的語句仍為恆真句。例如：⑴中的 P、Q 都用 R∨S 來取代，所產生的語句

　　　⑸　$(R \lor S \to R \lor S) \land (R \lor S) \to R \lor S$

仍為恆真句。讓我們在此做一項約定：我們在本書中所謂以某語句取代某一語句中的某一單句，我們的意思是該單句的每一次出現都要用同一個語句來取代。換言之，在原來的語句中原本不相同的單句，經過取代之後可能變成相同的語句；但是，原本相同的單句，不能因為經過取代之後而變成不相同的語句。

　　同樣的，一個矛盾句，不管以任何語句取代其中的單句，所產生的語句必定仍為矛盾句。其理由與恆真句相同，不再贅述。

　　然而，一個適真句經過取代之後，卻不一定仍為適真句。它可能變成恆真句，可能變成矛盾句，也可能仍舊是一個適真句。例如：

　　　　⑹　P∨Q → P∧R

是一個適真句，若其中的單句 Q、R 都用 P 來取代，則產生下面的恆真句：

　　　　⑺　P∨P → P∧P

反之，如果用 –P 來取代⑹中的 Q 和 R，則取代後所產生的語句

　　　　⑻　P∨–P → P∧–P

為矛盾句。但是，如果用 S 來取代⑹中的 Q 和 R，則所得的語句

　　　　⑼　P∨S → P∧S

仍為適真句。以上所做的三個取代有一共同之點，就是：以相同的語句取代⑹中的 Q 和 R 兩個單句。可見，以相同的語句取代原本不相同的單句，可能使一個適真句變成恆真句，也可能使它變成矛盾句，也可能仍然是一個適真句。

　　上段所舉的實例也許會使讀者產生一個錯誤的印象，以為如果要使適真句經過取代之後變成恆真句或矛盾句，就必須使原本不相同的單句經過取代之後變成相同的語句。現在讓我們另舉別的實例來釐清這項誤解。例如：以 S∧–S 取代⑹中的 Q，而以 W∨–W 取代⑹中的 R，則⑹變成

(10)　P∨(S∧−S) → P∧(W∨−W)

這個恆真句。但是經過這樣取代之後，並沒有使(6)中原本不相同的單句 Q 和 R 變成相同的語句。反之，如果以 W∨−W 取代 Q，而以 S∧−S 取代 R，則(6)變成

(11)　P∨(W∨−W) → P∧(S∧−S)

這個矛盾句。這樣的取代，同樣使得(6)中原本不相同的單句 Q 和 R 仍然互不相同。以上的兩個取代也有一個共同之點，就是：以複句取代(6)中的單句。可見，以複句取代單句，即使沒有使得原本不同的單句變成相同的語句，仍然可能使適真句變成恆真句或矛盾句。當然也可能仍然是一個適真句，例如：以 S∨−S 取代 Q，而以 W∨−W 取代 R，則(6)變成

(12)　P∨(S∨−S) → P∧(W∨−W)

這個適真句。

如果不使原本不相同的單句因取代之後而變成相同的語句，也不用複句來取代單句，則一個適真句經過取代之後仍為適真句。例如：用 M 取代 P，用 N 取代 Q，用 S 取代 R，則(6)變成

(13)　M∨N → M∧S

(6)中的 P、Q、R 三個互不相同的單句，在(13)中變成 M、N、S 三個仍然互不相同的語句，並未因取代而變成相同。(6)的單句 P、Q、R 在(13)中分別被單句 M、N、S 所取代，我們並沒有用複句去取代單句。我們不難看出：經過這樣取代所產生的語句，與原來的語句具有相同的形式，不可能由適真句變成恆真句或矛盾句。

習　題

1.取代下列各適真句中所含的單句，使其變成恆真句：

(a) P∧Q

(b) P → P∧–Q

(c) P∨(P∧–Q)

(d) P → –P

2.取代上題各適真句中所含的單句，使其變成矛盾句。

第三章　語句邏輯的有效論證

3–1　語句涵蘊與語句等值

一個條件句若為恆真句，則不論以任何語句取代其所含的單句，絕對不可能產生一個假的條件句；換言之，只要前件真，則後件也必定為真。語句與語句之間的這種關係叫做「語句涵蘊」(sentential implication)。所謂「涵蘊」是說：後件所敘述的內容並未超出前件的內容；前件隱含著後件，只是未明白說出而已。而稱之為「語句涵蘊」乃是因其為這種涵蘊關係，只要考慮語句連詞以及單句與單句之間的相關位置，即可顯示出來。現在將「語句涵蘊」的意義更精確的敘述如下：

設 P、Q 為任意語句，當且只當 P→Q 為恆真句時，P 語句涵蘊 Q (P sententially implies Q)。

一個語句若語句涵蘊另一個語句，則只要前者為真，則後者也必定為真；因此，以前者為前提而以後者為結論的論證，必定是有效的。例如：

　　　⑴　(P→Q)∧P→Q

是恆真的，換言之，(P→Q)∧P 語句涵蘊 Q。因此，

　　　(Ⅰ)　(P→Q)∧P

　　　　　　∴Q

這個論證是有效的。我們在 2–1 曾經指出所謂論證有效有兩種不同的

意義：第一種是只考慮語句連詞以及單句與單句之間的相關位置，就可顯示論證有效；第二種是要進一步分析單句的內部結構才能顯示論證有效。我們也曾經指出：在第一種意義下有效，則也必在第二種意義下有效；反之，在第二種意義下有效，卻未必在第一種意義下有效。為了以後敘述的方便起見，我們把第一種意義下的有效論證叫做「語句邏輯的有效論證」(valid argument in sentential logic)。所謂「語句邏輯」是指把單句當做最基本的單元，而只考慮語句連詞以及單句與單句之間的相關位置的邏輯。上面的論證(I)就是語句邏輯的有效論證，因為當我們判斷它是有效論證時，是以單句當做最基本的單元來考慮的，並未對單句的內部結構做進一步的分析。一般言之，設 P、Q 為任意語句，當且只當 P 語句涵蘊 Q 時，以 P 為前提而以 Q 為結論的論證是一個語句邏輯的有效論證。但是，這只是指只有一個前提的論證而言。如果論證的前提不止一個，則當如何？現在讓我們來考慮下面的論證：

$$
\begin{array}{ll}
\text{(II)} & P \lor Q \\
& P \to R \\
& Q \to S \\
\therefore & R \lor S
\end{array}
$$

這個論證有三個前提，我們用語句連詞「∧」把它們連成連言

$$
(2) \quad (P \lor Q) \land (P \to R) \land (Q \to S)
$$

只要用真值表就可判斷(2)語句涵蘊結論 R∨S，換言之，以(2)為前件而以 R∨S 為後件的條件句

$$
(3) \quad (P \lor Q) \land (P \to R) \land (Q \to S) \to R \lor S
$$

是一個恆真句。因此，不管以任何語句取代其中的單句，都不可能使(2)為真而 R∨S 為假。但是，(2)是論證(II)的三個前提所連成的連言，而 R∨S 是(II)的結論。因此，所謂不可能使(2)為真而 R∨S 為假，意即：論

證(Ⅱ)不可能前提全部為真而結論為假；也就是說，(Ⅱ)是一個有效的論證。其實，它不僅是有效論證，而且是語句邏輯的有效論證。因為當我們判斷它是有效論證時；換言之，當我們判斷(2)語句涵蘊 R∨S，以及判斷(3)為恆真句的時候；我們是以單句當做最基本的單元來考慮的，我們並不顧慮 P、Q、R、S 等單句的內部結構，不管以任何語句取代這些單句，都不可能使(Ⅱ)的前提全部為真而結論為假。

　　從上面的實例和說明，我們可以利用「語句涵蘊」的概念替「語句邏輯的有效論證」下定義：

　　　　設 P_1、P_2、P_3、…、P_n 為某一論證的前提，C 為該論證的結論。當且只當 $P_1 \land P_2 \land P_3 \land … \land P_n$ 語句涵蘊 C 時，該論證是語句邏輯的有效論證。

根據這個定義，要判斷一個論證是否語句邏輯的有效論證，其方法如下：以該論證的所有前提所連成的連言為前件，以該論證的結論為後件，連成一個條件句；然後用真值表判斷這個條件句是否為恆真句；如果是恆真句，則該論證是語句邏輯的有效論證，不然則否。

　　如果一個語句語句涵蘊另一個語句，反之後者也語句涵蘊前者，則不管以任何語句取代這兩個語句中的單句，絕對不可能產生一真一假的情形。兩個語句之間的這種關係，叫做「語句等值」(sentential equivalence)。所謂「等值」是說兩個語句的真假永遠相同；稱之為「語句等值」是因為這種等值關係，只要考慮語句連詞以及單句與單句之間的相關位置，即可顯示出來。現在將「語句等值」的意義更精確的敘述如下：

　　　　設 P、Q 為任意語句。當且只當 P 語句涵蘊 Q 而 Q 也語句涵蘊 P 時，P 與 Q 語句等值。

根據「語句涵蘊」的定義，「語句等值」的意義又可敘述如下：

　　　　設 P、Q 為任意語句。當且只當 P↔Q 為恆真句時，P 與 Q 語句

等值。

因此，要判斷兩個語句是否語句等值，其方法如下：用語句連詞「↔」將這兩個語句連成雙條件句；然後用真值表判斷這個雙條件句是否為恆真句；如果是恆真句，則這兩個語句語句等值，不然則否。例如：要判斷 –(P∧Q) 與 –P∨–Q 是否語句等值，只要用真值表判斷 –(P∧Q) ↔ (–P∨–Q) 是否為恆真句即可。

P	Q	P∧Q	–(P∧Q)	–P	–Q	–P∨–Q	–(P∧Q) ↔ (–P∨–Q)
T	T	T	F	F	F	F	T
T	F	F	T	F	T	T	T
F	T	F	T	T	F	T	T
F	F	F	T	T	T	T	T

從上面的真值表得知 –(P∧Q) ↔ (–P∨–Q) 為恆真句，因而 –(P∧Q) 與 –P∨–Q 語句等值。 我們在 2–4 曾經指出這兩個語句的邏輯意義相同。所謂「邏輯意義相同」意即在任何情形下真假相同，而所謂「語句等值」意即不必分析單句的內部結構，即可顯示邏輯意義相同。很明顯的，兩個語句若語句等值，則邏輯意義相同；反之，兩個語句的邏輯意義相同，則它們不一定語句等值。我們在第二章所提到的邏輯意義相同的語句都是語句等值。

習　題

1.用真值表判斷下列各論證是否為語句邏輯的有效論證：

　(a)　P → Q　　　　　　　　　(b)　P → Q

$\therefore -Q \to -P$　　　　　$\therefore -P \to -Q$

(c)　$P \land Q$　　　　　(d)　P

　　$\therefore P$　　　　　　　$\therefore P \lor Q$

(e)　P　　　　　　　(f)　$P \to Q$

　　$\therefore P \to Q$　　　　　$\therefore P \to (P \land Q)$

(g)　$(P \lor Q) \to (P \land Q)$　　(h)　$P \to Q$

　　$\therefore (P \to Q) \land Q$　　　　$P \to R$

　　　　　　　　　　　$\therefore Q \lor R$

(i)　$P \to Q$　　　　　(j)　$P \to Q$

　　$-P$　　　　　　　　$-Q$

　　$\therefore -Q$　　　　　　$\therefore -P$

(k)　P　　　　　　　(l)　$P \to Q$

　　Q　　　　　　　　$Q \to R$

　　$\therefore P \land Q$　　　　　$\therefore R \to P$

(m)　$P \to (Q \to R)$　　(n)　$P \to (Q \land R)$

　　$P \to Q$　　　　　　$(Q \lor R) \to -P$

　　$\therefore P \to R$　　　　　$\therefore -P$

(o)　$P \to (Q \to R)$　　(p)　$(P \to Q) \land (R \to S)$

　　$Q \to (P \to R)$　　　　$P \land R$

　　$\therefore P \lor Q \to R$　　　　$\therefore Q \land S$

(q)　$(P \to Q) \land (R \to S)$　(r)　$P \to (Q \to R)$

　　$-Q \lor -S$　　　　　　$Q \to (R \to S)$

　　$\therefore -P \lor -R$　　　　$\therefore P \to S$

(s)　$P \to (Q \to R)$　　(t)　$(P \to Q) \land (P \land Q \to R)$

　　$(Q \to R) \to S$　　　　$P \to (R \to S)$

　　$\therefore P \to S$　　　　　$\therefore P \to S$

2.將下列各論證的前提與結論寫成邏輯式，然後用真值表判斷各
論證是否為語句邏輯的有效論證：

(a)如果張庚自動退出，則趙景源將被提名，否則劉凱將會失望。
趙景源不可能被提名。因此，如果張庚自動退出，則劉凱將
會失望。

(b)如果林蔚森補考邏輯，則一定是學期成績不及格。如果他補
考邏輯，則將失去獎學金。因此，如果林蔚森的邏輯學期成
績不及格，則將失去獎學金。

(c)只要張庚自動退出，趙景源和劉凱都會當選。事實上，趙景
源並沒有當選。因此，張庚沒有自動退出。

(d)如果日本隊勝中國隊，則日本隊只要再擊敗菲律賓隊就可獲
得冠軍。日本隊一定會擊敗菲律賓隊。因此，日本隊只要勝
中國隊就可獲得冠軍。

(e)如果日本隊勝中國隊，則日本隊只要再擊敗菲律賓隊就可獲
得冠軍。日本隊一定會得到冠軍。因此，日本隊只要勝中國
隊就一定會擊敗菲律賓隊。

(f)只要張庚自動退出，則趙景源和劉凱兩人中至少有一人當選。
趙景源絕對不可能當選。因此，如果劉凱不當選，那一定是
張庚沒有自動退出。

(g)魏炳燦必須每天花四小時學習英文，他的英文成績才會及格。
如果他每天花四小時學習英文，就不能夠做完英文作業。如
果不能夠做完英文作業，則他的英文成績不會及格。因此，
魏炳燦的英文成績一定不及格。

(h)若魯賓遜被提名為總統候選人，則史密斯將被提名為副總統
候選人。若湯普遜被提名為總統候選人，則史密斯也將被提名
為副總統候選人。魯賓遜和湯普遜兩人中至少有一人被提名

為總統候選人。因此，史密斯一定會被提名為副總統候選人。

(i)只要張庚自動退出，則趙景源和劉凱兩人中至少有一人當選。如果趙景源和劉凱兩人都當選，則溫仁傑就將落選。因此，只要張庚自動退出，則溫仁傑會落選。

(j)只要張庚自動退出，則趙景源和劉凱兩人都會當選。趙景源和劉凱兩人中只要有一人當選，溫仁傑就會落選。因此，只要張庚自動退出，則溫仁傑就會落選。

3.用真值表判斷下列各題中的兩個語句是否語句等值：

(a) $P \rightarrow Q$

$-Q \rightarrow -P$

(b) $P \rightarrow Q$

$-P \rightarrow -Q$

(c) $(P \rightarrow Q) \rightarrow R$

$(Q \rightarrow P) \rightarrow R$

(d) $P \rightarrow (Q \rightarrow R)$

$Q \rightarrow (P \rightarrow R)$

(e) P

$P \wedge (P \vee Q)$

(f) P

$P \vee (P \wedge Q)$

(g) P

$P \wedge (P \rightarrow Q)$

(h) P

$P \wedge (Q \rightarrow P)$

(i) P

$P \vee (P \rightarrow Q)$

(j) $P \rightarrow Q$

$(P \vee Q) \leftrightarrow Q$

4.將下列各題中的兩個語句寫成邏輯式，然後用真值表判斷它們是否語句等值：

(a)如果溫仁傑當選，則只有張庚自動退出，趙景源才可能當選。如果溫仁傑和趙景源都當選，則必是張庚自動退出。

(b)甲、乙兩人必須有一人出席，但不能兩人都出席。甲出席而乙不出席，或甲不出席而乙出席。

(c)魏炳燦若補考英文，則必是期末考試不及格。魏炳燦期末考試英文必須及格，才不必補考。

3-2　有關語句涵蘊的一些常用規則

　　我們雖然知道如何判斷一個論證是否為語句邏輯的有效論證，但是我們並不是每遇到一個論證，都要用真值表去判斷是否有效。我們若能熟悉一些語句邏輯的有效論證，則我們不必用真值表就能夠從前提導出結論。換言之，熟悉這些有效論證可增進我們的推理能力。現在就把一些比較常用的語句邏輯的有效論證一一舉例說明如下。

　　㈠肯定前件因而肯定後件 (Modus Ponendo Ponens)

　　已知一個條件句為真，同時又知道該條件句的前件為真，我們就可以斷定該條件句的後件也必定是真的。換言之，從一個條件句與該條件句的前件，可以導出該條件句的後件，也就是說，下面這種形式的論證是有效的：

$$P \to Q$$
$$P$$
$$\therefore Q$$

我們只要用真值表就可斷定 $(P \to Q) \land P \to Q$ 是恆真句，因而得知這個論證是語句邏輯的有效論證。但是，我們不必用真值表就可看出這個論證是有效的：因為 $P \to Q$ 為真，故不會 P 真 Q 假；又知 P 為真，故 Q 必為真。

　　一個論證若是語句邏輯的有效論證，則不管以任何語句取代其中的單句，所產生的論證也必定是語句邏輯的有效論證。因此，以任意語句取代上面那個論證中的 P 和 Q，所產生的論證必定是語句邏輯的有效論證。例如：以「尼克森當選」取代 P，以「越戰局勢會改觀」取代 Q，所產生的論證

　　　　如果尼克森當選，則越戰局勢會改觀。

　　　　尼克森當選。

　　　　所以，越戰局勢會改觀。

是語句邏輯的有效論證。再如：以 A∨B 取代 P，以 C∧–D 取代 Q，則我們可從 A∨B → C∧–D 和 A∨B 這兩個前提導出結論 C∧–D。

　　我們可以得到一項規則：已知一條件句為真，肯定其前件則可因而肯定其後件。此規則縮寫為「M.P.P.」。

　　請注意：已知一條件句為真，肯定其後件不可因而肯定其前件。因為下列的論證是語句邏輯的無效論證：

　　　　　P → Q

　　　　　Q

　　　　∴P

(II)否定後件因而否定前件 (Modus Tollendo Tollens)

　　已知一個條件句為真，又知道它的後件為假，我們就可以斷定它的前件也是假的。換言之，從一個條件句以及該條件句後件的否定句，可以導出該條件句前件的否定句。也就是說，下列的論證是語句邏輯的有效論證：

　　　　　P → Q

　　　　　–Q

　　　　∴–P

因為第一個前提 P → Q 告訴我們不會 P 真 Q 假，第二個前提 –Q 又告訴我們 Q 是假的，所以我們可以斷定 P 必定為假。

　　這種論證的規則是：已知一個條件句為真，否定其後件則可因而否定其前件。此規則記作「M.T.T.」。下面兩個論證是應用這項規則的實例：

　　　　如果 3382 可被 36 整除，則可被 6 整除。

　　　　3382 不能被 6 整除。

所以，3382 不能被 36 整除。

$$(P \rightarrow Q) \rightarrow -R \lor Q$$
$$-(-R \lor Q)$$
$$\therefore -(P \rightarrow Q)$$

注意：已知一條件句為真，固然可以因為否定其後件因而否定其前件；但否定其前件卻不能因而否定其後件。因為下列的論證是語句邏輯的無效論證：

$$P \rightarrow Q$$
$$-P$$
$$\therefore -Q$$

(Ⅲ)假言三段論 (Hypothetical Syllogism)

已知若 P 真則 Q 真，又知道若 Q 真則 R 真，我們可以斷定若 P 真則 R 真。換言之，有兩個條件句，其中一個條件句的後件恰好是另一個條件句的前件；則我們可以從這兩個條件句導出另一個條件句，這個導出的條件句是以第一個條件句的前件為前件，而以第二個條件句的後件為後件。也就是說，下列的論證是語句邏輯的有效論證：

$$P \rightarrow Q$$
$$Q \rightarrow R$$
$$\therefore P \rightarrow R$$

這個論證中，若兩個前提皆為真，則不可能 P 真 R 假，亦即不可能結論假。因為若 P 真 R 假，則當 Q 真時 Q → R 為假，當 Q 假時 P → Q 為假，亦即無論如何不可能兩前提都真。

這種論證所依據的規則記作「H.S.」。下面兩個論證是應用這項規則的實例：

如果 3384 可被 36 整除，則可被 6 整除。

如果 3384 可被 6 整除，則可被 3 整除。

所以，如果 3384 可被 36 整除，則可被 3 整除。

P∨Q → −(R∨S)

−(R∨S) → N

∴P∨Q → N

注意：下列兩個論證都是語句邏輯的無效論證：

P → Q　　　　　　　　　P → R

P → R　　　　　　　　　Q → R

∴Q → R　　　　　　　∴P → Q

(IV)選言三段論 (Disjunctive Syllogism) 或否定其一因而肯定另一

　　(Modus Tollendo Ponens)

已知一個選言為真，又知道其中的一個選言因子為假，我們就可以斷定另一個選言因子必定為真。換言之，從一個選言以及其中一個選言因子的否定句，可以導出該選言的另一個選言因子。也就是說，下列論證是語句邏輯的有效論證：

P∨Q　　　　　　　　　P∨Q

−P　　　　　　　　　　−Q

∴Q　　　　　　　　　∴P

因為第一個前提告訴我們 P、Q 至少有一為真，第二個前提又告訴我們 P（或 Q）為假，所以我們可以斷定 Q（或 P）為真。

這種論證的規則是：已知兩個語句所連成的選言為真，否定其一可因而肯定其另一。此規則記作「D.S.」或「M.T.P.」，為了避免記號的紊亂，我們一律記作「D.S.」，而不採用後一個記號。下面兩個論證是應用這項規則的實例：

林蔚森要補考英文或數學。

林蔚森不須補考英文。

因此，林蔚森要補考數學。

$(R \wedge -S) \vee P$

$-P$

$\therefore R \wedge -S$

注意：已知兩個語句所連成的選言為真，否定其一固然可以因而肯定其另一；但肯定其一卻不可因而否定其另一。因為下列論證是語句邏輯的無效論證：

$P \vee Q$	$P \vee Q$
P	Q
$\therefore -Q$	$\therefore -P$

(V)附加律 (Law of Adjunction)

已知兩個語句皆為真，我們就可以斷定這兩個語句的連言必定為真。換言之，從兩個語句可以導出它們的連言。也就是說，下列的論證是語句邏輯的有效論證：

P

Q

$\therefore P \wedge Q$

這種論證的規則是：肯定兩個語句可因而肯定其連言。此規則記作「Adj.」。下面兩個論證是應用此規則的實例：

司馬光曾任宋哲宗的宰相。

司馬光著有資治通鑑一書。

因此，司馬光曾任宋哲宗的宰相且著有資治通鑑一書。

$P \rightarrow Q$

$Q \rightarrow P$

$$\therefore (P \to Q) \land (Q \to P)$$

(Ⅵ)簡化律 (Law of Simplification)

已知一個連言為真，我們就可以斷定它的任意一個連言因子為真。換言之，從一個連言可導出該連言的任意一個連言因子。也就是說，下列論證是語句邏輯的有效論證：

$P \land Q$	$P \land Q$
$\therefore P$	$\therefore Q$

(Ⅰ)～(Ⅴ)五種論證都是從兩個前提導出結論，現在這種論證卻只從一個前提導出結論。

這種論證的規則是：已知一個連言為真，可任意刪除它的一個連言因子而只剩另外一個。此規則記作「Simp.」。下面兩個論證是應用此規則的實例：

司馬光曾任宋哲宗的宰相且著有資治通鑑一書。

因此，司馬光著有資治通鑑一書。

$$(P \to Q) \land (Q \to P)$$
$$\therefore P \to Q$$

注意：連言因子雖可刪除，但不能添加上去。因為下列論證是語句邏輯的無效論證：

P	Q
$\therefore P \land Q$	$\therefore P \land Q$

(Ⅶ)添加律 (Law of Addition)

已知一個語句為真，我們就可以斷定以它為選言因子的選言，必定為真。換言之，從一個語句可導出以該語句為選言因子的選言。也就是說，下列論證是語句邏輯的有效論證：

P	P

$$\therefore P \lor Q \qquad\qquad \therefore Q \lor P$$

這種論證也是只從一個前提導出結論。它的規則是：已知一個語句為真，可任意添加一個選言因子。此規則記作「Add.」。下面兩個論證是應用此規則的實例：

越南局勢會改觀。

所以，越南或寮國的局勢會改觀。

$$P \land Q$$
$$\therefore (P \land Q) \lor -Q$$

注意：選言因子雖可隨意添加，但不能隨意刪除。因為下列論證是語句邏輯的無效論證：

$$P \lor Q \qquad\qquad P \lor Q$$
$$\therefore P \qquad\qquad \therefore Q$$

上述七種論證是最基本的論證形式；我們把它們當做規則，遇到比較複雜的論證，就利用這些規則從前提導出結論。我們將在本章對此做詳細的說明。現在，我們先要熟悉這些規則，所謂「熟悉」包括下列三點：(i)熟記這些規則，要像自己老家的住址或老友的姓名一樣不假思索的寫出來。(ii)在直覺上，要確實的瞭解並相信使用這些規則所得的論證必定是有效的。這種直覺上的瞭解與相信，並不是只用真值表來檢驗就可獲得的。我的意思並不是要讀者不信賴真值表，反而去相信自己的直覺；我的意思是說：這些簡單的基本論證，用真值表斷定為有效之後，還要進一步使自己在直覺上覺得它們之為有效是非常明顯的道理。當別人對某一項規則發生懷疑時，我們必須能夠反覆舉例說明其有效的理由，而不僅僅列出真值表來替這項規則辯護。(iii)能夠正確而迅速的應用這些規則，要像一位優秀的裁判對比賽規則那樣的熟練。

最後，讓我們指出初學者應用這七項規則時最容易犯的錯誤，提醒讀者注意。我們要牢記一個原則，就是：這七項規則只能應用於整個語句，不能在一個語句中的某一部分應用這些規則。例如：下面的論證就是 Simp. 規則的誤用：

$$P \wedge Q \to R$$

$$\therefore P \to R$$

Simp. 規則固然允許我們從 $P \wedge Q$ 導出 P，但是只有當 $P \wedge Q$ 是一個單獨的語句時，才可導出 P；如果 $P \wedge Q$ 只是另一個更長的語句中的一部分，則 Simp. 規則不能適用。上面的論證中，$P \wedge Q$ 只是 $P \wedge Q \to R$ 的前件，因此不能把 Simp. 規則適用於 $P \wedge Q$ 而導出 $P \to R$。再如：Add. 規則允許我們從 P 導出 $P \vee Q$；但是當 P 只是另一個語句的一部分時，適用 Add. 規則會產生下面的無效論證：

$$-P$$

$$\therefore -(P \vee Q)$$

在某些情況下，這些規則適用於某一個語句的一部分，也會產生一個有效的論證。例如：

$$P \to Q \wedge R$$

$$\therefore P \to Q$$

是一個語句邏輯的有效論證。因此，我們似乎可以把 Simp. 規則適用於 $P \to Q \wedge R$ 的後件，以導出 $P \to Q$。其實，這個論證雖然有效，但並不是 Simp. 規則適用於後件而得到的。本節所介紹的七項規則只允許適用於整個語句，不能適用於一個語句的一部分。對於這些規則的適用加以如此的限制，固然避免了無效論證的產生，但會不會因這種限制而使得某些有效論證的產生也受到阻礙呢？這種顧慮是多餘的。因為我們以後還要介紹其他的規則，利用我們所介紹的規則，只要是有效的論證，我們一定可以從前提導出結論。

習　題

1. 指出下列各論證是用那一項規則從前提導出結論：

(a)　$-S \to (P \to R)$
$\quad -(P \to R)$
$\quad \therefore - -S$

(b)　$(P \to Q) \to R \wedge -S$
$\quad P \to (P \to Q)$
$\quad \therefore P \to R \wedge -S$

(c)　$-(N \wedge P)$
$\quad \therefore (-N \vee P) \vee -(N \wedge P)$

(d)　$-(N \wedge P)$
$\quad -(N \vee P) \vee (N \wedge P)$
$\quad \therefore -(N \vee P)$

(e)　$(P \wedge Q) \vee -Q$
$\quad (P \wedge Q) \vee -Q \to -Q$
$\quad \therefore -Q$

(f)　$-(P \wedge R) \to (N \to R \vee S)$
$\quad -(P \vee Q) \to -(P \wedge R)$
$\quad \therefore -(P \vee Q) \to (N \to R \vee S)$

(g)　$C \vee B \to [A \to (D \leftrightarrow E)]$
$\quad C \vee B$
$\quad \therefore A \to (D \leftrightarrow E)$

(h)　$C \vee B$
$\quad A \to (D \leftrightarrow E)$
$\quad \therefore [A \to (D \leftrightarrow E)] \wedge (C \vee B)$

(i)　P
$\quad \therefore P \vee (P \wedge -Q)$

(j)　$[-(P \wedge Q) \to P] \wedge P$
$\quad \therefore P$

2. 將下列各論證寫成邏輯式，然後指出是用那一項規則從前提導出結論：

(a)除非他會游泳，否則決不敢到碧潭划船。實際上，他不會游泳。因此，他不敢到碧潭划船。

(b)魏敦儀只要肯用功就可升級。現在他留級了。可見他並不用功。

(c)趙進賢和蕭炳燦都可能當選。所以，趙進賢可能當選。

(d)甲考試及格了。可見甲、乙、丙三人中有人及格。

(e)魏敦儀必須用功才能及格。實際上，他並不用功。因此，他不會及格。

3-3　有關語句等值的一些常用規則

兩個語句是否語句等值雖可用真值表來判斷，但是我們在本節中還要特別介紹一些有關語句等值的常用規則。以後讀者將會看出：熟悉這些常用的規則，在推理的過程中是非常有用的。下面所列的規則，除了最後一個之外，都是在介紹語句連詞的時候詳細說明過的。因此，除非有特別須要提示的情形之外，將不再做任何說明，請讀者自己參閱第二章的有關各節。

(I)雙重否定律 (Law of Double Negation)；記作「D.N.」

　　　P 與 − −P 語句等值

(II)交換律 (Commutative Laws)；記作「Com.」

　　　P∧Q 與 Q∧P 語句等值

　　　P∨Q 與 Q∨P 語句等值

(III)結合律 (Associative Laws)；記作「Ass.」

　　　(P∧Q)∧R 與 P∧(Q∧R) 語句等值

　　　(P∨Q)∨R 與 P∨(Q∨R) 語句等值

因為連言因子的結合順序無關緊要，因此我們通常把括弧省略不用，只寫成一個連續的連言。在 3-2 所介紹的規則當中，有關連言的兩個規則，即 Simp. 和 Adj.，可推廣適用於連續連言。詳言之，簡化律 (Simp.) 推廣成如下的規則：已知一個連續連言為真，可隨意刪除其中的一個或數個連言因子，而剩下其餘的連言因子。例如：下列論證就是使用推廣後的簡化律，從前提導出結論的：

　　　P∧Q∧R　　　　　　　　N∧−R∧(P∨Q)∧(Q → R)

$$∴P∧R \qquad\qquad ∴−R∧(P∨Q)$$

附加律 (Adj.) 推廣成如下的規則：肯定數個語句可因而肯定它們所連成的連續連言。例如：下列論證就是附加律的推廣使用：

$$
\begin{array}{ll}
P∧Q & P∨Q → R \\
R & P∧−Q \\
S & Q → S \\
∴P∧Q∧R∧S & ∴(P∨Q → R)∧P∧−Q∧(Q → S)
\end{array}
$$

因為選言因子也可隨意結合，因此有關選言的兩個規則，即 D.S. 和 Add.，也可做類似的推廣。D.S. 規則的推廣是：已知數個語句的連續選言為真，又知這數個語句中的一部分語句所連成的連續選言為假，我們就可斷定其餘的語句所連成的連言為真；若是只剩一個語句，則此語句為真。下列論證是 D.S. 規則的推廣使用：

$$
\begin{array}{ll}
P∨Q∨R∨S & (P∧Q)∨−S∨R \\
−(P∨R) & −[(P∧Q)∨R] \\
∴Q∨S & ∴−S
\end{array}
$$

Add. 規則的推廣是：已知一個語句為真，可隨意添加一個或數個選言因子。下列論證就是 Add. 規則的推廣使用：

$$
\begin{array}{ll}
P∨Q & Q → R \\
∴P∨Q∨R∨S & ∴P∨(Q → R)∨(S∧Q)
\end{array}
$$

(IV)羃等律 (Idempotent Laws)；記作「Idem.」

$P∧P$ 與 P 語句等值

$P∨P$ 與 P 語句等值

此規則可推廣如下：

$P∧P∧P∧P∧$ … 與 P 語句等值

$P∨P∨P∨P∨$ … 與 P 語句等值

(V)狄摩根律 (DeMorgan's Laws)；記作「DeM.」

$-(P \wedge Q)$ 與 $-P \vee -Q$ 語句等值

$-(P \vee Q)$ 與 $-P \wedge -Q$ 語句等值

此規則可推廣如下：

$-(P \wedge Q \wedge R \wedge \cdots)$ 與 $-P \vee -Q \vee -R \vee \cdots$ 語句等值

$-(P \vee Q \vee R \vee \cdots)$ 與 $-P \wedge -Q \wedge -R \wedge \cdots$ 語句等值

(VI)分配律 (Distributive Laws)；記作「Dist.」

$P \wedge (Q \vee R)$ 與 $(P \wedge Q) \vee (P \wedge R)$ 語句等值

$P \vee (Q \wedge R)$ 與 $(P \vee Q) \wedge (P \vee R)$ 語句等值

此規則可推廣如下：

$P \wedge (Q \vee R \vee S \vee \cdots)$ 與 $(P \wedge Q) \vee (P \wedge R) \vee (P \wedge S) \vee \cdots$
語句等值

$P \vee (Q \wedge R \wedge S \wedge \cdots)$ 與 $(P \vee Q) \wedge (P \vee R) \wedge (P \vee S) \wedge \cdots$
語句等值

(VII)異質位換律 (Law of Contraposition)；記作「Contra.」

$P \rightarrow Q$ 與 $-Q \rightarrow -P$ 語句等值

(VIII)條件句與選言之等值律 (Law of Equivalence for Conditional and Disjunction)；記作「C.D.」

$P \rightarrow Q$ 與 $-P \vee Q$ 語句等值

(IX)雙條件句與條件句之等值律 (Law of Equivalence for Biconditional and Conditional)；記作「B.C.」

$P \leftrightarrow Q$ 與 $(P \rightarrow Q) \wedge (Q \rightarrow P)$ 語句等值

(X)雙條件句與選言之等值律 (Law of Equivalence for Biconditional and Disjunction)；記作「B.D.」

$P \leftrightarrow Q$ 與 $(P \wedge Q) \vee (-P \wedge -Q)$ 語句等值

(XI)移出律 (Law of Exportation)；記作「Exp.」

$P \rightarrow (Q \rightarrow R)$ 與 $P \wedge Q \rightarrow R$ 語句等值

我們只要考慮這兩個語句在什麼情形下為假，就可看出它們是語句等值。我們先考慮 P→(Q→R)：這個條件句只有在 P 真 Q→R 假時為假，而所謂 Q→R 假意即 Q 真 R 假；可見，當 P、Q 真而 R 假時，P→(Q→R) 為假，在其他情形下 P→(Q→R) 為真。其次，我們考慮 P∧Q→R：這個條件句只有在 P∧Q 真 R 假時為假，而所謂 P∧Q 真意即 P、Q 皆為真；可見，P∧Q→R 在 P、Q 皆為真而 R 為假的情形下為假，而在其他情形下為真。P→(Q→R) 與 P∧Q→R 既在同樣的情形下為真，也在同樣的情形下為假，故它們語句等值。

3–2 所介紹的七個規則只告訴我們：可以從某一個或某些個前提導出某結論。本節所介紹的十一個規則是告訴我們：從某一個前提可導出某結論，反過來從後者也可導出前者；換言之，它們告訴我們某兩個語句的邏輯意義相同。兩個語句的邏輯意義既然相同，則不管它們是單獨的語句或是某一語句中的一部分，它們之間皆可隨意代換而不致影響原句的意義。例如：依據 C.D. 規則，

　　　⑴　P→Q∧−R

與

　　　⑵　−P∨(Q∧−R)

的邏輯意義相同。當⑴單獨出現時，固可依據 C.D. 規則改成⑵；當⑴只是別的語句的一部分時，例如：在

　　　⑶　(P→Q∧−R)∧(P∨Q)

中，⑴只是⑶的一部分，我們仍然可用⑵來代換這一部分，而成為

　　　⑷　〔−P∨(Q∧−R)〕∧(P∨Q)

經過這樣代換之後的語句⑷，與原來的語句⑶不但邏輯意義相同，而且語句等值。

很明顯的，設 P 為 R 的一部分，P 與 Q 語句等值，而 S 為以 Q 代換 R 中的某一個或某些個 P 所得的語句，則 R 與 S 語句等值。可見，

本節所介紹的十一個規則，不但可適用於整個語句，也可適用於一個語句的一部分。這一點與 3–2 中的七個規則不同。

習　題

1.指出下列各論證是用那一項規則從前提導出結論：

(a)　〔−L → −(K∧J)〕∧〔K → (I → −M)〕

　　∴〔(K∧J) → L〕∧〔K → (I → −M)〕

(b)　−M∨− −L → −(A∧B)

　　∴−(M∧−L) → −A∨−B

(c)　P∧Q∧(−R∨S)

　　∴(P∧Q∧−R)∨(P∧Q∧S)

(d)　〔(K∧J) → L〕∧〔K → (I → −M)〕

　　∴〔(K∧J) → L〕∧〔(K∧I) → −M〕

(e)　−M∨(P → − −I)

　　∴−M∨(− −P → I)

(f)　(P∧P)∨−(R∨S)

　　∴P∨−(R∨S)

(g)　(− −P∨Q) → R

　　∴−(−P → Q)∨R

(h)　−(P → Q)∨〔(R∨S)∧(Q → R)〕

　　∴〔(Q → R)∧(S∨R)〕∨−(P → Q)

(i)　〔P∧Q → −(P → R)〕∧〔−(P → R) → P∧Q〕

　　∴P∧Q ↔ −(P → R)

(j)　(P ↔ Q)∧〔(R∧S∧N)∨〔−(R∧S)∧−N〕〕

　　∴〔(P∧Q)∨(−P∧−Q)〕∧(R∧S ↔ N)

2. 將下列各論證寫成邏輯式，然後指出是用那一項規則從前提導
　出結論：

　⒜如果中國隊勝了日本隊，則只要再勝韓國隊就可獲得冠軍。
　　因此，中國隊只要勝日、韓兩隊，就可獲得冠軍。

　⒝中國隊必須勝日本隊才會獲得亞軍。因此，如果中國隊不勝
　　日本隊就無法獲得亞軍。

　⒞甲一定要出席，乙、丙兩人至少要有一人出席。所以，必須
　　甲、乙兩人出席或甲、丙兩人出席。

　⒟魏景邁不會補考或重修。因此，魏景邁不會補考也不會重修。

　⒠甲出席或乙、丙兩人出席。所以，甲、乙兩人至少有一人出
　　席，而且甲、丙兩人至少有一人出席。

第四章　語句推論

4–1　推論的功用

　　當我們用真值表判斷一個論證為有效之後，雖然相信它是有效的，但在直覺上並不確實明瞭它何以有效。換言之，我們雖然確信一個論證有效，但仍然不知道這個論證的結論是如何從前提導出的。真值表只有在論證的前提和結論都已列出之後，才能用來判斷這個論證是有效或無效；當論證尚未構成之前，真值表並不能告訴我們如何從前提導出結論。為了補救真值表的缺陷，邏輯家設計了另一種處理論證的方法。這個方法是這樣的：先選擇一些比較常用的有效論證形式（某一論證形式是否有效，可用真值表來判斷），把它們當做推論規則，所謂「推論規則」(rules of inference) 是告訴我們從怎麼樣的前提可導出怎麼樣的結論；然後依據這些推論規則，從前提一步一步的導出結論。這種由前提導出結論的過程，叫做「推論」(inference) 或「推理」(reasoning)。

　　讓我們用實例來說明。請看下面的論證：

　　　⑴　$P \rightarrow Q \wedge R$

　　　⑵　$-Q$

　　　∴ $P \rightarrow R$

讀者如果還未熟悉 3–2 和 3–3 所介紹的規則，大概不容易一眼看出這個論證是有效的；即使用真值表斷定其為有效之後，仍然不明瞭它的結論是如何導出的。但是，如果我們熟悉了 3–2 和 3–3 中的十八條規

則，則不難依據這些規則，由前提一步一步導出結論。其導出的步驟
如下：首先，依據 Add. 規則由(2)導出

     (3)　$-Q \vee -R$

再依據 DeM. 規則由(3)導出

     (4)　$-(Q \wedge R)$

再依據 M.T.T. 規則由(1)和(4)導出

     (5)　$-P$

再依據 Add. 規則由(5)導出

     (6)　$-P \vee R$

最後，依據 C.D. 規則由(6)導出

     (7)　$P \rightarrow R$

而(7)恰好就是我們所要的結論。從前提(1)和(2)導出結論(7)的過程叫做
「推論」，而推論所依據的規則，諸如：Add., DeM., M.T.T., C.D. 等
等，叫做「推論規則」。我們若是能夠相當熟練的使用推論規則，則只
要論證不太複雜，我們大致可以迅速而正確的判斷它是否有效。當我
們利用推論規則斷定一個論證為有效時，必定已經完成了推論工作，
也就是說，業已從前提導出了結論，才下此判斷。因此，不像用真值
表的方法，斷定了有效之後，在直覺上還不明瞭其所以有效的理由。
我特別指明「在直覺上」不明瞭，因為在理論上或理智上我們瞭解真
值表的原理；只是當真值表告訴我們某一論證為有效時，我們總覺得
還要進一步明瞭如何由前提導出結論，而且每一步驟都要是我們所熟
悉的論證形式，這樣才算是真正瞭解其所以有效的理由。使用推論規
則的方法恰好滿足了我們直覺上的要求。

　　要使推論達成上述的功用，必須要求我們的規則具備兩個條件。
第一，如果一個論證的結論可依據這些規則從前提導出，則此論證必
定有效。第二，如果一個論證有效，則其結論必可依據這些推論規則

從前提導出。我們的推論規則如果不具備第一個條件，則依據規則所做的論證不一定有效；如果不具備第二個條件，則依據規則導不出結論並不表示論證無效。所謂「可不可導出」，可能產生誤解，必須加以釐清。我們往往遇到這樣的情形：一個有效論證的結論確實是可依據推論規則從前提導出，但是我們竟然費了很長的時間才推論出來，有時甚至始終想不出如何推論，看了別人所做出的推論才恍然大悟。這種情形的發生也許是因為我們對規則尚未熟練，也許是因為論證本身比較複雜，也可能只是我們運氣較差沒有碰對而已。不論如何，這種情形的發生，足見我們導不出來的結論，也許事實上是可以導出的；也就是說，事實上可以導出的結論，我們不一定能夠導出。上面說明兩個條件時，所謂「可依據推論規則導出」，乃指事實上可以導出而言，而不是說任何人或某一人有能力完成這項推論工作；所謂「導不出」，也是指事實上導不出而言，而不僅僅表示沒有人能完成這項推論工作。

現在假定我們已經設計好一套推論規則，完全合乎上述的兩個條件。我們若依據這些規則完成了一項推論，從某些前提導出某一結論，則這個論證必定有效；反之，我們若沒有完成這項推論工作，則這個論證不一定就是無效的，它可能是無效的，也可能是有效而只是我們尚未導出而已。因此，推論只能顯示一個有效論證由前提導出結論的步驟或過程；它與真值表不同，不能用來證明一個論證無效，也不能用來做為判斷論證有效或無效的機械性的方法。

我們在 3–2 和 3–3 兩節一共介紹了十八個推論規則，這一套推論規則是否具備了上述的兩個條件呢？依據這十八個規則所推論的論證都是語句邏輯的有效論證；這些規則都是把單句當做最基本的單元，並沒有進一步分析單句的內部結構。因此，那種須要分析單句的內部結構才能顯示其有效者，只依據這十八個規則是推論不出來的。可見

這些規則並沒有具備上述的第二個條件。然而它們卻具備了第一個條件，因為語句邏輯的有效論證在另一種意義下也是有效的。

本書到此為止，尚未說明如何分析單句的內部結構。這個工作將在第五章開始著手。現在，我們暫且把第二個條件中的所謂「有效論證」限於語句邏輯的有效論證。然而，如此限制之後，我們那十八個規則仍未具備第二個條件；也就是說，如果只依據這十八個規則，而沒有任何其他的規則，則不一定每個語句邏輯的有效論證都可以推論出來。我們必須再加上兩個規則，就是將在 4–3 介紹的條件證法的規則 (rule of conditional proof) 以及將在 4–7 介紹的間接證法的規則 (rule of indirect proof)，一共二十個推論規則。有了這二十個規則，則任何語句邏輯的有效論證都可以推論出來。因為依據這二十個規則所推論的論證只限於語句邏輯的有效論證，並未對單句的內部結構加以分析，因此這種推論叫做「語句推論」(sentential inference)。

4–2　直接證法

所謂「直接證法」(direct proof) 是依據推論規則，由前提一步一步的導出結論。我們在 4–1 從 $P \rightarrow Q \wedge R$ 和 $-Q$ 兩個前提導出結論 $P \rightarrow R$ 的推論就是使用直接證法。我們把這種推論叫做「直接證法」，是因為它與 4–3 和 4–6 所要介紹的條件證法和間接證法不同，沒有任何暫時假設的前提。何謂「暫時假設的前提」，要等到講述條件證法和間接證法時才能做詳細的說明。現在讓我們先來學習直接證法，暫且不管它何以取這樣的名稱。我們還是以 4–1 的那個例子來說明。首先，把從前提到結論的語句，按照推論的順序列出來：

　　⑴　$P \rightarrow Q \wedge R$

　　⑵　$-Q$

(3) $-Q\lor-R$

(4) $-(Q\land R)$

(5) $-P$

(6) $-P\lor R$

(7) $P \to R$

當然，只把這七個語句按照上面的順序排列是不夠的。第一，我們無法判斷這七個語句到底是一個論證的推論，還是僅僅七個不相干的語句排列在一起。第二，即使知道它是一個推論，也無法判斷那幾個語句是前提。至於那一個語句是結論，倒是很明顯。一個推論如果已經完成，則最後一個語句必定是結論。因此，即使不註明，我們也知道(7)是結論。第三，即使知道(1)和(2)是前提，(7)是結論，也不知道(3)～(6)的每一個語句是如何導出的。為了免除這些疑慮，我們必須在每一個語句之後註明它的來源。這七個語句的來源只有兩種：(i)該語句本身就是前提；(ii)依據推論規則，從該語句之前的某一個語句或某兩個語句導出的。我們在每個前提右邊註明「P」字，表示它是前提。例如：(1)和(2)的右邊都要註明「P」字。推論中的某一個語句如果不是前提，我們就在這個語句的右邊註明它是由那一個或那兩個語句導出的，同時也要註明所依據的規則。例如：(3)是由(2)導出的，所依據的規則是 Add.，因此我們要在(3)的右邊註明「2, Add.」字眼。又如：(5)是由(1)和(4)依據 M.T.T. 規則導出的，因此要在(5)的右邊註明「1, 4, M.T.T.」。上面那個推論的每個語句都註明來源之後，就成為

(1) $P \to Q\land R$ P

(2) $-Q$ P

(3) $-Q\lor-R$ 2, Add.

(4) $-(Q\land R)$ 3, DeM.

(5) $-P$ 1, 4, M.T.T.

　⑹　　−P∨R　　　　　　5, Add.

　⑺　　P → R　　　　　　6, C.D.

寫成上面的形式之後，不但註明了每一個語句的來源，免除了第二和第三兩點疑慮，也同時免除了第一點疑慮。因為如果一序列的語句中，除了前提之外，每一語句必定是從前面的某些語句導出的，則此一序列語句當然是一個推論，而不是不相干的語句排列在一起。

　　一個推論中的每一個語句，除了前提之外，必定是由先前的某些語句導出的。因此，除了前提之外，推論中的語句必定是直接或間接由前提導出的。例如：⑶是由⑵導出的，而⑵是前提，因此⑶是由前提直接導出的；⑷是由⑶導出的，而⑶是由前提⑵導出的，因此⑷是間接由⑵導出的；⑸是由⑴和⑷導出的，而⑴本身是前提，⑷是間接由前提⑵導出的，因此⑸是間接由前提⑴和⑵導出的；⑹是由⑸導出的，而⑸是間接由前提⑴和⑵導出的，因此⑹是間接由前提⑴和⑵導出的；⑺是由⑹導出的，因此也是間接由前提⑴和⑵導出的。可見這個推論中的每一個語句，除了⑴和⑵兩個前提之外，都是直接或間接由這兩個前提導出的，因此只要這兩個前提為真，則推論中的每一個語句必定為真。我們曾經指出：一個推論中的最後一個語句就是結論。因此，它也是直接或間接由前提導出的；只要前提為真，它必定為真。

　　我們已經在推論中每個語句的右邊註明該語句的來源，現在我們還要在每個語句的左邊註明該語句是由那些前提直接或間接導出的。現在根據上一段的說明，註明如下：

　　{1}　　⑴　P → Q∧R　　　　P

　　{2}　　⑵　−Q　　　　　　　P

　　{2}　　⑶　−Q∨−R　　　　　2, Add.

　　{2}　　⑷　−(Q∧R)　　　　　3, DeM.

　{1, 2}　⑸　−P　　　　　　　1, 4, M.T.T.

| {1, 2} | (6) | −P∨R | 5, Add. |
| {1, 2} | (7) | P → R | 6, C.D. |

這裡有幾點須要說明：(i)右邊所註明的是從那些語句，依據那一規則，直接導出的；因此，所註明的數字必定是先前各語句的號碼。反之，左邊所註明的是從那些前提直接或間接導出的；因此，所註明的數字必定是前提的號碼。(ii)(3)～(7)各語句左邊所註明的數字，上一段已說明過了，當無問題。問題是(1)和(2)兩前提的左邊何以註明自己本身的號碼？為了要回答這個問題，讓我們來考慮一下註明在左邊的數字所表示的意義。我們在(5)的左邊註明「1, 2」兩個數字，表示(5)是由(1)和(2)兩個前提依據推論規則所導出的。因此，以(1)、(2)為前提而以(5)為結論的論證是有效的；也就是說，假設(1)、(2)為真，則(5)必定為真。我們再看(4)，它的左邊只註明「2」，這表示以(2)為前提而以(4)為結論的論證是有效的；也就是說，如果要(4)為真，則只要(2)為真就夠了，(1)的真假是無關緊要的。依此類推，如果在推論中有某一語句，左邊不註明任何數字，那麼這就表示：這語句之為真，不須假設任何語句為真，因而也不受任何語句真假的影響；簡言之，這語句在任何情形下為真。很明顯的，(1)並不能在任何情形下為真；只要 P 為真而 Q 為假，則(1)即為假。可見，要(1)為真是須要有假設的。但是，(1)並不是從別的語句導出的，因此不能假設別的語句為真。那麼，要假設那些語句為真呢？因為(1)本身就是前提，也就是這個推論所假設為真的語句；因此，在(1)的左邊要註明本身的號碼「1」，表示它本身就是一項假設，而不是從別的假設導出的。同理，在(2)的左邊也要註明「2」。在推論中，右邊註有「P」字的語句，也就是前提，都要在左邊註明其本身的號碼。(iii)左邊所註明的數字一定要用大括號「{ }」把它們括起來，表示是一個集合 (set)❶。

　　現在讓我們舉出幾個論證做為實例，並附加說明，供讀者參考。

〔例 I 〕　如果尼克森不當選，則韓福瑞會當選。如果韓福瑞當選，
　　　　　則駐越美軍不會立刻撤離。駐越美軍將立刻撤離或繼續
　　　　　作戰。事實上，駐越美軍並沒有繼續作戰。由此可知尼
　　　　　克森當選。

首先，我們以 N 表「尼克森當選」，以 H 表「韓福瑞當選」，以 E 表
「駐越美軍立刻撤離」，以 C 表「駐越美軍繼續作戰」，將論證的前提
與結論寫成邏輯式：

　　　⑴　$-N \rightarrow H$

　　　⑵　$H \rightarrow -E$

　　　⑶　$E \lor C$

　　　⑷　$-C$

　　　∴N

其次，把從前提導出結論的推論寫出來：

　　　{1}　⑴　$-N \rightarrow H$　　　　　P

　　　{2}　⑵　$H \rightarrow -E$　　　　　P

　　　{3}　⑶　$E \lor C$　　　　　　　P

---

❶集合是數學上的概念。簡言之，任何抽象體或具體物皆可構成一個集合。構成集合
的抽象體或具體物，叫做該集合的「元素」(element)。兩個集合若所含的元素相同，
換言之，第一個集合的元素必是第二個集合的元素，反之，第二個集合的元素也必
是第一個集合的元素，則這兩個集合就可看做是同一個集合。至於元素排列的先後
順序以及每一個元素出現的次數，是不必考慮的。通常要表示某些元素構成一個集
合，是把這些元素排列在一起，元素與元素之間用逗點隔開，而用大括號「{ }」
將這些元素括在括號之內。例如：1, 2, 3, 4, 5 這五個數所構成的集合可寫成 {1, 2,
3, 4, 5}，也可寫成 {1, 5, 3, 2, 4} 或 {1, 1, 5, 2, 3, 5, 4}，因為元素排列的順序以及每
一元素出現的次數是無關緊要的。其實，也只有當我們不必考慮順序與出現次數
時，才可以把它們當做一個集合來處理。

{4}	(4)	−C	P
{3, 4}	(5)	E	3, 4, D.S.
{3, 4}	(6)	− −E	5, D.N.
{2, 3, 4}	(7)	−H	2, 6, M.T.T.
{1, 2, 3, 4}	(8)	− −N	1, 7, M.T.T.
{1, 2, 3, 4}	(9)	N	8, D.N.

一個推論不一定要把所有的前提都先寫出，然後開始推論。在實際上，當我們要證明某一個語句為真時，往往沒有限制我們只許使用某幾個少數的前提。例如：法官要判決一個案件時，所有可靠的證據，以及一切法條，都可做為前提。又如：我們要證明一個幾何定理時，一切公理、定義、以及證明過的定理，都可做為前提。可見，在實際的推論中，可能用到的前提往往多到不可勝數，我們不必在推論開始之初就把它們全部列出。在比較複雜的推論中，我們也不容易預見那些前提是必要的，那些是不必要的。因此，我們在推論過程之中，隨時發現必要的前提，就可以隨時添入；而不一定要把須要用到的前提全部先列出來。例如：〔例I〕的推論可改成

{1}	(1)	E∨C	P
{2}	(2)	−C	P
{1, 2}	(3)	E	1, 2, D.S.
{1, 2}	(4)	− −E	3, D.N.
{5}	(5)	H → −E	P
{1, 2, 5}	(6)	−H	5, 4, M.T.T.
{7}	(7)	−N → H	P
{1, 2, 5, 7}	(8)	− −N	7, 6, M.T.T.
{1, 2, 5, 7}	(9)	N	8, D.N.

這個推論中的最後一個語句左邊註明「1, 2, 5, 7」，表示結論 N 是從

⑴、⑵、⑸、⑺這四個前提導出的。上一個推論中的最後一個語句左邊註明「1, 2, 3, 4」，表示結論 N 是從⑴、⑵、⑶、⑷這四個前提導出的。然而，上一個推論的⑴是這個推論的⑺，上一個推論的⑵是這個推論的⑸，上一個推論的⑶是這個推論的⑴，上一個推論的⑷是這個推論的⑵。可見，這兩個推論都是從這四個前提導出結論 N，所不同的只是前提出現的先後順序而已。有一點必須特別注意的，就是：在推論中每一個語句的左右兩邊所註明的數字都是指推論中各語句的號碼，而各語句的號碼是表示各語句在推論中所出現的順序。初學者往往忽略了這一點，而在⑸和⑺的左邊分別註明「3」和「4」，表示它們各為第三個前提和第四個前提。這個錯誤是很明顯的。因為在⑸的左邊註明「3」而不註明其本身的號碼「5」，即表示：⑸本身不是前提，而是由⑶導出的，而⑶是一個前提。在⑺的左邊註明「4」所犯的錯誤，可依此類推。

〔例 II〕 如果甲得冠軍，則乙或丙將得亞軍。如果乙得亞軍，則甲不能得冠軍。如果丁得亞軍，則丙不能得亞軍。事實上，甲已得冠軍。可知丁不能得亞軍。

以 A 表「甲得冠軍」，以 B 表「乙得亞軍」，以 C 表「丙得亞軍」，以 D 表「丁得亞軍」，則這個論證可寫成如下的邏輯式：

⑴　　A → B∨C

⑵　　B → −A

⑶　　D → −C

⑷　　A

∴−D

而其推論如下：

{1}　⑴　A → B∨C　　　　　P

{2}	(2)	B → −A	P
{3}	(3)	D → −C	P
{4}	(4)	A	P
{1, 4}	(5)	B∨C	1, 4, M.P.P.
{4}	(6)	− −A	4, D.N.
{2, 4}	(7)	−B	2, 6, M.T.T.
{1, 2, 4}	(8)	C	5, 7, D.S.
{1, 2, 4}	(9)	− −C	8, D.N.
{1, 2, 3, 4}	(10)	−D	3, 9, M.T.T.

這個推論中的(8)是直接由(5)和(7)導出的，而(5)的左邊註明「1, 4」表示是由(1)和(4)這兩個前提導出的，(7)的左邊註明「2, 4」表示是由(2)和(4)這兩個前提導出的，因此(8)是間接由(1)、(2)、(4)這三個前提導出的。雖然從這三個前提導出(8)的過程中，(4)被使用兩次，一次用來導出(5)，另一次用來導出(6)，而間接導出(7)；但是，在(8)的左邊只註明「1, 2, 4」，而不必註明「1, 4, 2, 4」或「1, 2, 4, 4」，因為左邊的數字只是要表明由那些前提導出，並不是要表明那一個前提使用過幾次。關於這一點，我們從另一個觀點來考慮也許更為清楚。(8)既然是從(1)、(2)、(4)導出，則以(1)、(2)、(4)為前提而以(8)為結論的論證必定是有效的。因為由(1)、(2)、(4)導出(8)的過程中所依據的規則都能保證論證為語句邏輯的有效論證；因此，以(1)、(2)、(4)的連言為前件而以(8)為後件的條件句必為恆真句，也就是說，下列語句為恆真句：

$$(A \rightarrow B\lor C)\land(B \rightarrow -A)\land A \rightarrow C$$

如果在(8)的左邊註明「1, 4, 2, 4」，則表示以(1)、(4)、(2)、(4)的連言為前件而以(8)為後件的條件句是恆真句，亦即下列語句為恆真句：

$$(A \rightarrow B\lor C)\land A\land(B \rightarrow -A)\land A \rightarrow C$$

依據冪等律，這兩個條件句的邏輯意義相同，因此在(8)的左邊註明兩

個「4」字與只註明一個，並無不同，重覆是多餘的。

我們又知道：一個連續連言因子，其排列的順序是無關緊要的。因此，左邊所註明的數字，其順序亦可隨意排列，不必按照這些前提使用或出現的先後。我們之所以把這些數字構成一個集合，正因為不必顧慮它們的順序以及每一個數字出現的次數。

〔例III〕　魏景邁若英文不及格，則必須通過補考才不致重修。他的英文不可能及格，除非參加校外補習。如果他的英文及格，則不必重修。現在已知他英文不必重修。因此，他如果不參加校外補習，則補考必定通過。

以 P 表「魏景邁英文及格」，以 Q 表「魏景邁通過英文補考」，以 R 表「魏景邁重修英文」，以 S 表「魏景邁參加校外英文補習」，則這個論證可寫成如下的邏輯式：

(1)　$-P \to (-R \to Q)$

(2)　$-P \lor S$

(3)　$P \to -R$

(4)　$-R$

∴$-S \to Q$

而其推論如下：

{1}	(1)	$-P \to (-R \to Q)$	P
{2}	(2)	$-P \lor S$	P
{3}	(3)	$P \to -R$	P
{4}	(4)	$-R$	P
{1}	(5)	$-P \land -R \to Q$	1, Exp.
{1}	(6)	$-R \land -P \to Q$	5, Com.
{1}	(7)	$-R \to (-P \to Q)$	6, Exp.

{1, 4}	(8)	−P → Q	7, 4, M.P.P.
{2}	(9)	S∨−P	2, Com.
{2}	(10)	− −S∨−P	9, D.N.
{2}	(11)	−S → −P	10, C.D.
{1, 2, 4}	(12)	−S → Q	11, 8, H.S.

最後一個語句的左邊只註明「1, 2, 4」，這表示從(1)、(2)、(4)三個前提就導出結論(12)，前提(3)是多餘的。但是，以(1)、(2)、(3)、(4)為前提而以(12)為結論的論證仍然是有效的。因為以(1)、(2)、(4)為前提而以(12)為結論的論證既然是有效的，則不可能有(1)、(2)、(4)皆為真而(12)為假的情形，當然也就不可能有(1)、(2)、(3)、(4)皆為真而(12)為假的情形。由這個例子，我們可以看出：一個論證如果有效，則添加任何前提之後仍為有效。

〔**例 IV**〕 如果甲當選，則丙將落選。如果乙當選，則丙也將落選。因此，甲、乙兩人中只要有一人當選，則丙就將落選。

以 A 表「甲當選」，以 B 表「乙當選」，以 C 表「丙落選」，則此論證的推論如下：

{1}	(1)	A → C	P
{2}	(2)	B → C	P
{1, 2}	(3)	(A → C)∧(B → C)	1, 2, Adj.
{1, 2}	(4)	(−A∨C)∧(−B∨C)	3, C.D.
{1, 2}	(5)	(C∨−A)∧(C∨−B)	4, Com.
{1, 2}	(6)	C∨(−A∧−B)	5, Dist.
{1, 2}	(7)	(−A∧−B)∨C	6, Com.
{1, 2}	(8)	−(A∨B)∨C	7, DeM.
{1, 2}	(9)	A∨B → C	8, C.D.

〔**例Ⅴ**〕如果中國隊一定要勝日本隊才能獲得冠軍，則中國隊必會勝日本隊。中國隊只要勝日本隊，就可獲得冠軍。因此，中國隊必可獲得冠軍。

以 P 表「中國隊勝日本隊」，以 Q 表「中國隊獲得冠軍」，則此論證的推論如下：

{1}	(1)	$(Q \rightarrow P) \rightarrow P$	P
{2}	(2)	$P \rightarrow Q$	P
{1}	(3)	$(-Q \vee P) \rightarrow P$	1, C.D.
{1}	(4)	$-(-Q \vee P) \vee P$	3, C.D.
{1}	(5)	$(--Q \wedge -P) \vee P$	4, DeM.
{1}	(6)	$(Q \wedge -P) \vee P$	5, D.N.
{1}	(7)	$P \vee (Q \wedge -P)$	6, Com.
{1}	(8)	$(P \vee Q) \wedge (P \vee -P)$	7, Dist.
{1}	(9)	$P \vee Q$	8, Simp.
{1}	(10)	$Q \vee P$	9, Com.
{1}	(11)	$--Q \vee P$	10, D.N.
{1}	(12)	$-Q \rightarrow P$	11, C.D.
{1, 2}	(13)	$-Q \rightarrow Q$	12, 2, H.S.
{1, 2}	(14)	$--Q \vee Q$	13, C.D.
{1, 2}	(15)	$Q \vee Q$	14, D.N.
{1, 2}	(16)	Q	15, Idem.

習　題

1.用英文大寫字母表單句，將下列各論證的前提和結論都寫成邏

輯式，然後用本節所敘述的寫法寫出各論證由前提導出結論的推論。

(a)甲、乙兩人中只要有一人獲勝，則丙、丁兩人都將敗北。現在甲已獲勝。因此，丁將敗北。(以 A 表「甲勝」，B 表「乙勝」，C 表「丙敗」，D 表「丁敗」。)

(b)甲若當選，將提議調整公教人員待遇；乙若當選，將提議改善市區的排水道。甲、乙兩人至少有一人會當選。甲若提議調整公教人員待遇，則公教人員的生活問題將得到解決；乙若提議改善市區的排水道，則積水問題將得到解決。因此，公教人員的生活和市區的積水這兩個問題至少有一個會得到解決。(以 A 表「甲當選」，P 表「甲提議調整公教人員待遇」，B 表「乙當選」，Q 表「乙提議改善市區的排水道」，R 表「公教人員的生活問題得到解決」，S 表「市區的積水問題得到解決」。)

(c)甲若接受乙所提出的條件，則必須移居臺北；而甲若移居臺北，則不能留在臺中。甲若接受丙所提出的條件，則必須留在臺中。甲必須接受乙或丙所提出的條件。因此，甲必須移居臺北或留在臺中。(以 B 表「甲接受乙所提出的條件」，P 表「甲移居臺北」，Q 表「甲留在臺中」，C 表「甲接受丙所提出的條件」。)

(d)甲隊若勝乙隊，就可獲得冠軍；丙隊若勝乙隊，就可獲得亞軍。甲隊若勝丙隊，則必須與乙隊比賽；甲隊若與乙隊比賽，則乙隊必得亞軍。甲隊一定會勝乙隊或丙隊。因此，甲隊必可獲得冠軍或取得與乙隊比賽的機會。(以 P 表「甲隊勝乙隊」，Q 表「甲隊獲得冠軍」，R 表「丙隊勝乙隊」，S 表「丙隊獲得亞軍」，U 表「甲隊勝丙隊」，V 表「甲隊與乙隊比

賽」，W 表「乙隊獲得亞軍」。）

(e)如果繼續下雨，則河水將會上漲。若繼續下雨而河水上漲，則橋樑將被沖毀。如果繼續下雨會沖毀橋樑，則鎮內的馬路不夠使用。除非運輸工程師設計錯誤，否則鎮內的馬路一定夠用。因此，運輸工程師的設計必定是錯誤的。（以 P 表「繼續下雨」，Q 表「河水上漲」，R 表「橋樑被沖毀」，S 表「鎮內的馬路夠用」，U 表「運輸工程師設計錯誤」。）

(f)若甲出席，則乙也必定出席。若甲、乙皆出席，則丙、丁兩人中至少有一人會當選為常務董事。丙、丁只要有一人當選為常務董事，則戊就無法操縱董事會。如果只要甲出席，戊就無法操縱董事會，則己將當選為董事長。因此，己必將當選為董事長。（以 A 表「甲出席」，B 表「乙出席」，C 表「丙當選為常務董事」，D 表「丁當選為常務董事」，E 表「戊操縱董事會」，F 表「己當選為董事長」。）

(g)如果魏景源英文不及格，則必須補考。他若補考英文，則將失去獎學金。事實上，魏景源並未失去獎學金。如果魏景源邏輯不及格，則必須補考。他如果在考邏輯那天請假，則不必補考邏輯。他確實在考邏輯那天請假。魏景源若英文及格，則邏輯與哲學概論這兩門課程中至少有一門不及格。因此，魏景源哲學概論一定不及格。（以 P 表「魏景源英文及格」，Q 表「魏景源補考英文」，R 表「魏景源失去獎學金」，S 表「魏景源邏輯及格」，U 表「魏景源補考邏輯」，V 表「魏景源在考邏輯那天請假」，W 表「魏景源哲學概論及格」。）

(h)如果甲當選，則乙必定落選；如果丙當選，則丁必定落選。若乙、丁兩人都落選，則甲所提的議案就會通過。事實上，甲所提的議案沒有通過。因此，甲、丙兩人至少有一人沒有

當選。（以 A 表「甲當選」，B 表「乙落選」，C 表「丙當選」，D 表「丁落選」，E 表「甲所提的議案通過」。）

(i)如果中國隊勝日本隊，則只要再勝韓國隊就可獲得冠軍。事實上，中國隊雖然勝了日本隊，但未獲得冠軍。可見，中國隊未勝韓國隊。（以 P 表「中國隊勝日本隊」，Q 表「中國隊勝韓國隊」，R 表「中國隊獲得冠軍」。）

(j)甲、乙兩人只要有一人當選，丙、丁兩人都將落選。如果丁落選，則甲所提的議案就會通過。事實上，甲所提的議案並未通過。可見，甲、乙兩人都沒有當選。（以 A 表「甲當選」，B 表「乙當選」，C 表「丙落選」，D 表「丁落選」，E 表「甲所提的議案通過」。）

2.寫出下列各論證由前提導出結論的推論。

(a) $(J \rightarrow R) \wedge (-J \rightarrow E)$

$R \rightarrow I$

$(J \rightarrow R) \wedge (R \rightarrow I) \rightarrow (J \wedge I) \vee (-J \wedge -I)$

$J \wedge I \rightarrow S$

$-J \wedge -I \rightarrow D$

$\therefore S \vee D$

(b) $J \rightarrow E$

$E \rightarrow P$

$-P$

$R \rightarrow H$

$D \rightarrow -H$

D

$-J \rightarrow R \vee S$

$\therefore S$

(c)　$S \to W$

　　$W \to -L$

　　S

　　$D \to -I$

　　D

　　$L \lor I \lor C$

　　$C \to B$

　$\therefore B$

(d)　$O \to -M$

　　O

　　$B \to -N$

　　B

　　$-M \land -N \to P$

　　$B \land P \to G$

　$\therefore G$

(e)　$(D \to R) \land (P \to N)$

　　$D \lor P$

　　$(D \to -N) \land (P \to -R)$

　$\therefore R \leftrightarrow -N$

(f)　$W \land P \land H$

　　$P \land W \to G \lor C \lor R$

　　$-G \land -Q \land -R$

　$\therefore C$

(g)　$P \to -R$

　　$S \land N \to R$

　　$-S \to Q$

$$-(P \to Q)$$

$$\therefore -N$$

(h)　$(P \to Q) \to R$

$$S \to -P$$

$$N$$

$$-S \land N \to Q$$

$$\therefore R$$

(i)　$P \land Q \to R$

$$R \to S$$

$$Q \land -S$$

$$\therefore -P$$

(j)　$P \lor Q \to R$

$$\therefore P \to R$$

4–3　條件證法

我們在 4–1 的最後一段曾經指出：如果只依據 3–2 和 3–3 所介紹的十八個規則，則不一定每一個語句邏輯的有效論證都可推論出來。舉例言之，下面的論證是一個語句邏輯的有效論證

(I)　$P \to Q$

$$\therefore P \to P \land Q$$

然而，若只依據那十八個規則，卻無法從前提導出結論❷。可見，這

---

❷讀者可嘗試依據那十八個規則，由 $P \to Q$ 導出 $P \to P \land Q$。這個嘗試一定無法成功。但是，我們在 4–1 曾經指出：我們導不出來的結論，也許實際上是可以導出的，只是我們沒有想出來而已。因此，我們始終沒有達成這個嘗試，並不足以證明：只依

十八個規則是不夠的，必須增加別的規則，才能推出一切語句邏輯的
有效論證。現在就讓我們來介紹一個新的推論規則。請看下面的論證：

(II)　(1)　A∨B → C∧D

　　　(2)　D∨E → G

　　　∴A → G

這個論證是有效的，其推論如下：

{1}	(1)	A∨B → C∧D	P
{2}	(2)	D∨E → G	P
{1}	(3)	−(A∨B)∨(C∧D)	1, C.D.
{1}	(4)	(−A∧−B)∨(C∧D)	3, DeM.
{1}	(5)	(C∧D)∨(−A∧−B)	4, Com.
{1}	(6)	[(C∧D)∨−A]∧[(C∧D)∨−B]	5, Dist.
{1}	(7)	(C∧D)∨−A	6, Simp.
{1}	(8)	−A∨(C∧D)	7, Com.
{1}	(9)	(−A∨C)∧(−A∨D)	8, Dist.
{1}	(10)	−A∨D	9, Simp.
{1}	(11)	(−A∨D)∨E	10, Add.
{1}	(12)	−A∨(D∨E)	11, Ass.
{1}	(13)	A → D∨E	12, C.D.
{1, 2}	(14)	A → G	13, 2, H.S.

這個有效論證雖然只依據我們所介紹過的規則就可推論出來，但是上
面的推論實在太過冗繁，而且也不大容易看出應從何處著手。這樣簡

據那十八個規則，無法從 P → Q 導出 P → P∧Q。但是，嚴格的證明太過繁瑣，初學
者不必深究，我們也不擬在此講述。讀者有興趣，可參閱 Irving M. Copi, *Symbolic
Logic*, 2nd Edition (Macmillan, New York, 1965), pp. 53–57。

單的論證尚且如此，如果碰到較複雜的論證，這十八個規則更難以應付了。幸好我們有一個很簡便的方法可用來應付上面的論證。這個論證的結論是條件句 A → G。換言之，它要我們證明：若 A 為真，則 G 也必定真。既然如此，我們可以先假設 A；如果能夠由於這項假設而導出 G，則等於已證出了 A → G。用實例來說明，也許更容易瞭解。例如：我們要證明：這盤象棋殘局若由紅方先，則可導致和棋。我們可以先假設紅方先，看看可否導致和棋；若是果真導致和棋，則等於已證明了「若紅方先，則和棋」這個語句。因此，我們若能從

(1)　A∨B → C∧D

(2)　D∨E → G

(3)　A

導出 G，就等於從(1)和(2)導出 A → G。由(1)、(2)、(3)導出 G 的過程，比由(1)和(2)導出 A → G，要簡單得多。現在把它列出，供讀者比較：

{1}	(1)	A∨B → C∧D	P
{2}	(2)	D∨E → G	P
{3}	(3)	A	P
{3}	(4)	A∨B	3, Add.
{1, 3}	(5)	C∧D	1, 4, M.P.P.
{1, 3}	(6)	D	5, Simp.
{1, 3}	(7)	D∨E	6, Add.
{1, 2, 3}	(8)	G	2, 7, M.P.P.

推論的最後一個語句左邊註明「1, 2, 3」，表示以(1)、(2)、(3)為前提，以(8)為結論的論證是有效的。我們如果要以這個推論替代前面那個較冗繁的推論，換言之，認為由(1)、(2)、(3)導出 G 即等於由(1)、(2)導出 A → G；那麼，我們必須證明(II)和

(III)　(1)　A∨B → C∧D

$$(2) \quad D \lor E \to G$$

$$(3) \quad A$$

$$\therefore G$$

這兩個論證，只要有一個是有效的，則另一個也必定有效。這一點並不難證明：所謂(II)有效，意思是說不可能有前提(1)、(2)皆為真，而結論 A → G 為假的情形；換言之，不可能有(1)、(2)、A 為真，而 G 為假的情形。而所謂(III)有效，其意義也恰是如此。

這兩個論證有效的意義既然相同，則如果不容易直接證出(II)，我們可先把(II)改成(III)，等證出(III)之後，再把(III)改回成(II)。所謂把(II)改成(III)，就是把(II)的結論的前件 A 移做前提，而只留後件 G 做為結論；所謂把(III)改回成(II)，就是把(III)的前提(3)移做結論的前件，而把(III)的結論 G 做為結論的後件。

上面所列出的第二個推論（也就是有八個語句的那個推論）中，(3)的右邊註明「P」，就表示把(3)當做一個前提，換言之，就是把論證(II)改成論證(III)；而(8)恰好是論證(III)的結論 G，並且(8)的左邊註明「1, 2, 3」，這就表示論證(III)的推論已經完成，換言之，已經從(1)、(2)、(3)導出了 G。到此為止，還有一個步驟尚未完成，就是把論證(III)改回成論證(II)。論證(II)是以(1)、(2)為前提而以 A → G 為結論，因此，所謂把論證(III)改回成論證(II)，就是要使推論的最後一行不是

$$\{1, 2, 3\} \quad (8) \quad G$$

而是

$$\{1, 2\} \quad (9) \quad A \to G$$

有些讀者也許會懷疑：所謂論證(III)有效的意義既然與論證(II)有效的意義相同，換言之，由(1)、(2)、(3)導出 G 既然等於由(1)、(2)導出 A → G；那麼，是否必要再把論證(III)改回成論證(II)？也就是說，(9)是否必要？為了要回答這個疑問，讓我們重溫 4–2 的幾個實例。〔例 I 〕

是要從(1)、(2)、(3)、(4)導出 N，推論中的(8)已表示從(1)、(2)、(3)、(4)導出 − −N。我們知道 N 和 − −N 的邏輯意義相同，因此，由(1)、(2)、(3)、(4)導出 − −N 就等於由(1)、(2)、(3)、(4)導出 N。然而，我們還是寫出了(9)明白表示由(1)、(2)、(3)、(4)導出 N，並且在右邊註明由(8)導出(9)是依據 D.N. 規則。推論的目的，本來就是要把一個論證從前提導出結論的步驟明明白白的列出來，使人一目瞭然。因此，推論的最後一個語句必定要是該論證的結論，而其左邊所註明的數字也必定要是該論證前提的號碼；這樣，我們才認為完成了該論證的推論。如果推論的最後一行所表示的並不是我們所要證明的論證，而只是與該論證意義相同的論證；推論中並沒有告訴我們如何由這個論證改成另一個論證；那麼，推論的功能就無法達成了。因此，4–2 的〔例Ⅳ〕不能只寫到(8)，必須要有(9)；〔例Ⅴ〕不能只寫到(13)，而必須到(16)。同樣的，本節論證(Ⅱ)的第二個推論也一定要有(9)才算完成。

那麼，由(8)導出(9)是依據什麼規則呢？它所依據的規則就是我們現在所要介紹的「條件證法的規則」(Rule of Conditional Proof)，簡稱「C.P. 規則」。所謂「C.P. 規則」是允許我們把推論中的任何一個語句當做後件，而把該語句的前提之一當做前件，構成一個條件句。這個條件句左邊所要註明的數字比它的後件的左邊所註明的數字少一個，而刪去的數字恰好就是該條件句前件的號碼；換言之，當做條件句前件的那個語句左邊所註明的數字中，刪去當做條件句前件的那個前提的號碼，所剩下的數字就是要在該條件句左邊註明的數字。以剛才那個推論為例：我們把推論中的一個語句(8)當做後件，而把(8)的前提之一(3)當做前件，構成一個條件句(9)。(8)左邊所註明的數字「1, 2, 3」中，刪去(9)的前件(3)的號碼，所剩下的數字「1, 2」就是要在(9)左邊註明的數字。

一個推論規則必須能夠保證：依據該規則所推論出來的論證必定

是有效的。一個規則如果居然允許從真的前提導出假的結論，則這個規則就不能接受。我們在 4–1 曾經指出：依據 3–2 和 3–3 所介紹的十八個規則所推論出來的論證必定是有效的。現在我們要進一步指出：增加了 C.P. 規則之後，依據這十九個規則所推論出來的論證也必定是有效的。理由是非常明顯的：適用 C.P. 規則的結果無非是把推論中的某一個語句 C 的前提之一 P 移來當做前件，而使 C 成為後件，構成條件句 P → Q；我們在 P → C 的左邊不再註明 P 的號碼，正是表示 P 已移去當做 P → C 的前件，而不再是 P → C 的前提。如果未適用 C.P. 規則之前，論證是有效的，換言之，不可能 C 的前提皆為真而 C 為假；則適用 C.P. 規則之後，論證仍然有效，換言之，不可能 P → C 的前提皆為真而 P → C 為假。因為 C 的前提除了多一個 P 之外，與 P → C 的前提完全相同；而所謂 P → C 為假意即 P 為真而 C 為假。

在推論中的每個語句右邊都要註明該語句的來源，依據 C.P. 規則所得到的條件句也不例外。在這條件句的右邊，先註明當做此條件句前件的那個前提的號碼，其次再註明當做此條件句後件的那個語句的號碼，最後再註明「C.P.」字樣。例如：上面那個推論中的(9)，右邊要註明「3, 8, C.P.」。

所謂「條件證法」(conditional proof) 是當一個論證的結論是一個條件句時，不直接由前提導出結論，而卻先假設結論的前件，換言之，把結論的前件當做一個前提，然後導出結論的後件。當結論是條件句時，條件證法往往比直接證法方便得多。

下列的推論都是條件證法的實例，每一個實例之後所附加的說明大多是初學者感到困惑或易於忽略的。

〔例 I〕 P → Q

∴P → P∧Q

我們在本節開頭就指出：這個論證若只依據以前的那十八個規則，是無法從前提導出結論的。現在我們多了一個 C.P. 規則，就可以使用條件證法來證明這個論證。

{1}	(1)	P → Q	P
{2}	(2)	P	P
{1, 2}	(3)	Q	1, 2, M.P.P.
{1, 2}	(4)	P∧Q	2, 3, Adj.
{1}	(5)	P → P∧Q	2, 4, C.P.

到(4)為止，我們從(1)、(2)導出了(4)，換言之，已證明

$$P → Q$$

$$P$$

$$∴P∧Q$$

是有效論證，(5)是依據 C.P. 規則，把此論證改成

$$P → Q$$

$$∴P → P∧Q$$

最後這一步驟是條件證法的關鍵，而這一步驟是依據 C.P. 規則進行的。若是沒有 C.P. 規則允許我們由(4)導出(5)，若是沒有 C.P. 規則暗示我們由(1)、(2)導出(4)即等於由(1)導出(5)，則我們就不會去假設結論的前件 P，也就是說不會去添加前提(2)。因為有了 C.P. 規則可以在(5)的左邊刪去「2」，只剩「1」，我們才放心的把(2)暫時假設為前提。

雖然說有了 C.P. 規則，我們才放心的去假設(2)，但是只有最後得到(5)的這個步驟才使用到 C.P. 規則；假設(2)這個步驟並不須要用到 C.P. 規則，只要在右邊註明「P」，在左邊註明本身的號碼「2」即可。它與前提(1)並無不同。即使沒有 C.P. 規則，我們也可以把(2)當做前提；這樣推論出來的論證

$$P → Q$$

P

∴P∧Q

仍然是有效的，只是最後不能把「2」從左邊註明的數字中刪去，不能
把論證改成

P → Q

∴P → P∧Q

因此所證明出來的論證不是我們原來所要證明的論證而已。如果推論
規則的目的只在保證依據這些規則所做的推論不致產生無效的論證，
而不必保證依據這些規則所推論出來的論證一定就是我們所想要證明
的論證；那麼，推論規則就不必限制我們只可以把所要證明的論證的
前提當做前提，而且只有當我們要使用 C.P. 規則時才可把結論的前件
當做前提。我們即使把任意語句當做前提，也不致因此就產生無效的
論證；因為如果某一結論是由此前提導出的，則此結論的左邊一定會
註明此前提的號碼。例如：〔例 I 〕 的(4)左邊註明「1, 2」，這表示以
(1)、(2)為前提而以(4)為結論的論證是有效的。(2)不是原來要我們證明
的論證的前提，而是我們自己任意添加的前提，但並不因此使得

(1)　P → Q

(2)　P

∴(4)　P∧Q

變成無效的論證。一個論證有效就是有效，無效就是無效，絕對不會
因前提來源的不同而有所差異。如果我們添加了前提，而又不在結論
的左邊註明清楚，以致誤認為這個結論只是從原來的前提導出的，那
麼，這就產生了無效的論證。例如：(4)左邊若不註明「1, 2」，只註明
「1」，則是一個無效論證，因為

(1)　P → Q

∴(4)　P∧Q

是無效的。若是每個結論的前提，不管是不是我們任意添加的前提，
都在左邊註明，則論證必定是有效的。

在 3-2 和 3-3 所介紹的十八個規則只保證：依據這些規則所推論
出來的論證必定是有效的；但是它們並沒有進一步保證：依據這些規
則所推論出來的有效論證，恰好就是我們所要證明的論證。例如：我
們要證明下面的論證

$$P \to -(Q \lor R)$$

$$P$$

$$\therefore -Q$$

我們若是依據推論規則完成如下的推論

{1}	(1)	$P \to -(Q \lor R)$	P
{2}	(2)	P	P
{1, 2}	(3)	$-(Q \lor R)$	1, 2, M.P.P.
{1, 2}	(4)	$-Q \land -R$	3, DeM.
{1, 2}	(5)	$-Q$	4, Simp.

則所證出的有效論證恰是我們所要證明的。但是，依據推論規則也可
完成如下的推論

{1}	(1)	$P \to -(Q \lor R)$	P
{2}	(2)	P	P
{1, 2}	(3)	$-(Q \lor R)$	1, 2, M.P.P.
{1, 2}	(4)	$-Q \land -R$	3, DeM.
{1, 2}	(5)	$-R$	4, Simp.

這樣推論出來的論證雖然也是有效的，但並不是我們所要證明的。我
們如果要推論出我們所要證明的論證，則依據 Simp. 規則由(4)導出者
必須是 $-Q$ 而不是 $-R$。然而，由(4)導出 $-Q$ 以及導出 $-R$ 都是 Simp. 規
則所允許的，到底選那一個才會導出我們所要的結論，就要靠我們自

己去判斷。一般言之，推論過程中要按照如何的步驟，依據那些規則，才能推論出我們所要證明的結論，都要我們自己去判斷，並沒有固定的規則可以遵循。就好像象棋規則，只規定那一步棋是否被允許，並沒有告訴我們如何才會獲勝。實際上，不可能有一套固定的規則能夠保證一定可以贏得一局棋。

如果我們要用直接證法推論出一個論證，則我們所假設的前提必須限於這個論證的前提；如果要用條件證法，則所假設的前提必須限於這個論證的前提以及結論的前件。這些限制是為了使我們所推論出來的論證恰好是我們所要證明的論證。我們在上段曾經指出推論規則只要保證論證有效，並不保證這個有效論證一定就是我們所要證明的。因此，推論規則不必對前提的假設做任何限制。任何語句都可假設為前提；換言之，我們在推論中可隨意寫出一個語句，而在右邊註明「P」，在左邊註明其本身的號碼。

同樣的，我們也只要求依據 C.P. 規則所推論出來的論證必定有效，並不要求這有效論證就是我們所要證明的論證。因此，我們可以依據 C.P. 規則，把推論中的任意一個語句當做後件，而把該語句的任意一個前提當做前件，構成一個條件句。我們並不限制依據 C.P. 規則而移做後件的語句，必須就是我們所要證明的結論的後件；也不限制移做前件的前提一定要是我們所要證明的結論的前件。例如：〔例 I〕的推論中，我們可以依據 C.P. 規則，把(4)當做後件，把(4)的前提之一(1)當做前件，而得如下的推論

{1}	(1)	$P \rightarrow Q$	P
{2}	(2)	P	P
{1, 2}	(3)	Q	1, 2, M.P.P.
{1, 2}	(4)	$P \wedge Q$	2, 3, Adj.
{2}	(5)	$(P \rightarrow Q) \rightarrow P \wedge Q$	1, 4, C.P.

這樣推論出來的論證

$$P$$

$$\therefore (P \to Q) \to P \land Q$$

雖然不是我們所要證明的論證，但仍然是有效的。

〔例 II〕 $P \lor Q$

$\qquad\quad P \to R$

$\qquad\quad Q \to S$

$\qquad\quad \therefore R \lor S$

這個論證的結論雖然不是條件句，但仍然可用條件證法來證明。因為結論 $R \lor S$ 與 $-R \to S$ 的意義相同，我們可先用條件證法由前提導出 $-R \to S$，再把 $-R \to S$ 改成 $R \lor S$。現在把推論列在下面

$\{1\}$	(1)	$P \lor Q$	P
$\{2\}$	(2)	$P \to R$	P
$\{3\}$	(3)	$Q \to S$	P
$\{4\}$	(4)	$-R$	P
$\{2, 4\}$	(5)	$-P$	2, 4, M.T.T.
$\{1, 2, 4\}$	(6)	Q	1, 5, D.S.
$\{1, 2, 3, 4\}$	(7)	S	3, 6, M.P.P.
$\{1, 2, 3\}$	(8)	$-R \to S$	4, 7, C.P.
$\{1, 2, 3\}$	(9)	$--R \lor S$	8, C.D.
$\{1, 2, 3\}$	(10)	$R \lor S$	9, D.N.

〔例 III〕 $P \to R \lor S$

$\qquad\quad Q \to -S$

$\qquad\quad -R$

$$\therefore -(P \wedge Q)$$

這個論證的結論 $-(P \wedge Q)$ 與 $P \rightarrow -Q$ 的意義相同，因此可先用條件證法由前提導出 $P \rightarrow -Q$ ，再依據 C.D. 和 DeM. 兩規則把 $P \rightarrow -Q$ 改成 $-(P \wedge Q)$。其推論如下：

{1}	(1)	$P \rightarrow R \vee S$	P
{2}	(2)	$Q \rightarrow -S$	P
{3}	(3)	$-R$	P
{4}	(4)	P	P
{1, 4}	(5)	$R \vee S$	1, 4, M.P.P.
{1, 3, 4}	(6)	S	3, 5, D.S.
{1, 3, 4}	(7)	$--S$	6, D.N.
{1, 2, 3, 4}	(8)	$-Q$	2, 7, M.T.T.
{1, 2, 3}	(9)	$P \rightarrow -Q$	4, 8, C.P.
{1, 2, 3}	(10)	$-P \vee -Q$	9, C.D.
{1, 2, 3}	(11)	$-(P \wedge Q)$	10, DeM.

〔**例 IV**〕 $P \vee Q \rightarrow (R \vee S \rightarrow -I \wedge J)$

$-I \vee -M \rightarrow N$

$\therefore P \rightarrow (R \rightarrow N)$

這個論證的結論是條件句，因此可用條件證法，亦即先推論出下面的論證

$P \vee Q \rightarrow (R \vee S \rightarrow -I \wedge J)$

$-I \vee -M \rightarrow N$

P

$\therefore R \rightarrow N$

再依據 C.P. 規則，把這個論證改成原來的論證。但是，第二個論證的
結論仍然是條件句，因此也可用條件證法，亦即先推論出下面的論證

$$P{\lor}Q \to (R{\lor}S \to -I{\land}J)$$

$$-I{\lor}-M \to N$$

$$P$$

$$R$$

$$\therefore N$$

再依據 C.P. 規則，把這個論證改成第二個論證。現在將推論列出

{1}	(1)	$P{\lor}Q \to (R{\lor}S \to -I{\land}J)$	P
{2}	(2)	$-I{\lor}-M \to N$	P
{3}	(3)	P	P
{4}	(4)	R	P
{3}	(5)	$P{\lor}Q$	3, Add.
{1, 3}	(6)	$R{\lor}S \to -I{\land}J$	1, 5, M.P.P.
{4}	(7)	$R{\lor}S$	4, Add.
{1, 3, 4}	(8)	$-I{\land}J$	6, 7, M.P.P.
{1, 3, 4}	(9)	$-I$	8, Simp.
{1, 3, 4}	(10)	$-I{\lor}-M$	9, Add.
{1, 2, 3, 4}	(11)	N	2, 10, M.P.P.
{1, 2, 3}	(12)	$R \to N$	4, 11, C.P.
{1, 2}	(13)	$P \to (R \to N)$	3, 12, C.P.

在這個推論中，C.P. 規則使用了兩次。C.P. 規則與其他推論規則一樣，
可以在一個推論中反覆使用。

　　這個論證也可以先用條件證法推論出下面的論證

$$P{\lor}Q \to (R{\lor}S \to -I{\land}J)$$

$$-I{\lor}-M \to N$$

∴P∧R → N

再依據 Exp. 規則，把結論改成 P → (R → N)。其推論如下：

{1}	(1)	P∨Q → (R∨S → –I∧J)	P
{2}	(2)	–I∨–M → N	P
{3}	(3)	P∧R	P
{3}	(4)	P	3, Simp.
{3}	(5)	P∨Q	4, Add.
{1, 3}	(6)	R∨S → –I∧J	1, 5, M.P.P.
{3}	(7)	R	3, Simp.
{3}	(8)	R∨S	7, Add.
{1, 3}	(9)	–I∧J	6, 8, M.P.P.
{1, 3}	(10)	–I	9, Simp.
{1, 3}	(11)	–I∨–M	10, Add.
{1, 2, 3}	(12)	N	2, 11, M.P.P.
{1, 2}	(13)	P∧R → N	3, 12, C.P.
{1, 2}	(14)	P → (R → N)	13, Exp.

〔例 V〕 P↔Q

∴P∧R ↔ Q∧R

這個論證的結論是雙條件句 ，我們可用條件證法先由前提導出 P∧R → Q∧R 和 Q∧R → P∧R 兩個條件句，然後，依據 Adj. 和 B.C. 兩 個規則導出 P∧R ↔ Q∧R。其推論如下：

{1}	(1)	P↔Q	P
{2}	(2)	P∧R	P
{1}	(3)	(P → Q)∧(Q → P)	1, B.C.
{1}	(4)	P → Q	3, Simp.

{2}	(5)	P	2, Simp.
{1, 2}	(6)	Q	4, 5, M.P.P.
{2}	(7)	R	2, Simp.
{1, 2}	(8)	Q∧R	6, 7, Adj.
{1}	(9)	P∧R → Q∧R	2, 8, C.P.
{10}	(10)	Q∧R	P
{1}	(11)	Q → P	3, Simp.
{10}	(12)	Q	10, Simp.
{1, 10}	(13)	P	11, 12, M.P.P.
{10}	(14)	R	10, Simp.
{1, 10}	(15)	P∧R	13, 14, Adj.
{1}	(16)	Q∧R → P∧R	10, 15, C.P.
{1}	(17)	(P∧R → Q∧R)∧(Q∧R → P∧R)	9, 16, Adj.
{1}	(18)	P∧R ↔ Q∧R	17, B.C.

習　題

用條件證法證明下列各論證：

(a)　$P \to (Q \to R)$

　　　$Q \to (R \to S)$

　　　$\therefore P \to (Q \to S)$

(b)　$Q \to R$

　　　$\therefore (P \to Q) \to (P \to R)$

(c)　$Q \leftrightarrow R$

　　　$\therefore (P \leftrightarrow Q) \leftrightarrow (P \leftrightarrow R)$

(d)　$P \to Q$

∴P∧R → Q

(e)　L → H

　　L → (H → P)

　　H → (P → D)

　　∴L → D

(f)　(L → H)∧(Q → S)

　　∴L∧Q → H∧S

(g)　(L → H)∧(Q → S)

　　∴L∨Q → H∨S

(h)　J → A∨S

　　K → S∨J

　　–S

　　∴–A∧–I → –J∧–K

(i) 4–2 的習題 1(b)

(j) 4–2 的習題 1(c)

(k) 4–2 的習題 1(d)

(l) 4–2 的習題 1(h)

(m) 4–2 的習題 2(a)

(n) 4–2 的習題 2(e)

(o) 4–2 的習題 2(j)

4–4　無效論證的處理

　　依據以上所介紹的十九個推論規則所推論出來的論證必定是語句邏輯的有效論證。因此，語句邏輯的無效論證絕對無法依據這十九個規則推論出來。反之，只要是語句邏輯的有效論證，一定可以依據這

十九個規則推論出來；換言之，依據這十九個規則就足以推論出一切
語句邏輯的有效論證。雖然如此，但是我們依據這些規則推論不出某
一個論證，卻仍不足以證明這個論證是語句邏輯的無效論證。因為很
可能是實際上可以推論出來，只是我們沒有想出而已。因此，我們要
證明某一個論證是語句邏輯的無效論證，必須設想一種情形，使得該
論證的前提全部為真，而結論為假。若能設想一種這樣的情形，則該
論證必定是語句邏輯的無效論證。因為語句邏輯的有效論證，在任何
情形下不可能前提全部為真，而結論為假。例如：下面的論證乍看似
乎是有效的，然而實際上是無法推論出來的。

> 如果上帝願意阻止魔鬼而不能阻止，則上帝是無能的。如果
> 能夠阻止而不願意阻止，則上帝是惡毒的。只有上帝不願或
> 不能阻止魔鬼，魔鬼才可能存在。魔鬼確實存在。如果上帝
> 存在，則上帝既非無能的也非惡毒的。因此，上帝不存在。

我們以 W 表「上帝願意阻止魔鬼」，A 表「上帝能夠阻止魔鬼」，I 表
「上帝是無能的」，M 表「上帝是惡毒的」，E 表「魔鬼存在」，G 表
「上帝存在」，則此論證可寫成

$$W \wedge -A \to I$$
$$A \wedge -W \to M$$
$$E \to -W \vee -A$$
$$E$$
$$G \to -I \wedge -M$$
$$\therefore -G$$

這個論證在 E 和 G 皆為真而 W、A、I、M 皆為假的情形下，前提全
部為真，而結論為假。可見，它是一個語句邏輯的無效論證。我們容
易把它誤認為是一個有效論證，乃是由於認為第一個前提

(1)　如果上帝願意阻止魔鬼而不能阻止，則上帝是無能的。

含有

(2)　如果上帝不能阻止魔鬼，則上帝是無能的。

的意思；而且認為第二個前提

(3)　如果上帝能夠阻止魔鬼而不願意阻止，則上帝是惡毒的。

含有

(4)　如果上帝不願意阻止魔鬼，則上帝是惡毒的。

的意思所致。其實，$W \wedge -A \rightarrow I$ 並不涵蘊 $-A \rightarrow I$，而 $A \wedge -W \rightarrow M$ 也不涵蘊 $-W \rightarrow M$。照常理判斷，我們若認為上帝願意阻止魔鬼而不能阻止即為無能，則他的無能乃是因為不能阻止，而與願不願意阻止無關；同樣的，只要他不願意阻止，即是惡毒，不管他能不能阻止。因此，我們認為(1)含有(2)的意思，(3)含有(4)的意思，似乎是很合理的推斷。但是，在邏輯上，我們要求把導出結論的前提都明白的敘述出來。上面那個論證，若把(1)和(2)這兩個前提改成(3)和(4)，則變成有效論證，而可導出結論。如果前提仍保持原狀，並未將(2)和(4)明白的敘述出來，則儘管寫出這些前提的人的原意是含有(2)和(4)的意思，而我們也不難推斷他所要表達的意思，然而因為在邏輯上(1)和(3)並不涵蘊(2)和(4)，因此我們不能從(1)和(3)導出(2)和(4)，而這個論證仍然是語句邏輯的無效論證。

　　從上面的例子看來，邏輯似乎與常理判斷相違背。事實上，邏輯要求比常理判斷更嚴格的推理；因此，我們通常認為可以導出的結論，邏輯往往會要求修改或增加某些前提之後才導出結論，在未修改或增加前提之前，在邏輯上往往是無效的。可見，常理判斷經過嚴格邏輯處理之後，可使前提和結論以及兩者之間的關係更加清楚；有時還可矯正常理判斷的疏誤。

　　一個無效論證當然也可能前提與結論全部為真，例如：在 W、

A、G 為假，而 I、M、E 為真的情形下，上面那個論證的前提與結論全部為真。但這並不足以證明這個論證是有效的。一個有效論證只要前提全部為真則結論也必定為真，絕對不可能有前提全部為真而結論為假的情形。因此，有前提和結論全部為真的情形並不足以證明論證有效，然而有前提全部為真而結論為假的情形卻足以證明論證無效。一個論證如果既有前提和結論全部為真的情形，又有前提全部為真而結論為假的情形，則這個論證是無效的。

設想前提全部為真而結論為假來證明論證無效的方法，與 3–1 的真值表的方法，原理是相同的。真值表的方法，是依據單句的真假配合，列出所有的可能情形，只要有一行是前提全部為真而結論為假，則以前提的連言為前件而以結論為後件的條件句即非恆真句，因而此論證即為語句邏輯的無效論證。本節所敘述的方法，是不必列出所有的可能情形，只要指出一種情形使得前提全部為真而結論為假即可。換言之，相當於只列出真值表中的一行而已。當論證所含的單句較多時，這個方法比真值表的方法要簡便得多。例如：上面所討論的那個論證含有 W、A、I、M、E、G 等六個單句，真值表必須有六十四行；用本節的方法就簡便多了。

最後，有一點必須指出，提醒讀者注意：如果使一個論證的前提全部為真而結論為假的情形不只一種，則只要指出一種情形就足以證明該論證無效。

習 題

證明下列各論證都是語句邏輯的無效論證：

(a) $A \to B$

$C \to D$

$A \lor D$

$\therefore B \lor C$

(b) $-(E \land I)$

$-E \land -I \rightarrow G \land H$

$H \rightarrow G$

$\therefore G$

(c) $I \lor -J$

$-(-K \land L)$

$-(-I \land -L)$

$\therefore -J \rightarrow K$

(d) $M \rightarrow N \lor O$

$N \rightarrow P \lor Q$

$Q \rightarrow R$

$-(R \lor P)$

$\therefore -M$

(e) $S \rightarrow (P \rightarrow R)$

$Q \rightarrow (W \rightarrow N)$

$P \rightarrow Q \land W$

$-(P \land N)$

$\therefore S \leftrightarrow R$

(f) $A \leftrightarrow B \lor C$

$B \leftrightarrow C \lor A$

$C \leftrightarrow A \lor B$

$-A$

$\therefore B \lor C$

(g) $D \rightarrow E \lor C$

$G \rightarrow H \vee I$

$-E \rightarrow I \vee J$

$(I \rightarrow G) \wedge (-H \rightarrow -G)$

$-J$

$\therefore D \rightarrow G \vee I$

(h)　$K \rightarrow L \wedge M$

$(L \rightarrow N) \vee -K$

$O \rightarrow P \vee -N$

$(-P \vee Q) \wedge -Q$

$R \vee -P \vee -M$

$\therefore K \rightarrow R$

(i)　$(S \rightarrow P) \wedge (P \rightarrow S)$

$(R \wedge P) \vee (-P \wedge -R)$

$R \vee Q \vee S \vee P$

$-R \rightarrow W \wedge N$

$(Q \rightarrow -S) \wedge (-Q \rightarrow -M)$

$N \rightarrow (-M \rightarrow -N)$

$(R \vee S) \wedge (Q \vee L)$

$\therefore N \wedge L$

(j)　$A \rightarrow (B \rightarrow -C)$

$(D \rightarrow B) \wedge (E \rightarrow A)$

$K \vee C$

$G \rightarrow -H$

$(I \rightarrow G) \wedge (H \rightarrow J)$

$I \leftrightarrow -D$

$(B \rightarrow H) \wedge (-H \rightarrow D)$

∴E ↔ K

4-5　前提之間的一致與不一致

如果以某些語句為前提，依據推論規則，導出一個矛盾句，則這些做為前提的語句不可能全部為真。理由是非常明顯的：依據推論規則所推論出來的論證必定有效，而有效論證絕對不可能前提全部為真而結論為假；現在，結論既然是一個必定為假的矛盾句，因此，前提不可能全部為真。例如：由下面三個語句

　　(1)　P → Q

　　(2)　–P → R

　　(3)　–(Q∨R)

可導出矛盾句 R∧–R，其推論如下：

{1}	(1)	P → Q	P
{2}	(2)	–P → R	P
{3}	(3)	–(Q∨R)	P
{3}	(4)	–Q∧–R	3, DeM.
{3}	(5)	–Q	4, Simp.
{1, 3}	(6)	–P	1, 5, M.T.T.
{1, 2, 3}	(7)	R	2, 6, M.P.P.
{3}	(8)	–R	4, Simp.
{1, 2, 3}	(9)	R∧–R	7, 8, Adj.

可見，(1)、(2)、(3)不可能全部為真，換言之，至少有一個為假。如果有某些語句，不可能全部為真，至少有一為假，則我們說這些語句之間互相「不一致」(inconsistent)；反之，某些語句若可能全部為真，則它們之間互相「一致」(consistent)。

　　從某些互相不一致的前提，可導出任何結論。例如：上例中的(1)、(2)、(3)互相不一致，我們可由這三個語句導出任意一個不相干的結論N。其推論如下：

{1}	(1)	$P \to Q$	P
{2}	(2)	$-P \to R$	P
{3}	(3)	$-(Q \lor R)$	P
{3}	(4)	$-Q \land -R$	3, DeM.
{3}	(5)	$-Q$	4, Simp.
{1, 3}	(6)	$-P$	1, 5, M.T.T.
{1, 2, 3}	(7)	R	2, 6, M.P.P.
{3}	(8)	$-R$	4, Simp.
{1, 2, 3}	(9)	$R \lor N$	7, Add.
{1, 2, 3}	(10)	N	9, 8, D.S.

由不一致的前提既可導出某一個語句 R 及其否定句 –R，則我們只要依據 Add. 規則，把 R 與我們所要的結論 N 連成選言，然後就可依據 D.S. 規則，從 R∨N 和 –R 導出 N。

　　我們曾一再指出：依據推論規則所推論出來的論證必定有效。現在，上面的推論中(10)的左邊註明「1, 2, 3」表示由(1)、(2)、(3)導出(10)，照理以(1)、(2)、(3)為前提而以(10)為結論的論證必定有效。然而，結論 N 在前提中未曾出現，是一個與前提毫不相干的語句；結論既與前提不相干，怎麼會是一個有效的論證呢？其實，這個論證之為有效是非常明顯的：一個論證只要不可能有前提全部為真而結論為假的情形，就是有效的。前提互相不一致的論證，既然不可能前提全部為真，當然也就不可能有前提全部為真而結論為假的情形；因此，必定是有效的。

　　依據推論規則，固然可以從互相不一致的前提導出任何結論；而

且，按照有效論證的定義，前提互相不一致的論證也確實是有效的。然而，我們通常總認為推論的目的是要顯示由前提導出結論的步驟，因而證明論證是有效的；而有效論證的目的是要以前提之為真來保證結論必定真。如果前提之間互相不一致，則沒有全部為真的可能，因而也就無法達成以前提保證結論的目的。這樣看來，我們似乎不必承認前提互相不一致的論證是有效的，也不必允許推論規則從互相不一致的前提導出結論。

對於這個問題，我們首先要指出：允許推論規則從互相不一致的前提導出結論，並且承認這樣推論出來的論證為有效論證，並不會因而使假的結論被誤認為真。因為要保證結論為真，必須前提全部為真而且論證有效。互相不一致的前提不可能全部為真，因此，我們雖然承認論證有效，並不因而保證結論必定真。

其次，我們要指出：有效論證除了以前提保證結論之外，還有別種功用。例如：如果某一個有效論證的結論是矛盾句，則可斷定其前提之間互相不一致。當然，我們當初研究有效論證的目的，主要是為了要以前提來保證結論。但是，當我們對有效論證做了仔細的探討，並且設計了真值表來判斷論證是否有效，設計了推論規則來推論出有效論證之後，我們竟發現有效論證不僅可以達成以前提保證結論的目的，而且還有其他功用。因此，我們就把有效論證的意義加以推廣，不限制只有能達成以前提保證結論的論證才叫做「有效論證」，只要不可能前提全部為真而結論為假的論證，都認為是有效的。基於上述的理由，前提不一致的論證，雖然不能達成以前提保證結論的目的，但我們仍然認為是有效論證。因此，我們也就不限制只有當前提互相一致時，才可進行推論工作。其實，正因為沒有此項限制，我們才可以從前提導出矛盾句，以證明前提互相不一致。如果有此限制，則有效論證就無法達成證明前提互相不一致的功用。我們在 4–6 所要介紹的

間接證法，也是因為沒有此項限制才有可能。

　　介紹過證明前提互相不一致的方法之後，現在讓我們來介紹證明前提互相一致的方法。我們若從前提導出矛盾句，固然足以證明前提互相不一致；然而，我們導不出矛盾句卻不足以證明前提互相一致，因為可能實際上可以導出，只是我們沒有想出而已。要證明前提互相一致，必須設想一種情形使前提全部為真。例如：在 P 和 Q 皆為假而 R 為真的情形下，下面三個前提全部為真

(1)　　$P \rightarrow Q \wedge -R$

(2)　　$-(P \wedge Q)$

(3)　　$R \rightarrow -P$

這就足以證明(1)、(2)、(3)是互相一致的。在此有三點必須提醒讀者注意：第一，能夠使前提全部為真的情形往往不只一種。例如：在 P、Q、R 皆為假的情形下，(1)、(2)、(3)也全部為真。然而，我們只要任意指出其中的一種情形，即足以證明前提互相一致。第二，互相一致的前提當然也可能有不全部為真的情形，甚至可能有全部為假的情形。例如：在 P、Q、R 皆為真的情形下，(1)、(2)、(3)全部為假。但是，有這樣的情形，並不足以證明前提互相不一致。因為所謂前提互相不一致，是指在任何情形下皆不可能全部為真；因此，只要有一種情形使它們全部為真，不管其他情形如何，即足以證明它們互相一致。第三，所謂前提互相一致，是指前提可能全部為真，並不表示實際上前提果然全部為真。讓我們用一個較淺顯的例子來說明這一點。假設有一個證人到法院出庭作證，第一次出庭指證：他曾於一九七〇年五月十日下午八時在臺北火車站遇見被告陳丕宏，第二次出庭又指證：一九七〇年五月十日下午八時在高雄花王大飯店曾與被告陳丕宏交談。這前後兩次的證言絕對不可能全部為真，它們是互相不一致的。如果他第二次證言中所指證的時間是下午一時，而不是下午八時，則這兩次證

言就有全部為真的可能，因此是互相一致的。我們說它們互相一致，只表示可能設想一種情形使它們全部為真，而並不表示它們果然全部為真。即使事實證明這兩次證言有一次為假，或甚至兩次都是假的，但它們之間仍然是互相一致的。

最後，值得順便一提的是：用真值表也可判斷前提之間是否互相一致。若前提的連言是矛盾句，則前提互相不一致；反之，若不是矛盾句，不管是恆真句或適真句，則前提互相一致。如果前提只有一個，則此前提若為矛盾句，則不一致，否則即為一致。

習　題

下列各題中的語句是否互相一致？如果不一致，則把它們當做前提，導出矛盾句；如果一致，則指出在何種情形下，它們全部為真。

(a)如果契約有效，則甲必須交付十萬元。如果甲付出十萬元，則甲將破產。如果甲能從銀行借出五萬元，則不致破產。事實上，契約是有效的，而且甲已從銀行借出五萬元。

(b)如果情勢危急，則政府將下令總動員。如果政府下令總動員，則工資將上漲。目前工資雖然上漲，但情勢並不危急。

(c)如果契約有效，則甲必須交付十萬元。如果甲付出十萬元，則甲將破產。除非銀行肯借給甲五萬元，否則甲將破產。然而，銀行已決定不借給甲五萬元。

(d)如果甲是兇手，則他必定還留在公寓裡面而且無法在下午十一點之前離去。事實上，他還留在公寓裡面。如果他在下午十一點之前離去，則門房必會看見。門房雖然沒有看見他離開公寓，然而他並不是兇手。

⒠ C ↔ B

　 B ↔ E

　 L ↔ −C

　 E ↔ L

⒡ S ↔ C

　 C → D

　 −D∨W

　 −S → W

　 −W

⒢ P → Q

　 Q ↔ R

　 R∨S ↔ −Q

⒣ −(−Q∨P)

　 P∨−R

　 Q → R

4−6　間接證法

我們如果從某些前提導出一個矛盾句，則可斷定這些前提之中，至少有一個為假。然而，我們無法判斷到底那一個是假的。例如：下面的推論由⑴、⑵、⑶導出矛盾句 Q∧−Q。

{1}	⑴	P → Q	P
{2}	⑵	P → −Q	P
{3}	⑶	P	P
{1, 3}	⑷	Q	1, 3, M.P.P.
{2, 3}	⑸	−Q	2, 3, M.P.P.

　　{1, 2, 3}　⑹　Q∧−Q　　　　　　　　　4, 5, Adj.

我們可以斷定⑴、⑵、⑶不可能全部為真，其中至少有一個為假，但無法判斷到底那一個為假；換言之，如果其中有兩個為真，則其餘一個為假。因此，如果⑴、⑵為真，則可斷定⑶為假；也就是說，以⑴、⑵為前提而以⑶的否定句為結論的論證是有效的。

　　用另一種方式來說明也許更易瞭解：由⑴、⑵、⑶導出矛盾句。可見不可能⑴、⑵、⑶全部為真；換言之，不可能⑴、⑵為真而⑶的否定句為假；因此，以⑴、⑵為前提而以⑶的否定句為結論的論證是有效的。

　　⑹是一個矛盾句，而左邊註明「1, 2, 3」表示此矛盾句是由⑴、⑵、⑶導出的。根據上面兩段的說明，我們可斷定以⑴、⑵為前提而以⑶的否定句為結論的論證是有效的。因此，我們可以把⑶的否定句列為⑺，而在⑺的左邊註明「1, 2」：

　　{1, 2}　　⑺　　−P

⑺左邊註明的數字，除了刪去「3」之外，與⑹左邊註明的數字完全相同。刪去「3」的理由是很明顯的：因為只要⑴、⑵為真，則⑶的否定句 −P 必定為真；要得到結論 −P，只要⑴、⑵兩個前提就足夠了，⑶不必再當做前提。

　　由上面的例子，我們可做如下的推廣：如果由某些前提可導出一個矛盾句，則以這些前提中的任意一個的否定句為結論，而以其餘的為前提，所構成的論證必定是有效的。因此，在推論中，若出現一個矛盾句，我們就可以把這個矛盾句的任意一個前提 P 的否定句 −P 列出，成為這個推論中的一個語句；−P 的左邊所要註明的數字與該矛盾句左邊所註明的完全相同，只是刪去了前提 P 的號碼。例如：在剛才那個推論中，以⑵、⑶為前提而以⑴的否定句為結論的論證，以及以⑴、⑶為前提而以⑵的否定句為結論的論證，都是有效的。因此，在

(6)之後也可列出

{2, 3}　　(7)　　$-(P \rightarrow Q)$

或

{1, 3}　　(7′)　　$-(P \rightarrow -Q)$

允許我們列出(7)、(7′)、(7″)的規則叫做「間接證法的規則」(Rule of Indirect Proof)，或「歸謬法的規則」(Reductio Ad Absurdum Rule)，記作「R.A.A.」。簡言之，R.A.A. 規則允許我們把矛盾句的某一前提的否定句當做結論，而以其餘的前提當做此結論的前提。在推論中，每個語句的右邊都要註明該語句的來源，由 R.A.A. 規則導出的語句當然也不例外。我們在(7)的右邊要註明「3, 6, R.A.A.」表示：因為(3)是(6)這個矛盾句的前提之一，所以依據 R.A.A. 規則，可導出(3)的否定句(7)。換言之，後一個數字是矛盾句的號碼，前一個數字是該矛盾句的某一個前提的號碼，也就是在左邊註明的數字中被刪去的數字。據此，(7)和(7′)的右邊要分別註明「1, 6, R.A.A.」和「2, 6, R.A.A.」。

有了 R.A.A. 規則，我們又多了一種證明論證的方法：不是直接由前提導出結論；也不是先假設結論的前件，然後導出結論的後件；而是先假設結論的否定句，然後導出一個矛盾句。例如：要證明下面的論證

　　　(1)　　$P \lor Q$

　　　(2)　　$P \rightarrow R$

　　　(3)　　$Q \rightarrow S$

　　　∴$R \lor S$

我們先把結論的否定句 $-(R \lor S)$ 也當做前提，然後導出一個矛盾句：

　　{1}　　(1)　　$P \lor Q$　　　　　　P

　　{2}　　(2)　　$P \rightarrow R$　　　　　　P

　　{3}　　(3)　　$Q \rightarrow S$　　　　　　P

{4}	⑷	−(R∨S)	P
{4}	⑸	−R∧−S	4, DeM.
{4}	⑹	−R	5, Simp.
{2, 4}	⑺	−P	2, 6, M.T.T.
{1, 2, 4}	⑻	Q	1, 7, D.S.
{1, 2, 3, 4}	⑼	S	3, 8, M.P.P.
{4}	⑽	−S	5, Simp.
{1, 2, 3, 4}	⑾	S∧−S	9, 10, Adj.

既然可由⑴、⑵、⑶、⑷導出矛盾句⑾，則依據 R.A.A. 規則，我們可以把⑷的否定句 −−(R∨S) 列為⑿，而⑿的左邊註明「1, 2, 3」，右邊註明「4, 11, R.A.A.」：

{1, 2, 3}	⑿	−−(R∨S)	4, 11, R.A.A.

最後，再依據 D.N. 規則，我們可得

{1, 2, 3}	⒀	R∨S	12, D.N.

⒀左邊註明「1, 2, 3」表示由⑴、⑵、⑶導出 R∨S，這正是我們所要證明的論證。

　　這種先假設結論的否定句，然後導出矛盾句，最後再依據 R.A.A. 規則導出結論的證明方法，叫做「間接證法」或「歸謬法」。

　　間接證法在數學上常常用到，讀者當不會陌生。在一般數學課本上雖然不用前提互相不一致的觀念來說明間接證法，但原理是相同的。通常數學課本上的間接證法是先假設結論不成立；如果因為這項假設而導致與公理、定理或已知條件相衝突，則這項假設不成立，因而結論成立。我們前面所介紹的間接證法也可做類似的說明：先把結論的否定句暫時假設為前提；如果因為增加這個前提而導出矛盾句，則這個暫時假設的前提為假，因而結論為真。

　　按照上一段的說明，我們之所以肯定結論，乃是因為否定結論的

結果會導致矛盾。若是論證的前提本來就不一致，則從原來的前提本就可以導出矛盾句。雖然假設結論的否定句之後，仍然可以導出矛盾句；但是，即使沒有此項假設，也可以導出矛盾句。因此，不能因為導出矛盾句，而否定此項假設。例如：下面的論證，前提互相不一致

(1)　P → Q

(2)　P∨R → −Q

(3)　P

∴−R

從這三個前提本就可以導出矛盾句 Q∧−Q，其推論如下：

{1}	(1)	P → Q	P
{2}	(2)	P∨R → −Q	P
{3}	(3)	P	P
{1, 3}	(4)	Q	1, 3, M.P.P.
{3}	(5)	P∨R	3, Add.
{2, 3}	(6)	−Q	2, 5, M.P.P.
{1, 2, 3}	(7)	Q∧−Q	4, 6, Adj.

雖然假設結論的否定句 R 之後，也可導出矛盾句 Q∧−Q，其推論如下：

{1}	(1)	P → Q	P
{2}	(2)	P∨R → −Q	P
{3}	(3)	P	P
{4}	(4)	R	P
{1, 3}	(5)	Q	1, 3, M.P.P.
{4}	(6)	P∨R	4, Add.
{2, 4}	(7)	−Q	2, 6, M.P.P.
{1, 2, 3, 4}	(8)	Q∧−Q	5, 7, Adj.

然而，即使不假設(4)，由(1)、(2)、(3)本就可以導出矛盾句 Q∧-Q。因此，不能把 Q∧-Q 之產生歸因於(4)。既然如此，則不能因導出 Q∧-Q 而否定(4)。換言之，不能依據 R.A.A. 規則，得

　　　{1, 2, 3}　　(9)　　-R　　　　　　　　4, 8, R.A.A.

這樣看來，我們似乎應對 R.A.A. 規則稍加限制：如果論證的前提本就不一致，則雖然假設結論的否定句之後可導出矛盾句，也不能依據 R.A.A. 規則導出結論。但是，事實上，我們並沒有對 R.A.A. 規則做此限制的必要。理由是非常明顯的：原來的前提既然互相不一致，則不論結論為何，此論證必然有效；因此，即使不限制 R.A.A. 規則，也不致推論出無效的論證。例如：(1)、(2)、(3)既然互相不一致，則以(1)、(2)、(3)為前提而以(9)為結論的論證必定有效。因此，即使對 R.A.A. 規則不加限制，允許導出(9)，也不致推論出無效的論證。

　　間接證法的步驟是先假設所要證明的結論的否定句，然後導出矛盾句，最後依據 R.A.A. 規則否定原先的假設，也就是肯定所要證明的結論。R.A.A. 規則主要是用來完成間接證法，然而我們並不限制 R.A.A. 規則只能用來否定原先的假設。依據 R.A.A. 規則，只要從某些前提可以導出矛盾句，則我們可以否定這些前提中的任何一個，並不限制只能否定我們所要證明的結論的否定句。例如：本節開頭的那個推論，由(1)、(2)、(3)導出矛盾句(6)。依據 R.A.A. 規則，我們可以導出(3)的否定句

　　　{1, 2}　　(7)　　-P　　　　　　　　　3, 6, R.A.A.

也可以導出(1)的否定句

　　　{2, 3}　　(7′)　　-(P → Q)　　　　　1, 6, R.A.A.

又可以導出(2)的否定句

　　　{1, 3}　　(7″)　　-(P → -Q)　　　　2, 6, R.A.A.

如果我們所要證明的論證是以(1)、(2)為前提而以 -P 為結論，則我們

依據 R.A.A. 規則導出(7)；如果是以(2)、(3)為前提而以 –(P → Q) 為結論，則導出(7')；如果是以(1)、(3)為前提而以 –(P → –Q) 為結論，則導出(7")。我們按照我們的目的來決定到底要否定那一個前提。不論是否定那一個，都要依據 R.A.A. 規則，R.A.A. 規則本身並沒有限制我們只能否定我們所要證明的結論的否定句。例如：即使我們的目的是要從(1)、(2)導出 –P，我們仍然可以依據 R.A.A. 規則導出(7)。因為這樣推論出來的論證，雖然不是我們所要證明的論證，但仍然是有效的。R.A.A. 規則與其他推論規則一樣，只保證所推論出來的論證是有效的；並不保證這個有效論證恰好是我們所要證明的。

　　同樣的理由，我們也不限制我們所假定的前提一定是我們所要證明的論證的前提，以及結論的否定句。在推論過程中，我們可隨意假設任一語句為前提。這在 4–3 的〔例 I 〕中已有詳細的說明，這裡不再重述。

　　用條件證法證出的結論必定是條件句或是可以改成條件句的語句。間接證法則可用來證明一切有效論證，不管結論是何種語句。現在讓我們舉幾個間接證法的實例，並附加說明。

〔例 I 〕 D∨(I∧S)

　　　　(D → L)∧(L → S)

　　∴S

要用間接證法推論這個論證，必須先假設結論的否定句 –S，然後導出矛盾句，最後再依據 R.A.A. 規則否定 –S，亦即肯定 S。其推論如下：

{1}	(1)	D∨(I∧S)	P
{2}	(2)	(D → L)∧(L → S)	P
{3}	(3)	–S	P
{3}	(4)	–I∨–S	3, Add.

{3}	(5)	−(I∧S)	4, DeM.
{1, 3}	(6)	D	1, 5, D.S.
{2}	(7)	D→L	2, Simp.
{2}	(8)	L→S	2, Simp.
{2}	(9)	D→S	7, 8, H.S.
{1, 2, 3}	(10)	S	9, 6, M.P.P.
{1, 2, 3}	(11)	S∧−S	10, 3, Adj.
{1, 2}	(12)	− −S	3, 11, R.A.A.
{1, 2}	(13)	S	12, D.N.

到(10)雖已導出 S，但(10)的左邊註明「1, 2, 3」，表示由(1)、(2)、(3)導出 S；我們所要證明的是由(1)、(2)導出 S，因此必須依據 R.A.A. 規則刪去「3」之後，仍能導出 S，推論才算完成。

　　為了簡化推論的步驟，我們可以省略(12)。因為假設結論的否定句 −S 之後，若能導出矛盾句，則結論 S 必定為真；因此，可依據 R.A.A. 規則直接肯定結論 S，而不必先依據 R.A.A. 規則否定原先的假設 −S，得 − −S，然後再依據 D.N. 規則把 − −S 變成 S。換言之，(12)變成

{1, 2}	(12′)	S	3, 11, R.A.A.

而推論到此也就完成了。

　　〔例Ⅱ〕　D→W
　　　　　　A∨−W
　　　　　　−(D∧A)
　　　　　∴−D

這個論證的結論是一個否定句 −D。如果要用間接證法來證明，不必假定結論 −D 的否定句 − −D，只要假定 D 就可以。若假定 D 之後，

能導出矛盾句，則依據 R.A.A. 規則可以否定原先的假設 D，得 –D。
其推論如下：

{1}	(1)	D → W	P
{2}	(2)	A∨–W	P
{3}	(3)	–(D∧A)	P
{4}	(4)	D	P
{1, 4}	(5)	W	1, 4, M.P.P.
{3}	(6)	–D∨–A	3, DeM.
{4}	(7)	– –D	4, D.N.
{3, 4}	(8)	–A	6, 7, D.S.
{2, 3, 4}	(9)	–W	2, 8, D.S.
{1, 2, 3, 4}	(10)	W∧–W	5, 9, Adj.
{1, 2, 3}	(11)	–D	4, 10, R.A.A.

〔例III〕 陳碧蓮不喜歡劉宗欽。如果陳碧蓮不喜歡劉宗欽，而且敢違抗父母之命，則不會嫁給劉宗欽。因此，如果陳碧蓮終於嫁給劉宗欽，則必定是不敢違抗父母之命。

以 P 表「陳碧蓮喜歡劉宗欽」，以 Q 表「陳碧蓮敢違抗父母之命」，以 R 表「陳碧蓮嫁給劉宗欽」，則這個論證可寫成如下的邏輯式：

$$–P$$
$$–P∧Q → –R$$
$$∴R → –Q$$

可用間接證法證明如下：

{1}	(1)	–P	P
{2}	(2)	–P∧Q → –R	P
{3}	(3)	–(R → –Q)	P

{3}	(4)	$-(-R \vee -Q)$	3, C.D.
{3}	(5)	$--R \wedge --Q$	4, DeM.
{3}	(6)	$--Q$	5, Simp.
{3}	(7)	Q	6, D.N.
{1, 3}	(8)	$-P \wedge Q$	1, 7, Adj.
{1, 2, 3}	(9)	$-R$	2, 8, M.P.P.
{3}	(10)	$--R$	5, Simp.
{3}	(11)	R	10, D.N.
{1, 2, 3}	(12)	$R \wedge -R$	11, 9, Adj.
{1, 2}	(13)	$R \rightarrow -Q$	3, 12, R.A.A.

注意：不必把(10)改成(11)，由(9)、(10)依據 Adj. 規則導出 $-R \wedge --R$ 亦可，因 $-R \wedge --R$ 也是矛盾句。

〔例 IV〕 $P \rightarrow Q \vee R$

$\qquad P \rightarrow -Q \wedge -R$

$\qquad \therefore -P$

這個論證可用間接證法證明如下：

{1}	(1)	$P \rightarrow Q \vee R$	P
{2}	(2)	$P \rightarrow -Q \wedge -R$	P
{3}	(3)	P	P
{1, 3}	(4)	$Q \vee R$	1, 3, M.P.P.
{2, 3}	(5)	$-Q \wedge -R$	2, 3, M.P.P.
{2, 3}	(6)	$-(Q \vee R)$	5, DeM.
{1, 2, 3}	(7)	$(Q \vee R) \wedge -(Q \vee R)$	4, 6, Adj.
{1, 2}	(8)	$-P$	3, 7, R.A.A.

任何語句與其否定句所連成的連言，必定是矛盾句。因此，$Q \vee R$ 其否

定句 –(Q∨R) 的連言 (Q∨R)∧–(Q∨R) 也是矛盾句。假定 P 之後，導出此矛盾句，所以依據 R.A.A. 規則可導出 P 的否定句 –P。

習　題

1. 用間接證法證明下列各論證：

（a）　$P \rightarrow -M$

　　　　$D \rightarrow M$

　　　　$U \lor D$

　　　　$(-P \rightarrow -S) \land (-S \rightarrow -D)$

　　　∴U

（b）　$A \rightarrow B \lor C$

　　　　$B \rightarrow -A$

　　　　$D \rightarrow -C$

　　　∴$A \rightarrow -D$

（c）　$(E \rightarrow L) \land (-L \lor E)$

　　　　$E \land L \rightarrow D \land P$

　　　　$-E \land -L \rightarrow I$

　　　　$(I \rightarrow C) \land (C \rightarrow P)$

　　　∴P

（d）4–2 的〔例 V〕

（e）4–2 的習題 1（b）

（f）4–2 的習題 1（e）

（g）4–2 的習題 1（f）

（h）4–2 的習題 2（h）

（i）4–3 的習題（a）

(j) 4–3 的習題(b)

2. 用英文大寫字母表單句，將下列各論證的前提和結論都寫成邏輯式。如果論證是語句邏輯的有效論證，則用直接證法、條件證法、或間接證法，由前提導出結論。如果論證是語句邏輯的無效論證，則指出在何種情形下前提全部為真而結論為假。

(a) 張國琛若用功學習，將可獲得學位。若不用功學習，則可享受多彩多姿的生活。他如果沒有獲得學位，則無法享受多彩多姿的生活。因此，他一定會獲得學位。(以 P 表「張國琛用功學習」，Q 表「張國琛獲得學位」，R 表「張國琛享受多彩多姿的生活」。)

(b) 如果趙溫仁必須與他的太太離婚才能繼承這筆遺產，則他將考慮辦理離婚手續。他若住在臺中，則不能繼承這筆遺產。他的太太堅持要住在臺中。他若不住在臺中，則只要他的太太堅持要住在臺中，他將會與她離婚。因此，趙溫仁將考慮辦理離婚手續。(以 P 表「趙溫仁與他的太太離婚」，Q 表「趙溫仁能繼承這筆遺產」，R 表「趙溫仁將考慮辦理離婚手續」，S 表「趙溫仁住在臺中」，U 表「趙溫仁的太太堅持要住在臺中」。)

(c) 趙溫仁若是一個富翁，就能買下這幢公寓。他若與他的太太離婚，就不能繼承這筆遺產。他若繼承這筆遺產，則將變成一個富翁。他只有與他的太太離婚，才能買下這幢公寓。因此，他若繼承這筆遺產，就不會住在臺中。(以 P 表「趙溫仁是一個富翁」，Q 表「趙溫仁能買下這幢公寓」，R 表「趙溫仁與他的太太離婚」，S 表「趙溫仁繼承這筆遺產」，U 表「趙溫仁住在臺中」。)

(d) 若有上帝存在，則祂必是全能的。若有上帝存在，則祂必是

全知的。若有上帝存在，則祂必是仁慈的。如果上帝能夠阻止魔鬼，則只要祂知道有魔鬼存在而不加以阻止，就是不仁慈的。如果上帝是全能的，則祂必定能夠阻止魔鬼。如果上帝是全知的，則只要魔鬼確實存在，祂必定會知道。如果上帝加以阻止，則魔鬼不可能存在。事實上，確實有魔鬼存在。因此，沒有上帝存在。（以 G 表「有上帝存在」，P 表「上帝是全能的」，S 表「上帝是全知的」，C 表「上帝能夠阻止魔鬼」，K 表「上帝知道有魔鬼存在」，R 表「上帝阻止魔鬼」，E 表「有魔鬼存在」。）

(e)如果只要不增加稅收商業就會繁榮，則生活水準將會提高。事實上，生活水準並未提高。如果商業不繁榮，則將增加稅收。因此，將會發生失業問題。（以 P 表「增加稅收」，Q 表「商業繁榮」，R 表「生活水準提高」，S 表「會發生失業問題」。）

(f)只要增加稅收就會提高生活水準。只有當失業不成為問題時，商業才會繁榮。如果生活水準提高，則商業將會繁榮。因此，在增加稅收的情形下，失業將不成為問題。（以 P 表「增加稅收」，Q 表「生活水準提高」，R 表「商業繁榮」，S 表「失業會成為問題」。）

(g)張國琛若用功學習，將可獲得學位。若不用功學習，則可享受多彩多姿的生活。他如果沒有獲得學位，則無法享受多彩多姿的生活。因此，他一定可以享受多彩多姿的生活。（同(a)）

(h)劉宗欽將與陳碧蓮、高梅這兩人中的一人結婚。他若與陳碧蓮結婚而不與高梅結婚，將會幸福。他若與高梅結婚而不與陳碧蓮結婚，也會幸福。因此，無論如何，劉宗欽一定會幸福。（以 P 表「劉宗欽與陳碧蓮結婚」，Q 表「劉宗欽與高梅

結婚」，R 表「劉宗欽會幸福」。）

(i)聰明而又勤勉是張國琛及格的充分必要條件，而事實上張國琛是聰明的。他若沒有被誘惑所屈服，則聰明而不及格是勤勉的充分必要條件。因此，張國琛被誘惑所屈服。（以 P 表「張國琛聰明」，Q 表「張國琛勤勉」，R 表「張國琛及格」，S 表「張國琛被誘惑所屈服」。）

(j)如果張國琛及格是他能夠升級的充分必要條件，則他必須非常用功；但是他並不很用功。因此，他及格並非他能夠升級的充分條件。（以 P 表「張國琛及格」，Q 表「張國琛能夠升級」，R 表「張國琛非常用功」。）

(k)如果幸福的生活與優厚的收入都不足以取代張夢寰對文學的愛好，則只要他具有中等的天資就可當文學講師。幸福的生活足以取代他對文學的愛好是優厚的收入足以取代他對文學的愛好的充分必要條件。因此，除非幸福的生活足以取代他對文學的愛好，否則他一定可以當文學講師。（以 P 表「幸福的生活足以取代張夢寰對文學的愛好」，Q 表「優厚的收入足以取代張夢寰對文學的愛好」，R 表「張夢寰具有中等的天資」，S 表「張夢寰可以當文學講師」。）

(l)這個論證，除非前提全部為真而結論為假，否則必定是一個前提全部為真的有效論證。如果這個論證的結論為假，則至少有一個前提為假。因此，這個論證是有效的。（以 P 表「這個論證的前提全部為真」，Q 表「這個論證的結論為真」，R 表「這個論證是有效的」。）

3. 下列各論證中，若為語句邏輯的有效論證，則用直接證法、條件證法、或間接證法，由前提導出結論；若為語句邏輯的無效論證，則指出在何種情形下前提全部為真而結論為假。

(a)　J∧I → S

　　S → A

　　I∧−A

　∴−J

(b)　L∧O → (M∨W)∧−(M∧W)

　　W → (M∧O)∨(−M∧−O)∨−L

　　M∧O → W

　∴L → −O

(c)　−(P∧−L)∨−(−N∧−W)

　　−W∧−L

　　S → (−W → −N∧P)

　∴−S

(d)　P → Q∨R

　　R → Q∧P

　　Q → R

　∴P ↔ Q

(e)　−S∨P∨Q

　　−Q → −R

　　P → R∧S

　∴Q

(f)　−Q

　∴Q∨(R → −S) → −(R∨S)

(g)　C∧(S∨P)

　　−(C∧−K)

　　C∧D → −S

　　−D → P

∴ M

(h) $(-P \to Q) \to R$

$-R$

$-Q \to P$

∴ S

(i) $-(P \wedge -Q) \vee -(-S \wedge -R)$

$-(R \vee Q)$

$U \to (-R \to -S \wedge P)$

∴ $-U$

(j) $(P \wedge -Q) \vee (P \wedge R)$

$-Q \to -P$

∴ R

(k) $(P \to Q) \to Q$

$(N \to P) \to R$

$(R \to S) \to -(S \to Q)$

∴ R

(l) $G \vee M$

$M \to J$

$-J$

∴ $-(G \to J)$

(m) $H \leftrightarrow -G$

$H \to P$

$(P \to -L) \wedge (-L \to G)$

∴ $-H$

(n) $P \to C \wedge A$

$(-P \to W) \wedge (W \to A)$

∴A

(o)　R → P∨G

　　　−(B → G)

　　　B → R

　　∴R∧P

(p)　M → L

　　　M ↔ H

　　　R

　　∴H → L∧((W∧S)∨R)

(q)　H∧C → G

　　　C → −G

　　∴C → −H

(r)　R∧J∧−P ↔ J

　　　−A → −R

　　　−A

　　∴−J

(s)　C∨B → −W

　　　R → −C

　　　−R

　　∴−W

(t)　−C∨P → −W

　　　−D → −P

　　　C∧−D

　　∴W

(u)　J∧S → W

　　　−W∨R

$-R$

J

$\therefore -S$

(v)　$-H \rightarrow -E$

$E \rightarrow -D \vee S$

$-S$

$\therefore -D \vee -H$

(w)　$D \rightarrow E \vee P$

$-E$

$\therefore -P \rightarrow -D \vee S$

(x)　$W \vee P \rightarrow I$

$I \rightarrow C \vee S$

$S \rightarrow U$

$-C \wedge -U$

$\therefore -W$

(y)　$J \rightarrow -N$

$-J \rightarrow -D$

$-D \rightarrow A$

$R \rightarrow N$

$\therefore -R \vee A$

(z)　$M \rightarrow J$

$J \rightarrow -H$

$-H \rightarrow -E$

$-T \rightarrow M$

$M \rightarrow -H$

$\therefore -E$

4-7　沒有前提的論證

　　論證的目的是要以前提來支持結論。所以，一個論證必定要有前提和結論，似乎不可能只有結論而沒有前提。然而，依據我們所介紹過的推論規則，可能產生沒有前提的論證。請看下面的推論：

{1}	(1)	P∧(P→Q)	P
{1}	(2)	P	1, Simp.
{1}	(3)	P→Q	1, Simp.
{1}	(4)	Q	3, 2, M.P.P.

(4)的左邊註明「1」，表示以(1)為前提而以(4)為結論的論證是有效的。依據 C.P. 規則，我們可以把(4)當做後件，而以(4)的前提之一(1)當做前件，構成一個條件句

{ }	(5)	P∧(P→Q)→Q	1, 4, C.P.

(5)左邊所要註明的數字，是(4)左邊所註明的數字中刪去「1」。但是，(4)的左邊只註明「1」，刪去之後就沒有任何數字了。因此，(5)的左邊只有一個表示集合的大括號，而在大括號之內不填任何數字。我們既然把註明在左邊的數字當做一個集合，而現在左邊只有表示集合的大括號，其中沒有任何數字，則我們只好把它當做一個沒有任何元素的集合。在集合論上，我們承認沒有元素也能構成集合，這樣的集合叫做「空集合」(empty set)。通常用希臘字母「φ」（讀作「phi」）或「Λ」（讀作「lambda」）來表示空集合；在本書中，我們一律採用後者。因此，(5)就要寫成

Λ	(5)	P∧(P→Q)→Q	1, 4, C.P.

在(5)的左邊不註明任何數字，而註明空集合符號，就是表示：以(5)為結論的論證不須要任何前提。換言之，不必假設任何語句為真，(5)本

身必定為真；不管其他語句的真假如何，(5)必定為真。也就是說，在任何情形下，(5)必定為真，不必任何前提來支持。

然則，那一種語句會在任何情形下為真呢？我們到此為止，尚未對單句的內部結構加以分析；因此，我們依據已經介紹過的規則所能導出的沒有前提的結論，必定是不須分析單句的內部結構，而把單句當做最基本的單元，就能顯示在任何情形下必定為真的語句。這樣的語句就是恆真句。很明顯的，上面那個推論中的(5)就是恆真句。

從上面的那個推論中，我們不難看出：這種沒有前提的論證之所以產生，是使用 C.P. 規則的結果。C.P. 規則並沒有限制：推論中的某一個語句，當左邊所註明的數字只有一個的時候，就不能對它使用 C.P. 規則。因為沒有這項限制，因此，當左邊註明的數字只有一個的時候，仍可使用 C.P. 規則，致使左邊所註明的唯一數字也被刪去。

論證的目的本來是要用前提來支持結論。但是使用 C.P. 規則的結果所產生的沒有前提的論證，我們也可做合理的解釋；就是把這種論證的結論解釋為不須任何前提的支持，而本身必定為真的語句。因此，我們可以承認只有結論而沒有前提的論證，因而也就不必對 C.P. 規則加以限制。

讓我們換另外一個方式來說明這個問題。我們如果對 C.P. 規則加以限制，則推論出來的論證必定有前提也有結論。這樣一來，則那種不必任何前提的支持而其本身必定為真的語句，如恆真句，就無法依據推論規則推論出來。反之，我們如果對 C.P. 規則不加限制，則不但可推論出有前提也有結論的論證，也可推論出不必任何前提的支持而本身必定為真的語句，如恆真句。因為不限制 C.P. 規則的結果，可使推論規則能夠多完成一種功能，因此我們就決定不加限制。而由於不加此項限制所推論出來的語句，也一律認為是論證的結論；於是論證的意義就比原先的意義為廣，我們可以把一個單獨的語句當做一個沒

有前提的論證，而這個單獨的語句就是該論證的結論，亦即沒有前提的結論。

　　除了 C.P. 規則之外，R.A.A. 規則也可導出沒有前提的結論，因為它和 C.P. 規則一樣，也要刪去左邊的數字。例如：

{1}	(1)	$-(P \to P)$	P
{1}	(2)	$-(-P \lor P)$	1, C.D.
{1}	(3)	$--P \land -P$	2, DeM.
{1}	(4)	$P \land -P$	3, D.N.
Λ	(5)	$P \to P$	1, 4, R.A.A.

(5)左邊註明空集合，可知(5)是恆真句。

　　我們上面曾經指出：依據我們所介紹過的推論規則，所導出的沒有前提的結論，必定是恆真句。現在讓我們進一步指出：恆真句一定是一個沒有前提的有效論證的結論，因此，一定可以依據推論規則導出，而它的左邊註明空集合。

　　現在把常用的恆真句列在下面，有些並附加證明和說明；沒有證明的恆真句，請讀者自行證明。

　　T1　$(P \to Q) \to ((Q \to R) \to (P \to R))$

{1}	(1)	$P \to Q$	P
{2}	(2)	$Q \to R$	P
{1, 2}	(3)	$P \to R$	1, 2, H.S.
{1}	(4)	$(Q \to R) \to (P \to R)$	2, 3, C.P.
Λ	(5)	$(P \to Q) \to ((Q \to R) \to (P \to R))$	1, 4, C.P.

這個恆真句是一個條件句，可用條件證法，假定前件以導出後件；而後件本身又是條件句，故可再用條件證法。也就是說，C.P. 規則用了兩次。

　　T2　$(Q \to R) \to ((P \to Q) \to (P \to R))$

T3　$P \rightarrow ((P \rightarrow Q) \rightarrow Q)$

{1}	(1)	P	P
{2}	(2)	$P \rightarrow Q$	P
{1, 2}	(3)	Q	1, 2, M.P.P.
{1}	(4)	$(P \rightarrow Q) \rightarrow Q$	2, 3, C.P.
Λ	(5)	$P \rightarrow ((P \rightarrow Q) \rightarrow Q)$	1, 4, C.P.

T4　$(P \rightarrow (Q \rightarrow R)) \rightarrow ((P \rightarrow Q) \rightarrow (P \rightarrow R))$

T5　$(P \rightarrow (Q \rightarrow R)) \rightarrow (Q \rightarrow (P \rightarrow R))$

T6　$P \rightarrow P$

{1}	(1)	P	P
Λ	(2)	$P \rightarrow P$	1, 1, C.P.

這個恆真句，前面已用間接證法證明過了。這裡我們用條件證法又證了一次。C.P. 規則允許我們把推論中的任何一個語句當做後件，而把該語句的前提之一當做前件，構成一個條件句。我們並沒有限制對前提不能使用 C.P. 規則，也就是說，即使是推論中的前提，我們仍可以依據 C.P. 規則，把它當做後件，而以它的前提之一當做前件，構成一個條件句。然而，前提的左邊只註明本身的號碼；因此，可以當做前件的前提也就是當做後件的那個前提本身。例如：T6 的推論中(1)雖然是前提，但我們仍可依據 C.P. 規則，把(1)當做後件，把(1)的前提之一當做前件，構成一個條件句。然而，(1)的左邊只註明本身的號碼「1」，因此只有(1)本身可當做前件，而構成一個條件句(2)。(2)是依據 C.P. 規則所導出的條件句，而當做此條件句的前件和後件的語句都是(1)，因此(2)的右邊註明「1, 1, C.P.」。依據 C.P. 規則所導出的條件句左邊所要註明的數字是：由當做後件的那個語句左邊所註明的數字中，刪去當做前件的那個前提的號碼。(1)的左邊只註明「1」，刪去「1」之後就變成空集合，故(2)的左邊註明「Λ」。

T7　$Q \rightarrow (P \rightarrow Q)$

{1}	(1)	Q	P
{1}	(2)	$-P \lor Q$	1, Add.
{1}	(3)	$P \rightarrow Q$	2, C.D.
Λ	(4)	$Q \rightarrow (P \rightarrow Q)$	1, 3, C.P.

T8　$-P \rightarrow (P \rightarrow Q)$

T9　$P \rightarrow (-P \rightarrow Q)$

T10　$(-P \rightarrow P) \rightarrow P$

{1}	(1)	$-P \rightarrow P$	P
{1}	(2)	$--P \lor P$	1, C.D.
{1}	(3)	$P \lor P$	2, D.N.
{1}	(4)	P	3, Idem.
Λ	(5)	$(-P \rightarrow P) \rightarrow P$	1, 4, C.P.

T11　$(P \rightarrow -P) \rightarrow -P$

T12　$-(P \rightarrow Q) \rightarrow P$

{1}	(1)	$-(P \rightarrow Q)$	P
{1}	(2)	$-(-P \lor Q)$	1, C.D.
{1}	(3)	$--P \land -Q$	2, DeM.
{1}	(4)	$--P$	3, Simp.
{1}	(5)	P	4, D.N.
Λ	(6)	$-(P \rightarrow Q) \rightarrow P$	1, 5, C.P.

T13　$-(P \rightarrow Q) \rightarrow -Q$

T14　$P \rightarrow (Q \rightarrow (P \land Q))$

T15　$(P \rightarrow Q) \rightarrow ((Q \rightarrow P) \rightarrow (P \leftrightarrow Q))$

{1}	(1)	$P \rightarrow Q$	P
{2}	(2)	$Q \rightarrow P$	P

{1, 2}	(3)	$(P \rightarrow Q) \wedge (Q \rightarrow P)$	1, 2, Adj.
{1, 2}	(4)	$P \leftrightarrow Q$	3, B.C.
{1}	(5)	$(Q \rightarrow P) \rightarrow (P \leftrightarrow Q)$	2, 4, C.P.
Λ	(6)	$(P \rightarrow Q) \rightarrow ((Q \rightarrow P) \rightarrow (P \leftrightarrow Q))$	1, 5, C.P.

T16 $(P \leftrightarrow Q) \rightarrow (P \rightarrow Q)$

T17 $(P \leftrightarrow Q) \rightarrow (Q \rightarrow P)$

T18 $P \rightarrow P \vee Q$

T19 $Q \rightarrow P \vee Q$

T20 $(P \leftrightarrow Q) \rightarrow (P \wedge R \leftrightarrow Q \wedge R)$

{1}	(1)	$P \leftrightarrow Q$	P
{2}	(2)	$P \wedge R$	P
{1}	(3)	$(P \rightarrow Q) \wedge (Q \rightarrow P)$	1, B.C.
{1}	(4)	$P \rightarrow Q$	3, Simp.
{2}	(5)	P	2, Simp.
{1, 2}	(6)	Q	4, 5, M.P.P.
{2}	(7)	R	2, Simp.
{1, 2}	(8)	$Q \wedge R$	6, 7, Adj.
{1}	(9)	$P \wedge R \rightarrow Q \wedge R$	2, 8, C.P.
{10}	(10)	$Q \wedge R$	P
{1}	(11)	$Q \rightarrow P$	3, Simp.
{10}	(12)	Q	10, Simp.
{1, 10}	(13)	P	11, 12, M.P.P.
{10}	(14)	R	10, Simp.
{1, 10}	(15)	$P \wedge R$	13, 14, Adj.
{1}	(16)	$Q \wedge R \rightarrow P \wedge R$	10, 15, C.P.
{1}	(17)	$(P \wedge R \rightarrow Q \wedge R) \wedge (Q \wedge R \rightarrow P \wedge R)$	9, 16, Adj.

| {1} | ⑱ | P∧R ↔ Q∧R | | 17, B.C. |
| Λ | ⑲ | (P↔Q) → (P∧R ↔ Q∧R) | | 1, 18, C.P. |

這個推論的步驟如下：

(i)先假設結論的前件 P↔Q，⑴；

(ii)用條件證法證出 P∧R → Q∧R，⑵～⑼；

(iii)用條件證法證出 Q∧R → P∧R，⑽～⑯；

(iv)依據 Adj. 規則將 P∧R → Q∧R 和 Q∧R → P∧R 連成連言 (P∧R → Q∧R)∧(Q∧R → P∧R)，並依據 B.C. 規則變成雙條件句 P∧R ↔ Q∧R，⑰、⑱；

(v)依據 C.P. 規則，以原先的假設 P↔Q 為前件，以 P∧R ↔ Q∧R 為後件，構成條件句⑲。這個條件句正是我們所要證明的恆真句。

T21 $(P↔Q) → (P∨R ↔ Q∨R)$

T22 $(P↔Q) → ((P→R) ↔ (Q→R))$

T23 $(P↔Q) → ((R→P) ↔ (R→Q))$

T24 $(P↔Q) → ((P↔R) ↔ (Q↔R))$

{1}	⑴	P↔Q		P
{2}	⑵	P↔R		P
{1}	⑶	(P→Q)∧(Q→P)		1, B.C.
{2}	⑷	(P→R)∧(R→P)		2, B.C.
{1}	⑸	Q→P		3, Simp.
{2}	⑹	P→R		4, Simp.
{1, 2}	⑺	Q→R		5, 6, H.S.
{2}	⑻	R→P		4, Simp.
{1}	⑼	P→Q		3, Simp.
{1, 2}	⑽	R→Q		8, 9, H.S.

{1, 2}	(11)	$(Q \rightarrow R) \wedge (R \rightarrow Q)$	7, 10, Adj.
{1, 2}	(12)	$Q \leftrightarrow R$	11, B.C.
{1}	(13)	$(P \leftrightarrow R) \rightarrow (Q \leftrightarrow R)$	2, 12, C.P.
{14}	(14)	$Q \leftrightarrow R$	P
{14}	(15)	$(Q \rightarrow R) \wedge (R \rightarrow Q)$	14, B.C.
{14}	(16)	$Q \rightarrow R$	15, Simp.
{1, 14}	(17)	$P \rightarrow R$	9, 16, H.S.
{14}	(18)	$R \rightarrow Q$	15, Simp.
{1, 14}	(19)	$R \rightarrow P$	18, 5, H.S.
{1, 14}	(20)	$(P \rightarrow R) \wedge (R \rightarrow P)$	17, 19, Adj.
{1, 14}	(21)	$P \leftrightarrow R$	20, B.C.
{1}	(22)	$(Q \leftrightarrow R) \rightarrow (P \leftrightarrow R)$	14, 21, C.P.
{1}	(23)	$((P \leftrightarrow R) \rightarrow (Q \leftrightarrow R)) \wedge$	
		$((Q \leftrightarrow R) \rightarrow (P \leftrightarrow R))$	13, 22, Adj.
{1}	(24)	$(P \leftrightarrow R) \leftrightarrow (Q \leftrightarrow R)$	23, B.C.
Λ	(25)	$(P \leftrightarrow Q) \rightarrow ((P \leftrightarrow R) \leftrightarrow (Q \leftrightarrow R))$	1, 24, C.P.

這個推論的步驟與 T20 相仿，讀者可參照該推論的說明。

T25　$P \wedge Q \rightarrow P$

T26　$P \wedge Q \rightarrow Q$

T27　$P \rightarrow (P \wedge Q \leftrightarrow Q)$

T28　$P \rightarrow ((P \rightarrow Q) \leftrightarrow Q)$

T29　$P \rightarrow ((P \leftrightarrow Q) \leftrightarrow Q)$

T30　$-P \rightarrow (P \vee Q \leftrightarrow Q)$

T31　$-P \rightarrow (-(P \leftrightarrow Q) \leftrightarrow Q)$

{1}	(1)	$-P$	P
{2}	(2)	$-(P \leftrightarrow Q)$	P

{2}	(3)	$-((P \wedge Q) \vee (-P \wedge -Q))$	2, B.D.
{2}	(4)	$-(P \wedge Q) \wedge -(-P \wedge -Q)$	3, DeM.
{2}	(5)	$-(-P \wedge -Q)$	4, Simp.
{2}	(6)	$--P \vee --Q$	5, DeM.
{2}	(7)	$P \vee Q$	6, D.N.
{1, 2}	(8)	Q	7, 1, D.S.
{1}	(9)	$-(P \leftrightarrow Q) \to Q$	2, 8, C.P.
{10}	(10)	Q	P
{11}	(11)	$P \leftrightarrow Q$	P
{11}	(12)	$(P \to Q) \wedge (Q \to P)$	11, B.C.
{11}	(13)	$Q \to P$	12, Simp.
{10, 11}	(14)	P	13, 10, M.P.P.
{1, 10, 11}	(15)	$P \wedge -P$	14, 1, Adj.
{1, 10}	(16)	$-(P \leftrightarrow Q)$	11, 15, R.A.A.
{1}	(17)	$Q \to -(P \leftrightarrow Q)$	10, 16, C.P.
{1}	(18)	$(-(P \leftrightarrow Q) \to Q) \wedge (Q \to -(P \leftrightarrow Q))$	9, 17, Adj.
{1}	(19)	$-(P \leftrightarrow Q) \leftrightarrow Q$	18, B.C.
Λ	(20)	$-P \to (-(P \leftrightarrow Q) \leftrightarrow Q)$	1, 19, C.P.

T32　$(P \leftrightarrow Q) \wedge (Q \leftrightarrow R) \to (P \leftrightarrow R)$

T33　$(P \to Q) \to ((R \to (Q \to S)) \to (R \to (P \to S)))$

T34　$(P \to Q) \wedge (R \to S) \to (P \vee R \to Q \vee S)$

{1}	(1)	$(P \to Q) \wedge (R \to S)$	P
{2}	(2)	$P \vee R$	P
{3}	(3)	$-Q$	P
{1}	(4)	$P \to Q$	1, Simp.
{1, 3}	(5)	$-P$	4, 3, M.T.T.

$\{1, 2, 3\}$	(6)	R	2, 5, D.S.
$\{1\}$	(7)	$R \to S$	1, Simp.
$\{1, 2, 3\}$	(8)	S	7, 6, M.P.P.
$\{1, 2\}$	(9)	$-Q \to S$	3, 8, C.P.
$\{1, 2\}$	(10)	$--Q \lor S$	9, C.D.
$\{1, 2\}$	(11)	$Q \lor S$	10, D.N.
$\{1\}$	(12)	$P \lor R \to Q \lor S$	2, 11, C.P.
Λ	(13)	$(P \to Q) \land (R \to S) \to (P \lor R \to Q \lor S)$	1, 12, C.P.

T35　$(P \to Q) \leftrightarrow (-Q \to -P)$

T36　$(P \to -Q) \leftrightarrow (Q \to -P)$

T37　$P \lor Q \leftrightarrow Q \lor P$

T38　$P \lor P \leftrightarrow P$

T39　$--P \leftrightarrow P$

T40　$(P \leftrightarrow Q) \leftrightarrow (Q \leftrightarrow P)$

T41　$(P \leftrightarrow Q) \leftrightarrow (-P \leftrightarrow -Q)$

T42　$P \lor (Q \lor R) \leftrightarrow Q \lor (P \lor R)$

T43　$P \lor (Q \lor R) \leftrightarrow (P \lor Q) \lor R$

T44　$-(P \land Q) \leftrightarrow (-P \lor -Q)$

T45　$-(P \lor Q) \leftrightarrow (-P \land -Q)$

T46　$P \land Q \leftrightarrow Q \land P$

T47　$P \land P \leftrightarrow P$

T48　$P \land (Q \land R) \leftrightarrow (P \land Q) \land R$

T49　$(P \to (Q \to R)) \leftrightarrow (P \land Q \to R)$

T50　$(P \to Q) \leftrightarrow -(P \land -Q)$

T51　$(P \to Q) \leftrightarrow (-P \lor Q)$

T52　$P \lor (Q \land R) \leftrightarrow (P \lor Q) \land (P \lor R)$

T53　$P \wedge (Q \vee R) \leftrightarrow (P \wedge Q) \vee (P \wedge R)$

T54　$(P \wedge Q) \vee (R \wedge S) \leftrightarrow (P \vee R) \wedge (P \vee S) \wedge (Q \vee R) \wedge (Q \vee S)$

T55　$(P \leftrightarrow Q) \leftrightarrow (P \wedge Q) \vee (-P \wedge -Q)$

T56　$-(P \leftrightarrow Q) \leftrightarrow (P \leftrightarrow -Q)$

{1}	(1)	$-(P \leftrightarrow Q)$	P
{1}	(2)	$-((P \wedge Q) \vee (-P \wedge -Q))$	1, B.D.
{1}	(3)	$-(P \wedge Q) \wedge -(-P \wedge -Q)$	2, DeM.
{1}	(4)	$(-P \vee -Q) \wedge (--P \vee --Q)$	3, DeM.
{1}	(5)	$(-P \vee -Q) \wedge (--Q \vee --P)$	4, Com.
{1}	(6)	$(P \rightarrow -Q) \wedge (-Q \rightarrow --P)$	5, C.D.
{1}	(7)	$(P \rightarrow -Q) \wedge (-Q \rightarrow P)$	6, D.N.
{1}	(8)	$P \leftrightarrow -Q$	7, B.C.
Λ	(9)	$-(P \leftrightarrow Q) \rightarrow (P \leftrightarrow -Q)$	1, 8, C.P.
{10}	(10)	$P \leftrightarrow -Q$	P
{10}	(11)	$(P \rightarrow -Q) \wedge (-Q \rightarrow P)$	10, B.C.
{10}	(12)	$(-P \vee -Q) \wedge (--Q \vee P)$	11, C.D.
{10}	(13)	$(-P \vee -Q) \wedge (--Q \vee --P)$	12, D.N.
{10}	(14)	$(-P \vee -Q) \wedge (--P \vee --Q)$	13, Com.
{10}	(15)	$-(P \wedge Q) \wedge -(-P \wedge -Q)$	14, DeM.
{10}	(16)	$-((P \wedge Q) \vee (-P \wedge -Q))$	15, DeM.
{10}	(17)	$-(P \leftrightarrow Q)$	16, B.D.
Λ	(18)	$(P \leftrightarrow -Q) \rightarrow -(P \leftrightarrow Q)$	10, 17, C.P.
Λ	(19)	$(-(P \leftrightarrow Q) \rightarrow (P \leftrightarrow -Q)) \wedge$ $((P \leftrightarrow -Q) \rightarrow -(P \leftrightarrow Q))$	9, 18, Adj.
Λ	(20)	$-(P \leftrightarrow Q) \leftrightarrow (P \leftrightarrow -Q)$	19, B.C.

T57　$((P \leftrightarrow Q) \leftrightarrow P) \leftrightarrow Q$

{1}	(1)	$(P \leftrightarrow Q) \leftrightarrow P$	P
{2}	(2)	$-Q$	P
{1}	(3)	$((P \leftrightarrow Q) \to P) \wedge (P \to (P \leftrightarrow Q))$	1, B.C.
{1}	(4)	$P \to (P \leftrightarrow Q)$	3, Simp.
{1}	(5)	$-P \vee (P \leftrightarrow Q)$	4, C.D.
{1}	(6)	$-P \vee ((P \to Q) \wedge (Q \to P))$	5, B.C.
{1}	(7)	$(-P \vee (P \to Q)) \wedge (-P \vee (Q \to P))$	6, Dist.
{1}	(8)	$-P \vee (P \to Q)$	7, Simp.
{1}	(9)	$P \to (P \to Q)$	8, C.D.
{1}	(10)	$P \wedge P \to Q$	9, Exp.
{1}	(11)	$P \to Q$	10, Idem.
{1, 2}	(12)	$-P$	11, 2, M.T.T.
{1}	(13)	$(P \leftrightarrow Q) \to P$	3, Simp.
{1, 2}	(14)	$-(P \leftrightarrow Q)$	13, 12, M.T.T.
{1, 2}	(15)	$-((P \wedge Q) \vee (-P \wedge -Q))$	14, B.D.
{1, 2}	(16)	$-(P \wedge Q) \wedge -(-P \wedge -Q)$	15, DeM.
{1, 2}	(17)	$-(-P \wedge -Q)$	16, Simp.
{1, 2}	(18)	$--P \vee --Q$	17, DeM.
{1, 2}	(19)	$P \vee Q$	18, D.N.
{1, 2}	(20)	Q	19, 12, D.S.
{1, 2}	(21)	$Q \wedge -Q$	20, 2, Adj.
{1}	(22)	Q	2, 21, R.A.A.
Λ	(23)	$((P \leftrightarrow Q) \leftrightarrow P) \to Q$	1, 22, C.P.
{24}	(24)	Q	P
{25}	(25)	$P \leftrightarrow Q$	P
{25}	(26)	$(P \to Q) \wedge (Q \to P)$	25, B.C.

{25}	(27)	$Q \to P$	26, Simp.
{24, 25}	(28)	P	27, 24, M.P.P.
{24}	(29)	$(P \leftrightarrow Q) \to P$	25, 28, C.P.
{30}	(30)	P	P
{24, 30}	(31)	$P \land Q$	30, 24, Adj.
{24, 30}	(32)	$(P \land Q) \lor (-P \land -Q)$	31, Add.
{24, 30}	(33)	$P \leftrightarrow Q$	32, B.D.
{24}	(34)	$P \to (P \leftrightarrow Q)$	30, 33, C.P.
{24}	(35)	$((P \leftrightarrow Q) \to P) \land (P \to (P \leftrightarrow Q))$	29, 34, Adj.
{24}	(36)	$(P \leftrightarrow Q) \leftrightarrow P$	35, B.C.
Λ	(37)	$Q \to ((P \leftrightarrow Q) \leftrightarrow P)$	24, 36, C.P.
Λ	(38)	$(((P \leftrightarrow Q) \leftrightarrow P) \to Q) \land$ $(Q \to ((P \leftrightarrow Q) \leftrightarrow P))$	23, 37, Adj.
Λ	(39)	$((P \leftrightarrow Q) \leftrightarrow P) \leftrightarrow Q$	38, B.C.

T58 $(P \leftrightarrow (Q \leftrightarrow R)) \leftrightarrow ((P \leftrightarrow Q) \leftrightarrow R)$

T59 $(P \to Q) \leftrightarrow (P \to P \land Q)$

T60 $(P \to Q) \leftrightarrow (P \leftrightarrow P \land Q)$

T61 $(P \to Q) \leftrightarrow (P \to (P \to Q))$

T62 $(P \to Q \land R) \leftrightarrow ((P \to Q) \land (P \to R))$

T63 $(P \lor Q \to R) \leftrightarrow (P \to R) \land (Q \to R)$

T64 $(P \to Q \lor R) \leftrightarrow (P \to Q) \lor (P \to R)$

T65 $(P \land Q \to R) \leftrightarrow (P \to R) \lor (Q \to R)$

T66 $(P \to (Q \leftrightarrow R)) \leftrightarrow (P \land Q \leftrightarrow P \land R)$

T67 $(P \land -Q \to R) \leftrightarrow (P \to Q \lor R)$

T68 $P \lor Q \leftrightarrow ((P \to Q) \to Q)$

T69 $P \land Q \leftrightarrow (Q \to P) \land Q$

T70　$(P \land Q \to R) \leftrightarrow (P \land -R \to -Q)$

T71　$((P \to Q) \land (Q \to R)) \lor (R \to P)$

{1}	(1)	$-(R \to P)$	P
{1}	(2)	$-(-R \lor P)$	1, C.D.
{1}	(3)	$--R \land -P$	2, DeM.
{1}	(4)	$R \land -P$	3, D.N.
{1}	(5)	$-P$	4, Simp.
{1}	(6)	$-P \lor Q$	5, Add.
{1}	(7)	$P \to Q$	6, C.D.
{1}	(8)	R	4, Simp.
{1}	(9)	$-Q \lor R$	8, Add.
{1}	(10)	$Q \to R$	9, C.D.
{1}	(11)	$(P \to Q) \land (Q \to R)$	7, 10, Adj.
Λ	(12)	$-(R \to P) \to (P \to Q) \land (Q \to R)$	1, 11, C.P.
Λ	(13)	$--(R \to P) \lor ((P \to Q) \land (Q \to R))$	12, C.D.
Λ	(14)	$(R \to P) \lor ((P \to Q) \land (Q \to R))$	13, D.N.
Λ	(15)	$((P \to Q) \land (Q \to R)) \lor (R \to P)$	14, Com.

T72　$(P \to Q) \lor (Q \to R)$

T73　$(P \to Q) \lor (-P \to Q)$

T74　$(P \to Q) \lor (P \to -Q)$

T75　$P \lor -P$

T76　$-(P \land -P)$

以上七十六個恆真句中，除了最後六個之外，其餘的都是條件句 (T1～34) 或雙條件句 (T35～70)。我們在 3–1 曾經指出：一個條件句若為恆真句，則其前件語句涵蘊其後件；兩個語句所連成的雙條件句若為恆真句，則這兩個語句互相語句等值。因此，多記一些條件句形

式和雙條件句形式的恆真句，可幫助我們判斷論證是否有效以及兩個語句是否意義相同。這種恆真句記得越多越熟，則我們推論的速度與正確度也將越高。當然，任何人不可能在短期內熟記這麼多的恆真句；但無論如何總要設法使自己漸漸地熟悉它們，在直覺上瞭解它們的意義，並覺得它們之為恆真句是非常明顯的。

習　題

1.證明下列各恆真句：

(a) $((P \to Q) \to Q) \leftrightarrow ((Q \to P) \to P)$

(b) $(P \to Q) \to ((-P \to Q) \to Q)$

(c) $(P \lor Q) \land (P \to R) \land (Q \to R) \to R$

(d) $(P \leftrightarrow Q) \leftrightarrow (P \land Q \leftrightarrow P \lor Q)$

2.證明下列各恆真句：

T2, T4, T5, T8, T11, T13, T14, T16, T21, T22, T27, T29, T30, T32, T33, T41, T50, T54, T58（此題極冗繁）, T60, T61, T62, T63, T64, T65, T66, T67, T68, T69, T70, T72, T75。

第五章 述詞與量詞

5-1 常元與述詞

　　我們到第四章為止，一直都是以單句做為最基本的單元，只用英文大寫字母表整個單句，而沒有對單句的內部結構加以分析。從本章開始，我們將分析單句的內部結構。單句的內部結構，有的比較簡單，有的較為複雜。本節所要介紹的是比較簡單的單句。請看下面的單句

　　　　(1)　徐孟仁患了瘧疾。

這個語句談到徐孟仁這個人，這個人是(1)這個語句所談論的對象，而「徐孟仁」這三個字是(1)的主詞 (subject)。(1)不但談到徐孟仁這個人，還表示這個人患了瘧疾。「患了瘧疾」這四個字敘述徐孟仁這個人怎麼樣，這四個字叫做(1)的「述詞」(predicate)。一個語句不可能只談到某一個人或某一個東西，而不敘述這個人或這個東西怎麼樣；換言之，不可能只有主詞而沒有述詞。在邏輯上，我們用英文大寫字母表述詞，用英文小寫字母 a、b、c、$\cdots$、t 表示某一個人或某一個東西，而要表示某一個人或某一個東西怎麼樣，就把英文小寫字母寫在英文大寫字母的右邊。例如：我們以英文小寫字母「a」表主詞「徐孟仁」，以英文大寫字母「M」表述詞「患了瘧疾」，則(1)可寫成

　　　　(2)　Ma

單句不但可以敘述某一個人怎麼樣，也可以敘述某一個東西怎麼樣。例如：

　　　　(3)　張永昌現在住的房子是一年前買的。

這個語句是談到某一幢房子。以「*b*」表「張永昌現在住的房子」，以「H」表「是一年前買的」，則⑶可寫成

　　　⑷　H*b*

　　我們不但要談到具體物，如：人、房屋、筆、⋯⋯等等；有時還要談到抽象體，如：數、觀念、方法、德性、⋯⋯等等。例如：

　　　⑸　4 是一個偶數。

　　　⑹　恆真句的觀念是維根斯坦 (Ludwig Wittgenstein) 提出的。

　　　⑺　真值表的方法是裴士 (Charles Sanders Peirce) 首創的。

　　　⑻　堅忍是不可缺少的德性。

這些語句所談到的 4、恆真句的觀念、真值表的方法、堅忍等都是抽象體。

　　不論是具體物或抽象體都叫做「個體」(individual)，而用來表個體的英文小寫字母 *a*、*b*、*c*、⋯、*t* 叫做「個體常元」 (individual constant)❶。

　　有時單句並不是要敘述某一個個體怎麼樣，而是要敘述某兩個個體有怎麼樣的關係。例如：

　　　⑼　李淵是李世民的父親。

這個語句是敘述李淵和李世民兩人之間的關係。我們以「*a*」表「李淵」，以「*b*」表「李世民」，以「F」表「⋯是 --- 的父親」，則⑼可寫成

　　　⑽　F*ab*

---

❶ 「constant」在數學上通常譯成「常數」。其實，即使在數學上，constant 也不一定表數字，而往往表一個集合、一個點、一個直線、⋯⋯等等。在邏輯上，則 constant 可表任意個體，所以我們不採數學上所已有的譯名，而改譯為「常元」。

述詞「F」表示兩個個體之間的某種關係，它的右邊必須填入兩個個體常元。這樣的述詞叫做「二元述詞」(two-place predicate)。算術上的一些關係符號，如：「＜」、「＞」、「＝」等都是二元述詞。例如：以「*a*」表「3」，以「*b*」表「4」，以「S」表「小於」，則

  (11) 3 ＜ 4

可寫成

  (12) S*ab*

又如：以「*c*」表「6」，以「*b*」表「5」，以「G」表「⋯比 ––– 大1」，則

  (13) 6 比 5 大 1

可寫成

  (14) G*ab*

 單句還可以敘述三個個體之間有某種關係。例如：

  (15) <u>張永昌</u>是<u>張明煌</u>、<u>蘇麗華</u>夫婦的兒子。

這個語句是敘述<u>張永昌</u>、<u>張明煌</u>、<u>蘇麗華</u>三人之間有某種關係。以「*a*」表「<u>張永昌</u>」，以「*b*」表「<u>張明煌</u>」，以「*c*」表「<u>蘇麗華</u>」，以「A」表三元述詞「⋯是 –––、×××夫婦的兒子」，則(15)可寫成

  (16) A*abc*

又如：以「*a*」表「4」，以「*b*」表「3」，以「*c*」表「6」，以「B」表三元述詞「⋯介於 ––– 與×××之間」，則

  (17) 4 介於 3 與 6 之間。

可寫成

  (18) B*abc*

在理論上，可以有四元、五元、六元、⋯⋯、*n* 元述詞。*n* 元述詞是敘述 *n* 個個體之間的關係；因此，它的右邊必須填入 *n* 個個體常元，不能多也不能少，否則即無意義，當然也就不成為一個語句。例如：

⑵中的「M」既然表一元述詞「患了瘧疾」，則在它的右邊填入兩個個體常元即無意義。不管 a、b 是什麼個體，

　　　⑲　　Mab

必定無意義。同樣的，若「F」表二元述詞「…是 --- 的父親」，則

　　　⑳　　Fa

和

　　　㉑　　$Fabc$

都無意義。

　　如果我們已經知道某一個英文大寫字母表那一個述詞，則我們必知道它是幾元述詞，因而也就知道必須填入幾個個體常元才會成為有意義的單句。反之，我們如果不知道英文大寫字母表那一個述詞，則無法判斷必須填入幾個個體常元才有意義。例如：我們只看⑵、⑷、⑽、⑿、⒁、⒃、⒅、⑲、⑳、㉑這些邏輯符號式，無法判斷它們到底是不是有意義的單句。為了使我們只從邏輯符號式就能夠判斷是否為有意義的單句，讓我們約定：在表述詞的英文大寫字母的右上方必須註明數字來表示幾元述詞。例如：⑵中的「M」是一元述詞，因此「M」的右上方必須註明「1」，而把⑵寫成

　　　⑵′　　M^1a

又如：⑽中的「F」是表二元述詞，因此「F」的右上方必須註明「2」，而把⑽寫成

　　　⑽′　　F^2ab

同樣的，我們要把⑷、⑿、⒁、⒃、⒅、⑲、⑳、㉑分別寫成

　　　⑷′　　H^1b

　　　⑿′　　S^2ab

　　　⒁′　　G^2ab

　　　⒃′　　A^3abc

$$\text{(18')}\quad \mathbf{B}^3abc$$

$$\text{(19')}\quad \mathbf{M}^2ab$$

$$\text{(20')}\quad \mathbf{F}^1a$$

$$\text{(21')}\quad \mathbf{F}^3abc$$

寫成這樣的邏輯符號式之後，則(19')、(20')、(21')之為無意義就非常明顯，因為述詞右上方所註明的數字與右下方所填個體常元的個數不符合。

在表述詞的英文大寫字母右上方註明數字，還可以使表整個單句的英文大寫字母與表述詞的英文大寫字母有所區別。英文大寫字母的右上方若不註明任何數字，則它是表整個單句，而不是表任何述詞；因此，也就不能在它的右下方填寫任何個體常元。

單句可以用語句連詞連成複句；因此，以個體常元和述詞所寫成的單句也可以用語句連詞連成複句。例如：

　　(22)　如果徐孟仁患瘧疾，則他須服用金雞納鹼。

以「$\mathbf{M}^1$」表一元述詞「患瘧疾」，以「$\mathbf{Q}^1$」表一元述詞「須服用金雞納鹼」，以「a」表「徐孟仁」，則(22)可寫成

$$\text{(23)}\quad \mathbf{M}^1a \rightarrow \mathbf{Q}^1a$$

又如：

　　(24)　如果劉宗源是劉錫銘的父親，則劉錫銘必定是劉錫欽的哥哥或弟弟。

以「$\mathbf{F}^2$」表二元述詞「…是 ─── 的父親」，以「$\mathbf{E}^2$」表二元述詞「…是 ─── 的哥哥」，以「$\mathbf{Y}^2$」表二元述詞「…是 ─── 的弟弟」，以「a」表「劉宗源」，以「b」表「劉錫銘」，以「c」表「劉錫欽」，則(24)可寫成

$$\text{(25)}\quad \mathbf{F}^2ab \rightarrow \mathbf{E}^2bc \lor \mathbf{Y}^2bc$$

其實，可以不用二元述詞「$\mathbf{Y}^2$」，而把(24)寫成

$$\text{(26)}\quad \mathbf{F}^2ab \rightarrow \mathbf{E}^2bc \lor \mathbf{E}^2cb$$

也可以不用二元述詞「E^2」，而把(24)寫成

(27)　$F^2ab \rightarrow Y^2cb \vee Y^2bc$

5-2　變元與量詞

只有述詞和個體常元，還不能分析一切單句的內部結構。一個語句往往並不敘述某一個或某些個特定的個體如何，而是敘述一切個體如何。例如：我們如果要敘述任何患瘧疾的人都須服用金雞納鹼，而不僅徐孟仁如此，則我們就要寫出如下的語句：

(1)　患瘧疾的人都須服用金雞納鹼。

這個語句並沒有特別談到某一個特定的人，因此也就不必用到個體常元。(1)的意思是說：不論何人，只要患了瘧疾，就須服用金雞納鹼。以「M^1」表一元述詞「患瘧疾」，以「Q^1」表一元述詞「須服用金雞納鹼」，則(1)不能寫成

(2)　$M^1a \rightarrow Q^1a$

因為(2)特別指明 a 這個人，它只敘述 a 患了瘧疾就須服用金雞納鹼，而沒有敘述其他的人患了瘧疾也須服用金雞納鹼；而(1)則汎指一切人。可見，若要用邏輯符號式來表達(1)的意思，則(2)中「M^1」和「Q^1」兩個一元述詞的右下方不能填入某一個特定的個體常元；而必須允許我們可以填入任何個體常元。換言之，(1)可寫成

(3)　不論 x 為何，$M^1x \rightarrow Q^1x$。

這個語句中「不論 x 為何」這幾個字眼表示：「$M^1x \rightarrow Q^1x$」中「x」的地方可用任何個體常元來取代。像「x」這種英文小寫字母叫做「個體變元」(individual variable)❷，因為它並不指明某一個特定的個體，

---

❷ 「variable」數學上譯成「變數」，參閱 5-1 的❶。

而是要由指明某一特定個體的個體常元來取代的。我們用英文小寫字母 u、v、w、x、y、z 做為個體變元。

在一個語句的前端若有「不論 x 為何」這幾個字眼，則表示：這個語句，刪去這幾個字眼，並在其他出現「x」的地方用任意個體常元取代之後，所產生的語句必定為真。例如：⑶的意思是說：我們把它開頭的幾個字眼「不論 x 為何」刪去，並用「a」取代「$M^1x \to Q^1x$」中的「x」，則所產生的語句

$$\text{⑷}\quad M^1a \to Q^1a$$

必定為真。⑶不但表示⑷為真，還表示下列各語句為真

$$\text{⑸}\quad M^1b \to Q^1b$$

$$\text{⑹}\quad M^1c \to Q^1c$$

$$\text{⑺}\quad M^1d \to Q^1d$$

$$\text{⑻}\quad M^1e \to Q^1e$$

$$\vdots$$

因為個體有無限多，也就是說，可以用來取代「x」的個體常元有無限多；因此，只用個體常元而不用個體變元，是無法表達⑶的意思。

⑶的意思既然如此，則只要有一個個體常元取代「$M^1x \to Q^1x$」的「x」之後產生一個假的語句，則⑶為假。而所謂條件句為假意即前件真而後件假。因此，所謂⑶為假，意即有一個個體常元取代「$M^1x \to Q^1x$」的「x」所產生的條件句，前件真而後件假。換言之，若有一個個體患了瘧疾而不須服用金雞納鹼，則⑶為假；否則即為真。⑶的這種真假情形，恰好與⑴相同。因為⑴也在有人患了瘧疾而不須服用金雞納鹼的情形下為假，否則即為真。⑴和⑶的真假情形既然相同，則它們的邏輯意義完全相同；可見把⑴寫成邏輯符號式⑶是正確的。

為了簡化邏輯符號式，我們必須用符號來代替「不論 x 為何」這

幾個稍嫌累贅的字眼。我們通常用「(x)」來表示「不論 x 為何」，並且把在這幾個字眼之後的邏輯式括在括號之內。這樣，(3)就變成

(9)　$(x)(M^1x \rightarrow Q^1x)$

讓我們再舉幾個實例來說明。請看下面的語句：

(10)　偶數必定是整數。

以「E^1」表一元述詞「是偶數」，以「I^1」表一元述詞「是整數」，則(10)可寫成

(11)　$(x)(E^1x \rightarrow I^1x)$

意即：不論 x 為何，x 若為偶數，則必為整數；亦即：任何偶數必定是整數。按照「(x)」的意義，只有當有個體常元可代入「$E^1x \rightarrow I^1x$」而產生假語句時，(11)為假；否則即為真。換言之，只有當有個體是偶數而不是整數時，(11)才是假的；否則即為真。這種真假情形恰與(10)相同。可見，(10)和(11)的邏輯意義相同，而把(10)寫成邏輯符號式(11)是正確的。

從以上所舉的實例，我們可以看出：凡是

(12)　所有的 A 都是 B。

這種形式的語句，一律可以寫成

(13)　$(x)(A^1x \rightarrow B^1x)$

很多語句都是屬於這種基本形式。例如：

(14)　整數必定是偶數或奇數。

可改寫成

(15)　所有的整數都是偶數或奇數。

(15)中的「整數」相當於(12)中的「A」，「偶數或奇數」相當於(12)中的「B」。可見(15)是屬於(12)這種基本形式。因此，若以「I^1」表一元述詞「是整數」，以「E^1」表一元述詞「是偶數」，以「O^1」表一元述詞「是奇數」，則「I^1x」相當於(13)中的「A^1x」，「$E^1x \lor O^1x$」相當於(13)中

的「B^1x」，而(14)和(15)可寫成

(16)　$(x) (I^1x \rightarrow E^1x \lor O^1x)$

又如：

(17)　能被 3 整除的偶數必定能被 6 整除。

可改寫成

(18)　所有的能被 3 整除的偶數都能被 6 整除。

(18)中的「能被 3 整除的偶數」相當於(12)中的「A」，(18)中的「能被 6 整除」相當於(12)中的「B」，可見(18)也是屬於(12)這種基本形式。因此，若以「T^1」表一元述詞「能被 3 整除」，以「E^1」表一元述詞「是偶數」，以「S^1」表一元述詞「能被 6 整除」，則「$T^1x \land E^1x$」相當於(13)中的「A^1x」，「S^1x」相當於(13)中的「B^1x」，而(17)和(18)可寫成

(19)　$(x)(T^1x \land E^1x \rightarrow S^1x)$

再如：

(20)　沒有人出席。

可改寫成

(21)　所有的人都不出席。

以「H^1」表一元述詞「是人」，以「P^1」表一元述詞「出席」，則(20)和(21)可寫成

(22)　$(x) (H^1x \rightarrow -P^1x)$

再如：

(23)　孫民仁認識每一個會員。

可改寫成

(24)　所有的會員都是孫民仁所認識的。

以「M^1」表一元述詞「是會員」，以「K^2」表二元述詞「…認識－－－」，以「a」表「孫民仁」，則(23)和(24)可寫成

(25)　$(x) (M^1x \rightarrow K^2ax)$

同樣的

　　⑵⑥　　每一個會員都認識孫民仁。

則可寫成

　　⑵⑦　　$(x)\,(M^1x \rightarrow K^2xa)$

　　有時我們既不是要敘述某一個或某些個特定的個體如何，也不是要敘述一切的個體如何，而是要敘述有如何的個體存在。例如：

　　⑵⑧　　有學生在圖書館看書。

這個語句，既沒有指明那一個學生在圖書館看書，也不是敘述所有的學生都在圖書館看書，而只是說有在圖書館看書的學生存在而已；換言之，有既是學生而又在圖書館看書這樣的個體存在。若以「S^1」表一元述詞「是學生」，以「L^1」表一元述詞「在圖書館看書」，則⑵⑧的意思是說：有個體常元能夠取代「$S^1x \land L^1x$」中的「x」而產生真的語句。⑵⑧中的所謂「有」雖然沒有指明到底有幾個，但只要有一個學生在圖書館看書，⑵⑧即為真；因此，「有」字可解釋為「至少有一個」。所以，⑵⑧的意思是說：下列各語句中，至少有一個為真

　　⑵⑼　　$S^1a \land L^1a$

　　⑶⑽　　$S^1b \land L^1b$

　　⑶⑴　　$S^1c \land L^1c$

　　⑶⑵　　$S^1d \land L^1d$

　　⑶⑶　　$S^1e \land L^1e$

　　　　⋮

⑵⑧雖然表示有這樣的個體存在，但並沒有指明到底是那一個；換言之，它只表示⑵⑼、⑶⑽、⑶⑴、⑶⑵、⑶⑶、…這無限多個語句中至少有一個為真，但並沒有指明是那一個。因此，我們無法使用個體常元來表示⑵⑧的意思，而必須使用不指明特定個體的個體變元。我們通常把一個邏

輯式括在括號之內，而在前面寫出「($\exists x$)」，表示至少有一個個體常元能夠取代該邏輯式中的「x」而產生真的語句。於是，⒀就可以寫成如下的邏輯符號式：

　　　　⒁　　($\exists x$)(S$^1 x \wedge$L$^1 x$)

　　從上面這個實例，我們可以看出：凡是

　　　　⒂　　有 A 是 B。

這種形式的語句，一律可以寫成

　　　　⒃　　($\exists x$)(A$^1 x \wedge$B$^1 x$)

很多語句都是屬於這種基本形式。例如：

　　　　⒄　　有些整數是偶數。

若以「I^1」表一元述詞「是整數」，以「E^1」表一元述詞「是偶數」，則⒄可寫成

　　　　⒅　　($\exists x$)(I$^1 x \wedge$E$^1 x$)

又如：

　　　　⒆　　有些整數不是偶數。

這個語句中的「整數」相當於⒂中的「A」，而「不是偶數」相當於⒂中的「是 B」。因此，若以「I^1」表一元述詞「是整數」，以「E^1」表一元述詞「是偶數」，則「I$^1 x$」相當於⒃中的「A$^1 x$」，「$-$E$^1 x$」相當於⒃中的「B$^1 x$」，而⒆可寫成

　　　　⒇　　($\exists x$)(I$^1 x \wedge -$E$^1 x$)

又如：

　　　　(21)　　有的學生認識孫民仁。

這個語句中的「學生」相當於⒂中的「A」，而「認識孫民仁」相當於⒂中的 B。因此，若以「S^1」表一元述詞「是學生」，以「K^2」表二元述詞「…認識 －－－」，以「a」表「孫民仁」，則「S$^1 x$」相當於⒃中的「A$^1 x$」，「K$^2 xa$」相當於⒃中的「B$^1 x$」，則(21)可寫成

(42)　　$(\exists x)(S^1 x \wedge K^2 xa)$

再如：

(43)　　有的學生喜愛文學而不喜愛數學。

這個語句中的「學生」相當於(35)中的「A」，「喜愛文學而不喜愛數學」相當於(35)中的「B」。因此，若以「S^1」表一元述詞「是學生」，以「L^1」表一元述詞「喜愛文學」，以「M^1」表一元述詞「喜愛數學」，則「$S^1 x$」相當於(36)中的「$A^1 x$」，「$L^1 x \wedge - M^1 x$」相當於(36)中的「$B^1 x$」，而(43)可寫成

(44)　　$(\exists x)(S^1 x \wedge L^1 x \wedge - M^1 x)$

　　現在讓我們指出初學者容易犯的錯誤，以提醒讀者的注意。初學者往往把(35)寫成

(45)　　$(\exists x)\,(A^1 x \rightarrow B^1 x)$

他們不瞭解：(12)既然寫成(13)，括號之內是一個條件句，為什麼(35)就不能寫成使用條件號的(45)，而要寫成使用連言號的(36)？其實，理由是很明顯的。(45)前端的「$(\exists x)$」表示：至少有一個個體常元能夠取代「$A^1 x \rightarrow B^1 x$」中的「x」而產生真的語句。而條件句只要前件假或後件真，其本身即為真。因此，只要有一個個體常元能夠取代「$A^1 x$」中的「x」而產生假的語句，或取代「$B^1 x$」中的「x」而產生真的語句，則(45)即為真。換言之，只要有一個個體不是 A 或有一個個體是 B，則(45)即為真。很明顯的，(35)的意思並不如此；至少要有一個個體既是 A 又是 B，(35)才是真的；而(36)中的連言號恰好表示既是 A 又是 B。用實例來說明也許更易瞭解。例如：

(46)　　有的偶數是奇數。

這個語句是假的。若以「E^1」表一元述詞「是偶數」，以「O^1」表「是奇數」，則

(47)　　$(\exists x)\,(E^1 x \rightarrow O^1 x)$

為真。因為我們若以「a」表「3」，則「E^1a」假，「O^1a」真，而「$E^1a \to O^1a$」為真。既然有個體常元「a」能夠取代「$E^1x \to O^1x$」中的「x」而產生真的語句「$E^1a \to O^1a$」，則⑷為真。可見⑷的意義與⑷不同。反之，

　　　　⑷　　$(\exists x)(E^1x \wedge O^1x)$

表示：至少有一個個體常元能夠取代「$E^1x \wedge O^1x$」中「x」而產生真的語句。而「$E^1x \wedge O^1x$」是一個連言，所謂連言為真意即連言因子皆為真。因此，⑷的意思是：至少有一個個體常元能夠取代「E^1x」中的「x」而產生真的語句，又能夠取代「O^1x」中的「x」而產生真的語句；換言之，至少有一個個體既是偶數又是奇數。可見，⑷的意義恰與⑷相同。

　　　讀者也許會懷疑：⑿是否可以不用條件號寫成⒀，而用連言號寫成

　　　　⑷　　$(x)(A^1x \wedge B^1x)$？

其實，⑷的意義與⑿不同。因為⑷前端的「(x)」表示：任何個體常元取代「$A^1x \wedge B^1x$」中的「x」皆產生真的語句。而「$A^1x \wedge B^1x$」是一個連言，所謂連言為真意即連言因子皆為真。因此，⑷的意思是：任何個體常元都能夠取代「A^1x」中的「x」而產生真的語句，也都能夠取代「B^1x」中的「x」而產生真的語句；換言之，一切個體都是 A，也都是 B。但是，⑿並沒有這樣的意思；它只表示所有的 A 都是 B 而已。

　　　初學者容易犯的另一項錯誤是把

　　　　⒀　　沒有 A 是 B。

或

　　　　⒀　　所有的 A 都不是 B。

當做⑿的否定句，因而寫成⒀的否定句

(52)　$-(x) (A^1x \rightarrow B^1x)$

其實，(52)只表示(13)為假；而只要有一個個體常元能夠取代 「$A^1x \rightarrow B^1x$」中的 「x」而產生假的語句，(13)即為假。因此，只要有一個個體常元能夠取代 「A^1x」 中的 「x」 而產生真的語句，並且能夠取代「B^1x」中的 「x」而產生假的語句，則(13)為假而(52)為真。換言之，只要有一個個體是 A 而不是 B，則(52)為真。反之，(50)和(51)則必須所有的 A 都不是 B，才為真。可見(52)的意義與(50)和(51)不同。

　　在本節結束之前，讓我們來解釋幾個常用的專門術語。指明某一特定個體的個體常元，以及指不特定個體的個體變元，統稱之為「詞」(terms)。「(x)」 和「$(\exists x)$」叫做「量詞」(quantifiers)，因為它們是用來表示：到底是全部個體常元代入皆為真，還是至少有一個個體常元代入為真。「(x)」叫做「全稱量詞」(universal quantifiers)，「$(\exists x)$」叫做「存在量詞」(existential quantifiers)。

習　題

1. 「所有的 A 都是 B」有沒有表示 「有 A 存在」 的意思？換言之，若沒有 A 存在，則「所有的 A 都是 B」這個語句是否還可能為真？請詳細說明。

2. 「有 A 是 B」有沒有表示「有 A 不是 B」的意思？換言之，若所有的 A 都是 B，則「有 A 是 B」這個語句是否還可能為真？請詳細說明。

3. 「只有 A 是 B」與「所有的 B 都是 A」的意義相同，而沒有表示「所有的 A 都是 B」的意思。請舉例加以說明。

4. 使用詞、述詞、量詞、以及語句連詞，將下列語句寫成邏輯符號式：

(a)蛇是爬蟲動物。(以「S¹」表「是蛇」,以「R¹」表「是爬蟲動物」。)

(b)蛇不一定有毒。(以「S¹」表「是蛇」,以「P¹」表「有毒」。)

(c)有孩子在場。(以「C¹」表「是孩子」,以「P¹」表「在場」。)

(d)行政官都有秘書。(以「E¹」表「是行政官」,以「S¹」表「有秘書」。)

(e)只有行政官有秘書。(同(d))

(f)要年滿二十歲才可投票。(以「T¹」表「年滿二十歲」,以「E¹」表「可投票」。)

(g)學生只可使用右邊的電梯。(以「S¹」表「是學生可以使用的電梯」,以「R¹」表「是右邊的電梯」。)

(h)只有學生才可以使用右邊的電梯。(以「S¹」表「是學生」,以「R¹」表「可以使用右邊的電梯」。)

(i)有些學生既聰明又勤勉。(以「S¹」表「是學生」,以「I¹」表「聰明」,以「H¹」表「勤勉」。)

(j)除非經過特別處理,否則大衣是不能防水的。(以「S¹」表「經過特別處理」,以「C¹」表「是大衣」,以「W¹」表「是能防水的」。)

(k)有些藥品是服用過量才會有危險。(以「M¹」表「是藥品」,以「E¹」表「服用過量」,以「D¹」表「有危險」。)

(l)所有的蔬菜和水果都既滋養且可口。(以「V¹」表「是蔬菜」,以「F¹」表「是水果」,以「N¹」表「是滋養的」,以「D¹」表「是可口的」。)

(m)一切可使人狂歡的遊樂,必定是不道德的、或是違法的、或是不健康的。(以「E¹」表「是可使人狂歡的遊樂」,以「M¹」表「是道德的」,以「L¹」表「是合法的」,以「H¹」

表「是健康的」。)

(n)只有警員和消防員是社會上不可缺少而又待遇菲薄的 。（以「P¹」表「是警員」，以「F¹」表「是消防員」，以「I¹」表「是社會上不可缺少的」，以「U¹」表「是待遇菲薄的」。)

(o)使用十年以上的汽車，如果遭受到嚴重的損害就無法修理。（以「O¹」表「是汽車」，以「T¹」表「使用十年以上」，以「D¹」表「遭受到嚴重的損害」，以「R¹」表「可以修理」。)

(p)孫民仁不認識任何一個會員 。（以 「a」 表 「孫民仁」，以「K²」表「…認識 − − −」，以「M¹」表「是會員」。)

(q)何偉雄不喜歡任何一個孫民仁的朋友。（以 「b」 表 「何偉雄」，以「L²」表「…喜歡 − − −」，以「F²」表「…是 − − −的朋友」，以「a」表「孫民仁」。)

(r)認識孫民仁的學生或孫民仁所認識的學生，必定是選修心理學的法律系學生。（以「a」表「孫民仁」，以「K²」表「…認識 − − −」，以「S¹」表「是學生」，以「P¹」表「選修心理學」，以「L¹」表「是法律系學生」。

(s)溫馴的馬必定是受過訓練的。（以「G¹」表「是溫馴的」，以「H¹」表「是馬」，以「T¹」表「是受過訓練的」。)

(t)有些馬受過訓練就會溫馴。（同(s)）

5–3　自由變元與拘限變元

一個邏輯符號式若出現個體變元，而沒有量詞來控制此變元，則這個邏輯符號式就不是一個有真假可言的語句。例如：以「E¹」表一元述詞「是偶數」，則

(1)　$(x)(E^1 x)$

表示任何個體都是偶數，是一個假的語句；而

　　　⑵　$(\exists x)(\mathrm{E}^1 x)$

表示有些個體是偶數，是一個真的語句。反之，

　　　⑶　$\mathrm{E}^1 x$

則無真假可言。⑶是使用個體變元「x」來指不特定的個體，而不是使用個體常元來指明某一個特定的個體，也沒有使用全稱量詞「(x)」或存在量詞「$(\exists x)$」來控制變元「x」。因此，⑶既不是表示那一個數是偶數，也不表示一切都是偶數或有偶數存在。如果用個體常元取代⑶中的「x」，或在⑶的前面填加量詞「(x)」或「$(\exists x)$」，則我們就可明瞭⑶的意義，進而判斷它的真假。如果我們還不能判斷它的真假，那是因為我們的知識不夠，而不是它沒有真假可言。反之，如果既不用個體常元取代「x」，又不填加量詞，則我們無法瞭解⑶的意義，因而也就無法判斷它的真假。我們之所以無法判斷，並不是因為我們的知識不夠，而是因為它本身不是一個有真假可言的語句。

　　可見，一個邏輯式若出現個體變元而沒有量詞來控制變元，則這個邏輯式即無真假可言。這種沒有被量詞所控制的變元，叫做「自由變元」(free variables)；反之，受量詞控制的變元，叫做「拘限變元」(bound variables)。

　　我們到現在為止所使用的量詞，都是在整個邏輯式的最前端，而其控制範圍一直到整個邏輯式的末端；換言之，整個邏輯式都在量詞的控制範圍之內。然而，量詞並不一定要在整個邏輯式的最前端，例如：

　　　⑷　如果孫民仁經常出席會議，則有些會員會支持他。

這個語句，若以「a」表「孫民仁」，以「P^1」表一元述詞「經常出席會議」，以「M^1」表一元述詞「是會員」，以「S^2」表二元述詞「…支持－－－」，則可寫成

(5)　$P^1a \to (\exists x)(M^1x \wedge S^2xa)$

⑸中的量詞「$(\exists x)$」並不在整個邏輯式的最前端，當然也就不是以整個邏輯式為它的控制範圍。有些量詞雖然在整個邏輯式的最前端，但其控制範圍並未及於整個邏輯式。例如：

(6)　如果所有的會員都支持孫民仁，則他就會經常出席會議。

可寫成

(7)　$(x)(M^1x \to S^2xa) \to P^1a$

⑺中的量詞「(x)」雖然在⑺的最前端，但其控制範圍只有「$M^1x \to S^2xa$」，沒有包含「$\to P^1a$」在內。

　　因為量詞不一定控制整個邏輯式；因此，如果同一個個體變元在同一個邏輯式中出現兩個以上，則可能其中的一個在量詞的控制範圍之內，而另一個在範圍之外。例如：

(8)　$P^1x \to (\exists x)(M^1x \wedge S^2xa)$

這個邏輯式之中，量詞「$(\exists x)$」中所含的「x」不算，個體變元「x」一共出現三個；第一個不受量詞「$(\exists x)$」的控制，而第二、第三兩個則在「$(\exists x)$」的控制範圍之內。於是，我們就說第一個「x」是「自由出現」(free occurrence)，而第二、第三兩個「x」是「拘限出現」(bound occurrence)。一個變元若在某一邏輯式之中自由出現，則這個變元在該邏輯式中是一個自由變元，例如：⑶中的「x」；反之，一個變元若在某一邏輯式之中拘限出現，則這個變元在該邏輯式中是一個拘限變元，例如：⑴、⑵中的「x」。據此，一個變元若在某一邏輯式之中既自由出現又拘限出現，則此變元在該邏輯式中既是自由變元又是拘限變元，例如：「x」在⑻中就是如此。

　　一個邏輯式若含有自由變元，則必定是有變元出現在量詞的控制範圍之外，也就是說有變元的自由出現；因此，這個邏輯式就不是有真假可言的語句。例如：⑶、⑻就不是有真假可言的語句。

　　有些邏輯式雖然因為有變元的自由出現而無真假可言；但是，如果用常元取代變元的自由出現，或者填加量詞之後，就會變成有真假可言的語句。例如：把(3)和(8)中「x」的自由出現，用「a」取代之後就分別成為

　　(9)　E^1a

和(5)；把(3)和(8)括在括號之內，並在前端填加「(x)」或「$(\exists x)$」，則分別成為(1)和

　　(10)　$(x)\,(P^1x \to (\exists x)\,(M^1x \land S^2xa))$

或(2)和

　　(11)　$(\exists x)\,(P^1x \to (\exists x)\,(M^1x \land S^2xa))$

而(9)、(5)、(1)、(10)、(2)、(11)都是有真假可言的語句。

　　如果變元的自由出現都已被常元所取代或者已經填加量詞使其成為拘限出現，而仍然不是有真假可言的語句，則必然不是邏輯式，而只是由邏輯符號隨意湊合而成的一串無意義的符號而已。例如：

　　(12)　$H^1x \land F^2ax \to$

並不是一個有真假可言的語句；即使用「b」取代「x」的自由出現使成為

　　(13)　$H^1b \land F^2ab \to$

或填加量詞使其中的每一個「x」都變成拘限出現，而成為

　　(14)　$(x)(H^1x \land F^2ax \to)$

或

　　(15)　$(\exists x)(H^1x \land F^2ax \to)$

仍然不是有真假可言的語句。因為(12)～(15)只是一些邏輯符號的無意義的湊合而已。邏輯符號必須按照固定的法則來排列才會成為邏輯式。舉例言之，條件號「$\to$」必須放在前件與後件之間；只有前件和條件號而沒有後件，就不成為一個邏輯式，(12)～(15)就是如此。這種規定符

號排列的法則，叫做「語法」(syntax)。不合語法而隨意湊合的邏輯符號，不能成為邏輯式；正如不合文法而隨意湊合的文字，不能成為有意義的語句。這種語法也可以看做是對「邏輯式」(logical formulas) 一詞的定義，因為合乎語法的就是邏輯式，不然則否。邏輯式有時又簡稱為「式子」或「句式」(formulas)。現在就把規定邏輯符號排列的語法敘述如下：

(i) 一個表單句的英文大寫字母是一個句式，例如：P、Q、R、…等等；

(ii) 一個 n 元述詞的右邊填入 n 個詞 （不論是個體常元或個體變元），就成為一個句式，例如：E^1a、H^1x、F^2ay、B^3xyz、…等等；

(iii) 若 ϕ 是一個句式，則其否定句 $-\phi$ 也是一個句式，例如：$-P$、$-H^1a$、$-B^3xyz$、…等等；

(iv) 若 ϕ 和 ψ 是句式，則 $\phi \wedge \psi$、$\phi \vee \psi$、$\phi \rightarrow \psi$、$\phi \leftrightarrow \psi$ 也都是句式，例如：$E^1a \wedge -B^3xyz$、$P \vee F^2ay$、$-P \rightarrow H^1a$、$E^1a \leftrightarrow B^3xyz$、…等等；

(v) 若 ϕ 是一個句式，而 α 是一個變元，則 $(\alpha)\phi$ 和 $(\exists \alpha)\phi$ 也都是句式，例如：$(x)(B^3xyz)$、$(\exists y)(P \vee F^2ay)$、…等等，

(vi) 一切邏輯符號的排列，若不是按照 (i)～(v) 的規定而排出者，就不是句式。

現在，讓我們用實例來說明這六條語法的應用。以(10)為例，按照(v)，若(8)是一個句式，則在其前端填加量詞「(x)」之後所產生的(10)也必是一個句式；問題是：(8)是不是一個句式？按照(iv)，若

(16)　P^1x

和

(17)　$(\exists x)(M^1x \wedge S^2xa)$

都是句式，則⑻就是一個句式；按照(ii)，⒃是一個句式，因為它是在一元述詞「P¹」的右邊填入一個個體變元「x」；至於⒄是不是一個句式，按照(v)，必須看

  ⒅ $M^1x \wedge S^2xa$

是不是一個句式，才能判斷，⒅若是一個句式，則⒄也是；再按照(iv)，若

  ⒆ M^1x

和

  ⒇ S^2xa

都是句式，則⒅也是一個句式；按照(ii)，⒆和⒇都是句式，因為⒆是在一元述詞「M¹」的右邊填入一個個體變元「x」，而⒇是在二元述詞「S²」的右邊填入兩個詞，一個是個體變元「x」，一個是個體常元「a」。可見，⑽是一個句式。

  現在，我們按照語法來說明：⒂為什麼不是一個句式？按照(v)，若

  (21) $H^1x \wedge F^2xa \rightarrow$

是一個句式，則⒂也是一個句式。反之，若(21)不是一個句式，則(ⅰ)～(v)之中沒有一條語法規定在(21)的前端填加量詞「($\exists x$)」之後可產生一個句式；因而按照(vi)，⒂就不是一個句式。現在，問題在於：(21)是不是一個句式？很明顯的，按照(ⅰ)～(v)的規定排列，絕對不會產生以「→」結束的句式；因此，按照(vi)，(21)不是一個句式。所以，⒂也就不是一個句式。

  一個句式若沒有自由變元，就是一個有真假可言的語句，我們稱之為「敘述句」(statements)；反之，一個句式若有自由變元，則無真假可言，我們稱之為「開放句式」(open formulas)。

  最後，有幾點必須注意。一個變元的全稱量詞是表示：在此量詞

控制範圍之內，以任何常元取代該變元的每一個自由出現，皆能產生真的語句。因此，在此量詞控制範圍之外的變元固然與此量詞無關；即使是在此量詞控制範圍之內的變元，若已先被別的量詞所控制而成為拘限出現，則也與此量詞無關。例如：

(22)　$(x)\,(H^1x \rightarrow F^2ax) \rightarrow G^1x$

這個句式中的 「(x)」，其控制範圍只是 「$H^1x \rightarrow F^2ax$」，因此只有「$H^1x \rightarrow F^2ax$」中的兩個 「x」的自由出現與「(x)」有關；「G^1x」在「(x)」的控制範圍之外，因此與「(x)」無關。又如：

(23)　$(x)[(x)(H^1x \rightarrow F^2ax) \rightarrow G^1x]$

雖然「$(x)\,(H^1x \rightarrow F^2ax) \rightarrow G^1x$」都在第一個「$(x)$」的控制範圍之內；但是，在 「$(x)\,(H^1x \rightarrow F^2ax) \rightarrow G^1x$」中只有最後一個 「$x$」是自由出現，在「$H^1$」和「$F^2$」右邊的「$x$」已先被另一個「$(x)$」所控制而成為拘限出現，故與第一個「$(x)$」無關。不僅全稱量詞如此，存在量詞也可依此類推。

　　根據上面的說明，一個變元若在一個句式中出現兩個以上，而並不受同一個量詞所控制，則它們就不一定表同一個個體；反之，若受同一個量詞所控制，則一定表同一個個體。例如：(23)中，在「H^1」和「F^2」右邊的「x」皆受第二個「(x)」所控制，因此它們必定表同一個個體；反之，在 「G^1」右邊的「x」是受第一個「(x)」所控制，因此不一定與前面那兩個「x」表同一個個體，當然也不一定表不同的個體。

　　按照語法(v)，任何句式之前皆可填加一個量詞，而產生一個句式；它並沒有規定：當句式中有某一變元的自由出現，才可以填加此變元的量詞。因此，

(24)　$H^1y \rightarrow F^2ya$

這個句式中雖然沒有「x」的自由出現，我們仍然可以在(21)的前面填加

量詞「(x)」以控制(24)；換言之，按照語法(v)，

　　　(25)　　$(x) (H^1 y \to F^2 ya)$

仍然是一個句式。然而，我們填加的量詞「(x)」，並無任何用處，因為實際上並沒有任何「x」的自由出現可受其控制。(24)和(25)的意義完全相同。同樣的，下列各句式中的第一個量詞都是沒有用的：

　　　(26)　　$(x)(\exists x) (F^1 x \wedge G^1 x)$

　　　(27)　　$(y)[(\exists x)(F^1 x \wedge G^1 x) \to (\exists y) (L^2 ya)]$

5–4　日常語言譯成邏輯式的一些實例

　　使用個體常元、個體變元、述詞、量詞、以及語句連詞，把日常語言的語句譯成邏輯式，是初學者最感困難而又容易發生錯誤的。在本節中，我們將盡可能舉出各種式樣的實例，並在必要時附加說明，以供讀者參考。

　　〔例 I〕　任何人都有父親。

這個語句可寫成

　　　(1)　　不論 x 為何，若 x 是人，則 x 有父親。

若以「P^1」表一元述詞「是人」，則(1)可寫成

　　　(2)　　$(x) (P^1 x \to x$ 有父親$)$。

現在，我們來考慮

　　　(3)　　x 有父親。

要如何譯成邏輯式。讓我們先考慮下面的語句：

　　　(4)　　孫民仁有父親。

以「a」表「孫民仁」，以「F^2」表二元述詞「…是 ––– 的父親」，則(4)可寫成

(5)　$(\exists y)(F^2 ya)$

(3)和(4)只有「x」和「孫民仁」不同，把(4)中的「孫民仁」改成「x」，就成為(3)；(4)既可寫成(5)，則只要把(5)中的「a」改成「x」，就是(3)的邏輯式。換言之，(3)可寫成

(6)　$(\exists y)(F^2 yx)$

因此，只要把(2)中的「x 有父親」改成(6)，就是(1)的邏輯式。換言之，〔例 I〕可譯成如下的邏輯式：

(7)　$(x)\,(P^1 x \rightarrow (\exists y)\,(F^2 yx))$

〔**例 II**〕 每一個大一學生都認識一、兩個大二學生。

以「F^1」表一元述詞「是大一學生」，則這個語句可寫成

(8)　$(x)\,(F^1 x \rightarrow x$ 認識一、兩個大二學生)。

在考慮如何把

(9)　x 認識一、兩個大二學生。

譯成邏輯式之前，讓我們先考慮下面的語句：

(10)　孫民仁認識一、兩個大二學生。

(10)可寫成

(11)　有些大二學生是孫民仁所認識的。

以「a」表「孫民仁」，以「S^1」表一元述詞「是大二學生」，以「K^2」表二元述詞「…認識───」，則(11)可譯成

(12)　$(\exists y)(S^1 y \wedge K^2 ay)$

若把(10)中的「孫民仁」改成「x」就成為(9)；因此，(12)中的「a」改成「x」就是(9)的邏輯式。換言之，(9)可譯成

(13)　$(\exists y)(S^1 y \wedge K^2 xy)$

把(8)中的「x 認識一、兩個大二學生」改成(13)，就是〔例II〕的邏輯式。換言之，〔例II〕可譯成

⑭　$(x)\,(F^1x \to (\exists y)\,(S^1y \land K^2xy))$

〔例Ⅲ〕 沒有最大的整數。

若以「I^1」表一元述詞「是整數」，則這個語句可寫成

⑮　$(x)\,(I^1x \to$ 有整數比 x 大)。

若以「G^2」表二元述詞「…比 ─── 大」，則

⑯　有整數比 x 大。

可譯成

⑰　$(\exists y)(I^1y \land G^2yx)$

因此，〔例Ⅲ〕可譯成

⑱　$(x)\,(I^1x \to (\exists y)\,(I^1y \land G^2yx))$

為了方便起見，我們可以在邏輯式中使用數學符號。因此，⑱也可寫成

⑲　$(x)\,(I^1x \to (\exists y)\,(I^1y \land y > x))$

數學上的關係符號，例如：「$=$」、「$>$」、「$<$」、「$\geq$」、「$\leq$」等等，都可看做二元述詞。

〔例Ⅳ〕 每一個大一學生都不可能認識全部大二學生。

以「F^1」表一元述詞「是大一學生」，則這個語句可寫成

⑳　$(x)\,(F^1x \to x$ 不可能認識全部大二學生)

而

㉑　x 不可能認識全部大二學生。

又可寫成

㉒　至少有一個大二學生是 x 所不認識的。

若以「S^1」表一元述詞「是大二學生」，以「K^2」表二元述詞「…認識 ───」，則㉒可寫成

㉓　$(\exists y)(S^1y \land -K^2xy)$

因此，把⑳中的「x 不可能認識全部大二學生」改成㉓，所產生的語句就是〔例IV〕的邏輯式。換言之，〔例IV〕可譯成

(24)　$(x) (F^1x \to (\exists y) (S^1y \wedge -K^2xy))$

〔**例 V**〕　每一個大一學生都認識全部大二學生。

這個語句所用的述詞與〔例IV〕完全相同；因此，我們也就使用與〔例IV〕完全相同的英文大寫字母來表這些述詞。這樣，則這個語句可寫成

(25)　$(x) (F^1x \to x$ 認識全部大二學生)。

而

(26)　x 認識全部大二學生。

可寫成

(27)　$(y) (S^1y \to K^2xy)$

因此，把㉕中的「x 認識全部大二學生」改成㉗所得的語句

(28)　$(x) (F^1x \to (y) (S^1y \to K^2xy))$

就是〔例V〕的邏輯式。

〔例V〕又可譯成

(29)　$(x)(y) (F^1x \wedge S^1y \to K^2xy)$

㉙的開端有連續的兩個全稱量詞「$(x)(y)$」，這是我們以前沒有碰到過的。其實，我們只要按照全稱量詞的意義來解釋，就可瞭解㉙的意義。首先，我們要注意的是：量詞的控制範圍必定是一個句式；因此，㉙中的「(x)」必定是控制

(30)　$(y)(F^1x \wedge S^1y \to K^2xy)$

而不是只控制量詞「(y)」。全稱量詞「(x)」的意義是表示：在它控制範圍之內「x」的每一個自由出現，都能夠被任意個體常元所取代，而產生真的語句。因此，㉙的意義是：以任何個體常元取代㉚中「x」的每一個自由出現，都能夠產生真的語句。換言之，下列語句皆為真：

(31)　$(y)(\mathrm{F}^1a \wedge \mathrm{S}^1y \to \mathrm{K}^2ay)$

(32)　$(y)(\mathrm{F}^1b \wedge \mathrm{S}^1y \to \mathrm{K}^2by)$

(33)　$(y)(\mathrm{F}^1c \wedge \mathrm{S}^1y \to \mathrm{K}^2cy)$

(34)　$(y)(\mathrm{F}^1d \wedge \mathrm{S}^1y \to \mathrm{K}^2dy)$

(35)　$(y)(\mathrm{F}^1e \wedge \mathrm{S}^1y \to \mathrm{K}^2ey)$

$\vdots$

而這些語句的前端又有全稱量詞「(y)」控制整個句式；因此，以任何個體常元取代下列各句式中「y」的每一個自由出現，所產生的語句皆為真：

(36)　$\mathrm{F}^1a \wedge \mathrm{S}^1y \to \mathrm{K}^2ay$

(37)　$\mathrm{F}^1b \wedge \mathrm{S}^1y \to \mathrm{K}^2by$

(38)　$\mathrm{F}^1c \wedge \mathrm{S}^1y \to \mathrm{K}^2cy$

(39)　$\mathrm{F}^1d \wedge \mathrm{S}^1y \to \mathrm{K}^2dy$

(40)　$\mathrm{F}^1e \wedge \mathrm{S}^1y \to \mathrm{K}^2ey$

$\vdots$

換言之，以任何個體常元取代下列句式中「x」和「y」的每一個自由出現，所產生的語句皆為真：

(41)　$\mathrm{F}^1x \wedge \mathrm{S}^1y \to \mathrm{K}^2xy$

總言之，(29)的意思是說

(42)　不論 x、y 為何，若 x 是大一學生而 y 是大二學生，則 x 必定認識 y。

我們不難看出：(42)的意義恰與〔例 V〕相同。

由這個例子，可知連續的兩個全稱量詞「$(x)(y)$」的意義是表示：以任何個體常元取代這些量詞控制範圍之內「x」和「y」的每一個自

由出現，所產生的語句皆為真。連續的三個、四個、五個、……全稱量詞，皆可依此類推。

〔**例Ⅵ**〕全部大一學生都互相認識。

這個語句可寫成

(43)　每一個大一學生都認識全部大一學生。

(43)與〔例Ⅴ〕只有一個述詞不同；把〔例Ⅴ〕中的「大二學生」改成「大一學生」，〔例Ⅴ〕就變成(43)。因此，只要把(28)和(29)中的「S^1」都改成「F^1」，就是(43)的邏輯式。換言之，〔例Ⅵ〕可譯成

(44)　$(x)\,(F^1x \to (y)\,(F^1y \to K^2xy))$

或

(45)　$(x)(y)(F^1x \wedge (F^1y \to K^2xy))$

〔**例Ⅶ**〕大一學生都不認識大二學生。

這個語句可寫成

(46)　每一個大一學生都不認識任何一個大二學生。

若表述詞的英文大寫字母與〔例Ⅳ〕相同，則(46)可寫成

(47)　$(x)\,(F^1x \to x$ 不認識任何一個大二學生$)$

而

(48)　x 不認識任何一個大二學生。

又可寫成

(49)　所有的大二學生都不被 x 所認識。

(49)可譯成如下的邏輯式

(50)　$(y)\,(S^1y \to -K^2xy)$

因此，把(47)中的「x 不認識任何一個大二學生」改成(50)，所產生的語句就是(46)的邏輯式。換言之，〔例Ⅶ〕可譯成

(51)　$(x)(F^1x \to (y)(S^1y \to -K^2xy))$

〔例Ⅶ〕又可譯成

(52)　$(x)(y)(F^1x \land S^1y \to -K^2xy)$

請讀者參閱(29)的說明，這裡不再詳述。

　　〔例Ⅷ〕大一學生只認識大二學生。

這個語句的意思是說

(53)　每一個大一學生都只認識大二學生。

在日常語言中，往往把量詞——諸如：「每一個」、「全部」、「有些」、「有的」、……等等——省略掉；我們必須參照上下文，以揣摩其意義。例如：

(54)　大一學生要修英文。

意思是

(55)　所有的大一學生都要修英文。

而

(56)　我昨天在校園看到大一新生。

意思是

(57)　我昨天在校園看到一些大一新生。

〔例Ⅷ〕雖然沒有量詞，但我們揣摩其文意，發現省略掉的量詞是全稱量詞；因此，可加上全稱量詞「每一個」而成為(53)。(53)可寫成

(58)　$(x)(F^1x \to x$ 只認識大二學生$)$。

而

(59)　x 只認識大二學生。

的意思是

(60)　每一個被 x 所認識的人都是大二學生。

而(60)又可寫成

$$(61)\quad (y)\,(K^2xy \to S^1y)$$

因此，把(58)中的「x 只認識大二學生」改成(61)，就是(53)的邏輯式。換言之，〔例Ⅷ〕可譯成

$$(62)\quad (x)\,(F^1x \to (y)\,(K^2xy \to S^1y))$$

〔例Ⅸ〕 有的大一學生認識每一個大二學生。

這個語句可寫成

$$(63)\quad (\exists x)\,(F^1x \wedge x\ 認識每一個大二學生)。$$

而

$$(64)\quad x\ 認識每一個大二學生。$$

的意思是

$$(65)\quad 每一個大二學生都是 x 所認識的。$$

而(65)又可譯成

$$(66)\quad (y)\,(S^1y \to K^2xy)$$

因此，把(63)中的「x 認識每一個大二學生」改成(66)，就是〔例Ⅸ〕的邏輯式。換言之，〔例Ⅸ〕可譯成

$$(67)\quad (\exists x)(F^1x \wedge (y)(S^1y \to K^2xy))$$

〔例Ⅹ〕 有的大一學生只被大二學生所認識。

這個語句可寫成

$$(68)\quad (\exists x)\,(F^1x \wedge x\ 只被大二學生所認識)。$$

而

$$(69)\quad x\ 只被大二學生所認識。$$

可譯成

$$(70)\quad (y)\,(K^2yx \to S^1y)$$

因此，〔例Ⅹ〕可譯成

$$(71)\quad (\exists x)(F^1x \wedge (y)(K^2yx \to S^1y))$$

〔例XI〕 有的大一學生只被大一學生所認識。

這個語句可譯成

$$(72)\quad (\exists x)(F^1x \wedge (y)(K^2yx \to F^1y))$$

〔例XII〕 有最小的自然數。

這個語句可寫成

(73)　有自然數小於其他每一個自然數。

以「N^1」表一元述詞「是自然數」，則(73)可寫成

$$(74)\quad (\exists x)\ (N^1x \wedge x\ 小於其他每一個自然數)。$$

而

(75)　x 小於其他每一個自然數。

可寫成

(76)　每一個不等於 x 的自然數都大於 x。

以「$=$」表二元述詞「…等於 − − −」，以「$>$」表二元述詞「…大於 − − −」，則(76)可譯成

$$(77)\quad (y)\ (N^1y \wedge -(y=x) \to y>x)$$

因此，把(74)中的「x 小於其他自然數」改成(77)，就是(73)的邏輯式。換言之，〔例XII〕可譯成

$$(78)\quad (\exists x)(N^1x \wedge (y)(N^1y \wedge -(y=x) \to y>x))$$

因為 $P \wedge -Q \to R$ 與 $P \to Q \vee R$ 語句等值，所以(78)中的

$$(79)\quad N^1y \wedge -(y=x) \to y>x$$

與

$$(80)\quad N^1y \to y=x \vee y>x$$

的邏輯意義相同；而「$y=x \vee y>x$」又可寫成「$y \geq x$」，因此，(79)可改

寫成

$$(81)\quad N^1y \to y \geq x$$

而(78)可改成

$$(82)\quad (\exists x)(N^1x \wedge (y)(N^1y \to y \geq x))$$

換言之，〔例ⅩⅡ〕又可譯成(82)。

　　初學者往往把〔例ⅩⅡ〕譯成

$$(83)\quad (\exists x)(N^1x \wedge (y)(N^1y \to y > x))$$

現在讓我們來考慮(83)的意義與〔例ⅩⅡ〕有什麼不同。(83)的意思是

$$(84)\quad 有自然數小於每一個自然數。$$

(84)比(73)少了「其他」兩字，其實(83)比(78)少了「$-(y=x)$」這個句式也正是這個意思。按照(84)的意思：有一個自然數比任何自然數都小，甚至也比本身小。而〔例ⅩⅡ〕的意思只表示有一個最小的自然數，並沒有表示這個自然數會比本身小。可見把〔例ⅩⅡ〕譯成(83)是錯誤的。

　　現在，我們可以把〔例Ⅲ〕譯成另一個邏輯式。因為

$$(85)\quad 有最大的整數。$$

可譯成

$$(86)\quad (\exists x)(I^1x \wedge (y)(I^1y \to x \geq y))$$

而〔例Ⅲ〕是(85)的否定句；因此，〔例Ⅲ〕可譯成

$$(87)\quad -(\exists x)(I^1x \wedge (y)(I^1y \to x \geq y))$$

(19)和(87)的意義是相同的。

　　〔例ⅩⅢ〕 有的大一學生認識一些大二學生。

這個語句可寫成

$$(88)\quad (\exists x)(F^1x \wedge x \text{ 認識一些大二學生})。$$

而

$$(89)\quad x \text{ 認識一些大二學生。}$$

可譯成

$$(90) \quad (\exists y)(S^1y \land K^2xy)$$

因此，〔例XIII〕可譯成

$$(91) \quad (\exists x)(F^1x \land (\exists y)(S^1y \land K^2xy))$$

〔**例XIV**〕 有的大一學生是一些大二學生所認識的。

這個語句可譯成

$$(92) \quad (\exists x)(F^1x \land (\exists y)(S^1y \land K^2yx))$$

〔**例XV**〕 有的大一學生是一些大二學生所不認識的。

這個語句可譯成

$$(93) \quad (\exists x)(F^1x \land (\exists y)(S^1y \land -K^2yx))$$

〔**例XVI**〕 兩個整數之積若為偶數，則這兩個整數之中至少有一個
　　　　　是偶數。

以「I^1」表一元述詞「是整數」，以「E^1」表一元述詞「是偶數」，則
這個語句可寫成

$$(94) \quad (x)(y)(I^1x \land I^1y \land x \text{ 和 } y \text{ 之積為偶數} \to E^1x \lor E^1y)。$$

而

$$(95) \quad x \text{ 和 } y \text{ 之積為偶數。}$$

可寫成

$$(96) \quad \text{有偶數是 } x \text{ 和 } y \text{ 之積。}$$

若以「M^3」表「…和－－－之積等於×××」，則(96)可譯成

$$(97) \quad (\exists z)(E^1z \land M^3xyz)$$

因此，〔例XVI〕可譯成

$$(98) \quad (x)(y)(I^1x \land I^1y \land (\exists z)(E^1z \land M^3xyz) \to E^1x \lor E^1y)$$

若用數學符號來表示，則

　　(99)　x 和 y 之積等於 z。

可寫成

　　(100)　$x \cdot y = z$

因此，(98)中的「M^3xyz」可改成(100)，而得

　　(101)　$(x)(y)(I^1x \wedge I^1y \wedge (\exists z)(E^1z \wedge x \cdot y = z) \rightarrow E^1x \vee E^1y)$

〔**例 XVII**〕　兩個偶數的積必定是 4 的倍數。

這個語句的意思是

　　(102)　任何個體，若為兩個偶數之積，則必為 4 的倍數。

因而可寫成

　　(103)　(z) (z 為兩個偶數之積 $\rightarrow z$ 為 4 的倍數)。

而(103)中的

　　(104)　z 為兩個偶數之積。

意思是

　　(105)　有兩個偶數，其積為 z。

因而可譯成

　　(106)　$(\exists x)(\exists y)$ $(E^1x \wedge E^1y \wedge x \cdot y = z)$

(103)中的

　　(107)　z 為 4 的倍數。

意思是

　　(108)　有整數乘 4 之積為 z。

因而可譯成

　　(109)　$(\exists w)(I^1w \wedge 4 \cdot w = z)$

因此，把(103)中的「z 為兩個偶數之積」改成(106)，「z 為 4 的倍數」改成(109)，而得

(110)　$(z)\big[(\exists x)(\exists y)(E^1x{\wedge}E^1y{\wedge}x{\cdot}y=z) \to (\exists w)(I^1w{\wedge}4{\cdot}w=z)\big]$

即為〔例XVII〕的邏輯式。

　　〔例XVIII〕 任何兩個相異的實數，必有一實數介於其間。

這個語句可寫成

(111)　$(x)(y)$（x 和 y 是相異的兩個實數 → 有一實數介於 x 與 y 之間）。

若以「R^1」表一元述詞「是實數」，則

(112)　x 和 y 是相異的兩個實數。

可寫成

(113)　$R^1x{\wedge}R^1y{\wedge}x{\neq}y$

而

(114)　有一實數介於 x 與 y 之間。

可寫成

(115)　$(\exists z)(R^1z{\wedge}(x<z<y{\vee}y<z<x))$

因此，〔例XVIII〕可譯成

(116)　$(x)(y)\big[R^1x{\wedge}R^1y{\wedge}x{\neq}y \to (\exists z)\,(R^1z{\wedge}(x<z<y{\vee}y<z<x))\big]$

　　〔例XIX〕 如果大一學生的<u>英</u>文都及格，則<u>何瑞琨</u>教授就不必出補考試題。

這個語句的前件

(117)　大一學生的<u>英</u>文都及格。

以及後件

(118)　<u>何瑞琨</u>教授不必出補考試題。

都是意義完整的語句；因此，可先把它們分別譯成邏輯式，然後用條件號把它們連成條件句。若以「F^1」表一元述詞「是大一學生」，以

「E^1」表一元述詞「英文及格」，則(117)可譯成

(119)　$(x)(F^1x \rightarrow E^1x)$

若以「P^1」表一元述詞「必須出補考試題」，以「a」表「何瑞琨教授」，則(118)可譯成

(120)　$-P^1a$

因此，〔例 XIX〕可譯成

(121)　$(x)(F^1x \rightarrow E^1x) \rightarrow -P^1a$

(121)前端的量詞「(x)」只控制(121)的前件，後件「$-P^1a$」與此量詞無關。

〔**例 XX**〕 如果大一學生都補考英文，則也必有大二學生補考英文。

這個語句的前件

(122)　大一學生都補考英文。

以及後件

(123)　有大二學生補考英文。

都是意義完整的語句。若以「F^1」表一元述詞「是大一學生」，以「E^1」表一元述詞「補考英文」，以「S^1」表一元述詞「是大二學生」，(122)和(123)可分別譯成

(124)　$(x)(F^1x \rightarrow E^1x)$

和

(125)　$(\exists x)(S^1x \wedge E^1x)$

因此，〔例 XX〕可譯成

(126)　$(x)(F^1x \rightarrow E^1x) \rightarrow (\exists x)(S^1x \wedge E^1x)$

(126)中的「(x)」只控制前件，「$(\exists x)$」只控制後件；因此，前件所出現的「x」與後件所出現的「x」，雖然使用相同的個體變元，但因不受同一個量詞的控制，因而也不表示它們表同一個個體。

習 題

1. 指出本節(1)～(126)這些句式中，那些是開放句式，那些是語句。若為開放句式，則指出自由變元為何。

2. 「F^1」表一元述詞「是大一學生」，「S^1」表一元述詞「是大二學生」，「K^2」表二元述詞「…認識 – – –」，試將下列邏輯式譯成中文：

　(a) $(x)〔F^1x \rightarrow (\exists y)(F^1y \wedge -K^2yx)〕$

　(b) $(x)〔F^1x \rightarrow (y)(S^1y \rightarrow K^2yx)〕$

　(c) $(x)〔F^1x \rightarrow (y)(F^1y \rightarrow -K^2xy)〕$

　(d) $(x)〔F^1x \rightarrow (y)(F^1y \rightarrow -K^2yx)〕$

　(e) $(x)〔F^1x \rightarrow (y)(K^2yx \rightarrow F^1y)〕$

　(f) $(\exists x)〔F^1x \wedge (y)(F^1y \rightarrow K^2xy)〕$

　(g) $(\exists x)〔F^1x \wedge (y)(F^1y \rightarrow K^2yx)〕$

　(h) $(\exists x)〔F^1x \wedge (y)(F^1y \rightarrow -K^2xy)〕$

　(i) $(\exists x)〔F^1x \wedge (y)(K^2xy \rightarrow F^1y)〕$

　(j) $(\exists x)〔F^1x \wedge (\exists y)(S^1y \wedge -K^2xy)〕$

3. 使用與上題相同的英文大寫字母來表述詞，試將下列語句譯成邏輯式：

　(a) 每一個大一學生都不可能認識全部大一學生。

　(b) 所有的大一學生都會被每一個大一學生所認識。

　(c) 沒有大一學生會被大二學生所認識。

　(d) 只有大二學生才會認識大一學生。

　(e) 只有大一學生才會認識大一學生。

　(f) 有些大一學生是每一個大二學生所認識的。

(g)有些大一學生是任何大二學生所不認識的。

(h)有的大一學生不認識任何大二學生。

(i)有的大一學生不被任何大一學生所認識。

(j)有的大一學生只認識大二學生。

(k)有的大一學生認識一些大二學生。

(l)有的大一學生不認識一些大二學生。

4. 「F^1」表一元述詞「是學生」,「G^1」表一元述詞「是教授」, 「H^1」表一元述詞「是一門學科」,「S^3」表三元述詞「…跟 從 − − − 學習×××學科」,試將下列語句譯成邏輯式:

(a)每一個學生都跟從每一個教授學習每一門學科。

(b)每一個學生都跟從某些教授學習某些學科。

(c)沒有任何學生會跟從某一個教授學習每一門學科。

(d)只有學生才會跟從某一個教授學習每一門學科。

(e)沒有任何一門學科是學生會跟從每一個教授學習的。

(f)每一個教授總有某些學科是某些學生會跟從他學習的。

(g)每一門學科總有某些學生會跟從某些教授學習。

(h)只有教授才會所有的學生都跟從他學習每一門學科。

(i)只要跟從任何一個教授學習任一門學科,就是學生。

(j)有的教授是每一個學生都會跟從他學習某些學科的。

(k)有的教授是某些學生會跟從他學習每一門學科的。

(l)任何教授,如果跟從某一個教授學習某些學科,則他也是一 個學生。

(m)任何學生,如果不跟從某一個教授學習每一門學科,則他不 是一個教授。

(n)任何學生,如果跟從他自己學習任何學科,則他是一個教授。

(o)有些跟從自己學習每一門學科的教授,他本身是一個學生。

⒫沒有任何教授會有任何一個學生跟從他學習每一門學科。

5.把下列語句譯成邏輯式：

⒜在所有的蛇之中，只有銅斑蛇和響尾蛇是有毒的。(以「S¹」表「是蛇」，「C¹」表「是銅斑蛇」，以「R¹」表「是響尾蛇」，以「P¹」表「是有毒的」。)

⒝有些食物必須煮熟才能吃。(以「F¹」表「是食物」，以「C¹」表「煮熟」，以「E¹」表「是能吃的」。)

⒞汽車一定要有剎車才會安全。(以「C¹」表「是汽車」，以「B¹」表「有剎車」，以「S¹」表「是安全的」。)

⒟每一個丈夫或太太都有配偶。(以「H¹」表「是一個丈夫」，以「W¹」表「是一個太太」，以「S²」表「…是 ─── 的配偶」。)

⒠任何人都有父親，但不是每一個人都當父親。(以「P¹」表「是人」，以「F²」表「…是 ─── 的父親」。)

⒡任何人若是愛己甚於愛別人，則除了他自己之外，沒有任何人會愛他。(以「P¹」表「是人」，以「M⁴」表「…愛 ─── 甚於×××愛△△△」，「L²」表「…愛 ───」，以「I²」表「…與 ─── 是同一個個體」。)

⒢2 的平方的立方必為偶數。(以「a」表「2」，以「S²」表「…是 ─── 的平方」，以「C²」表「…是 ─── 的立方」，以「E¹」表「是偶數」。)

⒣沒有學生會喜歡自己選修的每一門課程，除非他所選修的課程都是有趣的。(以「S¹」表「是學生」，以「L²」表「…喜歡 ───」，以「E²」表「…選修 ───」，以「C¹」表「是一門課程」，以「I¹」表「是有趣的」。)

⒤任何一個父親，如果只有男兒，則他不須為他們之中的任何

一個準備嫁妝。(以「F^1」表「是父親」，以「M^1」表「是男的」，以「P^2」表「…為 ––– 準備嫁妝」。)

(j) 5 是一個質數。(以「I^1」表「是整數」，並使用一切數學符號，例如：數字、關係符號、運算符號等等。)

(k) 不論劉宗源到達什麼地點，陳溫仁也必在一小時之內到達該地點。(以「a」表「劉宗源」，以「b」表「陳溫仁」，以「P^1」表一元述詞「是一個地點」，以「T^1」表一元述詞「是一個時刻」，以「H^2」表二元述詞「…在 ––– 以後一小時之內」，「A^3」表三元述詞「…在 ––– 時刻到達×××」。)

第六章　量限邏輯的
有效論證

─────────────────────────────────

6–1　語句邏輯的有效論證與量限邏輯的有效論證

　　上一章我們已對單句的內部結構做了進一步的分析。在分析單句
的內部結構時，除了使用語句連詞之外，還要用到述詞、個體常元、
個體變元和量詞。我們之所以要對單句的內部結構加以分析，乃是因
為有些有效論證必須如此分析才能顯示其為有效。換言之，有些語句
邏輯的無效論證，經過如此分析之後，可以顯示出是一個有效論證。
例如：

　　　(I)　中國人是亞洲人。

　　　　　孔子是中國人。

　　　　∴孔子是亞洲人。

這個論證是語句邏輯的無效論證。因為兩個前提和結論都是單句，若
不分析單句的內部結構，則這個論證可寫成如下的邏輯式：

　　　(II)　P

　　　　　Q

　　　∴R

反之，如果分析單句的內部結構，以「C^1」表「是中國人」，以「A^1」
表「是亞洲人」，以「a」表「孔子」，而把(I)寫成

　　　(III)　$(x)\,(C^1x \rightarrow A^1x)$

　　　　　C^1a

$$\therefore A^1a$$

就可顯示其為有效。現在讓我們來看看(III)何以是有效的。首先,第一個前提前端的全稱量詞 「(x)」 表示:以任何個體常元取代 「$C^1x \to A^1x$」中個體變元 「x」 的每一個自由出現,所產生的語句皆為真。因此,若第一個前提為真,則

　　(1)　$C^1a \to A^1a$

為真。然後,依據 M.P.P. 規則就可由(1)和第二個前提導出 A^1a。可見,若兩個前提皆為真,則結論 A^1a 即為真。換言之,(III)是有效論證。

　　我們不難看出:(III)之所以能夠顯示出(I)是有效論證,而(II)不能,乃是因為(III)分析了單句的內部結構之後,產生兩個結果。第一,第一個前提的前端有全稱量詞「(x)」,允許我們以「a」取代「$C^1x \to A^1x$」中的「x」,因而顯示出這個前提也談到第二個前提和結論所談到的個體,即孔子。第二,第一個前提出現了第二個前提和結論中所出現的述詞「C^1」 和「A^1」;因此,經過上述的取代之後,就可依據 M.P.P. 規則導出結論。可見分析單句的內部結構之所以能夠顯示論證有效,主要的關鍵在於使用量詞與述詞;因此,這種分析單句內部結構的邏輯, 稱之為 「量限邏輯」 (quantificational logic) 或 「述詞邏輯」(predicate logic)。而經過如此分析之後能夠顯示出有效的論證,叫做「量限邏輯的有效論證」。

　　量限邏輯的有效論證不一定是語句邏輯的有效論證;換言之,語句邏輯的無效論證可能是量限邏輯的有效論證。然而,語句邏輯的有效論證卻必然是量限邏輯的有效論證;換言之,量限邏輯的無效論證不可能是語句邏輯的有效論證。例如:

　　(IV)　只要有大一學生英文不及格,則孫民仁英文一定不及格。
　　　　　有大一學生英文不及格。

∴孫民仁英文不及格。

若以「P」表單句「有大一學生英文不及格」，以「Q」表單句「孫民仁英文及格」，則(IV)可寫成

(V)　　P → –Q

　　　　P

　　　∴–Q

(V)已足以顯示(IV)為有效；因此，(IV)是一個語句邏輯的有效論證。若以「F¹」表一元述詞「是大一學生」，以「E¹」表一元述詞「英文及格」，以「a」表「孫民仁」，則(IV)可寫成

(VI)　　$(\exists x)(F^1x \wedge -E^1x) \to -E^1a$

　　　　$(\exists x)(F^1x \wedge -E^1x)$

　　　∴$-E^1a$

(VI)也是一個有效論證；換言之，對(IV)中單句的內部結構加以分析之後，也足以顯示出是一個有效論證；因此，(IV)也是一個量限邏輯的有效論證。

　　現在，讓我們來考慮：怎麼樣的論證叫做「量限邏輯的有效論證」？所謂「分析單句的內部結構能夠顯示其為有效」是什麼意思？首先，讓我們回憶「有效論證」的意義。讀者當還記得，所謂「有效論證」意即：與此論證同其形式的任何論證，不可能前提全真而結論假。其次，讓我們回憶所謂「論證形式相同」在語句邏輯上的意義。在語句邏輯上所謂「論證形式相同」意即：論證中的語句連詞以及單句與單句之間的相關位置相同。現在，我們可以比照語句邏輯上的意義，來考慮所謂「論證形式相同」在量限邏輯上的意義。量限邏輯除了語句連詞之外，還有個體變元以及控制個體變元的量詞；因此，形式相同的論證，除了語句連詞相同之外，個體變元和量詞也要相同。量限邏輯不把單句當做最基本的單元，還考慮到個體常元與個體常元之間

以及述詞與述詞之間的相關位置；因此，形式相同的論證必須這些相關位置相同。按照上面的說明，所謂「量限邏輯的有效論證」意即：只要論證中的語句連詞、個體變元和量詞保持不變，則不管以任何個體常元取代原來的個體常元，也不管以任何 n 元述詞取代原來的 n 元述詞，都不致產生前提全部為真而結論為假的論證。例如：(III)是一個量限邏輯的有效論證；因此，不管以任何個體常元取代「a」，以任何一元述詞取代「C^1」，以任何一元述詞取代「A^1」，所產生的論證絕對不可能前提全部為真而結論為假。我們若以「b」表「林肯」，以「P^1」表一元述詞「是美國總統」，以「M^1」表一元述詞「是男人」，並以「b」取代「a」，以「P^1」取代「C^1」，以「M^1」取代「A^1」，則產生下面的論證

$$\text{(VII)} \quad (x)(P^1x \to M^1x)$$
$$P^1b$$
$$\therefore M^1b$$

亦即

(VIII)　美國總統都是男人。

　　林肯是美國總統。

　　$\therefore$林肯是男人。

這個論證的前提和結論都是真的，並沒有產生前提全真而結論假的論證。

　　一個論證，如果語句連詞、個體變元、和量詞都保持不變，而只允許以別的個體常元取代原來的個體常元，以別的 n 元述詞取代原來的 n 元述詞，因而這些個體常元和述詞的相關位置也保持不變，則單句的相關位置也必然保持不變。例如：論證(VI)中，若以「b」取代「a」，以「G^1」取代「F^1」，以「H^1」取代「E^1」，則產生如下的論證

$$\text{(IX)} \quad (\exists x)(G^1x \land -H^1x) \to -H^1b$$

$(\exists x)(G^1x \wedge -H^1x)$

$\therefore -H^1b$

這個論證中單句與單句之間的相關位置還是與(Ⅵ)相同：第一個前提的前件與第二個前提是同樣一個單句，而第一個前提的後件與結論是同樣一個單句的否定句。可見，在量限邏輯上形式相同的論證也必定在語句邏輯上形式相同。

　　反之，一個論證如果只有單句與單句之間的語句連詞保持不變，而允許以別的單句取代原來的單句，因而保持了單句與單句之間的相關位置，則單句的內部結構未必保持不變。例如：論證(Ⅵ)中，若以單句「$(x)(G^1x \to H^1x)$」取代原來的單句「$(\exists x)(F^1x \wedge -E^1x)$」，以「$G^1b$」取代原來的單句「$E^1a$」，則產生如下的論證

(Ⅹ)　$(x)(G^1x \to H^1x) \to -G^1b$

　　　$(x)(G^1x \to H^1x)$

$\therefore -G^1b$

這個論證雖然在語句邏輯上與(Ⅵ)的形式相同；但是，在量限邏輯上卻與(Ⅵ)的形式不同，因為單句之內的語句連詞與量詞並未保持原狀，述詞與述詞之間的相關位置也發生了變動。可見，在語句邏輯上形式相同的論證未必在量限邏輯上形式相同。

　　根據上面兩段的說明，與某一個論證在量限邏輯上形式相同的論證必定也在語句邏輯上與該論證形式相同；反之，與該論證在語句邏輯上形式相同的論證未必在量限邏輯上與該論證形式相同。換言之，與該論證在語句邏輯上形式相同的論證較多，與該論證在量限邏輯上形式相同的論證較少，而前者包含後者在內。因此，如果與該論證在語句邏輯上形式相同的論證都不會前提全真而結論假，則與該論證在量限邏輯上形式相同的論證也不會前提全真而結論假；反之，即使與該論證在量限邏輯上形式相同的論證都不會前提全真而結論假，與該

論證在語句邏輯上形式相同的論證卻仍有前提全真而結論為假的。換言之，語句邏輯的有效論證必定也是量限邏輯的有效論證；反之，量限邏輯的有效論證卻未必是語句邏輯的有效論證。讓我們順便在此約定：從這個地方開始到第七章結束為止，若沒有特別指明，則所謂「有效論證」是指量限邏輯的有效論證，而所謂「無效論證」是指量限邏輯的無效論證。

我們已經瞭解何謂「量限邏輯的有效論證」和「量限邏輯的無效論證」。現在讓我們討論：如何判斷一個論證是否為量限邏輯的有效論證。在語句邏輯上，要判斷一個論證是否有效，可使用真值表來檢驗；真值表的方法雖然過於繁瑣，但卻是一個機械性的可靠方法，只要我們不嫌麻煩，按照固定的程序，一定可以檢驗出任意一個論證是否為語句邏輯的有效論證。很可惜的，在量限邏輯上沒有類似真值表這種機械性的方法可以用來判斷任意一個論證是否有效；也就是說，沒有一種固定的程序可以判斷任何論證是否為量限邏輯的有效論證。我們這裡所謂「沒有」不僅表示到現在為止尚未發現這種方法；而且表示根本不可能有這種機械性的方法存在。美國邏輯家 Alonzo Church 曾在 1936 年出版的符號邏輯季刊 (*Journal of Symbolic Logic*) 第一卷發表一篇題目叫做 "A note on the Entscheidungsproblem" 的論文。證明不可能有一種固定的程序可以用來判斷任意一個論證是否為量限邏輯的有效論證。

沒有固定的程序可以用來判斷任意一個論證是否為量限邏輯的有效論證，並不表示無法證明某一個論證是量限邏輯的有效論證或無效論證。在量限邏輯上，雖然不像語句邏輯有固定的程序可以用來判斷論證是否有效；但是卻可以像語句邏輯那樣設計一套完整的推論規則，使得一切量限邏輯的有效論證，一定可以依據這些規則，由前提導出結論；反之，一切可以依據這些推論規則，由前提導出結論的論證，

也必定是量限邏輯的有效論證。我們這裡所謂「可以導出」，正如我們在說明語句邏輯的推論規則時所指出的，並不表示我們實際上能夠完成這個推論。本來可以推論出來的論證，往往因為我們對規則不熟悉或推論的步驟太過複雜等因素，而始終沒有完成這個推論。可能發生這種情形，就表示用推論來證明論證有效的方法並不是機械性的方法。要完成一個推論，並沒有固定的程序；因此，也就不能因為按照固定的程序而導不出結論，就因而判斷論證無效。我們導不出結論有兩種可能：(i)本來就是不可能導出的，因而論證是無效的；(ii)本來是可以導出的，只是我們沒有想出來而已，因而論證是有效的。

　　我們沒有完成一個論證的推論工作，既然不能因而判斷論證無效，則要證明一個論證無效就必須用別的方法。我們上面曾經指出：所謂「某一論證是量限邏輯的有效論證」意即與該論證在量限邏輯上形式相同的論證不會前提全真而結論假。既然如此，則我們只要找到一個論證，與該論證在量限邏輯上形式相同，然而前提全真而結論假，就足以證明該論證是一個量限邏輯的無效論證。換言之，我們只要使該論證的語句連詞、個體變元和量詞都保持不變，也使個體常元與個體常元之間以及述詞與述詞之間的相關位置保持不變，而以別的個體常元取代原來的個體常元，以別的 n 元述詞取代原來的 n 元述詞，而產生一個前提全真而結論假的論證，就足以證明該論證是量限邏輯的無效論證。例如：

　　　　(XI)　中國人是亞洲人。

　　　　　　孔子是亞洲人。

　　　　∴孔子是中國人。

可寫成

　　　　(XII)　$(x)\,(\mathrm{C}^1 x \to \mathrm{A}^1 x)$

　　　　　　$\mathrm{A}^1 a$

$$\therefore \mathrm{C}^1 a$$

我們若以「c」表「麥克阿瑟元帥」，以「P^1」表一元述詞「是美國總統」，以「M^1」表一元述詞「是男人」，並且以「c」取代「b」，以「P^1」取代「C^1」，以「M^1」取代「A^1」，則產生下面的論證

(XIII)　　$(x)\,(\mathrm{P}^1 x \rightarrow \mathrm{M}^1 x)$

　　　　$\mathrm{M}^1 c$

　　　　$\therefore \mathrm{P}^1 c$

亦即

(XIV)　　美國總統都是男人。

　　　　麥克阿瑟元帥是男人。

　　　　$\therefore$ 麥克阿瑟元帥是美國總統。

這個論證的前提全真而結論為假。可見(XI)亦即(XII)是無效的。

　　其實，論證(XII)既然已寫成邏輯符號式，我們不必用別的英文字母來取代其中的「a」、「C^1」、「A^1」，而只要把「a」、「C^1」、「A^1」等英文字母所表示的意義做別種解釋即可。例如：我們不必變動原來的邏輯符號式中的英文字母，把(XII)改成(XIII)；而只要把「a」解釋為表「麥克阿瑟元帥」，把「C^1」解釋為表一元述詞「是美國總統」，把「A^1」解釋為表一元述詞「是男人」，則(XII)就成為(XIV)的邏輯符號式，因而前提全真而結論假。這樣就足以證明(XI)、(XII)是無效的論證。這種證明論證無效的方法，叫做「解釋的方法」(method of interpretation)。

　　一個量限邏輯的無效論證必定會在某種解釋下前提全真而結論假。但是，事實上有這種解釋存在是一回事，而我們能否想出這種解釋又是另一回事。正如要用推論的方法證明論證有效一樣，要用解釋的方法證明論證無效也沒有固定的程序可以遵循，因而不能因為我們尚未找到一種解釋證明某一論證無效就判斷該論證有效。因此，我們若已依據推論規則，由前提導出結論，則足證該論證有效；若已找出

一種使前提全真而結論假的解釋，則足證該論證無效；若這兩個工作都未能完成，則不能判斷該論證到底是有效還是無效。在語句邏輯上，我們也會遭遇到類似的困難，就是：對某一個論證，既未想出如何依據推論規則，由前提導出結論；又未想出前提全部為真而結論為假的情形。語句邏輯與量限邏輯不同的是：遭遇到這種困難時，語句邏輯有真值表的方法，可按照固定的程序來檢驗論證是否有效；而量限邏輯則沒有這類機械性的方法，只有在完成推論或尋求解釋這兩方面的工作上，繼續探索、嘗試。然而，實際上真正遇到複雜的論證時，我們也很少使用真值表。因為只要稍為複雜的論證，真值表就將冗繁不堪。一個論證含有十個單句是很平常的，但它的真值表就須要 1024 行（$2^{10} = 1024$）。我想讀者大概寧願繼續探索、嘗試，而不願意去畫一個 1024 行的真值表吧！

6-2　解釋的方法

我們在上一節已約略提到用解釋證明論證無效的方法。這一節，我們將對解釋的方法做較詳細的說明。

通常我們在一個論證中所討論的對象，往往限於某一範圍之內的個體。例如：

(I)　所有的中國人都是亞洲人。

孔子是中國人。

∴有亞洲人存在。

這個論證所討論的對象是人，換言之，以人為討論的範圍。我們若以「a」表「孔子」，以「C^1」表「是中國人」，以「A^1」表「是亞洲人」，則(I)可寫成

(II)　$(x)(C^1 x \to A^1 x)$

$$\text{C}^1a$$
$$\therefore (\exists x)(\text{A}^1 x)$$

第一個前提的全稱量詞「(x)」雖然是表示：可用任意一個表某一個體的個體常元取代「$\text{C}^1 x \rightarrow \text{A}^1 x$」中的「x」而產生真的語句。然而，實際上，我們在這個語句中只討論到人，並不討論到人以外的其他個體，諸如：數、狗、書、……等等；換言之，所謂任意一個表某一個體的個體常元，意即任何一個表某一個人的個體常元。因此，當我們考慮這個前提的真假時，只要考慮在人的範圍之內，是否有中國人不是亞洲人；不必要考慮人以外的其他個體中，是否有是中國人而不是亞洲人的東西存在。同樣的，當我們考慮第二個前提的真假時，也只要在人的範圍之內來考慮即可，不必考慮人以外的其他個體；因為這個前提只討論到孔子這個人，並沒有討論到其他個體。很明顯的，結論也沒有討論到人以外的個體。因此，這個結論中的存在量詞「(∃x)」雖是表示有表某一個體的個體常元可取代「$\text{A}^1 x$」中的「x」而產生真的語句；然而，實際上，所謂有表某一個體的個體常元，意即有表某一個人的個體常元。換言之，要考慮這個結論的真假不必考慮在一切個體的範圍之內是否有亞洲人存在，而只要在人的範圍之內來考慮即可。

把考慮的範圍限於人的範圍之內，既然不致影響論證(II)的前提和結論的意義和真假，則也不致影響論證(II)的有效或無效。可見，一個論證若以某範圍之內的個體為討論的對象，則把考慮的範圍限於此範圍之內，不致影響該論證的有效或無效。

我們在上一節曾經指出：若有一種解釋使得前提全真而結論假，則論證無效；反之，若沒有解釋能使前提全真而結論假，換言之，在任何解釋下皆不可能前提全真而結論假，則論證有效。可見，一個論證若為有效，則在任何解釋下有效；若無效，則在任何解釋下無效。因此，我們若把論證(II)的「C^1」解釋為「是中國籍的黃種人」，把

「A¹」解釋為「是亞洲的黃種人」，則論證(II)的有效或無效不致受到影響。然而，在這樣的解釋之下，論證(II)的討論對象實際上是黃種人。既然只以黃種人為討論的對象，那麼，我們若把考慮的範圍限於黃種人，則論證(II)的前提和結論的意義和真假當不致受到影響；因而論證(II)的有效或無效也不致受到影響。

我們比較以上論證(II)的兩種解釋，不難發現：這兩種解釋，除了討論的範圍不同之外，其他一切完全相同。在這種情形下，為了方便起見，我們不必對論證(II)中的述詞做兩種不同的解釋，而只須把它們討論的對象限於兩個互不相同的範圍之內即可。換言之，我們如果要把某一個論證解釋為討論某一範圍之內的個體，則只要預先指明這個範圍即可，而不必把這項限制加在述詞的解釋之上。這個預先指明的範圍，叫做「解釋的範圍」(domain of interpretation)。例如：我們只要預先指明論證(II)的討論對象只限於黃種人，則只須把「C¹」和「A¹」解釋為「是中國人」和「是亞洲人」即可，不必解釋為「是中國籍的黃種人」和「是亞洲的黃種人」。而這個解釋的範圍是黃種人。

很明顯的，對於同一個論證做兩個範圍不同的解釋，實際上只是對述詞做不同的解釋而已。對述詞做不同的解釋既然不致影響論證的有效或無效，則改變解釋的範圍也不致影響論證的有效或無效。因此一個有效論證必定在任何解釋範圍之內的任何解釋下，皆不可能前提全真而結論假；反之，若有一個解釋範圍之內的一個解釋能使某一個論證前提全真而結論假，則該論證無效。

對同一個論證所做的兩個解釋，若解釋的範圍不同，就是兩個互不相同的解釋。確定解釋的範圍是解釋工作的一部分。現在讓我們用解釋的方法證明下列論證無效，並附加說明，以供讀者參考。

〔例Ⅰ〕 有些大一學生選修邏輯。

　　　　有些選修邏輯的學生不選修哲學概論。

　　　∴有些大一學生不選修哲學概論。

以「F^1」表一元述詞「是大一學生」，以「L^1」表一元述詞「是選修邏輯的學生」，以「P^1」表一元述詞「是選修哲學概論的學生」，則這個論證可寫成

$$(\exists x)(F^1 x \wedge L^1 x)$$
$$(\exists x)(L^1 x \wedge -P^1 x)$$
$$\therefore (\exists x)(F^1 x \wedge -P^1 x)$$

我們對這個論證做如下的解釋：

　　(i)　D＝整數

　　(ii)　$F^1 x : x$ 可被 4 整除

　　　　　$L^1 x : x$ 可被 3 整除

　　　　　$P^1 x : x$ 是偶數

「D」字是「解釋範圍」的簡寫，(i)表示這個解釋是以整數為解釋範圍。(ii)則為對三個一元述詞的解釋。在這個解釋之下，兩個前提為真而結論為假。因此，論證無效。

〔例Ⅱ〕 可被 4 整除的整數必定是偶數。

　　　　16 是偶數。

　　　∴16 是可被 4 整除的整數。

以「F^1」表一元述詞「是可被 4 整除的整數」，以「E^1」表一元述詞「是偶數」，以「a」表「16」，則這個論證可寫成

$$(x)(F^1 x \rightarrow E^1 x)$$
$$E^1 a$$

$$\therefore F^1 a$$

我們對這個論證做如下的解釋：

(i)　D＝人

(ii)　$F^1 x : x$ 是<u>美國</u>參議員

　　　$E^1 x : x$ 是<u>美國</u>公民

　　　a：<u>麥克阿瑟元帥</u>

對於個體常元的解釋必須限於解釋範圍之內；換言之，必須把個體常元解釋為解釋範圍之內的某一個體。例如：我們既然指明解釋的範圍是人，就不能把個體常元「a」解釋為人以外的個體；否則這個論證的討論對象即不僅是人，而有其他的個體在內，換言之，並未將解釋限於人的範圍之內。這個論證在上述解釋下，前提全真而結論假，故為無效。

〔例Ⅲ〕　可被 4 整除的整數必定是偶數。

　　　　16 是偶數。

　　　$\therefore$ 有可被 4 整除的整數存在。

以「F^1」表一元述詞「是可被 4 整除的整數」，以「E^1」表一元述詞「是偶數」，以「a」表「16」，則這個論證可寫成

$$(x)(F^1 x \rightarrow E^1 x)$$

$$E^1 a$$

$$\therefore (\exists x)(F^1 x)$$

這個論證在下面的解釋下，前提全真而結論假：

(i)　D＝人

(ii)　$F^1 x : x$ 是<u>美國女總統</u>

　　　$E^1 x : x$ 是<u>美國</u>公民

　　　a：<u>尼克森總統</u>

在這個解釋下，這個論證的結論是說：在人的範圍之內，有美國女總統這樣的個體存在。我們知道，至少到目前為止，還沒有女人當過美國總統；因此，在這個解釋下，這個結論是假的。

　　這裡有一個問題：既然把解釋的範圍限制在人的範圍之內，而在人的範圍之內又沒有美國女總統這樣的個體存在，則我們是否可以把述詞解釋為「是美國女總統」？這個問題的答案是肯定的。我們把解釋限制在某一範圍之內，意思是說：在這個解釋之下，我們討論的對象限於這個範圍之內的個體；只要我們不討論此範圍之外的個體即可，至於我們敘述這些個體具有如何的性質，它們之間有如何的關係，則不加限制。某一個述詞所敘述的性質或關係，也許是範圍之內的個體所沒有的；因而，我們若使用這個述詞來敘述範圍之內的個體，也許會產生假的語句；但是討論的對象還是範圍之內的個體。因此，解釋範圍只是對個體的限制，而對述詞是不做任何限制的。換言之，把解釋限於某一範圍之內，有三層含意：(i)全稱量詞只表示在解釋範圍之內的一切個體如何，而不表示範圍之外的個體如何；(ii)存在量詞不僅表示有個體如何，而是表示在解釋範圍之內有個體如何；(iii)個體常元要解釋為解釋範圍之內的個體，不可解釋為此範圍之外的其他個體。然而，解釋範圍的限制並不要求把述詞解釋為此範圍之內的個體所具有的性質或關係；即使把述詞解釋為解釋範圍之內的個體所沒有的性質或關係，亦無不可。　讀者也許會懷疑：對述詞的解釋如果不加限制，豈不是會產生假的語句嗎？其實，即使限制我們一定要把述詞解釋為解釋範圍之內的個體所具有的性質或關係，仍然會產生假的語句。解釋範圍只是限制討論的對象，並不要求一定要把語句解釋成為真的語句。實際上，我們往往要使某一個語句在我們的解釋之下為假。當我們要證明論證無效時，就必須使結論在我們的解釋之下為假。

　　另外還有一點必須注意：要判斷某一個語句在某一個解釋之下的

真假，必須要考慮到解釋範圍。若解釋範圍不同，則即使對述詞和個體常元的解釋相同，語句的真假也不一定相同。例如：若以實數為解釋範圍，則

$$(1)\quad (x)(y)\,(x > y \lor x < y \lor x = y)$$

這個語句的意思是說：任意兩個實數，必定是其中之一大於另一個或者兩個相等。很明顯的，在此解釋範圍之內，⑴為真。反之，若以複數為解釋範圍，則⑴為假；因為虛數與虛數之間以及實數與虛數之間是無法比較大小的。再如：若以整數為解釋範圍，則

$$(2)\quad (x)(\exists y)\,(x > y)$$

的意思是說：不管 x 是任何整數，一定有整數比 x 為小；換言之，沒有一個最小的整數。在此解釋範圍之內，⑵為真。反之，若以自然數為解釋範圍，則⑵的意思是說：沒有最小的自然數。然而，事實上，1 是最小的自然數；故在此解釋範圍之內，⑵為假。

　　按照上一段的說明，〔例 III〕在下面的解釋下也是前提全真而結論假：

(i)　D = 自然數

(ii)　$F^1 x : x < 1$

　　　$E^1 x : x < 2$

　　　$a : 1$

這個解釋若不是把解釋範圍限於自然數之內，則結論「$(\exists x)(F^1 x)$」就不一定為假。例如：在整數中就有小於 1 的數，如 0、-1、-2、…等等；在有理數中也有小於 1 的數，如 1/2、1/3、-1/2、-8、…等等。反之，若把「E^1」解釋為「是美國女總統」，則在任何解釋範圍之內，結論「$(\exists x)(F^1 x)$」皆為假；因為不管在任何範圍之內，都沒有美國女總統存在。我們知道：要判斷某一語句在某一解釋下的真假，只就解釋範圍內考慮即可，不必顧慮在此範圍之外的個體。因此，雖然

〔例Ⅲ〕的第二個解釋並不是在任何解釋範圍之內皆能使結論為假，然而已足以證明論證無效。

〔**例Ⅳ**〕　可被 4 整除的整數必定是偶數。

可被 2 整除的整數必定是偶數。

∴可被 4 整除的整數必定是可被 2 整除的整數。

以「F^1」表一元述詞「是可被 4 整除的整數」，以「E^1」表一元述詞「是偶數」，以「T^1」表一元述詞「是可被 2 整除的整數」，則這個論證可寫成

$$(x)\,(F^1x \to E^1x)$$

$$(x)\,(T^1x \to E^1x)$$

$$\therefore (x)\,(F^1x \to T^1x)$$

這個論證在下面的解釋下，前提全真而結論假：

　（i）　D ＝ 整數

　（ii）　$F^1x : x$ 可被 2 整除

　　　　　$E^1x : x$ 是偶數

　　　　　$T^1x : x$ 可被 4 整除

可見這個論證是無效的。

〔**例Ⅴ**〕　有些大一學生不認識任何一個大二學生。

陸瑞祥是大一學生而吳紹欽是大二學生。

∴陸瑞祥不認識吳紹欽。

以「F^1」表一元述詞「是大一學生」，以「K^2」表二元述詞「…認識－－－」，以「S^1」表一元述詞「是大二學生」，以「a」表「陸瑞祥」，以「b」表「吳紹欽」，則這個論證可寫成

$$(\exists x)\,[F^1x \wedge (y)\,(S^1y \to -K^2xy)]$$

$$F^1a \wedge S^1b$$

$$\therefore -K^2ab$$

這個論證在下面的解釋下，前提全真而結論假：

(i) D＝自然數

(ii) $F^1x : x$ 是奇數

$S^1x : x$ 是偶數

$K^2xy : x > y$

$a : 3$

$b : 2$

可見這個論證是無效的。

在這個論證中，二元述詞「K^2」出現了兩次：第一次在第一個前提出現，右邊填兩個變元「x」和「y」；第二次在結論出現，右邊填兩個常元「a」和「b」。但是，同樣一個述詞，不管在一個論證中出現幾次，也不管它的右邊所填的詞為何，在同一個解釋之下，必須對它的每一次出現做相同的解釋。因此，我們只列出

(3) $K^2xy : x > y$

就足以表明我們對「K^2」所做的解釋；若再列出「a」和「b」的解釋，則「K^2ab」在此解釋下的意義即十分明瞭，不必再列出下面的解釋

(4) $K^2ab : a > b$

由此可見，(3)是對二元述詞「K^2」做一般性的解釋，並不表示：只有當「K^2」右邊所填的詞是「x」和「y」時，「K^2」才做此解釋。換言之，(3)中所出現的「x」和「y」是可以任意取代的，(4)只是(3)的一個特例而已。同樣的，

(5) $S^1x : x$ 是偶數

也只是對一元述詞「S^1」做一般性的解釋，並不表示：只有當「S^1」

右邊所填的詞是「x」時，「S^1」才做此解釋。因此，雖然在論證中，「S^1」右邊有填「y」的，也有填「b」的，而沒有填「x」的；但是我們不必把(5)改寫成

　　　(6)　$S^1 y : y$ 是偶數

或

　　　(7)　$S^1 b : b$ 是偶數

(6)和(7)都是(5) 的特例。我們若要對「S^1」做一般性的解釋，則寫成(5)或(6)皆可，但不可寫成(7)；因為變元「x」、「y」才可以任意取代，常元「b」就不可以取代了。其實，我們可以把 (3)和(5)看做是下列兩個句式的簡寫

　　　(8)　$(x)(y)\,(K^2 xy \leftrightarrow x > y)$

　　　(9)　$(x)\,(S^1 x \leftrightarrow x$ 是偶數$)$

習　題

證明下列各論證無效：

1. 沒有大一學生選修宗教哲學。劉宗源沒有選修宗教哲學。因此，劉宗源是大一學生。(以「F^1」表一元述詞「是大一學生」，以「R^1」表一元述詞「選修宗教哲學」，以「a」表「劉宗源」。)

2. 中國人都是亞洲人。有些黃種人不是亞洲人。因此，有些中國人不是黃種人。(以「C^1」表一元述詞「是中國人」，以「A^1」表一元述詞「是亞洲人」，以「Y^1」表一元述詞「是黃種人」。)

3. 雞沒有超過三十公斤的。哺乳動物有超過三十公斤的。因此，雞不是哺乳動物。(以「K^1」表一元述詞「是雞」，以「T^1」表一元述詞「超過三十公斤」，以「M^1」表一元述詞「是哺乳

動物」。）

4. 政治家必有遠見。有些政客也有遠見。但不是所有的政客都有遠見。因此，政治家必定不是政客。（以「S¹」表一元述詞「是政治家」，以「F¹」表一元述詞「有遠見」，以「P¹」表一元述詞「是政客」。）

5. 政治家必有遠見。有些政客也有遠見。但不是所有的政客都有遠見。因此，政治家必定是政客。（同上）

6. 政治家必定是政客。有些政治家有遠見。有些政客不是政治家。因此，有些政客沒有遠見。（同上）

7. 馬和牛都是哺乳動物。有些脊椎動物是哺乳動物。有些脊椎動物不是哺乳動物。因此，馬是脊椎動物。（以「H¹」表一元述詞「是馬」，以「C¹」表一元述詞「是牛」，以「M¹」表一元述詞「是哺乳動物」，以「V¹」表一元述詞「是脊椎動物」。）

8. 大一學生和大二學生都要修習軍事課程。有些大一學生選修邏輯。有些大一學生選修哲學概論。選修哲學概論的都是要修習軍事課程的。因此，有些選修邏輯的也選修哲學概論。（以「F¹」表一元述詞「是大一學生」，以「S¹」表一元述詞「是大二學生」，以「M¹」表一元述詞「要修習軍事課程」，以「L¹」表一元述詞「選修邏輯」，以「P¹」表一元述詞「選修哲學概論」。）

9. 選修法文或德文的大一學生都不選修日文或西班牙文。有些大一學生選修邏輯和法文。選修哲學概論的大一學生若不選修日文則選修政治學。大一學生都選修哲學概論。有些選修哲學概論的人又選修日文。因此，有些大一學生不選修政治學。（以「F¹」表一元述詞「選修法文」，以「G¹」表一元述詞「選修德文」，以「A¹」表一元述詞「是大一學生」，以「J¹」表一元述

詞「選修日文」，以「S¹」表一元述詞「選修西班牙文」，以「L¹」表一元述詞「選修邏輯」，以「P¹」表一元述詞「選修哲學概論」，以「B¹」表一元述詞「選修政治學」。）

10. 任意三個數 x、y、z，若 x 可被 y 整除，y 可被 z 整除，則 x 可被 z 整除。任何整數一定可被某一整數整除。有整數存在。因此，有些整數可被本身整除。（以「I¹」表一元述詞「是整數」，以「D²」表二元述詞「…可被 ––– 整除」。）

11. 有些偶數可被 3 整除。3 是奇數。6 是偶數。因此，6 可被某一個奇數整除。（以「E¹」表一元述詞「是偶數」，以「O¹」表一元述詞「是奇數」，以「D²」表二元述詞「…可被 ––– 整除」，以「a」表「3」，以「b」表「6」。）

12. 猶太人都懷恨納粹黨員。納粹黨員都是德國人。因此，有些德國人是每一個猶太人所懷恨的。（以「J¹」表一元述詞「是猶太人」，以「H²」表二元述詞「…懷恨 –––」，以「N¹」表一元述詞「是納粹黨員」，以「G¹」表一元述詞「是德國人」。）

第七章　量限推論

7–1　全稱特殊化

我們在 6–1 曾經說過：我們可以設計一套完整的推論規則，使得一切量限邏輯的有效論證，一定可以依據這些規則，由前提導出結論；反之，一切可以依據這些推論規則，由前提導出結論的論證，也必定是量限邏輯的有效論證。在本章中，我們將介紹這一套推論規則。依據這一套規則所做的推論，叫做「量限推論」(quantificational inferences)。

現在就讓我們來介紹第一個量限推論的規則。請看下面的論證：

大二學生必定選修法文或德文。

魏崇仁是大二學生，但沒有選修法文。

∴魏崇仁必定選修德文。

以「S^1」表一元述詞「是大二學生」，以「F^1」表一元述詞「選修法文」，以「G^1」表一元述詞「選修德文」，以「a」表「魏崇仁」，則這個論證可寫成

$$(x)\,(S^1x \to F^1x \lor G^1x)$$

$$S^1a \land {-}F^1a$$

$$\therefore G^1a$$

第一個前提的前端有全稱量詞「(x)」，表示以任何個體常元取代「$S^1x \to F^1x \lor G^1x$」中「x」的每一個自由出現，所產生的語句必定為真。因此，若第一個前提為真，則

$$S^1a \to F^1a \lor G^1a$$

為真。依據語句推論的規則，就可從這個語句和第二個前提導出結論。
現在把這個論證的整個推論列出：

{1}	⑴	$(x)(S^1x \to F^1x \lor G^1x)$	P
{2}	⑵	$S^1a \land -F^1a$	P
{1}	⑶	$S^1a \to F^1a \lor G^1a$	1, US
{2}	⑷	S^1a	2, Simp.
{1, 2}	⑸	$F^1a \lor G^1a$	3, 4, M.P.P.
{2}	⑹	$-F^1a$	2, Simp.
{1, 2}	⑺	G^1a	5, 6, D.S.

在這個推論之中，除了由⑴導出⑶這個步驟之外，其他都是語句推論
的步驟。 由⑴導出⑶的步驟 ，叫做 「全稱特殊化」 （universal
specification）。 因為⑴泛指一切個體 ，而⑶只就某一特定的個體 a 而
言 ； 換言之 ，⑶只是⑴的一個特例而已 。 全稱特殊化的規則記作
「US」。我們在⑶的右邊註明 「1, US」 是表示：⑶是依據 US 規則由
⑴導出的。

　　使用 US 規則，有三點必須特別注意。第一，一個全稱量詞必須
在整個句式的最前端，而其控制範圍必須達到整個句式的最末端，才
可使用 US 規則。例如：

　　　⑴　$-(x)(I^1x \to E^1x)$

這個句式中的全稱量詞 「(x)」 並不在整個句式的最前端，它的前面還
有否定號 「$-$」。因此，不可使用 US 規則刪去 「(x)」，並以個體常元
「a」 來取代 「$-(I^1x \to E^1x)$」 中 「x」 的每一個自由出現，而得下面的
句式

　　　⑵　$-(I^1a \to E^1a)$

我們對 US 的使用做如此限制，是因為若不加限制，則可能由真的前

提導出假的結論。例如：在下面的解釋之下，⑴為真而⑵為假：

　　　(i)　　D＝整數

　　　(ii)　I^1x：x 是整數

　　　　　　E^1x：x 是偶數

　　　　　　a：6

又如：

　　　⑶　　$(x)(I^1x \to E^1x) \to E^1a$

這個句式中的全稱量詞「(x)」只控制「$I^1x \to E^1x$」，它的控制範圍並未達到整個句式的最末端。因此，不可依據 US 規則，由⑶導出

　　　⑷　　$(I^1b \to E^1b) \to E^1a$

這項限制也是為了防止由真的前提導出假的結論。例如：在下面的解釋之下，⑶為真而⑷為假：

　　　(i)　　D＝整數

　　　(ii)　I^1x：x 是整數

　　　　　　E^1x：x 是偶數

　　　　　　a：9

　　　　　　b：6

　　現在讓我們來考慮：為什麼不遵守上述兩項限制就可能由真的前提導出假的結論？

　　任何推論規則都不允許由真的前提導出假的結論；因為前提真而結論假的論證必定無效，而推論規則必須防止無效論證的產生。反之，推論規則並不限制由假的前提導出真的結論；因為有效論證也有前提假而結論真的，而推論規則必須允許一切有效論證的產生。有些推論規則不但不可能由真的前提導出假的結論，而且也不可能由假的前提導出真的結論。例如：D.N.、Com.、Ass.、Idem.、DeM.、Dist.、Contra.、Adj.、C.D.、B.C.、B.D.、Exp. 等規則。既然如此，則即使對

整個句式的一部分使用這些規則，也不致改變整個句式的真假，因而也不致由真的前提導出假的結論。另外有些推論規則，雖然不可能由真的前提導出假的結論，但卻可能由假的前提導出真的結論。例如：M.P.P.、M.T.T.、H.S.、D.S.、Simp.、Add.、C.P.、R.A.A. 等規則。我們如果對整個句式的一部分使用這些規則，則可能由真的前提導出假的結論；因為某一句式中的一部分由假變真，可能使整個句式由真變假。例如：一個前件和後件都假的條件句，若前件由假變真，則整個條件句即由真變假。因此，若只對條件句的前件使用這些規則，就可能由真的前提導出假的結論。下面兩個論證就是對條件句的前件使用 Simp. 和 Add. 規則，而由前提導出結論：

$$P \wedge Q \rightarrow R \qquad\qquad P \rightarrow R$$
$$\therefore P \rightarrow R \qquad\qquad \therefore P \vee Q \rightarrow R$$

左邊的論證，在 P 為真而 Q、R 皆為假的情形下，前提真而結論假；右邊的論證，在 Q 為真而 P、R 皆為假的情形下，前提真而結論假。再如：一個否定句 –P，若 P 由假變真，則 –P 由真變假。因此，若對 P 使用這些規則，就可能由真的前提導出假的結論。下面兩個論證就是對 P 使用 Simp. 和 Add. 規則，而由前提導出結論：

$$-P \qquad\qquad -(P \wedge Q)$$
$$\therefore -(P \vee Q) \qquad\qquad \therefore -P$$

左邊的論證，在 P 為假而 Q 為真的情形下，前提真而結論假；右邊的論證，在 P 為真而 Q 為假的情形下，前提真而結論假。

　　從上面的說明，我們可以看出：第一類規則既可使用於整個句式，也可使用於整個句式的一部分；第二類規則只能使用於整個句式，而不能使用於整個句式的一部分。US 規則是屬於上面所說的第二類規則，它雖然不可能由真的前提導出假的結論，但卻可能由假的前提導出真的結論。因此，它只能使用於整個句式；若使用於整個句式的一

部分，則可能因為這一部分由假變真而使得整個句式由真變假。例如：
使用 US 規則，可由

(5)　$(x)\,(\mathrm{I}^1 x \to \mathrm{E}^1 x)$

導出

(6)　$\mathrm{I}^1 a \to \mathrm{E}^1 a$

在下面的解釋下，(5)為假而(6)為真：

(i)　$\mathrm{D} = 整數$

(ii)　$\mathrm{I}^1 x : x$ 是整數

　　$\mathrm{E}^1 x : x$ 是偶數

　　$a : 6$

因此，若對(1)的一部分「$(x)\,(\mathrm{I}^1 x \to \mathrm{E}^1 x)$」使用 US 規則而導出(2)，則
因這一部分可能由假變真，因而這一部分的否定句即可能由真變假，
亦即可能(1)真而(2)假。同樣的，這一部分若是某一個句式的前件，也
可能因這個前件由假變真，而使得整個條件句由真變假。由(3)導出(4)
即是如此。

　　在某些情況下，即使對整個句式的一部分使用 US 規則，也不致
由真的前提導出假的結論。例如：對條件句的後件使用 US 規則，可
得下面的論證：

$$(\exists x)\,(\mathrm{H}^1 x) \to (x)\,(\mathrm{F}^1 x \to \mathrm{H}^1 x)$$

$$\therefore (\exists x)\,(\mathrm{H}^1 x) \to (\mathrm{F}^1 a \to \mathrm{H}^1 a)$$

對連言的一個連言因子或對選言的一個選言因子使用 US 規則，可得
下列論證：

$$(\exists x)\,(\mathrm{H}^1 x) \wedge (x)\,(\mathrm{F}^1 x \to \mathrm{H}^1 x) \qquad (\exists x)\,(\mathrm{H}^1 x) \vee (x)\,(\mathrm{F}^1 x \to \mathrm{H}^1 x)$$

$$\therefore (\exists x)\,(\mathrm{H}^1 x) \wedge (\mathrm{F}^1 a \to \mathrm{H}^1 a) \qquad \therefore (\exists x)\,(\mathrm{H}^1 x) \vee (\mathrm{F}^1 a \to \mathrm{H}^1 a)$$

這些論證都是有效的，不可能前提真而結論假。那麼，我們是不是允
許 US 規則在這些情況下可使用於整個句式的一部分呢？為了不使 US

規則太過複雜，我們一律禁止對整個句式的一部分使用 US 規則，不管這一部分是整個句式的前件、後件、連言因子、或選言因子；而只允許對整個句式來使用。換言之，只有當全稱量詞是在整個句式的最前端，而其控制範圍達到整個句式的最末端時，才可對這個句式使用 US 規則，以刪去在最前端的全稱量詞。讀者或許會懷疑：對 US 規則的使用做如此限制，是否會使得剛才那三個有效論證無法推論出來呢？果真如此，則這些限制是不合理。然而，事實上，在這些限制之下，那三個有效論證照樣可以推論出來。現在就把那三個論證的推論列出：

$\{1\}$　(1)　$(\exists x)\,(H^1x) \rightarrow (x)\,(F^1x \rightarrow H^1x)$　　　P

$\{2\}$　(2)　$(\exists x)\,(H^1x)$　　　P

$\{1, 2\}$　(3)　$(x)\,(F^1x \rightarrow H^1x)$　　　1, 2, M.P.P.

$\{1, 2\}$　(4)　$F^1a \rightarrow H^1a$　　　3, US

$\{1\}$　(5)　$(\exists x)\,(H^1x) \rightarrow (F^1a \rightarrow H^1a)$　　　2, 4, C.P.

$\{1\}$　(1)　$(\exists x)\,(H^1x) \wedge (x)\,(F^1x \rightarrow H^1x)$　　　P

$\{1\}$　(2)　$(\exists x)\,(H^1x)$　　　1, Simp.

$\{1\}$　(3)　$(x)\,(F^1x \rightarrow H^1x)$　　　1, Simp.

$\{1\}$　(4)　$F^1a \rightarrow H^1a$　　　3, US

$\{1\}$　(5)　$(\exists x)\,(H^1x) \wedge (F^1a \rightarrow H^1a)$　　　2, 4, Adj.

$\{1\}$　(1)　$(\exists x)\,(H^1x) \vee (x)\,(F^1x \rightarrow H^1x)$　　　P

$\{2\}$　(2)　$-(\exists x)\,(H^1x)$　　　P

$\{1, 2\}$　(3)　$(x)\,(F^1x \rightarrow H^1x)$　　　1, 2, D.S.

$\{1, 2\}$　(4)　$F^1a \rightarrow H^1a$　　　3, US

$\{1\}$　(5)　$-(\exists x)\,(H^1x) \rightarrow (F^1a \rightarrow H^1a)$　　　2, 4, C.P.

$\{1\}$　(6)　$--(\exists x)\,(H^1x) \vee (F^1a \rightarrow H^1a)$　　　5, C.D.

$\{1\}$　(7)　$(\exists x)\,(H^1x) \vee (F^1a \rightarrow H^1a)$　　　6, D.N.

現在讓我們來說明使用 US 規則必須注意的第二點。依據 US 規則刪去某一個個體變元的全稱量詞之後，不一定使得這個個體變元的每一個出現都成為自由出現。例如：

　　(7)　$(x)\,[\,(F^1x \to H^1x) \land (\exists x)\,(G^1x)\,]$

刪去「x」的全稱量詞「(x)」之後，得

　　(8)　$(F^1x \to H^1x) \land (\exists x)\,(G^1x)$

(8)中「x」的第一、二個出現是自由出現，但最後一個出現卻是拘限出現，因為它受存在量詞「$(\exists x)$」的控制。我們知道：對(7)使用 US 規則，除了刪除最前端的全稱量詞使(7)成為(8)之外，還要用個體常元來取代(8)中「x」的自由出現。但是(8)中「x」的拘限出現卻必須保持不變，不可用個體常元去取代。因此，依據 US 規則，由(7)可導出

　　(9)　$(F^1a \to H^1a) \land (\exists x)\,(G^1x)$

而導不出

　　(10)　$(F^1a \to H^1a) \land (\exists x)\,(G^1a)$

我們的限制是這樣的：使用 US 規則刪去某一個個體變元的全稱量詞之後，個體常元只可取代該變元在該全稱量詞範圍之內的自由出現，而不可取代其拘限出現。這項限制的理由是很明顯的：一個個體變元的全稱量詞的意思是表示能夠用任意一個個體常元取代該變元在該全稱量詞範圍之內的每一個自由出現，而產生一個真的語句。該變元的某一個出現，若已先被另一個量詞所控制，則刪去在最前端的全稱量詞之後，仍然是拘限出現；而該全稱量詞的意思並沒有表示該個體變元的拘限出現也能夠用任意一個個體常元去取代而產生真的語句。

使用 US 規則須要注意的第三點是：不可用不同的個體常元取代同一個全稱量詞所控制的相同的個體變元。例如：對

　　(11)　$(x)\,(F^1x \to H^1x)$

使用 US 規則，除了刪去全稱量詞「(x)」之外，還要把「$F^1x \to H^1x$」

中「x」的自由出現，用相同的個體常元去取代，而不可用不相同的個體常元分別取代「x」的兩個自由出現。換言之，依據 US 規則，可由(11)導出下列句式：

$$F^1a \rightarrow H^1a$$
$$F^1b \rightarrow H^1b$$
$$F^1c \rightarrow H^1c$$
$$\vdots$$

但導不出下列句式：

$$F^1a \rightarrow H^1b$$
$$F^1a \rightarrow H^1c$$
$$F^1b \rightarrow H^1c$$
$$\vdots$$

再如：依據 US 規則，可由(7)導出下列句式：

$$(F^1a \rightarrow H^1a) \wedge (\exists x)(G^1x)$$
$$(F^1b \rightarrow H^1b) \wedge (\exists x)(G^1x)$$
$$(F^1c \rightarrow H^1c) \wedge (\exists x)(G^1x)$$
$$\vdots$$

但導不出下列句式：

$$(F^1a \rightarrow H^1b) \wedge (\exists x)(G^1x)$$
$$(F^1b \rightarrow H^1a) \wedge (\exists x)(G^1x)$$
$$(F^1c \rightarrow H^1b) \wedge (\exists x)(G^1x)$$
$$\vdots$$

這項限制的理由也是非常明顯的：相同的個體變元，若受同一個量詞

控制，則表示同一個個體。

到現在為止，我們都用文字來敘述並說明推論規則；我們以後所要介紹的推論規則有些相當複雜，必須使用符號才能做簡明而清楚的敘述和說明。現在，就讓我們用這種較簡明的方法來敘述 US 規則。首先，我們要介紹一些符號。我們用希臘字母「ϕ」、「ψ」表任意句式，「α」、「β」、「δ」表任意詞（個體常元或個體變元）。在任意一個句式 ϕ 右邊註明 α / β 是表示：用 β 取代 ϕ 中 α 的每一個自由出現，所產生的句式。例如：

(12) $(F^1x \to H^1x) \, x / a$

是表示以「a」取代「$F^1x \to H^1x$」中「x」的每一個自由出現，所產生的句式，即

(13) $F^1a \to H^1a$

下列各行中左右兩式是同一個句式：

(14) $(F^1x \to H^1x) \, x / y$ $F^1y \to H^1y$

(15) $[(F^1x \to H^1x) \land (\exists x)(G^1x)] x / b$ $(F^1b \to H^1b) \land (\exists x)(G^1x)$

(16) $(x)(F^1x \to H^1x) \, x / a$ $(x)(F^1x \to H^1x)$

(17) $(F^1x \to H^1x) \, y / a$ $F^1x \to H^1x$

請注意：(16)中的「$(x)(F^1x \to H^1x)$」因為沒有「x」的自由出現；因此，以「a」取代「$(x)(F^1x \to H^1x)$」中「x」的每一個自由出現所產生句式仍然是原來的句式「$(x)(F^1x \to H^1x)$」。同樣的，(17)中的「$F^1x \to H^1x$」因為沒有「y」的自由出現；因此，以「a」取代「$F^1x \to H^1x$」中「y」的每一個自由出現所產生的句式仍然是「$F^1x \to H^1x$」。

現在，可將 US 規則敘述如下：

設 ϕ 為任意一個句式，α 為任意一個個體變元，而 β 為任意一個個體常元，則由 $(\alpha)\phi$ 可導出 $\phi \, \alpha / \beta$。

這裡要注意的是：ϕ 緊接在 (α) 之後，表示 (α) 是以整個 ϕ 為其控制

範圍。讀者不難看出：我們上面所注意的三點，都已清楚的表示在這個簡明的敘述之中。

習　題

1. 下列各句式的右邊都註明如何取代，試將各句式取代之後的句式寫出來：

(a) $(\exists y)\ (F^2xy \wedge G^2zy)\ x\ /\ a$

(b) $(x)\ [F^2xy \rightarrow (\exists y)\ (F^2xy \wedge G^2zy)]\ y\ /\ b$

(c) $(\exists x)\ (F^1x \wedge G^2ya)\ y\ /\ a$

(d) $[(\exists x)\ (F^1x \wedge G^2xa) \rightarrow (F^1x \wedge G^2xa)]\ x\ /\ b$

2. 下列各題中，右邊的四個句式中有一個是可以依據 US 規則由左邊的句式導出的，請指出到底是那一個，並說明是如何取代的；其他三個句式何以無法依據 US 規則由左邊的句式導出，也加以說明。

(a) $(x)\ [(\exists x)\ (H^1x \wedge F^2ax) \rightarrow (\exists x)\ (G^1x \wedge F^2ax)]$

① $(\exists x)\ (H^1x \wedge F^2ax) \rightarrow (\exists x)\ (G^1x \wedge F^2ax)$

② $(\exists x)\ (H^1x \wedge F^2ab) \rightarrow (\exists x)\ (G^1x \wedge F^2ab)$

③ $(\exists x)\ (H^1b \wedge F^2ab) \rightarrow (\exists x)\ (G^1b \wedge F^2ab)$

④ $(\exists x)\ (H^1a \wedge F^2aa) \rightarrow (\exists x)\ (G^1a \wedge F^2aa)$

(b) $(x)\ (H^1x \rightarrow K^2ax)$

① $(x)\ (H^1a \rightarrow K^2aa)$

② $H^1y \rightarrow K^2ay$

③ $H^1a \rightarrow K^2ab$

④ $H^1a \rightarrow K^2aa$

(c) $(y)\ [(\exists x)\ (F^1x \wedge K^2yx) \rightarrow (\exists x)(\exists y)\ (F^1x \wedge K^2yx)]$

① $(\exists x)(F^1x \wedge K^2ax) \rightarrow (\exists x)(\exists y)(F^1x \wedge K^2ax)$

② $(\exists x)(F^1x \wedge K^2ax) \rightarrow (\exists x)(\exists y)(F^1x \wedge K^2yx)$

③ $(y)[(\exists x)(F^1x \wedge K^2ax) \rightarrow (\exists x)(\exists y)(F^1x \wedge K^2ax)]$

④ $(\exists x)(F^1x \wedge K^2yx) \rightarrow (\exists x)(\exists y)(F^1x \wedge K^2yx)$

(d) $(y)[(\exists x)(H^1x \wedge K^2yx) \rightarrow (y)(H^1y \rightarrow K^2ay)]$

① $(\exists x)(H^1x \wedge K^2ax) \rightarrow (H^1a \rightarrow K^2aa)$

② $(\exists x)(H^1x \wedge K^2ax) \rightarrow (y)(H^1y \rightarrow K^2ay)$

③ $(\exists x)(H^1x \wedge K^2bx) \rightarrow (y)(H^1y \rightarrow K^2by)$

④ $(y)[(\exists x)(H^1x \wedge K^2yx) \rightarrow (H^1b \rightarrow K^2ab)]$

3.下列各題中，右邊的句式可以依據 US 規則由左邊四個句式中的一個導出，請指出到底是那一個，並說明是如何取代的；由其他三個句式，為何無法依據 US 規則導出右邊的句式，也加以說明。

(a)① $(x)(H^1a \rightarrow F^1x)$

② $(x)(y)(H^1x \rightarrow F^1y)$

③ $H^1a \rightarrow (x)(F^1x)$

④ $(x)(H^1x) \rightarrow F^1a$

$$H^1a \rightarrow F^1a$$

(b)① $(x)[(\exists y)(H^1y \wedge K^2xy) \rightarrow (\exists x)(G^1x \wedge K^2xx)]$

② $(y)[(\exists y)(H^1y \wedge K^2yy) \rightarrow (\exists x)(G^1x \wedge K^2yx)]$

③ $(z)[(\exists y)(H^1y \wedge K^2zy) \rightarrow (\exists x)(G^1x \wedge K^2zx)]$

④ $(\exists y)(H^1y \wedge K^2ay) \rightarrow (\exists x)(G^1x \wedge K^2ay)$

$$(\exists y)(H^1y \wedge K^2ay) \rightarrow (\exists x)(G^1x \wedge K^2ax)$$

(c)① $(y)[H^1y \vee (\exists x)(F^2yx)]$

② $(x)[H^1x \vee (\exists x)(F^2bx)]$

③ $(x)[H^1x \vee (\exists x)(F^2xx)]$

④ $(y)〔(y)(H^1y)\vee(\exists x)(F^2yx)〕$

$$H^1a\vee(\exists x)(F^2bx)$$

(d)① $(x)(F^2xb\wedge F^2xa \rightarrow F^2ax)$

② $(x)(F^2ax\wedge F^2bx \rightarrow F^2xa)$

③ $(x)(F^2ax\wedge F^2xa \rightarrow F^2ax)$

④ $(x)(F^2xb\wedge F^2ba \rightarrow F^2xa)$

$$F^2ab\wedge F^2ba \rightarrow F^2aa$$

4.下列各論證，若是有效，則依據我們已學過的推論規則由前提導出結論；若是無效，則用解釋的方法證明其無效。

(a)必須選修德文才可選修德國文學史。只有大二或大三學生才可選修德文。孫德民並不是大二學生，也不是大三學生。因此，孫德民不可選修德國文學史。（以「G¹」表一元述詞「選修德文」，以「H¹」表一元述詞「選修德國文學史」，以「S¹」表一元述詞「是大二學生」，以「J¹」表一元述詞「是大三學生」，以「a」表「孫德民」。）

(b)所有大一學生都不認識大二學生。孫德民是大一學生，並且認識劉紹寬。因此，劉紹寬不是大二學生。（以「F¹」表一元述詞「是大一學生」，以「K²」表二元述詞「…認識———」，以「S¹」表一元述詞「是大二學生」，以「a」表「孫德民」，以「b」表「劉紹寬」。）

(c)選修德國文學史的大一或大二學生一定無法再選修邏輯。哲學系大一學生一定選修邏輯。孫德民是哲學系大一學生。因此，孫德民無法選修德國文學史。（以「H¹」表一元述詞「選修德國文學史」，以「F¹」表一元述詞「是大一學生」，以「S¹」表一元述詞「是大二學生」，以「L¹」表一元述詞「選修邏輯」，以「P¹」表一元述詞「是哲學系學生」，以「a」表

「孫德民」。)

(d)選修德國文學史的大一或大二學生一定無法再選修邏輯。哲學系學生一定選修邏輯。孫德民是哲學系學生。因此,孫德民無法選修德國文學史。(同上)

7–2 全稱一般化

我們在 7–1 已介紹了 US 規則,這個規則的含意不外是說:已知一切個體都如何,可因而斷定某一個個體也必定如此。很明顯的,這個推論不能反過來逆推。因為已知某一個個體如何,並不能因而斷定一切個體也都是如此。例如:依據 US 規則,可由

(1) $(x)(H^1x \to F^1x)$

導出

(2) $H^1a \to F^1a$

而以(1)為前提,以(2)為結論的論證也確實是有效的。但是,以(2)為前提而以(1)為結論的論證卻是無效的。因此,不能有一個規則允許我們由(2)導出(1);換言之,不能有一個與 US 規則反逆的規則,允許我們用個體變元「x」取代(2)中「a」的每一個出現,並加上一個全稱量詞「(x)」以控制整個句式。

假定有這樣一個與 US 規則反逆的推論規則,則下面這個無效論證的結論可由前提導出:

偶數都是整數。

4 是偶數。

∴一切都是整數。

以「E^1」表一元述詞「是偶數」,以「I^1」表一元述詞「是整數」,以「a」表「4」,則其推論如下:

〔推論 I 〕　　{1}　⑴　$(x)(E^1x \to I^1x)$　　　　　P

　　　　　　　{2}　⑵　E^1a　　　　　　　　　　P

　　　　　　　{1}　⑶　$E^1a \to I^1a$　　　　　　1, US

　　　　　　{1, 2}　⑷　I^1a　　　　　　　　　3, 2, M.P.P.

　　　　　　{1, 2}　⑸　$(x)(I^1x)$　　　　　　4, US 之反逆規則

由⑷導出⑸這個步驟是錯誤的，因為已知 4 是整數不能因而推斷一切個體都是整數。

　　然而，使用 US 的反逆規則可以證明下面的有效論證：

　　　　偶數都是整數。

　　　　整數都是有理數。

　　　∴偶數都是有理數。

以「E^1」表一元述詞「是偶數」，以「I^1」表一元述詞「是整數」，以「Q^1」表一元述詞「是有理數」，則其推論如下：

〔推論 II 〕　　{1}　⑴　$(x)(E^1x \to I^1x)$　　　　P

　　　　　　　{2}　⑵　$(x)(I^1x \to Q^1x)$　　　　P

　　　　　　　{1}　⑶　$E^1a \to I^1a$　　　　　　1, US

　　　　　　　{2}　⑷　$I^1a \to Q^1a$　　　　　　2, US

　　　　　　{1, 2}　⑸　$E^1a \to Q^1a$　　　　　3, 4, H.S.

　　　　　　{1, 2}　⑹　$(x)(E^1x \to Q^1x)$　　　5, US 之反逆規則

一個推論規則能夠證明有效論證，並不一定就不能證明無效論證。因此，我們不能因為〔推論 II〕所證明的論證是有效的，就因而斷定：依據 US 之反逆規則，由⑸導出⑹這個步驟一定不致產生無效論證。那麼，我們是不是有充分的理由足以斷定這個步驟不致產生無效的論證呢？有的，現在讓我們敘述如下。

　　⑸的左邊註明「1, 2」，表示它是從前提⑴和⑵導出的，而個體常元「a」並不出現於⑴和⑵之中。換言之，⑸的前提並沒有出現「a」， 「*a*」是在(3)和(4)中我們使用 US 規則才出現的；它是我們使用 US 規則時，為了取代個體變元而任意選擇的一個個體常元。我們若是不選擇「*a*」而選擇「*b*」，則(5)就成為

(5′)　$E^1 b \rightarrow Q^1 b$

同樣的，我們若選擇「*c*」、「*d*」、…等等，則(5)就成為

(5″)　$E^1 c \rightarrow Q^1 c$

(5‴)　$E^1 d \rightarrow Q^1 d$

$$\vdots$$

等等，可見，從(1)和(2)不但可以導出(5)，也可以導出(5′)、(5″)、(5‴)、…等句式。而「$(x)(E^1 x \rightarrow Q^1 x)$」的意思也無非是表示(5)、(5′)、(5″)、(5‴)…這些句式皆為真而已。因此，以(1)和(2)為前提而以(6)為結論的論證是有效的。(6)的左邊註「1, 2」也正是表示這個意思。我們說由(5)導出(6)這個步驟不致產生無效論證，意思是說：以經過這個步驟所導出的(6)為結論，而以(6)左邊所註明的前提(1)和(2)為前提，所構成的論證是有效的；我們的意思並不表示：以(5)為前提而以(6)為結論的論證是有效的。

　　現在，我們再回頭考慮：〔推論 I〕中，由(4)導出(5)的步驟為何會產生無效的論證？(4)的左邊註明「1, 2」，表示它是從前提(1)和(2)導出的，而個體常元「*a*」出現於(2)之中；換言之，(4)的前提中就有「*a*」出現，「*a*」並不是我們使用 US 規則導出(3)時才出現的。我們使用 US 規則由(1)導出(3)時，必須選擇「*a*」來取代「*x*」，才能夠使(3)的前件與(2)相同，然後依據 M.P.P. 規則導出(4)。我們如果不選擇「*a*」而選擇其他的個體常元「*b*」、「*c*」、「*d*」、…等等，則由(1)導出的句式不是(3)而是

(3′)　$E^1 b \rightarrow I^1 b$

$$\text{(3'')}\quad \mathrm{E}^1c \to \mathrm{I}^1c$$

$$\text{(3''')}\quad \mathrm{E}^1d \to \mathrm{I}^1d$$

$$\vdots$$

等等。因為⑵中的個體常元「a」是固定的，因此我們不能任意選擇「b」、「c」、「d」、……等等個體常元來取代，以產生

$$\text{(2')}\quad \mathrm{E}^1b$$

$$\text{(2'')}\quad \mathrm{E}^1c$$

$$\text{(2''')}\quad \mathrm{E}^1d$$

$$\vdots$$

等句式，然後與⑶'、⑶''、⑶'''、……等句式配合，依據 M.P.P. 規則，導出

$$\text{(4')}\quad \mathrm{I}^1b$$

$$\text{(4'')}\quad \mathrm{I}^1c$$

$$\text{(4''')}\quad \mathrm{I}^1d$$

$$\vdots$$

等句式。既然由⑴和⑵只能導出⑷。而不能導出⑷'、⑷''、⑷'''、……等句式，則以⑴和⑵為前提而以⑸為結論的論證就不一定有效。因此，不可對⑷中的「a」使用 US 的反逆規則導出⑸。

　　比較上面兩個推論，我們可以看出：推論中某一個句式所出現的某一個個體常元，若不出現於該句式的前提，則這個個體常元是我們任意選擇的，即使用別的個體常元來取代也無不可；因此，可以使用 US 的反逆規則，用個體變元來取代該句式中該個體常元的每一個出現，並加上該個體變元的全稱量詞以控制整個句式。反之，推論中某一個句式所出現的某一個個體常元，若出現於該句式的前提，則這個個體常元並不是我們任意選擇的，我們不可隨意把它改成別的個體常

元；因此，不可對它使用 US 的反逆規則。

我們限制：要對某一個句式中的某一個個體常元使用 US 的反逆規則，必須該個體常元不出現於該句式的前提之中才可使用。這項限制在某些情況下似乎是不合理的。例如：

〔推論 III〕　　$\{1\}$　(1)　$(x)\,(F^1x \to G^1x)$　　　　P

　　　　　　　$\{2\}$　(2)　$(x)\,(G^1x \to H^1x) \wedge G^1a$　P

　　　　　　　$\{1\}$　(3)　$F^1a \to G^1a$　　　　　1, US

　　　　　　　$\{2\}$　(4)　$(x)\,(G^1x \to H^1x)$　　2, Simp.

　　　　　　　$\{2\}$　(5)　$G^1a \to H^1a$　　　　　4, US

　　　　　　　$\{1, 2\}$　(6)　$F^1a \to H^1a$　　　　3, 5, H.S.

　　　　　　　$\{1, 2\}$　(7)　$(x)\,(F^1x \to H^1x)$　6, US 之反逆規則

這個推論中，(6)的左邊雖然註明「1, 2」，但實際上只要從(2)中的「(x) $(G^1x \to H^1x)$」和(1)就可導出(6)，(2)中的「G^1a」並未用到。導出(6)的過程中，實際上用到的前提既然沒有出現「a」，則對(6)中的「a」使用 US 的反逆規則導出(7)，一定不致產生無效的論證。我們很清楚可以看出：我們使用 US 規則由(1)和(4)導出(3)和(5)時，若不用「a」取代「x」，而用其他個體常元「b」、「c」、「d」、…等來取代，則(6)就成為

　　　　$(6')$　$F^1b \to H^1b$

　　　　$(6'')$　$F^1c \to H^1c$

　　　　$(6''')$　$F^1d \to H^1d$

　　　　⋮

可見，推論中(3)、(5)、(6)的「a」是隨意選擇的；它雖然碰巧與(2)中「G^1a」的「a」相同，但這無礙於對(6)中的「a」使用 US 的反逆規則。這樣看出，我們以前對使用 US 的反逆規則所加的限制，似乎必須放寬。然而，放寬之後所能證明的論證，即使嚴守這項限制而不予

放寬，仍然可以推論出來；換言之，這項限制的放寬不致使得原來推論不出的論證變成可以推論出來。因此，為了不使 US 的反逆規則太過複雜，我們一律嚴守這項單純的限制，而不允許在任何特殊情況下有所例外。例如：在這項限制下，〔推論 III〕所證明的論證，仍然可以推論出來；其推論如下：

〔推論 III′〕　　{1}　(1)　$(x)(F^1x \rightarrow G^1x)$　　　　P

　　　　　　　{2}　(2)　$(x)(G^1x \rightarrow H^1x) \wedge G^1a$　P

　　　　　　　{1}　(3)　$F^1b \rightarrow G^1b$　　　　　　1, US

　　　　　　　{2}　(4)　$(x)(G^1x \rightarrow H^1x)$　　　2, Simp.

　　　　　　　{2}　(5)　$G^1b \rightarrow H^1b$　　　　　　4, US

　　　　　　{1, 2}　(6)　$F^1b \rightarrow H^1b$　　　　　　3, 5, H.S.

　　　　　　{1, 2}　(7)　$(x)(F^1x \rightarrow H^1x)$　　　6, US 之反逆規則

(3)、(5)、(6)的「a」既然與(2)中「G^1a」的「a」無關，而是隨意選擇的，則我們就不要選擇「a」而選擇其他個體常元，以免違背使用 US 反逆規則的限制。若是改用「a」以外的其他個體常元就無法導出相當於(6)的句式（如：(6′)、(6″)、(6‴)、…等等），那必定是因為導出(6)的過程中使用到(2)中的「G^1a」；既然如此，則即使放寬這項限制也不能對(6)中的「a」使用 US 的反逆規則而導出(7)。換言之，放寬這項限制不致使原本導不出的句式變成可以導出。

　　上面所介紹的規則是全稱特殊化的反逆規則，因此叫做「全稱一般化」(universal generalization)，記做「UG」。現在將 UG 規則簡明敘述如下：

　　　　設 ϕ 為任意一個句式，α 為任意一個個體變元，β 為任意一個個體常元，而且 β 不出現於 $\phi \alpha / \beta$ 的前提和 ϕ 之中，則由 $\phi \alpha / \beta$ 可導出 $(\alpha) \phi$。

以〔推論 III′〕為例，(7)是依據 UG 規則由(6)導出的：ϕ 是「$F^1x \rightarrow$

H¹x」，α 是「x」，β 是「b」。因此，φα/β 是「(F¹x→H¹x) x/b」，亦即「F¹b→H¹b」；而 (α)φ 是「(x)(F¹x→H¹x)」；由 φα/β 導出 (α)φ 就是由「F¹b→H¹b」導出「(x)(F¹x→H¹x)」，亦即由(6)導出(7)；β 不出現於 φα/β 的前提就是「b」不出現於(6)的前提(1)和(2)；而 β 不出現於 φ 就是「b」不出現於「F¹x→H¹x」，亦即「F¹b→H¹b」中「b」的每一個出現都要改成「x」，在新導出的句式中不能再出現「b」。如果沒有最後這項限制，則由(6)可導出「(x)(F¹b→H¹x)」；因為「(F¹b→H¹x) x/b」也是「F¹b→H¹b」。

現在的問題是：我們為什麼要禁止由「F¹b→H¹b」導出「(x)(F¹b→H¹x)」？因為這個步驟會使得無效的論證可以推論出來。下面的推論就是一個例子：

〔推論 IV〕

{1}	(1)	(x)(F¹x→G¹x)	P
{2}	(2)	(x)(G¹x→H¹x)	P
{3}	(3)	F¹b	P
{1}	(4)	F¹b→G¹b	1, US
{2}	(5)	G¹b→H¹b	2, US
{1, 2}	(6)	F¹b→H¹b	4, 5, H.S.
{1, 2}	(7)	(x)(F¹b→H¹x)	6, UG 之誤用
{1, 2}	(8)	F¹b→H¹a	7, US
{1, 2, 3}	(9)	H¹a	8, 3, M.P.P.
{1, 2, 3}	(10)	(x)(H¹x)	9, UG

(7)的右邊註明「6, UG 之誤用」是表示：對(6)使用 UG 規則而導出(7)時，沒有遵守 UG 規則的限制。反之，對(9)使用 UG 規則導出(10)，是完全正確的：φ 是「H¹x」，α 是「x」，β 是「a」；因此，φα/β 是「(H¹x) x/a」亦即「H¹a」，(α)φ 是「(x)(H¹x)」；由 φα/β 導出 (α)φ 就是由「H¹a」導出「(x)(H¹x)」，亦即由(9)導出(10)；β 不出現於

$\phi \alpha / \beta$ 的前提就是「a」不出現於(9)的前提(1)、(2)、(3)；而 β 不出現於 ϕ 就是「a」不出現於「H^1x」。

我們對〔推論IV〕所證明的論證做如下的解釋：

(i) D＝整數

(ii) $F^1x : x$ 能被 8 整除

$G^1x : x$ 能被 4 整除

$H^1x : x$ 是偶數

$b : 32$

我們不必對個體常元「a」做解釋，因為它只出現於推論的過程之中，並不出現於前提或結論。在上面的解釋下，這個論證的前提和結論如下：

能被 8 整除必定能被 4 整除。

能被 4 整除必定是偶數。

32 能被 8 整除。

∴整數都是偶數。

結論的意思本來是：一切都是偶數。但是解釋的範圍既是整數，則所謂「一切都是偶數」意即「整數都是偶數」。很明顯的，在此解釋下，三個前提皆為真而結論為假；故論證無效。〔推論IV〕之所以能證明出這個無效論證，乃是因為誤用 UG 規則所導致的；若是嚴守 UG 規則的最後一項限制，就證不出這個無效論證。可見這項限制是有必要的。

現在讓我們就這一項限制來比較 US 與 UG 這兩個規則的不同所在。我們使用 US 規則由 $(\alpha) \phi$ 導出 $\phi \alpha / \beta$，並不限制 ϕ 中不出現 β；例如：由「$(x)(F^1b \rightarrow H^1x)$」可以導出「$F^1b \rightarrow H^1b$」，儘管前式中已經有「$b$」，我們仍可用「$b$」取代「$x$」。反之，UG 規則因為有此限制，所以由「$F^1b \rightarrow H^1b$」可以導出「$(x)(F^1x \rightarrow H^1x)$」，卻不可導出「$(x)(F^1b \rightarrow H^1x)$」。可見，我們雖然把 UG 叫做「US 的反逆規則」，但並

不一定在任何情況下，只要依據 US 規則可由 $(\alpha)\phi$ 導出 $\phi\,\alpha\,/\,\beta$，就一定可依據 UG 規則由 $\phi\,\alpha\,/\,\beta$ 導出 $(\alpha)\phi$。使用 UG 規則時，要特別留意有無違背限制；不要僅僅把 US 規則倒過來使用。

使用 UG 規則，還有一點必須注意。依據 UG 規則，不可能由

　⑷　$I^1a \rightarrow (\exists y)\,(I^1y \wedge G^2ya)$

導出

　⑸　$(y)\,[I^1y \rightarrow (\exists y)\,(I^1y \wedge G^2yy)]$

因為「$[I^1y \rightarrow (\exists y)\,(I^1y \wedge G^2yy)]\,y\,/\,a$」是「$I^1a \rightarrow (\exists y)\,(I^1y \wedge G^2yy)$」而不是⑷。一般言之，$\phi$ 中 α 的每一個自由出現，在 $\phi\,\alpha\,/\,\beta$ 中都被 β 所取代，而且 β 又不出現於 ϕ 之中；因此，$\phi\,\alpha\,/\,\beta$ 中 β 的每一個出現，在 ϕ 中必然都變成 α 的自由出現，絕對不可能變成 ϕ 中 α 的拘限出現。例如：⑷中「a」的第二個出現，在「$I^1y \rightarrow (\exists y)\,(I^1y \wedge G^2yy)$」中被「$(\exists y)$」所控制而變成「$y$」的拘限出現；可見，依據 UG 規則由⑷導出⑸是 UG 的誤用。現在問題是：若是允許由⑷導出⑸，是否會因而推論出無效的論證？答案是肯定的。請看下面的推論：

〔推論 V〕　{1}　⑴　$(x)\,[I^1x \rightarrow (\exists y)\,(I^1y \wedge G^2yx)]$　　P

　　　　　　{2}　⑵　I^1b　　P

　　　　　　{1}　⑶　$I^1a \rightarrow (\exists y)\,(I^1y \wedge G^2ya)$　　1, US

　　　　　　{1}　⑷　$(y)\,[I^1y \rightarrow (\exists y)\,(I^1y \wedge G^2yy)]$　　3, UG 之誤用

　　　　　　{1}　⑸　$I^1b \rightarrow (\exists y)\,(I^1y \wedge G^2yy)$　　4, US

　　　　{1, 2}　⑹　$(\exists y)\,(I^1y \wedge G^2yy)$　　5, 2, M.P.P.

我們對這個論證做如下的解釋：

　⑴　D＝有理數

　⑵　$I^1x：x$ 是整數

　　　$G^2xy：x > y$

　　　$b：6$

在此解釋下，這個論證的前提和結論如下：

> 沒有最大的整數。

> 6 是整數。

> ∴有比自己大的整數。

很明顯的，兩個前提皆為真而結論為假；故論證無效。

　　下面的實例都是依據 US 規則或 UG 規則所做的推論。

〔例 I〕　偶數都是整數。

　　　　　整數都是有理數。

　　　　　∴偶數都是有理數。

這個論證已在〔推論 II〕中證明過了，我們現在要用別的方法來證明。
首先，我們把這個論證寫成如下的邏輯符號式：

$$(x)\,(E^1x \to I^1x)$$
$$(x)\,(I^1x \to Q^1x)$$
$$\therefore (x)\,(E^1x \to Q^1x)$$

我們若能由這兩個前提導出「$E^1a \to Q^1a$」，則因為這兩個前提都不出
現「a」，故可依據 UG 規則由「$E^1a \to Q^1a$」導出「$(x)\,(E^1x \to Q^1x)$」。
又因為 「$E^1a \to Q^1a$」 是條件句，故可用條件證法。現在將整個推論
列出：

{1}	(1)	$(x)\,(E^1x \to I^1x)$	P
{2}	(2)	$(x)\,(I^1x \to Q^1x)$	P
{3}	(3)	E^1a	P
{1}	(4)	$E^1a \to I^1a$	1, US
{1, 3}	(5)	I^1a	4, 3, M.P.P.
{2}	(6)	$I^1a \to Q^1a$	2, US
{1, 2, 3}	(7)	Q^1a	6, 5, M.P.P.

$$\{1, 2\} \quad (8) \quad E^1a \to Q^1a \qquad\qquad 3, 7, C.P.$$

$$\{1, 2\} \quad (9) \quad (x)(E^1x \to Q^1x) \qquad\qquad 8, UG$$

(8)的前提(1)和(2)都沒有出現「a」，因此可依據 UG 規則導出(9)。很明顯的，(7)的左邊註明「1, 2, 3」，而(3)出現了「a」，因此不可對(7)的「a」使用 UG 規則而導出「$(x)(Q^1x)$」；必須等到使用過 C.P. 規則刪去左邊的「3」之後，才可對「a」使用 UG 規則。

〔例 II〕 臺北市在新竹市的北方。

　　　　 新竹市在臺中市的北方。

　　　　 ∴臺北市在臺中市的北方。

以「N^2」表二元述詞「…在 --- 的北方」，以「a」表「臺北市」，以「b」表「新竹市」，以「c」表「臺中市」，則這個論證可寫成

$$N^2ab$$

$$N^2bc$$

$$\therefore N^2ac$$

這個論證在下面的解釋下，前提全真而結論假：

(i) D = 人

(ii) N^2xy : x 是 y 的父親

　　 a : 曾麟書

　　 b : 曾國藩

　　 c : 曾紀澤

可見論證無效。

我們在直覺上認為這個論證有效，乃是因為我們知道「N^2」這個關係是可傳遞的；換言之，若第一個地點在第二個地點的北方，而第二個地點又在第三個地點的北方，則第一個地點必在第三個地點的北方；以符號式表示，即

$$(x)(y)(z)\,(N^2xy \wedge N^2yz \rightarrow N^2xz)$$

因此，我們若要使這個論證有效，則必須把上面這個句式當做前提；換言之，必須在前提中指明「N^2」有傳遞性；否則我們可以把「N^2」解釋成一個不可傳遞的關係，使前提皆為真而結論為假，因而證明論證無效。若加入上述的前提，則論證即為有效。其推論如下：

{1}	(1)	N^2ab	P
{2}	(2)	N^2bc	P
{3}	(3)	$(x)(y)(z)\,(N^2xy \wedge N^2yz \rightarrow N^2xz)$	P
{3}	(4)	$(y)(z)\,(N^2ay \wedge N^2yz \rightarrow N^2az)$	3, US
{3}	(5)	$(z)\,(N^2ab \wedge N^2bz \rightarrow N^2az)$	4, US
{3}	(6)	$N^2ab \wedge N^2bc \rightarrow N^2ac$	5, US
{1, 2}	(7)	$N^2ab \wedge N^2bc$	1, 2, Adj.
{1, 2, 3}	(8)	N^2ac	6, 7, M.P.P.

我們平常所做的論證，往往省略掉極明顯的前提；然而，當我們要進行推論時，卻必須把這些省略掉的前提列出來，否則無法導出我們所要的結論。

〔例Ⅲ〕設 x、y、z 為任意實數，若 $x>y$ 且 $y>z$，則 $x>z$。

任何實數都不可能比本身大。

∴設 x、y 為任意實數，若 $x>y$，則不會 $y>x$。

以「R^1」表一元述詞「是實數」，以「G^2」表二元述詞「…大於 − − −」，則這個論證可寫成：

$$(x)(y)(z)\,(R^1x \wedge R^1y \wedge R^1z \wedge G^2xy \wedge G^2yz \rightarrow G^2xz)$$

$$(x)\,(R^1x \rightarrow -G^2xx)$$

$$\therefore (x)(y)\,(R^1x \wedge R^1y \wedge G^2xy \rightarrow -G^2yx)$$

因為兩個前提都沒有出現「a」和「b」，因此，若能由這兩個前提導出

「$R^1a \wedge R^1b \wedge G^2ab \rightarrow -G^2ba$」，則可依據 UG 規則由「$R^1a \wedge R^1b \wedge G^2ab$ $\rightarrow -G^2ba$」導出「$(x)(y)(R^1x \wedge R^1y \wedge G^2xy \rightarrow -G^2yx)$」。而要證明「$R^1a \wedge R^1b \wedge G^2ab \rightarrow -G^2ba$」，則可用歸謬法。其推論如下：

{1}	(1)	$(x)(y)(z)(R^1x \wedge R^1y \wedge R^1z \wedge G^2xy \wedge G^2yz$ $\rightarrow G^2xz)$	P
{2}	(2)	$(x)(R^1x \rightarrow -G^2xx)$	P
{3}	(3)	$-(R^1a \wedge R^1b \wedge G^2ab \rightarrow -G^2ba)$	P
{3}	(4)	$-[-(R^1a \wedge R^1b \wedge G^2ab) \vee -G^2ba]$	3, C.D.
{3}	(5)	$--(R^1a \wedge R^1b \wedge G^2ab) \wedge --G^2ba$	4, DeM.
{3}	(6)	$R^1a \wedge R^1b \wedge G^2ab \wedge G^2ba$	5, D.N.
{3}	(7)	$R^1a \wedge R^1a \wedge R^1b \wedge G^2ab \wedge G^2ba$	6, Idem.
{3}	(8)	$R^1a \wedge R^1b \wedge R^1a \wedge G^2ab \wedge G^2ba$	7, Com.
{1}	(9)	$(y)(z)(R^1a \wedge R^1y \wedge R^1z \wedge G^2ay \wedge G^2yz$ $\rightarrow G^2az)$	1, US
{1}	(10)	$(z)(R^1a \wedge R^1b \wedge R^1z \wedge G^2ab \wedge G^2bz \rightarrow G^2az)$	9, US
{1}	(11)	$R^1a \wedge R^1b \wedge R^1a \wedge G^2ab \wedge G^2ba \rightarrow G^2aa$	10, US
{1, 3}	(12)	G^2aa	11, 8, M.P.P.
{2}	(13)	$R^1a \rightarrow -G^2aa$	2, US
{3}	(14)	R^1a	6, Simp.
{2, 3}	(15)	$-G^2aa$	13, 14, M.P.P.
{1, 2, 3}	(16)	$G^2aa \wedge -G^2aa$	12, 15, Adj.
{1, 2}	(17)	$R^1a \wedge R^1b \wedge G^2ab \rightarrow -G^2ba$	3, 16, R.A.A.
{1, 2}	(18)	$(y)(R^1a \wedge R^1y \wedge G^2ay \rightarrow -G^2ya)$	17, UG
{1, 2}	(19)	$(x)(y)(R^1x \wedge R^1y \wedge G^2xy \rightarrow -G^2yx)$	18, UG

我們若把討論的範圍限於實數，則這個論證的前提和結論可寫成

$$(x)(y)(z)(G^2xy \wedge G^2yz \rightarrow G^2xz)$$

$$(x)\,(-G^2xx)$$
$$\therefore (x)(y)\,(G^2xy \rightarrow -G^2yx)$$

其推論如下：

{1}	(1)	$(x)(y)(z)\,(G^2xy \wedge G^2yz \rightarrow G^2xz)$	P
{2}	(2)	$(x)\,(-G^2xx)$	P
{3}	(3)	$-(G^2ab \rightarrow -G^2ba)$	P
{3}	(4)	$-(-G^2ab \vee -G^2ba)$	3, C.D.
{3}	(5)	$--G^2ab \wedge --G^2ba$	4, DeM.
{3}	(6)	$G^2ab \wedge G^2ba$	5, D.N.
{1}	(7)	$G^2ab \wedge G^2ba \rightarrow G^2aa$	1, US, $x/a, y/b, z/a$
{1, 3}	(8)	G^2aa	7, 6, M.P.P.
{2}	(9)	$-G^2aa$	2, US
{1, 2, 3}	(10)	$G^2aa \wedge -G^2aa$	8, 9, Adj.
{1, 2}	(11)	$G^2ab \rightarrow -G^2ba$	3, 10, R.A.A.
{1, 2}	(12)	$(x)(y)\,(G^2xy \rightarrow -G^2yx)$	11, UG, $x/a, y/b$

由(1)導出(7)必須使用三次 US 規則，第一次以「a」取代「x」，第二次以「b」取代「y」，第三次以「a」取代「z」，其步驟如下：

{1}	(6')	$(y)(z)\,(G^2ay \wedge G^2yz \rightarrow G^2az)$	1, US
{1}	(6")	$(z)\,(G^2ab \wedge G^2bz \rightarrow G^2az)$	6', US
{1}	(7)	$G^2ab \wedge G^2ba \rightarrow G^2aa$	6", US

這樣所得的結果，與一次把三個連續的全稱量詞「$(x)(y)(z)$」同時刪去，並分別以「a」、「b」、「a」取代「$G^2xy \wedge G^2yz \rightarrow G^2xz$」中「$x$」、「$y$」、「$z$」的每一個自由出現所得的結果，完全相同。(7)右邊所註明的「$x/a, y/b, z/a$」就是說明如何使用 US 規則。同樣的，由(11)導出(12)是連續使用兩次 UG 規則的結果，其步驟如下：

{1, 2}　⑾′　$(y) (G^2ay \to -G^2ya)$　　　　11, UG

{1, 2}　⑿　$(x)(y) (G^2xy \land -G^2yx)$　　　11′, UG

由⑾導出⑾′是使用 UG 規則由 「$(G^2ay \to -G^2ya)\ y/b$」 導出 「(y) $(G^2ay \to -G^2ya)$」，「$G^2ay \to -G^2ya$」 就是 UG 規則中的 ϕ，「y」 和 「b」 分別是 UG 規則中的 α 和 β；由⑾′導出⑿是使用 UG 規則由 「$[(y) (G^2xy \to -G^2yx)]\ x/a$」 導出 「$(x)(y) (G^2xy \to -G^2yx)$」。⑿右邊註明「$x/a, y/b$」就是說明如何使用 UG 規則。

〔例IV〕　每一個大一學生都不認識任何大二學生。

　　　　只有大二學生才會選修邏輯。

　　　∴每一個大一學生都不認識選修邏輯的人。

以 「F^1」 表一元述詞 「是大一學生」，以 「K^2」 表二元述詞 「…認識－－－」，以 「S^1」 表一元述詞 「是大二學生」，以 「L^1」 表一元述詞 「選修邏輯」，則這個論證可寫成：

$$(x) [F^1x \to (y) (S^1y \to -K^2xy)]$$
$$(x) (L^1x \to S^1x)$$
$$\therefore (x) [F^1x \to (y) (L^1y \to -K^2xy)]$$

我們先用條件證法由兩個前提導出「$F^1a \to (y) (L^1y \to -K^2ay)$」，因為兩個前提都沒有出現 「$a$」，故可對 「$F^1a \to (y) (L^1y \to -K^2ay)$」 中的 「$a$」 使用 UG 規則而導出 「$(x) [F^1x \to (y) (L^1y \to -K^2xy)]$」。其推論如下：

{1}　⑴　$(x) [F^1x \to (y) (S^1y \to -K^2xy)]$　　　P

{2}　⑵　$(x) (L^1x \to S^1x)$　　　　　　　　　　P

{3}　⑶　F^1a　　　　　　　　　　　　　　　　P

{1}　⑷　$F^1a \to (y) (S^1y \to -K^2ay)$　　　　1, US

{1, 3}　⑸　$(y) (S^1y \to -K^2ay)$　　　　　　　4, 3, M.P.P.

{2}	(6)	$L^1b \rightarrow S^1b$	2, US
{1, 3}	(7)	$S^1b \rightarrow -K^2ab$	5, US
{1, 2, 3}	(8)	$L^1b \rightarrow -K^2ab$	6, 7, H.S.
{1, 2, 3}	(9)	$(y)(L^1y \rightarrow -K^2ay)$	8, UG
{1, 2}	(10)	$F^1a \rightarrow (y)(L^1y \rightarrow -K^2ay)$	3, 9, C.P.
{1, 2}	(11)	$(x)[F^1x \rightarrow (y)(L^1y \rightarrow -K^2xy)]$	10, UG

依據 US 規則由(1)導出(4)之後，不能再依據 US 規則由(4)導出

$$(4')\quad F^1a \rightarrow (S^1b \rightarrow -K^2ab)$$

因為全稱量詞「(y)」並不是在(4)的最前端。一定要導出(5)之後才能再使用 US 規則刪去「(y)」。既然 US 規則不能對(1)連續使用，當然也就不能由(1)直接導出(4')。(8)的前提(1)、(2)、(3)都沒有出現「b」，故可對(8)中的「b」使用 UG 規則而導出(9)。當我們依據 US 規則由(2)和(5)導出(6)和(7)時，若是用「a」取代「x」和「y」而不改用「b」，則(6)、(7)、(8)將變成

{2}	(6')	$L^1a \rightarrow S^1a$	2, US
{1, 3}	(7')	$S^1a \rightarrow -K^2aa$	5, US
{1, 2, 3}	(8')	$L^1a \rightarrow -K^2aa$	6', 7', H.S.

因為(8')的前提(3)出現了「a」，因此不可對(8')中的「a」使用 UG 規則而導出(9)；其實，即使對(8')中的「a」使用 UG 規則，所導出的也不會是(9)，而是

$$(9')\quad (y)(L^1y \rightarrow -K^2yy)$$

上面的說明，只是指出：對(2)和(5)使用 US 規則時，若用「a」取代(2)中的「x」和(5)中的「y」，則無法導出我們所要證明的結論。我們並沒有說這樣的取代是 US 規則的誤用；其實，由(2)導出(6')和由(5)導出(7')這兩個步驟都是 US 規則所允許的。讀者大概還記得：推論規則所允許的步驟不一定就可以導出我們所要證明的結論，而只是保證所推論

出來的論證必定有效而已。

這個論證的前提和結論也可寫成

$$(x)(y)(F^1x \wedge S^1y \rightarrow -K^2xy)$$

$$(x)(L^1x \rightarrow S^1x)$$

$$\therefore (x)(y)(F^1x \wedge L^1y \rightarrow -K^2xy)$$

第一個句式是說：不論 x 和 y 為何，若 x 為大一學生而 y 為大二學生，則 x 不認識 y。很明顯的，這恰好是第一個前提的意思。結論可依此類推。把論證寫成這樣之後，其推論如下：

{1}	(1)	$(x)(y)(F^1x \wedge S^1y \rightarrow -K^2xy)$	P
{2}	(2)	$(x)(L^1x \rightarrow S^1x)$	P
{3}	(3)	$F^1a \wedge L^1b$	P
{2}	(4)	$L^1b \rightarrow S^1b$	2, US
{3}	(5)	L^1b	3, Simp.
{2, 3}	(6)	S^1b	4, 5, M.P.P.
{3}	(7)	F^1a	3, Simp.
{2, 3}	(8)	$F^1a \wedge S^1b$	7, 6, Adj.
{1}	(9)	$F^1a \wedge S^1b \rightarrow -K^2ab$	1, US, $x/a, y/b$
{1, 2, 3}	(10)	$-K^2ab$	9, 8, M.P.P.
{1, 2}	(11)	$F^1a \wedge L^1b \rightarrow -K^2ab$	3, 10, C.P.
{1, 2}	(12)	$(x)(y)(F^1x \wedge L^1y \rightarrow -K^2xy)$	11, UG, $x/a, y/b$

〔例 V〕任意實數 x 和 y，若 x 大於 y，則 y 不大於 x。

　　　　$\therefore$任何實數都不會比本身大。

以 「R^1」 表一元述詞 「是實數」，以 「G^2」 表二元述詞 「…大於 − − −」，則這個論證可寫成

$$(x)(y)(R^1x \wedge R^1y \wedge G^2xy \rightarrow -G^2yx)$$

$$\therefore (x)\,(-G^2xx)$$

為了簡單起見，我們可以把討論的範圍限於實數，而把論證寫成

$$(x)(y)\,(G^2xy \to -G^2yx)$$

$$\therefore (x)\,(-G^2xx)$$

其推論如下：

{1}	(1)	$(x)(y)\,(G^2xy \to -G^2yx)$	P
{1}	(2)	$G^2aa \to -G^2aa$	1, US, $x\,/\,a,\ y\,/\,a$
{1}	(3)	$-G^2aa \lor -G^2aa$	2, C.D.
{1}	(4)	$-G^2aa$	3, Idem.
{1}	(5)	$(x)\,(-G^2xx)$	4, UG

〔**例VI**〕 任意三個人 x、y、z，若 x 喜歡 y 而且 y 喜歡 z，則 x 必定喜歡 z。

任意兩個人 x 和 y，若 x 喜歡 y，則 y 必定喜歡 x。

$\therefore$ 不喜歡自己的人必定不喜歡任何人。

若把討論的範圍限於人，而且以「L^2」表二元述詞「…喜歡 −−−」，則這個論證可寫成

$$(x)(y)(z)\,(L^2xy \land L^2yz \to L^2xz)$$

$$(x)(y)\,(L^2xy \to L^2yx)$$

$$\therefore (x)\,[-L^2xx \to (y)\,(-L^2xy)]$$

其推論如下：

{1}	(1)	$(x)(y)(z)\,(L^2xy \land L^2yz \to L^2xz)$	P
{2}	(2)	$(x)(y)\,(L^2xy \to L^2yx)$	P
{3}	(3)	$-L^2aa$	P
{1}	(4)	$L^2ab \land L^2ba \to L^2aa$	1, US, $x\,/\,a,\ y\,/\,b,\ z\,/\,a$
{1, 3}	(5)	$-(L^2ab \land L^2ba)$	4, 3, M.T.T.

{1, 3}	(6)	$-L^2ab \vee -L^2ba$	5, DeM.
{1, 3}	(7)	$L^2ab \to -L^2ba$	6, C.D.
{2}	(8)	$L^2ab \to L^2ba$	2, US, $x/a, y/b$
{2}	(9)	$-L^2ba \to -L^2ab$	8, Contra.
{1, 2, 3}	(10)	$L^2ab \to -L^2ab$	7, 9, H.S.
{1, 2, 3}	(11)	$-L^2ab \vee -L^2ab$	10, C.D.
{1, 2, 3}	(12)	$-L^2ab$	11, Idem.
{1, 2, 3}	(13)	$(y)(-L^2ay)$	12, UG
{1, 2}	(14)	$-L^2aa \to (y)(-L^2ay)$	3, 13, C.P.
{1, 2}	(15)	$(x)[-L^2xx \to (y)(-L^2xy)]$	14, UG

〔**例VII**〕 選修英國憲法的學生必定是法律系或政治系學生。

選修英國憲法的法律系學生一定選修英國政治史。

選修英國憲法的政治系學生一定選修英國普通法。

∴選修英國憲法而不選修英國普通法的學生一定選修

英國政治史。

以「E^1」表一元述詞「是選修英國憲法的學生」，以「J^1」表一元述詞「是法律系學生」，以「P^1」表一元述詞「是政治系學生」，以「H^1」表一元述詞「是選修英國政治史的學生」，以「C^1」表一元述詞「是選修英國普通法的學生」，則這個論證可寫成

$$(x)(E^1x \to J^1x \vee P^1x)$$

$$(x)(E^1x \wedge J^1x \to H^1x)$$

$$(x)(E^1x \wedge P^1x \to C^1x)$$

$$\therefore (x)(E^1x \wedge -C^1x \to H^1x)$$

其推論如下：

{1}	(1)	$(x)(E^1x \to J^1x \vee P^1x)$	P

{2}	(2)	$(x)(E^1x \wedge J^1x \to H^1x)$	P
{3}	(3)	$(x)(E^1x \wedge P^1x \to C^1x)$	P
{4}	(4)	$E^1a \wedge -C^1a$	P
{3}	(5)	$E^1a \wedge P^1a \to C^1a$	3, US
{4}	(6)	$-C^1a$	4, Simp.
{3, 4}	(7)	$-(E^1a \wedge P^1a)$	5, 6, M.T.T.
{3, 4}	(8)	$-E^1a \vee -P^1a$	7, DeM.
{4}	(9)	E^1a	4, Simp.
{4}	(10)	$--E^1a$	9, D.N.
{3, 4}	(11)	$-P^1a$	8, 10, D.S.
{1}	(12)	$E^1a \to J^1a \vee P^1a$	1, US
{1, 4}	(13)	$J^1a \vee P^1a$	12, 9, M.P.P.
{1, 3, 4}	(14)	J^1a	13, 11, D.S.
{1, 3, 4}	(15)	$E^1a \wedge J^1a$	9, 14, Adj.
{2}	(16)	$E^1a \wedge J^1a \to H^1a$	2, US
{1, 2, 3, 4}	(17)	H^1a	16, 15, M.P.P.
{1, 2, 3}	(18)	$E^1a \wedge -C^1a \to H^1a$	4, 17, C.P.
{1, 2, 3}	(19)	$(x)(E^1x \wedge -C^1x \to H^1x)$	18, UG

〔例Ⅷ〕1 是自然數而且小於任何自然數。

∴1 小於 1。

以「a」表「1」，以「N^1」表一元述詞「是自然數」，以「S^2」表二元述詞「…小於－－－」，則這個論證可寫成

$$N^1a \wedge (x)(N^1x \to S^2ax)$$

$$\therefore S^2aa$$

其推論如下：

{1}	⑴	$N^1a \wedge (x)(N^1x \to S^2ax)$	P
{1}	⑵	$(x)(N^1x \to S^2ax)$	1, Simp.
{1}	⑶	$N^1a \to S^2aa$	2, US
{1}	⑷	N^1a	1, Simp.
{1}	⑸	S^2aa	3, 4, M.P.P.

習　題

1. 下面對 UG 規則的敘述是錯誤的：

   設 ϕ 為任意一個句式，α 為任意一個個體變元，β 為任意一個個體常元，而且 β 不出現於 ϕ 的前提之中，則由 ϕ 可導出 (α) $(\phi \, \beta / \alpha)$。

   請指出其錯誤之所在，換言之，指出有如何的推論步驟是它所允許而為正確的 UG 規則所禁止的。舉例說明依據上述的錯誤規則，可能推論出無效論證。

2. 下列各題中，已知左邊的句式的前提中出現「b」而不出現其他個體常元，右邊的四個句式中有一個是可以依據 UG 規則由左邊的句式導出的，請指出到底是那一個，並說明是如何取代的；其他三個句式何以無法依據 UG 規則由左邊的句式導出，也加以說明。

   (a) $(\exists y)(H^1y \wedge G^2ay) \to (\exists y)(F^1y \wedge G^2ay)$

   　① $(y)\,[(\exists y)(H^1y \wedge G^2yy) \to (\exists y)(F^1y \wedge G^2yy)]$

   　② $(x)\,[(\exists y)(H^1y \wedge G^2ay) \to (\exists y)(F^1y \wedge G^2xy)]$

   　③ $(z)\,[(\exists y)(H^1y \wedge G^2zy) \to (\exists y)(F^1y \wedge G^2zy)]$

   　④ $(x)(\exists y)(H^1y \wedge G^2xy) \to (x)(\exists y)(F^1y \wedge G^2xy)$

   (b) $(x)(H^2ax \to F^2bx)$

    ① $(y)(x)(H^2yx \rightarrow F^2bx)$

    ② $(y)(x)(H^2ax \rightarrow F^2yx)$

    ③ $(x)(y)(H^2yx \rightarrow F^2bx)$

    ④ $(y)(x)(H^2yx \rightarrow F^2yx)$

(c) $F^1a \rightarrow (\exists y)(S^1y \wedge K^2cy)$

    ① $(x)〔F^1x \rightarrow (\exists y)(S^1y \wedge K^2xy)〕$

    ② $(x)(y)〔F^1x \rightarrow (\exists y)(S^1y \wedge K^2yy)〕$

    ③ $(x)(z)〔F^1x \rightarrow (\exists y)(S^1y \wedge K^2zy)〕$

    ④ $(x)(F^1x) \rightarrow (\exists y)(S^1y \wedge K^2cy)$

(d) $H^1b \rightarrow F^1b$

    ① $(x)(H^1b \rightarrow F^1b)$

    ② $(x)(H^1x \rightarrow F^1x)$

    ③ $(x)(H^1b \rightarrow F^1x)$

    ④ $H^1b \rightarrow F^1b$

3. 下列各題中，已知左邊的句式的前提中出現「b」而不出現其他個體常元，右邊的句式可以依據 UG 規則由左邊四個句式中的一個導出，請指出到底是那一個，並說明是如何取代的；由其他三個句式，為何無法依據 UG 規則導出右邊的句式，也加以說明。

(a)① $F^2ab \wedge F^2bc \rightarrow F^2ac$

    ② $F^2ac \wedge F^2ca \rightarrow F^2aa$

    ③ $(y)(F^2ay \wedge F^2yc \rightarrow F^2ac)$

    ④ $(z)(F^2ac \wedge F^2cz \rightarrow F^2az)$

                                         $(x)(y)(z)(F^2xy \wedge F^2yz \rightarrow F^2xz)$

(b)① $(\exists x)(\exists y)(H^1x \wedge H^1y \wedge F^2cy) \rightarrow F^2ac$

    ② $(\exists x)(\exists y)(H^1c \wedge H^1y \wedge F^2cy) \rightarrow F^2ac$

③ $(\exists x)(\exists y)\,(H^1x \wedge H^1y \wedge F^2xy) \rightarrow F^2ac$

④ $(\exists x)(\exists y)\,(H^1x \wedge H^1y \wedge F^2xy) \rightarrow F^2ab$

$$(x)\,[(\exists x)(\exists y)\,(H^1x \wedge H^1y \wedge F^2xy) \rightarrow F^2ax]$$

(c)① $(y)\,(H^1a \wedge H^1y \rightarrow -F^2ay)$

② $H^1a \wedge H^1b \rightarrow -F^2ab$

③ $(x)\,(H^1x \wedge H^1a \rightarrow -F^2xa)$

④ $H^1c \wedge H^1a \rightarrow -F^2ac$

$$(x)(y)\,(H^1x \wedge H^1y \rightarrow -F^2xy)$$

(d)① $R^1a \rightarrow Q^2aa$

② $R^1b \rightarrow Q^2ab$

③ $R^1c \rightarrow Q^2ac$

④ $R^1a \rightarrow Q^2ba$

$$(y)\,(R^1y \rightarrow Q^2ay)$$

4.下列各論證，若是有效，則依據我們已學過的推論規則由前提導出結論；若是無效，則用解釋的方法證明其無效。

(a)每一個大一學生都會認識幾個大二學生。 孫民仁是大一學生。因此，孫民仁必定會認識幾個大二學生。(以「F^1」表一元述詞 「是大一學生」，以 「K^2」 表二元述詞 「…認識－－－」，以「S^1」表一元述詞「是大二學生」，以「a」表「孫民仁」。)

(b)大一學生一定修習英文。選修法文的學生一定不再修英文。如果大一學生都不選修法文，則選修法文的學生必定是大二學生。陸永祥是選修法文的學生。因此，陸永祥是大二學生。(以「F^1」表一元述詞「是大一學生」，以「E^1」表一元述詞「修習英文」。以「R^1」表一元述詞「是選修法文的學生」，以「S^1」表一元述詞「是大二學生」，以「a」表「陸永祥」。)

(c)孫民仁和他的朋友都不須補考。孫民仁和孫炳輝至少有一人
要補考。因此，孫炳輝不是孫民仁的朋友。(以「a」表「孫
民仁」，以「F^2」表二元述詞「…是 --- 的朋友」，以「R^1」
表一元述詞「須要補考」，以「b」表「孫炳輝」。)

(d)只有經驗論者才會賞識卡納普。只要法蘭克在維也納大學，
則卡納普也會到維也納大學，並為施力克所賞識。法蘭克確
是在維也納大學。因此，施力克是經驗論者。(以「E^1」表一
元述詞 「是經驗論者」，以 「A^2」 表二元述詞 「…賞
識 ---」，以「c」表「卡納普」，以「f」表「法蘭克」，以
「V^1」表一元述詞「在維也納大學」，以「s」表「施力克」。)

(e)龍是會飛的爬蟲動物。爬蟲動物都不會飛。因此，沒有龍存
在。(以「L^1」表一元述詞「是龍」，以「F^1」表一元述詞「會
飛」，以「C^1」表一元述詞「是爬蟲動物」。)

(f)殘廢而又缺乏同情心的人一定沒有朋友。何介民和張凱榮都
是殘廢的人。侮辱張凱榮的人一定缺乏同情心。因此，如果
何介民侮辱張凱榮，則張凱榮不是何介民的朋友。(以「C^1」
表一元述詞「是殘廢的人」，以「E^1」表一元述詞「是有同情
心的人」，以 「F^2」 表二元述詞 「…是 --- 的朋友」，以
「a」表「何介民」，以「b」表「張凱榮」，以「A^2」表二元
述詞「…侮辱 ---」。)

(g)能被 4 整除的數必定是偶數。奇數一定不是偶數。因此，奇
數一定不能被 4 整除。(以「F^1」表一元述詞「能被 4 整除」，
以「E^1」表一元述詞「是偶數」，以「O^1」表一元述詞「是
奇數」。)

(h)存在主義者一定不喜歡實證主義者。維也納學派的哲學家都
是實證主義者。因此，存在主義者一定不喜歡維也納學派的

哲學家。（以「E^1」表一元述詞「是存在主義者」，以「L^2」表二元述詞「…喜歡 －－－」，以「P^1」表一元述詞「是實證主義者」，以「V^1」表一元述詞「是<u>維</u>也納學派的哲學家」。）

(i)任意兩個實數 x 和 y，必定 $x \geq y$ 或 $y \geq x$。因此，任意實數 x，必定 $x \geq x$。（以「R^1」表一元述詞「是實數」，以「G^2」表二元述詞「…大於或等於 －－－」。）

(j)能被 3 整除的數必定是偶數或奇數。能被 3 整除的偶數必定能被 6 整除。能被 3 整除的奇數必定不能被 4 整除。因此，既能被 3 整除又能被 4 整除的數必定能被 6 整除。（以「T^1」表一元述詞「是能被 3 整除的數」，以「E^1」表一元述詞「是偶數」，以「O^1」表一元述詞「是奇數」，以「S^1」表一元述詞「是能被 6 整除的數」，以「F^1」表一元述詞「是能被 4 整除的數」。）

7-3 語句涵蘊規則

　　一個論證是否為量限邏輯的有效論證，並沒有一個機械性的固定程序可用來判斷。即使已經知道某一個論證有效，不管是語句邏輯的有效論證還是量限邏輯的有效論證，也沒有一個機械性的固定程序可以由前提導出結論。換句話說，語句推論與量限推論都不是一種按照固定程序即可完成的機械性的工作。相反的，一個推論既已完成之後，我們卻有固定的程序來判斷這個推論的每一步驟是否依據推論規則而進行的。因為推論中的每一個句式右邊都註明是由那些句式依據那個推論規則導出的；而要判斷由某些句式依據某一個推論規則是否可導出某一個句式，是一種機械性的工作。學過幾何的讀者大概都有這樣的經驗：自己一直想不出來的一個證明題，如果別人證明出來，我們

卻很容易就可以判斷這個證明是否正確。邏輯上的推論也是如此：推論雖然不是一種機械性的工作，然而判斷推論是否正確卻是一種機械性的工作。正因為如此，我們才能夠確信已經證明出來或推論出來的論證是有效的。如果判斷證明或論證是否正確，也像判斷論證是否有效一樣，沒有機械性的固定程序，則即使已經完成了證明或推論，我們仍然不能確定其是否正確，因而也就不能確定論證是否有效。果真如此，則又何貴乎有證明或推論呢？

　　我們知道，一個論證是否為語句邏輯的有效論證，換言之，某些句式是否語句涵蘊某一個句式，有真值表這種機械性的方法可用來判斷。因此，在推論中，如果某一句式被在它之前的某些句式所語句涵蘊，則只須在該句式的右邊註明是被那些句式所語句涵蘊即可，而不必把語句推論的步驟以及所依據的語句推論規則一一列出。例如：7–2 的〔例Ⅵ〕中，(3)、(4)語句涵蘊(7)。因此，我們只要寫出(7)這個句式，並在它的右邊註明是被(3)、(4)所語句涵蘊即可。也就是說，這個推論由(1)到(7)可簡化如下：

{1}	(1)	$(x)(y)(z) (L^2xy \land L^2yz \to L^2xz)$	P
{2}	(2)	$(x)(y) (L^2xy \to L^2yx)$	P
{3}	(3)	$-L^2aa$	P
{1}	(4)	$L^2ab \land L^2ba \to L^2aa$	1, US, $x/a, y/b, z/a$
{1, 3}	(5)	$L^2ab \to -L^2ba$	3, 4, SI

「SI」是「語句涵蘊」(sententially imply) 的縮寫，在(5)的右邊註明「3, 4, SI」表示：(5)被(3)和(4)所語句涵蘊。至於如何依據語句推論規則由(3)和(4)導出(5)，則不必列出。同樣的，7–2 的〔例Ⅵ〕中，(7)和(9)語句涵蘊(12)；因此，這個推論由(8)到(15)可簡化如下：

{2}	(6)	$L^2ab \to L^2ba$	2, US, $x/a, y/b$
{1, 2, 3}	(7)	$-L^2ab$	5, 6, SI

$\{1, 2, 3\}$	(8)	$(y) (-L^2ay)$	7, UG
$\{1, 2\}$	(9)	$-L^2aa \to (y) (-L^2ay)$	3, 8, C.P.
$\{1, 2\}$	(10)	$(x) \lfloor -L^2xx \to (y) (-L^2xy) \rfloor$	9, UG

其實，這個推論又可寫成

$\{1\}$	(1)	$(x)(y)(z) (L^2xy \wedge L^2yz \to L^2xz)$	P
$\{2\}$	(2)	$(x)(y) (L^2xy \to L^2yx)$	P
$\{3\}$	(3)	$-L^2aa$	P
$\{1\}$	(4)	$L^2ab \wedge L^2ba \to L^2aa$	1, US, $x / a, y / b, z / a$
$\{2\}$	(5)	$L^2ab \to L^2ba$	2, US, $x / a, y / b$
$\{1, 2, 3\}$	(6)	$-L^2ab$	3, 4, 5, SI
$\{1, 2, 3\}$	(7)	$(y) (-L^2ay)$	6, UG
$\{1, 2\}$	(8)	$-L^2aa \to (y) (-L^2ay)$	3, 7, C.P.
$\{1, 2\}$	(9)	$(x) \lfloor -L^2xx \to (y) (-L^2xy) \rfloor$	8, UG

　　這樣把語句推論的步驟省略之後，整個推論中每一步驟是否正確，依然可以按照機械性的固定程序來判斷；因而也就能夠確切的判斷這個推論是否足以證明論證有效。然而，我們在 4–1 曾經指出：推論的功用，除了證明論證有效之外，還可以用來顯示如何由前提導出結論，以使我們在直覺上覺得該論證之為有效是非常明顯的；而這個功用是真值表無法達成的。現在我們把語句推論的步驟全部省略，而用真值表來判斷是否果真具有語句涵蘊關係；這樣豈不是無法達成推論的第二個功用嗎？我們對這個問題的回答是這樣的：讀者如果確實演習過到 7–2 為止的全部或大部分習題，則對語句推論必已非常熟練，可以迅速而正確的由某些句式導出它們所語句涵蘊的句式，而在直覺上也就覺得這個涵蘊關係是非常明顯的。因此，我們不要求把語句推論的步驟詳細列出，而允許只寫出「心算」的結果。我們雖然不曉得寫出這個推論的人是用怎麼樣的程序來「心算」的，但對他所寫出的結果，

我們卻有一個機械性的方法來檢驗，那就是真值表。至於量限推論的步驟，則不管我們對量限推論如何熟練，絕對不可省略，而一定要按照量限推論規則所允許的步驟，一步一步的列出來。因為一個論證是否為量限邏輯的有效論證，並沒有一個機械性的固定程序可用來判斷；儘管寫出推論的人「心算」非常迅速而正確，但是我們對「心算」的結果並沒有一個機械性的方法可以檢驗；於是，我們就要求他把「心算」的過程寫出來，好讓我們能夠檢驗每一步驟是否正確，因而判斷其結果是否可靠。

　　有了 SI 規則，一些比較複雜的推論就可以變得不那麼冗繁。下列的推論中，有些非常複雜，必須細心揣摩才能把握推論的主要線索。最好是自己先嘗試證明這些論證，然後再把自己所完成的推論與下列的推論參照比較。

〔例１〕　我們現在要從四個公理證明八個定理。所謂從公理證明定理，意思是說：完成一個由這些公理導出定理的推論。

我們的四個公理是：

A1　$(x)(y)(z) (G^2xy \wedge G^2yz \to G^2xz)$

A2　$(x)(y) (G^2xy \vee G^2yx)$

A3　$(x)(y) (I^2xy \leftrightarrow G^2xy \wedge G^2yx)$

A4　$(x)(y) (P^2xy \leftrightarrow -G^2yx)$

我們所要證明的八個定理是：

Th.1　$(x) (I^2xx)$

Th.2　$(x)(y) (I^2xy \to I^2yx)$

Th.3　$(x)(y)(z) (I^2xy \wedge I^2yz \to I^2xz)$

Th.4　$(x)(y) (P^2xy \to -P^2yx)$

Th.5　$(x)(y)(z) (P^2xy \wedge P^2yz \to P^2xz)$

Th.6　$(x)(y)〔I^2xy \to -(P^2xy \lor P^2yx)〕$

Th.7　$(x)(y)(z)(I^2xy \land P^2yz \to P^2xz)$

Th.8　$(x)(y)(z)(I^2xy \land P^2zx \to P^2zy)$

在下面的解釋下，A1～A4 皆為真：

(i)　D = 實數

(ii)　$G^2xy : x \geq y$

　　　$I^2xy : x = y$

　　　$P^2xy : x > y$

因為在這個解釋下，A1 的意思是說：任意三個實數 x、y、z，若 $x \geq y$ 且 $y \geq z$，則 $x \geq z$。換言之，「大於或等於」這個二元述詞所表示的關係是有傳遞性的。A2 的意思是說：任意兩個實數 x、y，必定 $x \geq y$ 或 $y \geq x$。A3 的意思是說：任意兩個實數 x、y，若 $x = y$，則 $x \geq y$ 且 $y \geq x$；反之，若 $x \geq y$ 且 $y \geq x$，則 $x = y$。換言之，「$x = y$」與「$x \geq y$ 且 $y \geq x$」意義相同。很明顯的，若「G^2」解釋為「$\geq$」，則「I^2」一定要解釋為「$=$」才能使 A3 為真，不可能做別種解釋；也就是說，若「G^2」的意義確定，則「I^2」的意義也必隨之確定。A3 是用「G^2」來為「I^2」下定義的；在我們的解釋下，A3 是用「$\geq$」來為「$=$」下定義的。同樣的，A4 是用「$\geq$」來為「$>$」下定義；它告訴我們：任意兩個實數 x、y，「$x > y$」的意思是說「$y \geq x$」為假。

　　要使 A1～A4 皆為真，不一定要做上面的解釋；在下面的解釋下，A1～A4 也皆為真：

(i)　D = 整數

(ii)　$G^2xy : x \leq y$

　　　$I^2xy : x = y$

　　　$P^2xy : x < y$

如果 Th.1～Th.8 皆可由 A1～A4 導出，則只要 A1～A4 皆為真，Th.1～Th.8 也必為真；換言之，任何解釋若能使 A1～A4 皆為真，則在此解釋下 Th.1～Th.8 也必定皆為真。當我們從 A1～A4 導出 Th.1～Th.8 時，不必確定採取那一個解釋，也就是說，不必知道 A1～A4 以及 Th.1～Th.8 中述詞的意義。因為即使我們知道這些述詞的意義，也不能把我們對這些述詞所知道的事實在推論中加以使用，除非這些事實明白表示在 A1～A4 之中。

現在就讓我們來證明這八個定理。

Th.1	$\{1\}$	(1)	$(x)(y)(z)\,(G^2xy \wedge G^2yz \to G^2xz)$	P
	$\{2\}$	(2)	$(x)(y)\,(G^2xy \vee G^2yx)$	P
	$\{3\}$	(3)	$(x)(y)\,(I^2xy \leftrightarrow G^2xy \wedge G^2yx)$	P
	$\{4\}$	(4)	$(x)(y)\,(P^2xy \leftrightarrow -G^2yx)$	P
	$\{2\}$	(5)	$G^2aa \vee G^2aa$	2, US, x/a, y/a
	$\{3\}$	(6)	$I^2aa \leftrightarrow G^2aa \wedge G^2aa$	3, US, x/a, y/a
	$\{2,3\}$	(7)	I^2aa	5, 6, SI
	$\{2,3\}$	(8)	$(x)\,(I^2xx)$	7, UG

Th.2	$\{1\}$	(1)	$(x)(y)(z)\,(G^2xy \wedge G^2yz \to G^2xz)$	P
	$\{2\}$	(2)	$(x)(y)\,(G^2xy \vee G^2yx)$	P
	$\{3\}$	(3)	$(x)(y)\,(I^2xy \leftrightarrow G^2xy \wedge G^2yx)$	P
	$\{4\}$	(4)	$(x)(y)\,(P^2xy \leftrightarrow -G^2yx)$	P
	$\{3\}$	(5)	$I^2ab \leftrightarrow G^2ab \wedge G^2ba$	3, US, x/a, y/b
	$\{3\}$	(6)	$I^2ba \leftrightarrow G^2ba \wedge G^2ab$	3, US, x/b, y/a
	$\{3\}$	(7)	$I^2ab \to I^2ba$	5, 6, SI
	$\{3\}$	(8)	$(x)(y)\,(I^2xy \to I^2yx)$	7, UG, x/a, y/b

Th.3	$\{1\}$	(1)	$(x)(y)(z)\,(G^2xy \wedge G^2yz \to G^2xz)$	P

$\{2\}$	(2)	$(x)(y)\,(G^2xy \vee G^2yx)$	P
$\{3\}$	(3)	$(x)(y)\,(I^2xy \leftrightarrow G^2xy \wedge G^2yx)$	P
$\{4\}$	(4)	$(x)(y)\,(P^2xy \leftrightarrow -G^2yx)$	P
$\{5\}$	(5)	$I^2ab \wedge I^2bc$	P
$\{3\}$	(6)	$I^2ab \leftrightarrow G^2ab \wedge G^2ba$	3, US, $x\,/\,a,\ y\,/\,b$
$\{3\}$	(7)	$I^2bc \leftrightarrow G^2bc \wedge G^2cb$	3, US, $x\,/\,b,\ y\,/\,c$
$\{3, 5\}$	(8)	$G^2ab \wedge G^2bc \wedge G^2cb \wedge G^2ba$	5, 6, 7, SI
$\{1\}$	(9)	$G^2ab \wedge G^2bc \to G^2ac$	1, US, $x\,/\,a,\ y\,/\,b,\ z\,/\,c$
$\{1\}$	(10)	$G^2cb \wedge G^2ba \to G^2ca$	1, US, $x\,/\,c,\ y\,/\,b,\ z\,/\,a$
$\{1, 3, 5\}$	(11)	$G^2ac \wedge G^2ca$	8, 9, 10, SI
$\{3\}$	(12)	$I^2ac \leftrightarrow G^2ac \wedge G^2ca$	3, US, $x\,/\,a,\ y\,/\,c$
$\{1, 3, 5\}$	(13)	I^2ac	11, 12, SI
$\{1, 3\}$	(14)	$I^2ab \wedge I^2bc \to I^2ac$	5, 13, C.P.
$\{1, 3\}$	(15)	$(x)(y)(z)\,(I^2xy \wedge I^2yz \to I^2xz)$	14, UG, $x\,/\,a,\ y\,/\,b,\ z\,/\,c$

Th.4	$\{1\}$	(1)	$(x)(y)(z)\,(G^2xy \wedge G^2yz \to G^2xz)$	P
	$\{2\}$	(2)	$(x)(y)\,(G^2xy \vee G^2yx)$	P
	$\{3\}$	(3)	$(x)(y)\,(I^2xy \leftrightarrow G^2xy \wedge G^2yx)$	P
	$\{4\}$	(4)	$(x)(y)\,(P^2xy \leftrightarrow -G^2yx)$	P
	$\{5\}$	(5)	P^2ab	P
	$\{4\}$	(6)	$P^2ab \leftrightarrow -G^2ba$	4, US, $x\,/\,a,\ y\,/\,b$
	$\{2\}$	(7)	$G^2ab \vee G^2ba$	2, US, $x\,/\,a,\ y\,/\,b$
	$\{2, 4, 5\}$	(8)	G^2ab	5, 6, 7, SI
	$\{4\}$	(9)	$P^2ba \leftrightarrow -G^2ab$	4, US, $x\,/\,b,\ y\,/\,a$
	$\{2, 4, 5\}$	(10)	$-P^2ba$	8, 9, SI
	$\{2, 4\}$	(11)	$P^2ab \to -P^2ba$	5, 10, C.P.

$\{2,4\}$ (12) $(x)(y)\,(P^2xy \to -P^2yx)$　　11, UG, x/a, y/b

Th.5　$\{1\}$　(1)　$(x)(y)(z)\,(G^2xy \wedge G^2yz \to G^2xz)$　P

$\{2\}$　(2)　$(x)(y)\,(G^2xy \vee G^2yx)$　P

$\{3\}$　(3)　$(x)(y)\,(I^2xy \leftrightarrow G^2xy \wedge G^2yx)$　P

$\{4\}$　(4)　$(x)(y)\,(P^2xy \leftrightarrow -G^2yx)$　P

$\{5\}$　(5)　$P^2ab \wedge P^2bc$　P

$\{4\}$　(6)　$P^2ab \leftrightarrow -G^2ba$　4, US, x/a, y/b

$\{2\}$　(7)　$G^2ab \vee G^2ba$　2, US, x/a, y/b

$\{2,4,5\}$　(8)　G^2ab　5, 6, 7, SI

$\{4\}$　(9)　$P^2bc \leftrightarrow -G^2cb$　4, US, x/b, y/c

$\{1\}$　(10)　$G^2ca \wedge G^2ab \to G^2cb$　1, US, x/c, y/a, z/b

$\{1,4,5\}$　(11)　$-G^2ca \vee -G^2ab$　5, 9, 10, SI

$\{4\}$　(12)　$P^2ac \leftrightarrow -G^2ca$　4, US, x/a, y/c

$\{1,2,4,5\}$　(13)　P^2ac　8, 11, 12, SI

$\{1,2,4\}$　(14)　$P^2ab \wedge P^2bc \to P^2ac$　5, 13, C.P.

$\{1,2,4\}$　(15)　$(x)(y)(z)\,(P^2xy \wedge P^2yz \to P^2xz)$　14, UG, x/a, y/b, z/c

Th.6　$\{1\}$　(1)　$(x)(y)(z)\,(G^2xy \wedge G^2yz \to G^2xz)$　P

$\{2\}$　(2)　$(x)(y)\,(G^2xy \vee G^2yx)$　P

$\{3\}$　(3)　$(x)(y)(I^2xy \leftrightarrow G^2xy \wedge G^2yx)$　P

$\{4\}$　(4)　$(x)(y)(P^2xy \leftrightarrow -G^2yx)$　P

$\{5\}$　(5)　I^2ab　P

$\{3\}$　(6)　$I^2ab \leftrightarrow G^2ab \wedge G^2ba$　3, US, x/a, y/b

$\{3,5\}$　(7)　$G^2ab \wedge G^2ba$　5, 6, SI

$\{4\}$　(8)　$P^2ba \leftrightarrow -G^2ab$　4, US, x/b, y/a

$\{4\}$　(9)　$P^2ab \leftrightarrow -G^2ba$　4, US, x/a, y/b

$\{3, 4, 5\}$	(10)	$-(P^2ab \lor P^2ba)$	7, 8, 9, SI
$\{3, 4\}$	(11)	$I^2ab \to -(P^2ab \lor P^2ba)$	5, 10, C.P.
$\{3, 4\}$	(12)	$(x)(y)\,[I^2xy \to -(P^2xy \lor P^2yx)]$	11, UG, x/a, y/b

Th.7	$\{1\}$	(1)	$(x)(y)(z)\,(G^2xy \land G^2yz \to G^2xz)$	P
	$\{2\}$	(2)	$(x)(y)\,(G^2xy \lor G^2yx)$	P
	$\{3\}$	(3)	$(x)(y)\,(I^2xy \leftrightarrow G^2xy \land G^2yx)$	P
	$\{4\}$	(4)	$(x)(y)\,(P^2xy \leftrightarrow -G^2yx)$	P
	$\{5\}$	(5)	$I^2ab \land P^2bc$	P
	$\{3\}$	(6)	$I^2ab \leftrightarrow G^2ab \land G^2ba$	3, US, x/a, y/b
	$\{3, 5\}$	(7)	$G^2ab \land G^2ba$	5, 6, SI
	$\{4\}$	(8)	$P^2bc \leftrightarrow -G^2cb$	4, US, x/b, y/c
	$\{1\}$	(9)	$G^2ca \land G^2ab \to G^2cb$	1, US, x/c, y/a, z/b
	$\{1, 4, 5\}$	(10)	$-G^2ca \lor -G^2ab$	5, 8, 9, SI
	$\{1, 3, 4, 5\}$	(11)	$-G^2ca$	7, 10, SI
	$\{4\}$	(12)	$P^2ac \leftrightarrow -G^2ca$	4, US, x/a, y/c
	$\{1, 3, 4, 5\}$	(13)	P^2ac	11, 12, SI
	$\{1, 3, 4\}$	(14)	$I^2ab \land P^2bc \to P^2ac$	5, 13, C.P.
	$\{1, 3, 4\}$	(15)	$(x)(y)(z)\,(I^2xy \land P^2yz \to P^2xz)$	14, UG, x/a, y/b, z/c

Th.8	$\{1\}$	(1)	$(x)(y)(z)\,(G^2xy \land G^2yz \to G^2xz)$	P
	$\{2\}$	(2)	$(x)(y)\,(G^2xy \lor G^2yx)$	P
	$\{3\}$	(3)	$(x)(y)\,(I^2xy \to G^2xy \land G^2yx)$	P
	$\{4\}$	(4)	$(x)(y)\,(P^2xy \leftrightarrow -G^2yx)$	P
	$\{5\}$	(5)	$I^2ab \land P^2ca$	P
	$\{3\}$	(6)	$I^2ab \leftrightarrow G^2ab \land G^2ba$	3, US, x/a, y/b
	$\{3, 5\}$	(7)	$G^2ab \land G^2ba$	5, 6, SI

{4}	(8)	$P^2ca \leftrightarrow -G^2ac$	4, US, $x/c, y/a$
{1}	(9)	$G^2ab \wedge G^2bc \rightarrow G^2ac$	1, US, $x/a, y/b, z/c$
{1, 4, 5}	(10)	$-G^2ab \vee -G^2bc$	5, 8, 9, SI
{1, 3, 4, 5}	(11)	$-G^2bc$	7, 10, SI
{4}	(12)	$P^2cb \leftrightarrow -G^2bc$	4, US, $x/c, y/b$
{1, 3, 4, 5}	(13)	P^2cb	11, 12, SI
{1, 3, 4}	(14)	$I^2ab \wedge P^2ca \rightarrow P^2cb$	5, 13, C.P.
{1, 3, 4}	(15)	$(x)(y)(z)(I^2xy \wedge P^2zx \rightarrow P^2zy)$	14, UG, $x/a, y/b, z/c$

〔例 II〕 我們的第二個例子是要從五個公理證明十二個定理。這
五個公理是：

A1　$(x)(y)[E^1(x \circ y) \rightarrow E^1(y \circ x)]$

A2　$(x)(y)[E^1x \rightarrow E^1(x \circ y)]$

A3　$(x)(E^1x^1 \rightarrow -E^1x)$

A4　$(x)(-E^1x^1 \rightarrow E^1x)$

A5　$(x)(y)[E^1(x \circ y) \wedge E^1x^1 \rightarrow E^1y]$

這五個公理中，有一元述詞「E^1」，二元運算符號「。」，以及一元運算
符號「1」。所謂「二元運算」是使任意兩個個體成為一個個體的運算，
例如：加法使任意兩個數成為一個數；也就是說，任意兩個數經過加
法運算之後，變成一個數，故為二元運算。減法、乘法、……都是二
元運算。所謂「一元運算」是使任意一個個體成為一個個體的運算，
例如：平方運算使 1 成為 1，使 –3 成為 9，……，因為使任意一個數
成為一個數，故為一元運算。又如：負數運算使 2 成為 –2，使 –6 成
為 6，……，也是使任意一個數成為一個數，故亦為一元運算。我們
現在把 A1～A5 做如下的解釋：

（i）　D = 自然數

(ii) $E^1x : x$ 是偶數

$x \circ y : x \cdot y$

$x^1 : x + 1$

把一元運算符號「1」解釋為「加 1」，則將使任意一個自然數經過此運算之後，成為一個較原數大 1 的自然數。例如：$1^1 = 2, 2^1 = 3, 8^1 = 9, \cdots$。在這個解釋下，A1～A5 的意義如下：

A1 任意兩個自然數 x 和 y，若 $x \cdot y$ 是偶數，則 $y \cdot x$ 也必定是偶數。

A2 任意兩個自然數 x 和 y，若 x 是偶數，則 $x \cdot y$ 也必定是偶數。

A3 任意自然數 x，若 $x + 1$ 是偶數，則 x 必定不是偶數。

A4 任意自然數 x，若 $x + 1$ 不是偶數，則 x 必定是偶數。

A5 任意兩個自然數 x 和 y，若 $x \cdot y$ 是偶數且 $x + 1$ 也是偶數，則 y 也必定是偶數。

在此解釋下，A1～A5 皆為真。下列十二個定理若能從 A1～A5 導出，則也必在此解釋下為真。

Th.1 $(x)(-E^1x \rightarrow E^1x^1)$

Th.2 $(x)(E^1x \rightarrow -E^1x^1)$

Th.3 $(x)(y)[-E^1(x \circ y) \rightarrow -E^1(y \circ x)]$

Th.4 $(x)(y)[E^1(x \circ y) \wedge -E^1x \rightarrow E^1y]$

Th.5 $(x)(y)[-E^1(x \circ y) \rightarrow -E^1x \wedge -E^1y]$

Th.6 $(x)(y)[-E^1x \wedge -E^1y \rightarrow -E^1(x \circ y)]$

Th.7 $(x)[E^1(x^1)^1 \leftrightarrow E^1x]$

Th.8 $(x)(y)[E^1x \wedge E^1(x^1 \circ y) \rightarrow E^1y]$

Th.9 $(x)[E^1((x \circ x)^1 \circ x)]$

Th.10 $(x)(y)[E^1(y^1 \circ (x \circ y))]$

Th.11　$(x)(y)[E^1((x\circ y)^1\circ(y\circ x))]$

Th.12　$(x)(y)(z)[E^1[(x^1\circ y)^1\circ((z\circ x)^1\circ(z\circ y))]]$

現在證明如下：

Th.1　{1}　(1)　$(x)(y)[E^1(x\circ y)\to E^1(y\circ x)]$　　P

　　　　{2}　(2)　$(x)(y)[E^1x\to E^1(x\circ y)]$　　P

　　　　{3}　(3)　$(x)(E^1x^1\to -E^1x)$　　P

　　　　{4}　(4)　$(x)(-E^1x^1\to E^1x)$　　P

　　　　{5}　(5)　$(x)(y)[E^1(x\circ y)\wedge E^1x^1\to E^1y]$　　P

　　　　{4}　(6)　$-E^1a^1\to E^1a$　　4, US

　　　　{4}　(7)　$-E^1a\to E^1a^1$　　6, SI

　　　　{4}　(8)　$(x)(-E^1x\to E^1x^1)$　　7, US

Th.2　{1}　(1)　$(x)(y)[E^1(x\circ y)\to E^1(y\circ x)]$　　P

　　　　{2}　(2)　$(x)(y)[E^1x\to E^1(x\circ y)]$　　P

　　　　{3}　(3)　$(x)(E^1x^1\to -E^1x)$　　P

　　　　{4}　(4)　$(x)(-E^1x^1\to E^1x)$　　P

　　　　{5}　(5)　$(x)(y)[E^1(x\circ y)\wedge E^1x^1\to E^1y]$　　P

　　　　{3}　(6)　$E^1a^1\to -E^1a$　　3, US

　　　　{3}　(7)　$E^1a\to -E^1a^1$　　6, SI

　　　　{3}　(8)　$(x)(E^1x\to -E^1x^1)$　　7, UG

Th.3　{1}　(1)　$(x)(y)[E^1(x\circ y)\to E^1(y\circ x)]$　　P

　　　　{2}　(2)　$(x)(y)[E^1x\to E^1(x\circ y)]$　　P

　　　　{3}　(3)　$(x)(E^1x^1\to -E^1x)$　　P

　　　　{4}　(4)　$(x)(-E^1x^1\to E^1x)$　　P

　　　　{5}　(5)　$(x)(y)[E^1(x\circ y)\wedge E^1x^1\to E^1y]$　　P

　　　　{1}　(6)　$E^1(a\circ b)\to E^1(b\circ a)$　　1, US, $x/a, y/b$

$\{1\}$ (7) $-E^1(b{\circ}a) \to -E^1(a{\circ}b)$ 6, SI

$\{1\}$ (8) $(x)(y)\left[-E^1(x{\circ}y) \to -E^1(y{\circ}x)\right]$ 7, UG, $x\,/\,b,\ y\,/\,a$

Th.4 $\{1\}$ (1) $(x)(y)\left[E^1(x{\circ}y) \to E^1(y{\circ}x)\right]$ P

    $\{2\}$ (2) $(x)(y)\left[E^1x \to E^1(x{\circ}y)\right]$ P

    $\{3\}$ (3) $(x)\,(E^1x^1 \to -E^1x)$ P

    $\{4\}$ (4) $(x)\,(-E^1x^1 \to E^1x)$ P

    $\{5\}$ (5) $(x)(y)\left[E^1(x{\circ}y)\wedge E^1x^1 \to E^1y\right]$ P

    $\{6\}$ (6) $E^1(a{\circ}b)\wedge -E^1a$ P

    $\{4\}$ (7) $-E^1a^1 \to E^1a$ 4, US

   $\{4, 6\}$ (8) $E^1(a{\circ}b)\wedge E^1a^1$ 6, 7, SI

    $\{5\}$ (9) $E^1(a{\circ}b)\wedge E^1a^1 \to E^1b$ 5, US, $x\,/\,a,\ y\,/\,b$

  $\{4, 5, 6\}$ (10) E^1b 8, 9, SI

   $\{4, 5\}$ (11) $E^1(a{\circ}b)\wedge -E^1a \to E^1b$ 6, 10, C.P.

   $\{4, 5\}$ (12) $(x)(y)\left[E^1(x{\circ}y)\wedge -E^1x \to E^1y\right]$ 11, UG, $x\,/\,a,\ y\,/\,b$

Th.5 $\{1\}$ (1) $(x)(y)\left[E^1(x{\circ}y) \to E^1(y{\circ}x)\right]$ P

    $\{2\}$ (2) $(x)(y)\left[E^1x \to E^1(x{\circ}y)\right]$ P

    $\{3\}$ (3) $(x)\,(E^1x^1 \to -E^1x)$ P

    $\{4\}$ (4) $(x)\,(-E^1x^1 \to E^1x)$ P

    $\{5\}$ (5) $(x)(y)\left[E^1(x{\circ}y)\wedge E^1x^1 \to E^1y\right]$ P

    $\{6\}$ (6) $-E^1(a{\circ}b)$ P

    $\{2\}$ (7) $E^1a \to E^1(a{\circ}b)$ 2, US, $x\,/\,a,\ y\,/\,b$

   $\{2, 6\}$ (8) $-E^1a$ 6, 7, SI

    $\{1\}$ (9) $E^1(b{\circ}a) \to E^1(a{\circ}b)$ 1, US, $x\,/\,b,\ y\,/\,a$

    $\{2\}$ (10) $E^1b \to E^1(b{\circ}a)$ 2, US, $x\,/\,b,\ y\,/\,a$

  $\{1, 2, 6\}$ (11) $-E^1b$ 6, 9, 10, SI

$\{1,2,6\}$	(12)	$-\mathrm{E}^1a\wedge-\mathrm{E}^1b$	8, 11, SI	
$\{1,2\}$	(13)	$-\mathrm{E}^1(a\circ b)\to-\mathrm{E}^1a\wedge-\mathrm{E}^1b$	6, 12, C.P.	
$\{1,2\}$	(14)	$(x)(y)\,[-\mathrm{E}^1(x\circ y)\to-\mathrm{E}^1x\wedge-\mathrm{E}^1y]$	13, UG, $x/a,\,y/b$	

Th.6	$\{1\}$	(1)	$(x)(y)\,[\mathrm{E}^1(x\circ y)\to\mathrm{E}^1(y\circ x)]$	P
	$\{2\}$	(2)	$(x)(y)\,[\mathrm{E}^1x\to\mathrm{E}^1(x\circ y)]$	P
	$\{3\}$	(3)	$(x)\,(\mathrm{E}^1x^1\to-\mathrm{E}^1x)$	P
	$\{4\}$	(4)	$(x)\,(-\mathrm{E}^1x^1\to\mathrm{E}^1x)$	P
	$\{5\}$	(5)	$(x)(y)\,[\mathrm{E}^1(x\circ y)\wedge\mathrm{E}^1x^1\to\mathrm{E}^1y]$	P
	$\{6\}$	(6)	$-[-\mathrm{E}^1a\wedge-\mathrm{E}^1b\to-\mathrm{E}^1(a\circ b)]$	P
	$\{6\}$	(7)	$-\mathrm{E}^1a\wedge-\mathrm{E}^1b\wedge\mathrm{E}^1(a\circ b)$	6, SI
	$\{4\}$	(8)	$-\mathrm{E}^1a^1\to\mathrm{E}^1a$	4, US
	$\{4,6\}$	(9)	$\mathrm{E}^1(a\circ b)\wedge\mathrm{E}^1a^1$	7, 8, SI
	$\{5\}$	(10)	$\mathrm{E}^1(a\circ b)\wedge\mathrm{E}^1a^1\to\mathrm{E}^1b$	5, US, $x/a,\,y/b$
	$\{4,5,6\}$	(11)	E^1b	9, 10, SI
	$\{4,5,6\}$	(12)	$\mathrm{E}^1b\wedge-\mathrm{E}^1b$	7, 11, SI
	$\{4,5\}$	(13)	$-\mathrm{E}^1a\wedge-\mathrm{E}^1b\to-\mathrm{E}^1(a\circ b)$	6, 12, R.A.A.
	$\{4,5\}$	(14)	$(x)(y)\,[-\mathrm{E}^1x\wedge-\mathrm{E}^1y\to-\mathrm{E}^1(x\circ y)]$	13, UG, $x/a,\,y/b$

Th.7	$\{1\}$	(1)	$(x)(y)\,[\mathrm{E}^1(x\circ y)\to\mathrm{E}^1(y\circ x)]$	P
	$\{2\}$	(2)	$(x)(y)\,[\mathrm{E}^1x\to\mathrm{E}^1(x\circ y)]$	P
	$\{3\}$	(3)	$(x)\,(\mathrm{E}^1x^1\to-\mathrm{E}^1x)$	P
	$\{4\}$	(4)	$(x)\,(-\mathrm{E}^1x^1\to\mathrm{E}^1x)$	P
	$\{5\}$	(5)	$(x)(y)\,[\mathrm{E}^1(x\circ y)\wedge\mathrm{E}^1x^1\to\mathrm{E}^1y]$	P
	$\{3\}$	(6)	$\mathrm{E}^1(a^1)^1\to-\mathrm{E}^1a^1$	3, US, x/a^1
	$\{4\}$	(7)	$-\mathrm{E}^1a^1\to\mathrm{E}^1a$	4, US
	$\{3,4\}$	(8)	$\mathrm{E}^1(a^1)^1\to\mathrm{E}^1a$	6, 7, SI

$\{3\}$	(9)	$E^1a^1 \to -E^1a$	3, US
$\{4\}$	(10)	$-E^1(a^1)^1 \to E^1a^1$	4, US, x/a^1
$\{3,4\}$	(11)	$E^1a \to E^1(a^1)^1$	9, 10, SI
$\{3,4\}$	(12)	$E^1(a^1)^1 \leftrightarrow E^1a$	8, 11, SI
$\{3,4\}$	(13)	$(x)\,[E^1(x^1)^1 \leftrightarrow E^1x]$	12, UG

⑹的右邊註明「3, US, x/a^1」是表示：依據 US 規則，把⑶的「(x)」刪去，並以「a^1」取代「$E^1x^1 \to -E^1x$」中「x」的每一個自由出現，而產生⑹。我們知道：任何個體經過運算之後必定產生一個個體；因此，像「a^1」、「$a{\circ}b$」、…等等這類由個體常元和運算符號所組成的詞也必定是表某一個特定的個體。而全稱量詞「(x)」的意思是表示：「(x)」控制範圍之內「x」的每一個出現，不管以任何表特定個體的詞來取代，所產生的句式為真。因此，使用 US 規則時也可用這種由個體常元和運算符號所組成的詞來取代。反之，使用 UG 規則時，卻不可把這種詞改成變元。

Th.8	$\{1\}$	(1)	$(x)(y)\,[E^1(x{\circ}y) \to E^1(y{\circ}x)]$	P
	$\{2\}$	(2)	$(x)(y)\,[E^1x \to E^1(x{\circ}y)]$	P
	$\{3\}$	(3)	$(x)\,(E^1x^1 \to -E^1x)$	P
	$\{4\}$	(4)	$(x)\,(-E^1x^1 \to E^1x)$	P
	$\{5\}$	(5)	$(x)(y)\,[E^1(x{\circ}y){\land}E^1x^1 \to E^1y]$	P
	$\{6\}$	(6)	$E^1a{\land}E^1(a^1{\circ}b)$	P
	$\{3\}$	(7)	$E^1a^1 \to -E^1a$	3, US
	$\{4\}$	(8)	$-E^1(a^1)^1 \to E^1a^1$	4, US, x/a^1
	$\{3,4,6\}$	(9)	$E^1(a^1{\circ}b){\land}E^1(a^1)^1$	6, 7, 8, SI
	$\{5\}$	(10)	$E^1(a^1{\circ}b){\land}E^1(a^1)^1 \to E^1b$	5, US, $x/a^1, y/b$
	$\{3,4,5,6\}$	(11)	E^1b	9, 10, SI
	$\{3,4,5\}$	(12)	$E^1a{\land}E^1(a^1{\circ}b) \to E^1b$	6, 11, C.P.

$\{3, 4, 5\}$　(13)　$(x)(y) [E^1 x \wedge E^1 (x^1 \circ y) \to E^1 y]$　12, UG, x / a, y / b

Th.9　$\{1\}$　(1)　$(x)(y) [E^1 (x \circ y) \to E^1 (y \circ x)]$　P

$\{2\}$　(2)　$(x)(y) [E^1 x \to E^1 (x \circ y)]$　P

$\{3\}$　(3)　$(x) (E^1 x^1 \to -E^1 x)$　P

$\{4\}$　(4)　$(x) (-E^1 x^1 \to E^1 x)$　P

$\{5\}$　(5)　$(x)(y) [E^1 (x \circ y) \wedge E^1 x^1 \to E^1 y]$　P

$\{6\}$　(6)　$-E^1 ((a \circ a)^1 \circ a)$　P

$\{2\}$　(7)　$E^1 (a \circ a)^1 \to E^1 ((a \circ a)^1 \circ a)$　2, US, $x / (a \circ a)^1$, y / a

$\{4\}$　(8)　$-E^1 (a \circ a)^1 \to E^1 (a \circ a)$　4, US, $x / a \circ a$

$\{2, 4, 6\}$　(9)　$E^1 (a \circ a)$　6, 7, 8, SI

$\{1\}$　(10)　$E^1 (a \circ (a \circ a)^1) \to E^1 ((a \circ a)^1 \circ a)$　1, US, x / a, $y / (a \circ a)^1$

$\{2\}$　(11)　$E^1 a \to E^1 (a \circ (a \circ a)^1)$　2, US, x / a, $y / (a \circ a)^1$

$\{1, 2, 6\}$　(12)　$-E^1 a$　6, 10, 11, SI

$\{4\}$　(13)　$-E^1 a^1 \to E^1 a$　4, US

$\{1, 2, 4, 6\}$　(14)　$E^1 (a \circ a) \wedge E^1 a^1$　9, 12, 13, SI

$\{5\}$　(15)　$E^1 (a \circ a) \wedge E^1 a^1 \to E^1 a$　5, US, x / a, y / a

$\{1, 2, 4, 5, 6\}$　(16)　$E^1 a \wedge -E^1 a$　12, 14, 15, SI

$\{1, 2, 4, 5\}$　(17)　$E^1 ((a \circ a)^1 \circ a)$　6, 16, R.A.A.

$\{1, 2, 4, 5\}$　(18)　$(x) [E^1 ((x \circ x)^1 \circ x)]$　17, UG

Th.10　$\{1\}$　(1)　$(x)(y) [E^1 (x \circ y) \to E^1 (y \circ x)]$　P

$\{2\}$　(2)　$(x)(y) [E^1 x \to E^1 (x \circ y)]$　P

$\{3\}$　(3)　$(x) (E^1 x^1 \to -E^1 x)$　P

$\{4\}$　(4)　$(x) (-E^1 x^1 \to E^1 x)$　P

$\{5\}$　(5)　$(x)(y) [E^1 (x \circ y) \wedge E^1 x^1 \to E^1 y]$　P

$\{6\}$　(6)　$-E^1 (b^1 \circ (a \circ b))$　P

{2}	(7)	$E^1b^1 \rightarrow E^1(b^1\circ(a\circ b))$	2, US, $x\,/\,b^1,\ y\,/\,a\circ b$
{4}	(8)	$-E^1b^1 \rightarrow E^1b$	4, US
{2, 4, 6}	(9)	E^1b	6, 7, 8, SI
{1}	(10)	$E^1((a\circ b)\circ b^1) \rightarrow E^1(b^1\circ(a\circ b))$	1, US, $x\,/\,a\circ b,\ y\,/\,b^1$
{2}	(11)	$E^1(a\circ b) \rightarrow E^1((a\circ b)\circ b^1)$	2, US, $x\,/\,a\circ b,\ y\,/\,b^1$
{1, 2, 6}	(12)	$-E^1(a\circ b)$	6, 10, 11, SI
{1}	(13)	$E^1(b\circ a) \rightarrow E^1(a\circ b)$	1, US, $x\,/\,b,\ y\,/\,a$
{2}	(14)	$E^1b \rightarrow E^1(b\circ a)$	2, US, $x\,/\,b,\ y\,/\,a$
{1, 2, 6}	(15)	$-E^1b$	12, 13, 14, SI
{1, 2, 4, 6}	(16)	$E^1b \wedge -E^1b$	9, 15, SI
{1, 2, 4}	(17)	$E^1(b^1\circ(a\circ b))$	6, 16, R.A.A.
{1, 2, 4}	(18)	$(x)(y)\,[E^1(y^1\circ(x\circ y))]$	17, UG, $x\,/\,a,\ y\,/\,b$

Th.11	{1}	(1)	$(x)(y)\,[E^1(x\circ y) \rightarrow E^1(y\circ x)]$	P
	{2}	(2)	$(x)(y)\,[E^1x \rightarrow E^1(x\circ y)]$	P
	{3}	(3)	$(x)\,(E^1x^1 \rightarrow -E^1x)$	P
	{4}	(4)	$(x)\,(-E^1x^1 \rightarrow E^1x)$	P
	{5}	(5)	$(x)(y)\,[E^1(x\circ y) \wedge E^1x^1 \rightarrow E^1y]$	P
	{6}	(6)	$-E^1((a\circ b)^1\circ(b\circ a))$	P
	{2}	(7)	$E^1(a\circ b)^1 \rightarrow E^1((a\circ b)^1\circ(b\circ a))$	2, US, $x\,/\,(a\circ b)^1,$ $y\,/\,b\circ a$
	{4}	(8)	$-E^1(a\circ b)^1 \rightarrow E^1(a\circ b)$	4, US, $x\,/\,a\circ b$
	{2, 4, 6}	(9)	$E^1(a\circ b)$	6, 7, 8, SI
	{1}	(10)	$E^1((b\circ a)\circ(a\circ b)^1)$ $\rightarrow E^1((a\circ b)^1\circ(b\circ a))$	1, US, $x\,/\,b\circ a,$ $y\,/\,(a\circ b)^1$
	{2}	(11)	$E^1(b\circ a) \rightarrow E^1((b\circ a)\circ(a\circ b)^1)$	2, US, $x\,/\,b\circ a,$

				$y/(a\circ b)^1$
$\{1,2,6\}$	(12)	$-E^1(b\circ a)$		6, 10, 11, SI
$\{1\}$	(13)	$E^1(a\circ b)\to E^1(b\circ a)$		1, US, x/a, y/b
$\{1,2,6\}$	(14)	$-E^1(a\circ b)$		12, 13, SI
$\{1,2,4,6\}$	(15)	$E^1(a\circ b)\wedge -E^1(a\circ b)$		9, 14, SI
$\{1,2,4\}$	(16)	$E^1((a\circ b)^1\circ(b\circ a))$		6, 15, R.A.A.
$\{1,2,4\}$	(17)	$(x)(y)\,[E^1((x\circ y)^1\circ(y\circ x))]$		16, UG, x/a, y/b

Th.12	$\{1\}$	(1)	$(x)(y)\,[E^1(x\circ y)\to E^1(y\circ x)]$	P
	$\{2\}$	(2)	$(x)(y)\,[E^1x\to E^1(x\circ y)]$	P
	$\{3\}$	(3)	$(x)\,(E^1x^1\to -E^1x)$	P
	$\{4\}$	(4)	$(x)\,(-E^1x^1\to E^1x)$	P
	$\{5\}$	(5)	$(x)(y)\,[E^1(x\circ y)\wedge E^1x^1\to E^1y]$	P
	$\{6\}$	(6)	$-E^1\,[(a^1\circ b)^1\circ((c\circ a)^1\circ(c\circ b))]$	P
	$\{2\}$	(7)	$E^1(a^1\circ b)^1\to$	2, US, $x/(a^1\circ b)^1$,
			$E^1\,[(a^1\circ b)^1\circ((c\circ a)^1\circ(c\circ b))]$	$y/((c\circ a^1)\circ(c\circ b))$
	$\{4\}$	(8)	$-E^1(a^1\circ b)^1\to E^1(a^1\circ b)$	4, US, $x/(a^1\circ b)$
	$\{2,4,6\}$	(9)	$E^1(a^1\circ b)$	6, 7, 8, SI
	$\{1\}$	(10)	$E^1\,[((c\circ a)^1\circ(c\circ b))\circ(a^1\circ b)^1]$	1, US, $x/((c\circ a)^1\circ$
			$\to E^1\,[(a^1\circ b)^1\circ((c\circ a)^1\circ(c\circ b))]$	$(c\circ b))$, $y/(a^1\circ b)^1$
	$\{2\}$	(11)	$E^1((c\circ a)^1\circ(c\circ b))\to$	2, US, $x/((c\circ a)^1\circ$
			$E^1\,[((c\circ a)^1\circ(c\circ b))\circ(a^1\circ b)^1]$	$(c\circ b))$, $y/(a^1\circ b)^1$
	$\{1,2,6\}$	(12)	$-E^1((c\circ a)^1\circ(c\circ b))$	6, 10, 11, SI
	$\{2\}$	(13)	$E^1(c\circ a)^1\to E^1((c\circ a)^1\circ(c\circ b))$	2, US, $x/(c\circ a)^1$,
				$y/(c\circ b)$
	$\{4\}$	(14)	$-E^1(c\circ a)^1\to E^1(c\circ a)$	4, US, $x/(c\circ a)$

$\{1, 2, 4, 6\}$	(15)	$E^1(c \circ a)$
$\{1\}$	(16)	$E^1((c \circ b) \circ (c \circ a)^1) \rightarrow$ $E^1((c \circ a)^1 \circ (c \circ b))$
$\{2\}$	(17)	$E^1(c \circ b) \rightarrow E^1((c \circ b) \circ (c \circ a)^1)$
$\{1, 2, 6\}$	(18)	$-E^1(c \circ b)$
$\{2\}$	(19)	$E^1 c \rightarrow E^1(c \circ b)$
$\{4\}$	(20)	$-E^1 c^1 \rightarrow E^1 c$
$\{1, 2, 4, 6\}$	(21)	$E^1 c^1$
$\{1\}$	(22)	$E^1(b \circ c) \rightarrow E^1(c \circ b)$
$\{2\}$	(23)	$E^1 b \rightarrow E^1(b \circ c)$
$\{1, 2, 6\}$	(24)	$-E^1 b$
$\{5\}$	(25)	$E^1(c \circ a) \wedge E^1 c^1 \rightarrow E^1 a$
$\{1, 2, 4, 5, 6\}$	(26)	$E^1 a$
$\{3\}$	(27)	$E^1 a^1 \rightarrow -E^1 a$
$\{4\}$	(28)	$-E^1(a^1)^1 \rightarrow E^1 a^1$
$\{1, 2, 3, 4, 5, 6\}$	(29)	$E^1(a^1)^1$
$\{5\}$	(30)	$E^1(a^1 \circ b) \wedge E^1(a^1)^1 \rightarrow E^1 b$
$\{1, 2, 3, 4, 5, 6\}$	(31)	$E^1 b$
$\{1, 2, 3, 4, 5, 6\}$	(32)	$E^1 b \wedge -E^1 b$
$\{1, 2, 3, 4, 5\}$	(33)	$E^1 [(a^1 \circ b)^1 \circ ((c \circ a)^1 \circ ((c \circ b))]$
$\{1, 2, 3, 4, 5\}$	(34)	$(x)(y)(z) [E^1 [(x^1 \circ y)^1 \circ ((z \circ x)^1 \circ (z \circ y))]]$

12, 13, 14, SI
1, US, $x / (c \circ b)$, $y / (c \circ a)^1$
2, US, $x / (c \circ b)$, $y / (c \circ a)^1$
12, 16, 17, SI
2, US, x / c, y / b
4, US, x / c
18, 19, 20, SI
1, US, x / b, y / c
2, US, x / b, y / c
18, 22, 23, SI
5, US, x / c, y / a
15, 21, 25, SI
3, US, x / a
4, US, x / a^1
26, 27, 28, SI
5, US, x / a^1, y / b
9, 29, 30, SI
24, 31, Adj.
6, 32, R.A.A.
33, UG, x / a, y / b, z / c

習　題

1. 使用 SI 規則，把 7–2 的〔例Ⅰ〕～〔例Ⅷ〕以及習題 4 的證明寫成比較簡短的推論。

2. 不要使用 SI 規則，證明本節中〔例Ⅰ〕的 Th.1、Th.3 和 Th.5 以及〔例Ⅱ〕的 Th.5 和 Th.9。

3. 我們在〔例Ⅰ〕中曾列出兩個能使 A1～A4 皆為真的解釋，並說明在第一個解釋下 A1～A4 的意義。現在請讀者說明在第一個解釋下 Th.1～Th.8 的意義，以及在第二個解釋下 A1～A4 和 Th.1～Th.8 的意義。

4. 我們在〔例Ⅱ〕中曾列出一個能使 A1～A5 皆為真的解釋，並說明在此解釋下 A1～A5 的意義。現在請讀者說明在此解釋下 Th.1～Th.12 的意義。

5. 試列出另一個能使〔例Ⅱ〕的 A1～A5 皆為真的解釋，並說明在此解釋下 A1～A5 和 Th.1～Th.12 的意義。

6. 由下列七個公理

A1　$(x)(y)(z) (A^2xy \wedge A^2yz \rightarrow A^2xz)$

A2　$(x)(y)(z) (A^2xy \wedge E^2yz \rightarrow E^2xz)$

A3　$(x)(y) (I^2xy \rightarrow I^2yx)$

A4　$(x)(y) (E^2xy \rightarrow E^2yx)$

A5　$(x)(y) (A^2xy \rightarrow I^2yx)$

A6　$(x)(y) (E^2xy \leftrightarrow -I^2xy)$

A7　$(x)(y) (O^2xy \leftrightarrow -A^2xy)$

證明下列十二個定理：

Th.1　$(x)(y)(z) (A^2xy \wedge E^2zy \rightarrow E^2xz)$

Th.2 $(x)(y)(z)$ $(E^2xy \land A^2zy \to E^2xz)$

Th.3 $(x)(y)(z)$ $(I^2xy \land A^2yz \to I^2xz)$

Th.4 $(x)(y)(z)$ $(I^2xy \land E^2yz \to O^2xz)$

Th.5 $(x)(y)(z)$ $(I^2xy \land E^2zy \to O^2xz)$

Th.6 $(x)(y)(z)$ $(O^2xy \land A^2zy \to O^2xz)$

Th.7 $(x)(y)(z)$ $(A^2yx \land A^2yz \to I^2xz)$

Th.8 $(x)(y)(z)$ $(A^2yx \land E^2yz \to O^2xz)$

Th.9 $(x)(y)(z)$ $(A^2yx \land I^2yz \to I^2xz)$

Th.10 $(x)(y)(z)$ $(I^2yx \land A^2yz \to I^2xz)$

Th.11 $(x)(y)(z)$ $(A^2yx \land O^2yz \to O^2xz)$

Th.12 $(x)(y)(z)$ $(I^2yx \land E^2yz \to O^2xz)$

7. 試列出一個能使上題中 A1～A7 皆為真的解釋，並說明在此解釋下 A1～A7 和 Th.1～Th.12 的意義。

7–4　量詞的互換

US 規則和 UG 規則都是用來處理全稱量詞的。我們到現在為止，還沒有介紹處理存在量詞的推論規則。因此，有些出現存在量詞的有效論證，只用我們已介紹過的推論規則，是無法證明的。下面兩個論證就是很明顯的例子：

　　　孫民仁昨天遲到。

∴有人昨天遲到。

　　　不及格的人一定要補考。

　　　有人不及格。

∴有人要補考。

這兩個論證都是有效的。以「a」表「孫民仁」，以「L^1」表一元述詞「是昨天遲到的人」，以「P^1」表一元述詞「是及格的人」，以「R^1」表一元述詞「是要補考的人」，則這兩個論證可寫成

$$L^1a$$
$$\therefore (\exists x)(L^1x)$$

$$(x)(-P^1x \to R^1x)$$
$$(\exists x)(-P^1x)$$
$$\therefore (\exists x)(R^1x)$$

我們已介紹過的規則無法處理這兩個論證中的存在量詞「$(\exists x)$」。現在我們要介紹一個規則，來彌補上述的缺憾。請考慮下面的句式：

$$(1) \quad (x)(-L^1x)$$

設「L^1」表一元述詞「遲到」，則(1)的意思是：一切個體都不遲到。而(1)的否定句

$$(2) \quad -(x)(-L^1x)$$

表示(1)為假，亦即並非一切個體都不遲到；換言之，至少有一個個體遲到。因此，(2)的意思又可寫成

$$(3) \quad (\exists x)(L^1x)$$

　　從上面的例子，我們可以看出：否定一切個體都不如何，意即肯定至少有一個個體如何。因此，我們可以有下面的推論規則：

　　設 ϕ 為任意一個句式，α 為任意一個個體變元，則由 $-(\alpha)-\phi$ 可導出 $(\exists \alpha)\phi$；反之，由 $(\exists \alpha)\phi$ 也可導出 $-(\alpha)-\phi$。

這個規則叫做「量詞互換規則」(rule of interchange of quantifiers)，記作「Q」。很明顯的，$-(\alpha)-\phi$ 與 $(\exists \alpha)\phi$ 的邏輯意義是完全相同的。$(\alpha)-\phi$ 是表示：以任意個體常元取代 $-\phi$ 中 α 的每一個自由出現，所產生的句式必定為真。因而 $(\alpha)-\phi$ 的否定句 $-(\alpha)-\phi$ 即表示：並非以

任意個體常元取代 $-\phi$ 中 α 的每一個自由出現，皆能產生真的句式；換言之，至少有一個個體常元能取代 $-\phi$ 中 α 的每一個自由出現而產生假的句式；亦即至少有一個個體常元能取代 ϕ 中 α 的每一個自由出現而產生真的句式。而這個意思恰好是 $(\exists\alpha)\,\phi$ 所要表達的。$-(\alpha)\,-\phi$ 與 $(\exists\alpha)\,\phi$ 的意義既然相同，則即使它們只是整個句式的一部分，也可以隨意互換而不致改變整個句式的意義。然而，本節所介紹的 Q 規則，只允許對整個句式使用，而不允許對整個句式的一部分使用。換言之，只有當 $-(\alpha)-$ 在整個句式的最前端，而其控制範圍直到整個句式的最末端時，才可依據 Q 規則把 $-(\alpha)-$ 改成 $(\exists\alpha)$；也只有當 $(\exists\alpha)$ 在整個句式的最前端，而其控制範圍直到整個句式的最末端時，才可依據 Q 規則把 $(\exists\alpha)$ 改成 $-(\alpha)-$。例如：依據 Q 規則，由(2)可導出(3)，由(3)也可導出(2)；但是，若只依據 Q 規則而無其他推論規則，則無法由

$\quad$ (4) $\quad (x)\,[F^1x \to (\exists y)\,(F^1y \wedge G^2xy)]$

導出

$\quad$ (5) $\quad (x)\,[F^1x \to -(y)\,-(F^1y \wedge G^2xy)]$

也不能由(5)導出(4)，因為「$(\exists y)$」和「$-(y)-$」並不在整個句式的最前端。若要由(4)導出(5)以及由(5)導出(4)，則必須完成下面的推論：

{1}	(1)	$(x)\,[F^1x \to (\exists y)\,(F^1y \wedge G^2xy)]$	P
{2}	(2)	F^1a	P
{1}	(3)	$F^1a \to (\exists y)\,(F^1y \wedge G^2ay)$	1, US
{1, 2}	(4)	$(\exists y)\,(F^1y \wedge G^2ay)$	2, 3, SI
{1, 2}	(5)	$-(y)-(F^1y \wedge G^2ay)$	4, Q
{1}	(6)	$F^1a \to -(y)-(F^1y \wedge G^2ay)$	2, 5, C.P.
{1}	(7)	$(x)\,[F^1x \to -(y)-(F^1y \wedge G^2xy)]$	6, UG

{1}	⑴	$(x)\,[F^1x \to -(y)-(F^1y \land G^2xy)]$	P
{2}	⑵	F^1a	P
{1}	⑶	$F^1a \to -(y)-(F^1y \land G^2ay)$	1, US
{1, 2}	⑷	$-(y)-(F^1y \land G^2ay)$	2, 3, SI
{1, 2}	⑸	$(\exists y)\,(F^1y \land G^2ay)$	4, Q
{1}	⑹	$F^1a \to (\exists y)\,(F^1y \land G^2ay)$	2, 5, C.P.
{1}	⑺	$(x)\,[F^1x \to (\exists y)\,(F^1y \land G^2xy)]$	6, UG

　　既然 $-(\alpha)-\phi$ 與 $(\exists\alpha)\,\phi$ 的意義完全相同，為什麼不允許它們隨意互換，而一定要當它們本身就是整個句式而不是整個句式的一部分時，才允許它們互換呢？理由是這樣的。如果 $-(\alpha)-\phi$ 與 $(\exists\alpha)\,\phi$ 是推論中的整個句式，則它們必定是沒有自由變元的語句。而所謂兩個語句的意義相同，意即在任何解釋下，這兩個語句不可能一真一假；因此，允許這兩個語句互換，不致由真的語句導出假的語句。反之，如果 $-(\alpha)-\phi$ 和 $(\exists\alpha)\,\phi$ 是推論中某一個句式的一部分，則它們可能含有自由變元而為開放句式。而開放句式並無真假可言；兩個開放句式在何種情形下意義相同，我們尚未加以說明。因此，我們目前暫且不允許 Q 規則在整個句式中的一部分來使用。

　　使用 Q 規則有一點必須注意的：$-(\alpha)-\phi$ 中全稱量詞後的否定號必須否定整個 ϕ；若是只否定 ϕ 的一部分，則不可使用 Q 規則。例如：

　　　　⑹　$-(x)\,(-H^1x \to F^1x)$

中「(x)」後的否定號只否定「H^1x」，並未否定整個「$H^1x \to F^1x$」，故不可使用 Q 規則由⑹導出

　　　　⑺　$(\exists x)\,(H^1x \to F^1x)$

　　現在我們有 Q 規則可以使全稱量詞和存在量詞互換，因而在本節

開頭所列的那兩個論證也就可以證明出來。證明第一個論證，我們先
導出「–(x) (–L¹x)」，然後依據 Q 規則導出「(∃x) (L¹x)」。其推論
如下：

$$
\begin{array}{lll}
\{1\} & (1) & \mathrm{L}^1a & P \\
\{2\} & (2) & (x)\,(-\mathrm{L}^1x) & P \\
\{2\} & (3) & -\mathrm{L}^1a & 2,\ US \\
\{1, 2\} & (4) & \mathrm{L}^1a \wedge -\mathrm{L}^1a & 1,\ 3,\ SI \\
\{1\} & (5) & -(x)\,(-\mathrm{L}^1x) & 2,\ 4,\ R.A.A. \\
\{1\} & (6) & (\exists x)\,(\mathrm{L}^1x) & 5,\ Q
\end{array}
$$

證明第二個論證，須要把第二個前提「(∃x) (–P¹x)」改成「–(x)
–(–P¹x)」。其推論如下：

$$
\begin{array}{lll}
\{1\} & (1) & (x)\,(-\mathrm{P}^1x \rightarrow \mathrm{R}^1x) & P \\
\{2\} & (2) & (\exists x)\,(-\mathrm{P}^1x) & P \\
\{3\} & (3) & (x)\,(-\mathrm{R}^1x) & P \\
\{1\} & (4) & -\mathrm{P}^1a \rightarrow \mathrm{R}^1a & 1,\ US \\
\{3\} & (5) & -\mathrm{R}^1a & 3,\ US \\
\{1, 3\} & (6) & --\mathrm{P}^1a & 4,\ 5,\ SI \\
\{1, 3\} & (7) & (x)\,(--\mathrm{P}^1x) & 6,\ UG \\
\{2\} & (8) & -(x)\,(--\mathrm{P}^1x) & 2,\ Q \\
\{1, 2, 3\} & (9) & (x)\,(--\mathrm{P}^1x) \wedge -(x)\,(--\mathrm{P}^1x) & 7,\ 8,\ SI \\
\{1, 2\} & (10) & -(x)\,(-\mathrm{R}^1x) & 3,\ 9,\ R.A.A. \\
\{1, 2\} & (11) & (\exists x)\,(\mathrm{R}^1x) & 10,\ Q
\end{array}
$$

我們到現在為止所介紹的推論規則，足以證明一切量限邏輯的有
效論證。現在讓我們來證明一些論證。

〔**例 I**〕 所有的<u>中國</u>人都是<u>亞洲</u>人。

有些黃種人不是<u>亞洲</u>人。

∴有些黃種人不是<u>中國</u>人。

以「C^1」表一元述詞「是<u>中國</u>人」，以「A^1」表一元述詞「是<u>亞洲</u>人」，以「Y^1」表一元述詞「是黃種人」，則這個論證可寫成

$$(x)\,(C^1x \rightarrow A^1x)$$

$$(\exists x)\,(Y^1x \wedge {-}A^1x)$$

$$\therefore (\exists x)\,(Y^1x \wedge {-}C^1x)$$

我們知道：結論的意義與「${-}(x)\,{-}(Y^1x \wedge {-}C^1x)$」相同。因此，可以先用歸謬法證出 「${-}(x)\,{-}(Y^1x \wedge {-}C^1x)$」，然後再依據 Q 規則改成 「$(\exists x)\,(Y^1x \wedge {-}C^1x)$」。而所謂用歸謬法證出 「${-}(x)\,{-}(Y^1x \wedge {-}C^1x)$」 意即假設「$(x)\,{-}(Y^1x \wedge {-}C^1x)$」以導出矛盾句。現將整個推論列出：

{1}	(1)	$(x)\,(C^1x \rightarrow A^1x)$	P
{2}	(2)	$(\exists x)\,(Y^1x \wedge {-}A^1x)$	P
{3}	(3)	$(x)\,{-}(Y^1x \wedge {-}C^1x)$	P
{3}	(4)	${-}(Y^1a \wedge {-}C^1a)$	3, US
{1}	(5)	$C^1a \rightarrow A^1a$	1, US
{1, 3}	(6)	${-}(Y^1a \wedge {-}A^1a)$	4, 5, SI
{1, 3}	(7)	$(x)\,{-}(Y^1x \wedge {-}A^1x)$	6, UG
{2}	(8)	${-}(x)\,{-}(Y^1x \wedge {-}A^1x)$	2, Q
{1, 2, 3}	(9)	$(x)\,{-}(Y^1x \wedge {-}A^1x) \wedge$ ${-}(x)\,{-}(Y^1x \wedge {-}A^1x)$	7, 8, SI
{1, 2}	(10)	${-}(x)\,{-}(Y^1x \wedge {-}C^1x)$	3, 9, R.A.A.
{1, 2}	(11)	$(\exists x)\,(Y^1x \wedge {-}C^1x)$	10, Q

〔**例 Ⅱ**〕 $(x)\,(F^1x \rightarrow G^1x)$

$\qquad\quad (x)\,(F^1x \vee H^1x)$

$$(x) (H^1x \rightarrow F^1x)$$
$$\therefore (\exists x) (F^1x \wedge G^1x)$$

這個論證的證法與〔例 I〕相同，先用歸謬法證出 「$-(x) -(F^1x \wedge$ $G^1x)$」，亦即假設「$(x) -(F^1x \wedge G^1x)$」以導出矛盾句；然後依據 Q 規則把「$-(x) -(F^1x \wedge G^1x)$」改成「$(\exists x) (F^1x \wedge G^1x)$」。其推論如下：

{1}	⑴	$(x) (F^1x \rightarrow G^1x)$	P
{2}	⑵	$(x) (F^1x \vee H^1x)$	P
{3}	⑶	$(x) (H^1x \rightarrow F^1x)$	P
{4}	⑷	$(x) -(F^1x \wedge G^1x)$	P
{1}	⑸	$F^1a \rightarrow G^1a$	1, US
{2}	⑹	$F^1a \vee H^1a$	2, US
{3}	⑺	$H^1a \rightarrow F^1a$	3, US
{1, 2, 3}	⑻	$F^1a \wedge G^1a$	5, 6, 7, SI
{4}	⑼	$-(F^1a \wedge G^1a)$	4, US
{1, 2, 3, 4}	⑽	$(F^1a \wedge G^1a) \wedge -(F^1a \wedge G^1a)$	8, 9, SI
{1, 2, 3}	⑾	$-(x) -(F^1x \wedge G^1x)$	4, 10, R.A.A.
{1, 2, 3}	⑿	$(\exists x) (F^1x \wedge G^1x)$	11, Q

〔例 III〕偶數必定是整數。
　　　　　∴偶數的倍數必定是整數的倍數。

以「E^1」表一元述詞「是偶數」，以「I^1」表一元述詞「是整數」，以「M^2」表二元述詞「…是 --- 的倍數」，則這個論證可寫成

$$(x)(E^1x \rightarrow I^1x)$$
$$\therefore (x) \left[(\exists y)(E^1y \wedge M^2xy) \rightarrow (\exists y)(I^1y \wedge M^2xy) \right]$$

其推論如下：

{1}	(1)	$(x) (E^1x \to I^1x)$	P
{2}	(2)	$(\exists y) (E^1y \wedge M^2ay)$	P
{3}	(3)	$(y) -(I^1y \wedge M^2ay)$	P
{3}	(4)	$-(I^1b \wedge M^2ab)$	3, US
{1}	(5)	$E^1b \to I^1b$	1, US
{1, 3}	(6)	$-(E^1b \wedge M^2ab)$	4, 5, SI
{1, 3}	(7)	$(y) -(E^1y \wedge M^2ay)$	6, UG
{2}	(8)	$-(y) -(E^1y \wedge M^2ay)$	2, Q
{1, 2, 3}	(9)	$(y) -(E^1y \wedge M^2ay) \wedge$ $-(y) -(E^1y \wedge M^2ay)$	7, 8, SI
{1, 2}	(10)	$-(y) -(I^1y \wedge M^2ay)$	3, 9, R.A.A.
{1, 2}	(11)	$(\exists y) (I^1y \wedge M^2ay)$	10, Q
{1}	(12)	$(\exists y) (E^1y \wedge M^2ay) \to$ $(\exists y) (I^1y \wedge M^2ay)$	2, 11, C.P.
{1}	(13)	$(x) [(\exists y) (E^1y \wedge M^2xy) \to$ $(\exists y) (I^1y \wedge M^2xy)]$	12, UG

〔例IV〕 每一個大一學生都認識每一個大二學生。

每一個大一學生都不認識任何足球選手。

有大一學生存在。

∴沒有大二學生當足球選手。

以「F^1」表一元述詞「是大一學生」，以「K^2」表二元述詞「…認識－－－」，以「S^1」表一元述詞「是大二學生」，以「P^1」表一元述詞「是足球選手」，則這個論證可寫成

$$(x) [F^1x \to (y)(S^1y \to K^2xy)]$$

$$(x) [F^1x \to (y)(P^1y \to -K^2xy)]$$

$$(\exists x)\,(\mathrm{F}^1 x)$$

$$\therefore (x)\,(\mathrm{S}^1 x \to -\mathrm{P}^1 x)$$

這個論證的推論相當複雜，請讀者參閱推論之後所做的說明，細心揣摩。

{1}	(1)	$(x)\,[\mathrm{F}^1 x \to (y)\,(\mathrm{S}^1 y \to \mathrm{K}^2 xy)]$	P
{2}	(2)	$(x)\,[\mathrm{F}^1 x \to (y)\,(\mathrm{P}^1 y \to \mathrm{K}^2 xy)]$	P
{3}	(3)	$(\exists x)\,(\mathrm{F}^1 x)$	P
{4}	(4)	$\mathrm{F}^1 a$	P
{1}	(5)	$\mathrm{F}^1 a \to (y)\,(\mathrm{S}^1 y \to \mathrm{K}^2 ay)$	1, US
{1, 4}	(6)	$(y)\,(\mathrm{S}^1 y \to \mathrm{K}^2 ay)$	4, 5, SI
{2}	(7)	$\mathrm{F}^1 a \to (y)\,(\mathrm{P}^1 y \to -\mathrm{K}^2 ay)$	2, US
{2, 4}	(8)	$(y)\,(\mathrm{P}^1 y \to -\mathrm{K}^2 ay)$	4, 7, SI
{1, 4}	(9)	$\mathrm{S}^1 b \to \mathrm{K}^2 ab$	6, US
{2, 4}	(10)	$\mathrm{P}^1 b \to -\mathrm{K}^2 ab$	8, US
{1, 2, 4}	(11)	$\mathrm{S}^1 b \to -\mathrm{P}^1 b$	9, 10, SI
{1, 2, 4}	(12)	$(x)\,(\mathrm{S}^1 x \to -\mathrm{P}^1 x)$	11, UG
{1, 2}	(13)	$\mathrm{F}^1 a \to (x)\,(\mathrm{S}^1 x \to -\mathrm{P}^1 x)$	4, 12, C.P.
{14}	(14)	$-(x)\,(\mathrm{S}^1 x \to -\mathrm{P}^1 x)$	P
{1, 2, 14}	(15)	$-\mathrm{F}^1 a$	13, 14, SI
{1, 2, 14}	(16)	$(x)\,(-\mathrm{F}^1 x)$	15, UG
{3}	(17)	$-(x)\,(-\mathrm{F}^1 x)$	3, Q
{1, 2, 3, 14}	(18)	$(x)\,(-\mathrm{F}^1 x) \wedge -(x)\,(-\mathrm{F}^1 x)$	16, 17, SI
{1, 2, 3}	(19)	$(x)\,(\mathrm{S}^1 x \to -\mathrm{P}^1 x)$	14, 18, R.A.A.

　　這個推論的主要步驟是這樣的：前提⑶告訴我們有大一學生存在，但並未指明那一個人是大一學生，我們暫且假定有一個人 a 是大一學

生，亦即假設(4)；然後，由(1)、(2)、(4)導出我們所要的結論(12)。但是，(12)是由(1)、(2)、(4)導出的，而我們的論證是要從(1)、(2)、(3)導出結論；因此，我們必須設法把(12)左邊所註明的數字改成「1, 2, 3」，亦即把「4」換成「3」。首先，我們對(4)和(12)使用 C.P. 規則導出一個以(4)為前件而以(12)為後件的條件句(13)；因為使用 C.P. 規則，故(13)左邊所註明的數字已刪去了「4」而只剩「1, 2」。其次，我們若能由(3)和(13)導出結論，則結論的左邊必定只註明「1, 2, 3」而沒有「4」，因而也就完成了這個論證的推論。從(14)到(19)就是用歸謬法由(3)和(13)導出結論的步驟。

〔例 V〕　每一個大一學生都不認識任何大二學生。

　　　　　每一個大一學生都會認識一、兩個足球選手。

　　　　　有大一學生存在。

　　　∴有的足球選手不是大二學生。

若表述詞的英文字母與〔例 IV〕相同，則這個論證可寫成

$$(x)[F^1x \to (y)(S^1y \to -K^2xy)]$$

$$(x)[F^1x \to (\exists y)(P^1y \land K^2xy)]$$

$$(\exists x)(F^1x)$$

$$\therefore (\exists x)(P^1x \land -S^1x)$$

其推論如下：

{1}	(1)	$(x)[F^1x \to (y)(S^1y \to -K^2xy)]$	P
{2}	(2)	$(x)[F^1x \to (\exists y)(P^1y \land K^2xy)]$	P
{3}	(3)	$(\exists x)(F^1x)$	P
{4}	(4)	F^1a	P
{1}	(5)	$F^1a \to (y)(S^1y \to -K^2ay)$	1, US
{1, 4}	(6)	$(y)(S^1y \to -K^2ay)$	4, 5, SI
{2}	(7)	$F^1a \to (\exists y)(P^1y \land K^2ay)$	2, US

$\{2, 4\}$	(8)	$(\exists y)\,(P^1y \wedge K^2ay)$	4, 7, SI
$\{9\}$	(9)	$(x)\,-(P^1x \wedge -S^1x)$	P
$\{9\}$	(10)	$-(P^1b \wedge -S^1b)$	9, US
$\{1, 4\}$	(11)	$S^1b \to -K^2ab$	6, US
$\{1, 4, 9\}$	(12)	$-(P^1b \wedge K^2ab)$	10, 11, SI
$\{1, 4, 9\}$	(13)	$(y)\,-(P^1y \wedge K^2ay)$	12, UG
$\{2, 4\}$	(14)	$-(y)\,-(P^1y \wedge K^2ay)$	8, Q
$\{1, 2, 4, 9\}$	(15)	$(y)\,-(P^1y \wedge K^2ay) \wedge$	
		$\quad -(y)\,-(P^1y \wedge K^2ay)$	13, 14, SI
$\{1, 2, 4\}$	(16)	$-(x)\,-(P^1x \wedge -S^1x)$	9, 15, R.A.A.
$\{1, 2, 4\}$	(17)	$(\exists x)\,(P^1x \wedge -S^1x)$	16, Q
$\{1, 2\}$	(18)	$F^1a \to (\exists x)\,(P^1x \wedge -S^1x)$	4, 17, C.P.
$\{19\}$	(19)	$-(\exists x)\,(P^1x \wedge -S^1x)$	P
$\{1, 2, 19\}$	(20)	$-F^1a$	18, 19, SI
$\{1, 2, 19\}$	(21)	$(x)\,(-F^1x)$	20, UG
$\{3\}$	(22)	$-(x)\,(-F^1x)$	3, Q
$\{1, 2, 3, 19\}$	(23)	$(x)\,(-F^1x) \wedge -(x)\,(-F^1x)$	21, 22, SI
$\{1, 2, 3\}$	(24)	$(\exists x)\,(P^1x \wedge -S^1x)$	19, 23, R.A.A.

這個推論由(4)到(17)是：假設有一個人 a 是大一學生，亦即假設(4)；然後，由(1)、(2)、(4)導出我們所要的結論(17)。由(18)到(24)是把結論左邊所註明的數字由(17)的「1, 2, 4」改成(24)的「1, 2, 3」。

習　題

1.指出下列推論的錯誤所在：

{1}	(1)	$-(\exists x)\,(F^1x \land G^1x)$	P
{1}	(2)	$--(x)\,-(F^1x \land G^1x)$	1, Q
{1}	(3)	$(x)\,-(F^1x \land G^1x)$	2, SI

{1}	(1)	$(\exists x)\,(F^1x) \land G^1a$	P
{1}	(2)	$-(x)\,-(F^1x) \land G^1a$	1, Q

{1}	(1)	$(y)\,(M^1y \rightarrow W^1y) \rightarrow (\exists x)\,(F^1x \land S^1x)$	P
{2}	(2)	$(x)\,(F^1x \rightarrow -S^1x)$	P
{1}	(3)	$(y)\,(M^1y \rightarrow W^1y) \rightarrow -(x)\,-(F^1x \land S^1x)$	1, Q
{2}	(4)	$(x)\,-(F^1x \land S^1x)$	2, SI
{1, 2}	(5)	$-(y)\,(M^1y \rightarrow W^1y)$	3, 4, SI
{1, 2}	(6)	$-(y)\,-(M^1y \land -W^1y)$	5, SI
{1, 2}	(7)	$(\exists y)\,(M^1y \land -W^1y)$	6, Q

2.上題中的三個推論雖然都是錯誤的，但它們所證明的論證卻都是有效的。請用正確的推論證明這三個論證。

3.下列各論證，若是有效，則由前提導出結論；若是無效，則用解釋的方法證明其無效。

(a)用功的學生不會既補考又重修。有些大二學生重修。因此，有些大二學生不用功。（以「I^1」表一元述詞「是用功的學生」，以「C^1」表一元述詞「補考」，以「R^1」表一元述詞「重修」，以「S^1」表一元述詞「是大二學生」。）

(b)禿頭的人都不用梳子。有些禿頭的人會用吹風機。因此，有些不用梳子的人會用吹風機。（以「B^1」表一元述詞「是禿頭的人」，以「H^1」表一元述詞「用梳子」，以「D^1」表一元述詞「會用吹風機」。）

(c)納粹黨員必定喜歡與自己信仰相同的人。納粹黨員必定不喜歡猶太人。有些納粹黨員殺過猶太人。因此，一定有信仰不相同的人。（以「N¹」表一元述詞「是納粹黨員」，以「L²」表二元述詞「…喜歡 －－－」，以「B²」表二元述詞「…與 －－－ 信仰相同」，以「J¹」表一元述詞「是猶太人」，以「K²」表二元述詞「…殺 －－－」。）

(d)有些整數是正數。有些整數不大於任何正數。因此，有些整數不會比每一個整數小。（以「I¹」表一元述詞「是整數」，以「P¹」表一元述詞「是正數」，以「G²」表二元述詞「…大於 －－－」。）

(e)有人會討厭所有的人。因此，有人會討厭自己。（以「P¹」表一元述詞「是人」，以「A²」表二元述詞「…討厭 －－－」。）

(f)用功的學生一定會精讀本書後面所列舉的每一本邏輯著作。沒有任何用功的學生會精讀懷德海與羅素合著的數學原理，雖然它是一本邏輯著作。因此，本書後面並沒有列舉它。（以「I¹」表一元述詞「是用功的學生」，以「R²」表二元述詞「…會精讀 －－－」，以「M¹」表一元述詞「是本書後面所列舉的」，以「L¹」表一元述詞「是邏輯著作」，以「a」表「懷德海與羅素合著的數學原理」。）

(g)每一個經驗論者都崇拜休姆。有些觀念論者不喜歡任何崇拜休姆的人。因此，有些觀念論者不喜歡任何經驗論者。（以「E¹」表一元述詞「是經驗論者」，以「H¹」表一元述詞「是崇拜休姆的人」，以「I¹」表一元述詞「是觀念論者」，以「L²」表二元述詞「…喜歡 －－－」。）

(h)孫民仁是一個討厭自己的人。因此，有人討厭孫民仁。（以「a」表「孫民仁」，以「A²」表二元述詞「…討厭 －－－」，

以「P¹」表一元述詞「是人」。)

(i)孫民仁是一個討厭自己的人。因此，有人是孫民仁所討厭的。
（同上）

(j)孫民仁是一個討厭自己的人。因此，有人討厭自己。(同上)

7–5　存在一般化

依據我們所介紹過的推論規則，任何量限邏輯的有效論證都可推論出來。但是，因為沒有直接處理存在量詞的規則；因此，每碰到須要處理存在量詞的情形，就必須使用允許全稱量詞和存在量詞互換的 Q 規則以及處理全稱量詞的規則 US 和 UG。我們在本節及下一節將介紹兩個直接處理存在量詞的規則。現在請考慮下面的論證：

〔論證 I〕 F^1a

　　　∴$(\exists x)(F^1x)$

設「F^1」表一元述詞「是大一學生」，「a」表「張敬文」。很明顯的，若已知張敬文是大一學生，則必可推知至少有一個個體是大一學生。一般言之，若已知某一特定個體如何，必可推知至少有一個個體如何。〔論證 I〕既然是有效的，則必可依據前面介紹過的規則由前提導出結論。其推論如下：

〔推論 I〕　{1}　(1)　F^1a　　　　　　P

　　　　　{2}　(2)　$(x)(-F^1x)$　　　P

　　　　　{2}　(3)　$-F^1a$　　　　　2, US

　　　　{1, 2}　(4)　$F^1a \wedge -F^1a$　　1, 3, SI

　　　　　{1}　(5)　$-(x)(-F^1x)$　　2, 4, R.A.A.

　　　　　{1}　(6)　$(\exists x)(F^1x)$　　5, Q

這個推論的步驟是這樣的：因為(6)的最前端有存在量詞控制整個句式，

因此我們要從(1)導出(6)就必須先從(1)導出(5)，再依據 Q 規則由(5)導出(6)；(5)與(6)不同的是：把「(∃x)」換成「–(x)–」。要由(1)導出(5)，我們是用歸謬法先假設(2)；(2)與(5)不同的是：刪去了最前端的否定號；因而(2)與(6)不同的是：把「(∃x)」改成「(x)–」。要由(1)和(2)導出矛盾句，我們是依據 US 規則由(2)導出(1)的否定句(3)；(3)與(6)不同的是：把「(∃x)」改成「–」，並以個體常元「a」取代「x」。因此，若(3)是(1)的否定句，則(1)與(6)不同的是：刪去存在量詞「(∃x)」，並以個體常元「a」取代「x」。若(3)確是(1)的否定句，則可導出矛盾句(4)，因而完成以歸謬法證明〔論證 I〕的推論。

由上面的例子，我們可以看出：設 ϕ 為任意一個句式，α 為任意一個個體變元，β 為任意一個個體常元，則以 $\phi\,\alpha\,/\,\beta$ 為前提而以 $(\exists\alpha)\,\phi$ 為結論的論證必定可按照〔推論 I〕的步驟來證明。這種推論的一般形式如下：

{1}	(1)	$\phi\,\alpha\,/\,\beta$	P
{2}	(2)	$(\alpha)\,-\phi$	P
{2}	(3)	$-\phi\,\alpha\,/\,\beta$	2, US
{1, 2}	(4)	$\phi\,\alpha\,/\,\beta \wedge -\phi\,\alpha\,/\,\beta$	1, 3, SI
{1}	(5)	$-(\alpha)\,-\phi$	2, 4, R.A.A.
{1}	(6)	$(\exists\alpha)\,\phi$	5, Q

這種論證既然可按照固定的推論步驟證明出來，而為有效的論證，則我們可由 $\phi\,\alpha\,/\,\beta$ 直接導出 $(\exists\alpha)\,\phi$，而不必重覆這些固定的步驟。下面的規則就是允許我們省略這些步驟：

設 ϕ 為任意一個句式，α 為任意一個個體變元，β 為任意一個個體常元，則由 $\phi\,\alpha\,/\,\beta$ 可導出 $(\exists\alpha)\,\phi$。

這個規則叫做「存在一般化規則」(rule of existential generalization)，記作「EG」。下面三個論證就是使用 EG 規則由前提導出結論：

〔**論證 II**〕 L^2ab 〔**論證 III**〕 L^2ab

　　　　　$\therefore(\exists x)\,(L^2xb)$　　　　　　　$\therefore(\exists x)\,(L^2ax)$

〔**論證 IV**〕 L^2aa

　　　　　$\therefore(\exists x)\,(L^2xx)$

在〔論證 II〕中，ϕ 是「L^2xb」，α 是「x」，β 是「a」；因而 $\phi\,\alpha\,/\,\beta$ 是「L^2ab」，$(\exists\alpha)\,\phi$ 是「$(\exists x)\,(L^2xb)$」，而由 $\phi\,\alpha\,/\,\beta$ 導出 $(\exists\alpha)\,\phi$ 即是由「L^2ab」導出「$(\exists x)\,(L^2xb)$」。在〔論證 III〕中，ϕ 是「L^2ax」，α 是「x」，β 是「b」；因而 $\phi\,\alpha\,/\,\beta$ 是「L^2ab」，$(\exists\alpha)\,\phi$ 是「$(\exists x)\,(L^2ax)$」，而由 $\phi\,\alpha\,/\,\beta$ 導出 $(\exists\alpha)\,\phi$ 即是由「L^2ab」導出「$(\exists x)\,(L^2ax)$」。在〔論證 IV〕中，ϕ 是「L^2xx」，α 是「x」，β 是「a」；因而 $\phi\,\alpha\,/\,\beta$ 是「L^2aa」，$(\exists\alpha)\,\phi$ 是「$(\exists x)\,(L^2xx)$」，而由 $\phi\,\alpha\,/\,\beta$ 導出 $(\exists\alpha)\,\phi$ 即是由「L^2aa」導出「$(\exists x)\,(L^2xx)$」。現在把這三個論證按照上述的固定步驟證明如下，以供讀者參照比較：

〔**推論 II**〕　$\{1\}$　(1)　L^2ab　　　　　　　P

　　　　　　$\{2\}$　(2)　$(x)-(L^2xb)$　　　　P

　　　　　　$\{2\}$　(3)　$-L^2ab$　　　　　　2, US

　　　　$\{1,2\}$　(4)　$L^2ab\wedge-L^2ab$　　1, 3, SI

　　　　　　$\{1\}$　(5)　$-(x)-(L^2xb)$　　　2, 4, R.A.A.

　　　　　　$\{1\}$　(6)　$(\exists x)\,(L^2xb)$　　　5, Q

〔**推論 III**〕　$\{1\}$　(1)　L^2ab　　　　　　　P

　　　　　　$\{2\}$　(2)　$(x)-(L^2ax)$　　　　P

　　　　　　$\{2\}$　(3)　$-L^2ab$　　　　　　2, US

　　　　$\{1,2\}$　(4)　$L^2ab\wedge-L^2ab$　　1, 3, SI

　　　　　　$\{1\}$　(5)　$-(x)-(L^2ax)$　　　2, 4, R.A.A.

　　　　　　$\{1\}$　(6)　$(\exists x)\,(L^2ax)$　　　5, Q

〔**推論 IV**〕　$\{1\}$　(1)　L^2aa　　　　　　　P

{2}	(2)	$(x)-(L^2xx)$	P
{2}	(3)	$-L^2aa$	2, US
{1, 2}	(4)	$L^2aa \wedge -L^2aa$	1, 3, SI
{1}	(5)	$-(x)-(L^2xx)$	2, 4, R.A.A.
{1}	(6)	$(\exists x)(L^2xx)$	5, Q

我們很清楚的可以看出：若依據 EG 規則由(1)直接導出(6)，則被改成
「x」的個體常元，恰好是依據 US 規則由(2)導出(3)時用來取代「x」
的個體常元。例如：〔推論 II〕中，由(2)導出(3)是用「a」取代「x」，
因此由(1)導出(6)是把「a」改成「x」；〔推論III〕中，由(2)導出(3)是用
「b」取代「x」，因此由(1)導出(6)是把「b」改成「x」；〔推論IV〕中，
由(2)導出(3)是用「a」取代「x」的兩個出現，因此由(1)導出(6)是把
「a」的兩個出現改成「x」。

　　使用 EG 規則，有三點必須注意的。

　　第一，某一個個體常元在某一句式中若出現兩個以上，則依據 EG
規則，不一定要把每一個出現都改成個體變元。例如：由「L^2aa」不
僅可導出「$(\exists x)(L^2xx)$」，且可導出「$(\exists x)(L^2ax)$」和「$(\exists x)(L^2xa)$」；
亦即不一定要把「a」的兩個出現都改成「x」，也可以只改一個，而另
一個保持不變。因為若 ϕ 是「L^2ax」，α 是「x」，β 是「a」，則 $\phi\alpha/\beta$
是「L^2aa」，$(\exists\alpha)\phi$ 是「$(\exists x)(L^2ax)$」，而由 $\phi\alpha/\beta$ 導出 $(\exists\alpha)\phi$ 即是
由「L^2aa」導出「$(\exists x)(L^2ax)$」；若 ϕ 是「L^2xa」，α 是「x」，β 是
「a」，則 $\phi\alpha/\beta$ 是「L^2aa」，$(\exists\alpha)\phi$ 是「$(\exists x)(L^2xa)$」，而由 $\phi\alpha/\beta$ 導
出 $(\exists\alpha)\phi$ 即是由「L^2aa」導出「$(\exists x)(L^2xa)$」。我們如果按照上述的
固定推論步驟來證明，則其理由將更明顯。

〔**推論 V**〕	{1}	(1)	L^2aa	P
	{2}	(2)	$(x)-(L^2ax)$	P
	{2}	(3)	$-L^2aa$	2, US

{1, 2}	(4)	$L^2aa \land -L^2aa$	1, 3, SI
{1}	(5)	$-(x) -(L^2ax)$	2, 4, R.A.A.
{1}	(6)	$(\exists x) (L^2ax)$	5, Q

〔推論VI〕

{1}	(1)	L^2aa	P
{2}	(2)	$(x)-(L^2xa)$	P
{1}	(3)	$-L^2aa$	1, US
{1, 2}	(4)	$L^2aa \land -L^2aa$	1, 3, SI
{1}	(5)	$-(x)-(L^2xa)$	2, 4, R.A.A.
{1}	(6)	$(\exists x) (L^2xa)$	5, Q

〔推論 V 〕中，由(2)導出(3)是用「a」取代出現在「a」右邊的「x」，因此由(1)導出(6)是把右邊的「a」改成「x」；〔推論 VI〕中，由(2)導出(3)是用「a」取代出現在「a」左邊的「x」，因此由(1)導出(6)是把左邊的「a」改成「x」。

既然推論規則允許由(1)導出(6)，則以(1)為前提而以(6)為結論的論證必定是有效的。現在把這兩個論證列在下面：

〔論證 V 〕 L^2aa　　　　　　　　〔論證 VI〕 L^2aa

$\therefore (\exists x) (L^2ax)$　　　　　　　　　　$\therefore (\exists x) (L^2xa)$

這兩個論證之為有效是很明顯的。設 「L^2」 表二元述詞 「…喜歡－－－」，以「a」表「汪啟仁」，則〔論證 V 〕的意思是：已知汪啟仁喜歡自己，我們可以推知有人被汪啟仁所喜歡。〔論證 VI〕的意思是：已知汪啟仁喜歡自己，我們可以推知有人喜歡汪啟仁。這兩個論證都不可能前提真而結論假，因為所謂「有人」可以指汪啟仁本人。

其次，我們必須注意的是：依據 EG 規則，我們不可把一個句式中兩個不同的個體常元改成相同的個體變元。例如：由「L^2ab」不可導出「$(\exists x) (L^2xx)$」，亦即不可把「a」、「b」兩個不同的個體常元都改成「x」。因為若 ϕ 是「L^2xx」，α 是「x」，則 $\phi\alpha/\beta$ 是以某一個個體

常元取代「L²xx」中「x」的每一個自由出現所產生的句式；因此，不管 β 是什麼個體常元，絕對不可能使「x」的兩個自由出現變成兩個不相同的個體常元，亦即不可能產生「L²ab」。現在，讓我們來看看，若是要按照上述的固定推論步驟由「L²ab」導出「(∃x)(L²xx)」，則將遭遇到什麼阻礙：

〔推論 VII〕

{1}	(1)	L²ab	P
{2}	(2)	(x) −(L²xx)	P
{2}	(3)	−L²ab	2, US 之誤用
{1, 2}	(4)	L²ab∧−L²ab	1, 3, SI
{1}	(5)	−(x) −(L²xx)	2, 4, R.A.A.
{1}	(6)	(∃x)(L²xx)	5, Q

若要使(3)成為(1)的否定句，以便導出矛盾句(4)而完成以歸謬法導出(6)的推論，則依據 US 規則由(2)導出(3)時，必須以「a」、「b」分別取代「x」的兩個出現。然而，US 規則並不允許這樣取代，由(2)導出(3)的步驟是錯誤的，是誤用 US 規則的結果。因為不能依據 US 規則由(2)導出(3)，因此不能依據 EG 規則由(1)導出(6)。至於

〔論證 VII〕　L²ab

$\therefore (∃x)(L²xx)$

之為無效，是非常明顯的。它在下面的解釋下，前提真而結論假：

(i)　D＝實數

(ii)　L²xy : x > y

　　　a : 8

　　　b : 6

最後，我們使用 EG 規則必須注意的是：一個個體常元 β 若出現在某一個個體變元 α 的量詞 (α) 或 (∃α) 的控制範圍之內，則不可把 β 的這個出現改成 α。例如：

〔**論證**Ⅷ〕 $I^1a \wedge (y)(S^1y \to L^2ay)$

$\therefore (\exists y)[I^1y \wedge (y)(S^1y \to L^2yy)]$

這個論證的結論不能依據 EG 規則由前提導出。因為若 ϕ 是「$I^1y \wedge (y)$ $(S^1y \to L^2yy)$」，α 是「y」，β 是「a」，則 $\phi \alpha / \beta$ 是以「a」取代「$I^1y \wedge$ $(y)(S^1y \to L^2yy)$」中「y」的每一個自由出現所產生的句式，亦即「$I^1a \wedge$ $(y)(S^1y \to L^2yy)$」而非「$I^1a \wedge (y)(S^1y \to L^2ay)$」；因此，由 $\phi \alpha / \beta$ 導出 $(\exists \alpha)\phi$ 乃是由 「$I^1a \wedge (y)(S^1y \to L^2yy)$」 導出 「$(\exists y)[I^1y \wedge (y)(S^1y \to$ $L^2yy)]$」，而非由「$I^1a \wedge (y)(S^1y \to L^2ay)$」導出「$(\exists y)[I^1y \wedge (y)(S^1y \to$ $L^2yy)]$」。可見〔論證Ⅷ〕之產生乃由於 EG 規則之誤用。而錯誤之由來是：前提中「a」的第二個出現是在「(y)」的控制範圍之內，我們把它改成「y」以致被「(y)」所控制。我們若把「a」改成「x」，或使「a」的第二個出現保持不變而只把第一個出現改成「y」，則不致使它改成個體變元而為原句式中的量詞所控制。很明顯的，下列兩個論證的結論都可依據 EG 規則由前提導出：

〔**論證**Ⅸ〕 $I^1a \wedge (y)(S^1y \to L^2ay)$

$\therefore (\exists x)[I^1x \wedge (y)(S^1y \to L^2xy)]$

〔**論證**Ⅹ〕 $I^1a \wedge (y)(S^1y \to L^2ay)$

$\therefore (\exists y)[I^1y \wedge (y)(S^1y \to L^2ay)]$

在〔論證Ⅸ〕中，ϕ 是「$I^1x \wedge (y)(S^1y \to L^2xy)$」，$\alpha$ 是「x」，β 是「a」；因而 $\phi \alpha / \beta$ 是 「$I^1a \wedge (y)(S^1y \to L^2ay)$」，$(\exists \alpha)\phi$ 是 「$(\exists x)[I^1x \wedge (y)$ $(S^1y \to L^2xy)]$」，而由 $\phi \alpha / \beta$ 導出 $(\exists \alpha)\phi$ 即是由 「$I^1a \wedge (y)(S^1y \to L^2$ $ay)$」 導出 「$(\exists x)[I^1x \wedge (y)(S^1y \to L^2xy)]$」。在 〔論證Ⅹ〕 中，$\phi$ 是「$I^1y \wedge (y)(S^1y \to L^2ay)$」，$\alpha$ 是「y」，β 是「a」；因而 $\phi \alpha / \beta$ 是「$I^1a \wedge$ $(y)(S^1y \to L^2ay)$」，$(\exists \alpha)\phi$ 是 「$(\exists y)[I^1y \wedge (y)(S^1y \to L^2ay)]$」，而由 ϕ α / β 導出 $(\exists \alpha)\phi$ 即是由「$I^1a \wedge (y)(S^1y \to L^2ay)$」導出「$(\exists y)[I^1y \wedge (y)$ $(S^1y \to L^2ay)]$」。

現在，讓我們來看看，若要按照上述的固定推論步驟來證明〔論證Ⅷ〕，則將遭遇到什麼阻礙：

〔推論Ⅷ〕

{1}	(1)	$I^1a \land (y)(S^1y \to L^2ay)$	P
{2}	(2)	$(y) -[I^1y \land (y)(S^1y \to L^2yy)]$	P
{2}	(3)	$-[I^1a \land (y)(S^1y \to L^2ay)]$	2, US 之誤用
{1, 2}	(4)	$[I^1a \land (y)(S^1y \to L^2ay)] \land$	
		$-[I^1a \land (y)(S^1y \to L^2ay)]$	1, 3, SI
{1}	(5)	$-(y) -[I^1y \land (y)(S^1y \to L^2yy)]$	2, 4, R.A.A.
{1}	(6)	$(\exists y)[I^1y \land (y)(S^1y \to L^2yy)]$	5, Q

(3)是(1)的否定句，但依據 US 規則無法由(2)導出(3)，因為以「a」取代「$-[I^1y \land (y)(S^1y \to L^2yy)]$」中「$y$」的每一個自由出現所產生的句式是「$-[I^1a \land (y)(S^1y \to L^2yy)]$」而不是「$-[I^1a \land (y)(S^1y \to L^2ay)]$」。

至於〔論證Ⅸ〕和〔論證Ⅹ〕則可按照上述的固定推論步驟證明如下：

〔推論Ⅸ〕

{1}	(1)	$I^1a \land (y)(S^1y \to L^2ay)$	P
{2}	(2)	$(x) -[I^1x \land (y)(S^1y \to L^2xy)]$	P
{2}	(3)	$-[I^1a \land (y)(S^1y \to L^2ay)]$	2, US
{1, 2}	(4)	$[I^1a \land (y)(S^1y \to L^2ay)] \land$	
		$-[I^1a \land (y)(S^1y \to L^2ay)]$	1, 3, SI
{1}	(5)	$-(x) -[I^1x \land (y)(S^1y \to L^2xy)]$	2, 4, R.A.A.
{1}	(6)	$(\exists x)[I^1x \land (y)(S^1y \to L^2xy)]$	5, Q

〔推論Ⅹ〕

{1}	(1)	$I^1a \land (y)(S^1y \to L^2ay)$	P
{2}	(2)	$(y) -[I^1y \land (y)(S^1y \to L^2ay)]$	P

{2}	(3)	$-[I^1a \land (y)(S^1y \to L^2ay)]$	2, US
{1, 2}	(4)	$[I^1a \land (y)(S^1y \to L^2ay)] \land$	
		$-[I^1a \land (y)(S^1y \to L^2ay)]$	1, 3, SI
{1}	(5)	$-(y)-[I^1y \land (y)(S^1y \to L^2ay)]$	2, 4, R.A.A.
{1}	(6)	$(\exists y)[I^1y \land (y)(S^1y \to L^2ay)]$	5, Q

在〔推論IX〕中，依據 US 規則由(2)導出(3)是用「a」取代「x」；因此，若要依據 EG 規則由(1)導出(6)，則要把「a」改成「x」。在〔推論 X〕中，依據 US 規則由(2)導出(3)是用「a」取代(2)中「y」的第一個出現；因此，若要依據 EG 規則由(1)導出(6)，則要把(1)中「a」的第一個出現改成「y」。

下面三個推論是使用 EG 規則的實例。

〔例 I〕　所有的中國人都是亞洲人。

　　　　鄺友良是黃種人但不是亞洲人。

　　　∴有些黃種人不是中國人。

以「C^1」表一元述詞「是中國人」，以「A^1」表一元述詞「是亞洲人」，以「a」表「鄺友良」，以「Y^1」表一元述詞「是黃種人」，則這個論證可寫成

$$(x)(C^1x \to A^1x)$$

$$Y^1a \land -A^1a$$

$$\therefore (\exists x)(Y^1x \land -C^1x)$$

其推論如下：

{1}	(1)	$(x)(C^1x \to A^1x)$	P
{2}	(2)	$Y^1a \land -A^1a$	P
{1}	(3)	$C^1a \to A^1a$	1, US
{1, 2}	(4)	$Y^1a \land -C^1a$	2, 3, SI

$\{1, 2\}$　　(5)　$(\exists x)(Y^1x \wedge -C^1x)$　　　　　　　　4, EG

〔例 II 〕　$(x)(F^1x \rightarrow G^1x)$

　　　　　　$(x)(F^1x \vee H^1x)$

　　　　　　$(x)(H^1x \rightarrow F^1x)$

　　　$\therefore (\exists x)(F^1x \wedge G^1x)$

這個論證與 7–4 的〔例 II 〕完全相同，但我們現在有 EG 規則可以使用，推論步驟將較簡便：

$\{1\}$　　(1)　$(x)(F^1x \rightarrow G^1x)$　　　　　P

$\{2\}$　　(2)　$(x)(F^1x \vee H^1x)$　　　　　P

$\{3\}$　　(3)　$(x)(H^1x \rightarrow E^1x)$　　　　　P

$\{1\}$　　(4)　$F^1a \rightarrow G^1a$　　　　　　1, US

$\{2\}$　　(5)　$F^1a \vee H^1a$　　　　　　2, US

$\{3\}$　　(6)　$H^1a \rightarrow F^1a$　　　　　　3, US

$\{1, 2, 3\}$　　(7)　$F^1a \wedge G^1a$　　　　　4, 5, 6, SI

$\{1, 2, 3\}$　　(8)　$(\exists x)(F^1x \wedge G^1x)$　　　　7, EG

〔例 III 〕　每一個大一學生都不認識任何大二學生。

　　　　　每一個大一學生都認識陸存仁。

　　　　　黃效文是大一學生而陸存仁是足球選手。

　　　$\therefore$ 有的足球選手不是大二學生。

以「F^1」表一元述詞「是大一學生」，以「K^2」表二元述詞「…認識－－－」，以「S^1」表一元述詞「是大二學生」，以「a」表「陸存仁」，以「b」表「黃效文」，以「P^1」表一元述詞「是足球選手」，則這個論證可寫成

　　　　　$(x)[F^1x \rightarrow (y)(S^1y \rightarrow -K^2xy)]$

$$(x)\,(F^1x \to K^2xa)$$

$$F^1b \land P^1a$$

$$\therefore (\exists x)\,(P^1x \land -S^1x)$$

其推論如下：

{1}	(1)	$(x)\,[F^1x \to (y)\,(S^1y \to -K^2xy)]$	P
{2}	(2)	$(x)\,(F^1x \to K^2xa)$	P
{3}	(3)	$F^1b \land P^1a$	P
{1}	(4)	$F^1b \to (y)\,(S^1y \to -K^2by)$	1, US
{1, 3}	(5)	$(y)\,(S^1y \to -K^2by)$	3, 4, SI
{1, 3}	(6)	$S^1a \to -K^2ba$	5, US
{2}	(7)	$F^1b \to K^2ba$	2, US
{1, 2, 3}	(8)	$P^1a \land -S^1a$	3, 6, 7, SI
{1, 2, 3}	(9)	$(\exists x)\,(P^1x \land -S^1x)$	8, EG

習 題

1. 用解釋的方法證明本節中的〔論證Ⅷ〕是無效的。

2. 下列各題中，右邊的四個句式中有三個是可以依據 EG 規則由左邊的句式導出的，只有一個是無法導出的。請指出是那一個，並說明無法導出的理由。

(a) $F^1a \to (y)\,(S^1y \to K^2ay)$

　① $(\exists y)\,[F^1y \to (y)\,(S^1y \to K^2ay)]$

　② $(\exists x)\,[F^1a \to (y)\,(S^1y \to K^2xy)]$

　③ $(\exists y)\,[F^1a \to (y)\,(S^1y \to K^2yy)]$

　④ $(\exists x)\,[F^1x \to (y)\,(S^1y \to K^2xy)]$

(b) $(x)\,(F^2ax \to F^2bx)$

① $(\exists y)(x)\,(\mathrm{F}^2 ax \rightarrow \mathrm{F}^2 yx)$

② $(\exists y)(x)\,(\mathrm{F}^2 yx \rightarrow \mathrm{F}^2 yx)$

③ $(\exists y)(x)\,(\mathrm{F}^2 yx \rightarrow \mathrm{F}^2 bx)$

④ $(\exists z)(x)\,(\mathrm{F}^2 zx \rightarrow \mathrm{F}^2 bx)$

(c) $\mathrm{F}^2 ab \wedge \mathrm{M}^2 cb$

① $(\exists x)\,(\mathrm{F}^2 xb) \wedge \mathrm{M}^2 cb$

② $(\exists x)\,(\mathrm{F}^2 ax \wedge \mathrm{M}^2 cx)$

③ $(\exists x)\,(\mathrm{F}^2 xb \wedge \mathrm{M}^2 cb)$

④ $(\exists y)\,(\mathrm{F}^2 ab \wedge \mathrm{M}^2 yb)$

(d) $-(\mathrm{F}^1 a \wedge \mathrm{K}^2 ab)$

① $(\exists x)\,-(\mathrm{F}^1 x \wedge \mathrm{K}^2 xb)$

② $(\exists y)\,-(\mathrm{F}^1 a \wedge \mathrm{K}^2 ay)$

③ $(\exists y)\,-(\mathrm{F}^1 a \wedge \mathrm{K}^2 yb)$

④ $-(\exists y)\,(\mathrm{F}^1 y \wedge \mathrm{K}^2 ab)$

3. 不要使用 EG 規則，證明本節的〔例 I〕和〔例Ⅲ〕；當須要使用 EG 規則時，則按照本節所述的固定推論步驟來證明，以避免 EG 規則的使用。

4. 使用 EG 規則而不要使用 Q 規則，證明下列各論證：

(a)禿頭的人都不用梳子。何國恩是禿頭的人，但常用吹風機。因此，有禿頭的人常用吹風機。(以「B^1」表一元述詞「是禿頭的人」，以「H^1」表一元述詞「用梳子」，以「a」表「何國恩」，以「D^1」表一元述詞「常用吹風機」。)

(b)納粹黨員必定喜歡與自己信仰相同的人。納粹黨員必定不喜歡猶太人。艾治曼是納粹黨員，而愛恩斯坦是猶太人。因此，一定有信仰不相同的人。(以「N^1」表一元述詞「是納粹黨員」，以「L^2」表二元述詞「…喜歡－－－」，以「B^2」表二

元述詞「⋯與 ——— 信仰相同」，以「J^1」表一元述詞「是猶太人」，以「a」表「艾治曼」，以「b」表「愛恩斯坦」。）

(c)孫民仁這個人討厭所有的人。因此，有人討厭自己。（以「a」表「孫民仁」，以「A^2」表二元述詞「⋯討厭———」，以「P^1」表一元述詞「是人」。）

(d)每一個經驗論者都崇拜休姆。王元凱是一個觀念論者，而且不喜歡任何崇拜休姆的人。因此，有的觀念論者不喜歡任何經驗論者。（以「E^1」表一元述詞「是經驗論者」，以「H^1」表一元述詞「是崇拜休姆的人」，以「a」表「王元凱」，以「I^1」表一元述詞「是觀念論者」，以「L^2」表二元述詞「⋯喜歡———」。）

(e) 7–4 中第 3 題的(h)

(f) 7–4 中第 3 題的(i)

(g) 7–4 中第 3 題的(j)

7–6　存在特殊化

依據 EG 規則，若已知某一特定個體具有某性質，則可推知至少有一個個體具有此性質。但是，已知至少有一個個體具有某性質，卻不能因而推知某一特定個體具有此性質。例如：若已知孫民仁不及格，則可推知至少有一個人不及格；但是，已知至少有一個人不及格，卻不能推知孫民仁不及格。以符號式來表示，即可由「$-P^1a$」導出「$(\exists x)\,(-P^1x)$」，卻不可由「$(\exists x)\,(-P^1x)$」導出「$-P^1a$」。可見，EG 規則的反逆規則是不成立的。所謂某一推論規則不成立，意即依有此規則所做的推論可能產生無效的論證。

然而，我們平常推理時卻會用到類似 EG 規則之反逆的推論步驟。

例如：

　　〔論證Ⅰ〕　不及格的人都要補考。

　　　　　　　　有人不及格。

　　　　　　　∴有人要補考。

這個論證可按照下列步驟來推論：

　　(i)首先，我們雖然只知道有人不及格，而不知道到底是那一個人
　　　　不及格；但是，我們卻可以暫且假設這個人叫做「孫民仁」。這
　　　　個步驟很像 EG 規則之反逆。

　　(ii)其次，因為已知不及格的人都要補考，因此可推知：若孫民仁
　　　　不及格，則他必定要補考。

　　(iii)由(i)和(ii)可推知孫民仁要補考。

　　(iv)由(iii)推知有人要補考。

我們在(i)假設為不及格的人若不選用孫民仁，而改用其他的人，諸如：
王元凱、何國恩、張再興、……等等，同樣可以導出結論。可見，在
(i)中假設那一個人不及格，並無關緊要；不管什麼人，只要有人不及
格，就可導出結論「有人補考」。因而〔論證Ⅰ〕即得到證明。

　　現在，讓我們用邏輯符號式寫出上面的推論步驟。以「P^1」表一
元述詞「及格」，以「R^1」表一元述詞「要補考」，以「a」表「孫民
仁」，則〔論證Ⅰ〕可寫成：

$$(x)\,(-P^1x \to R^1x)$$

$$(\exists x)\,(-P^1x)$$

$$\therefore (\exists x)\,(R^1x)$$

而上述的推論步驟可寫成：

〔推論Ⅰ〕　　{1}　(1)　$(x)\,(-P^1x \to R^1x)$　　　　　　P

　　　　　　　{2}　(2)　$(\exists x)\,(-P^1x)$　　　　　　　　　P

　　　　　　　{3}　(3)　$-P^1a$　　　　　　　　　　　　　P

{1}	(4)	$-P^1a \to R^1a$	1, US
{1, 3}	(5)	R^1a	3, 4, SI
{1, 3}	(6)	$(\exists x)\,(R^1x)$	5, EG
{1, 2}	(7)	$(\exists x)\,(R^1x)$	?

由前提(2)知道有人不及格，於是我們暫且假設這個人是 a，這個假設就是(3)。因為(3)無法由(2)導出，而是一個假設。因此，在(3)的右邊註明「P」，而在左邊註明本身的號碼「3」。這與使用條件證法和歸謬法時所假設的前提完全一樣。可見假設(3)這個步驟並不是使用 EG 的反逆規則。很明顯的，假設(3)這個步驟就是上面的(i)，依據 US 規則由(1)導出(4)就是(ii)，依據 SI 規則由(3)和(4)導出(5)就是(iii)，依據 EG 規則由(5)導出(6)就是(iv)。(6)的左邊註明「1, 3」表示這個結論是由(1)和(3)導出的，但是我們所要證明的是由(1)和(2)導出結論。因此，我們必須設法把左邊所註明的數字由「1, 3」改成「1, 2」，換言之，用「2」去取代「3」，證明〔論證 I〕的推論才完成。(7)這個句式與(6)相同，但左邊註明的是「1, 2」，這就表示已完成了整個推論。現在的問題是：(7)是依據什麼規則，由那些句式導出的呢？何以知道由(1)和(3)可導出的句式也一定可由(1)和(2)導出呢？

在〔推論 I〕中，前提(1)和(2)與結論(6)都沒有出現個體常元「a」。「a」是我們假設(3)時所隨意選用的；當初我們若不選用「a」，而選用其他個體常元，照樣可以導出結論(6)。例如：下面的推論就選用「b」而不選用「a」，但導出的結論(6)以及推論的步驟都與〔推論 I〕完全相同。

〔**推論 I′**〕

{1}	(1)	$(x)\,(-P^1x \to R^1x)$	P
{2}	(2)	$(\exists x)\,(-P^1x)$	P
{3}	(3)	$-P^1b$	P
{1}	(4)	$-P^1b \to R^1b$	1, US

| $\{1, 3\}$ | (5) | R^1b | 3, 4, SI |
| $\{1, 3\}$ | (6) | $(\exists x)\,(R^1x)$ | 5, EG |

選用其他個體常元「c」、「d」、「e」、「f」、……等等也是如此。可見，由前提(1)以及「$-P^1a$」、「$-P^1b$」、「$-P^1c$」、「$-P^1d$」、「$-P^1e$」、「$-P^1f$」、……等等之中的任意一個句式，就可導出結論(6)。而前提(2)的意思正好是表示：「$-P^1a$」、「$-P^1b$」、「$-P^1c$」、「$-P^1d$」、「$-P^1e$」、「$-P^1f$」、……等等這些句式中至少有一句為真。因此，由前提(1)和(2)也可導出結論(6)；也就是說，可以把(6)左邊的「3」改成「2」，而導出(7)。

　　如果我們假設的句式中所選用的個體常元是原來的前提或結論所出現過的，則改用其他的個體常元不一定能夠導出同樣的結論。例如：下面的論證是無效的。

〔論證Ⅱ〕　若孫民仁不及格，則必定有人補考。

　　　　　　有人不及格。

　　　　∴有人補考。

現在讓我們來看看，若是用類似〔推論Ⅰ〕的步驟來證明〔論證Ⅱ〕，將遭遇到什麼阻礙。首先，把〔論證Ⅱ〕寫成邏輯符號式：

$$-P^1a \to (\exists x)\,(R^1x)$$

$$(\exists x)\,(-P^1x)$$

$$\therefore (\exists x)\,(R^1x)$$

然後，做如下的推論：

〔推論Ⅱ〕	$\{1\}$	(1)	$-P^1a \to (\exists x)\,(R^1x)$	P
	$\{2\}$	(2)	$(\exists x)\,(-P^1x)$	P
	$\{3\}$	(3)	$-P^1a$	P
	$\{1, 3\}$	(4)	$(\exists x)\,(R^1x)$	1, 3, SI

結論(4)的左邊註明「1, 3」表示由(1)和(3)導出(4)，但是〔論證Ⅱ〕是要由(1)和(2)導出(4)。現在問題是：可否把左邊所註明的數字由「1, 3」改

成「1, 2」？換言之，由⑴和⑶導出的句式是否一定可由⑴和⑵導出？答案是否定的。因為當我們假設⑶時，若不選用「a」而選用其他個體常元「b」、「c」、「d」、…等等，則⑶就與⑴的前件不同，因而無法依據 SI 規則由⑴和⑶導出⑷。換言之，若要導出結論⑷，則假設⑶時一定要選用「a」，而不要選用其他個體常元。然而，前提⑵的意思只是表示：「$-P^1a$」、「$-P^1b$」、「$-P^1c$」、「$-P^1d$」、…等等這些句式中至少有一句為真；而並不表示：「$-P^1a$」一定為真。因此，可由⑴和⑶導出的句式不一定可由⑴和⑵導出；結論⑷左邊所註明的數字不可改成「1, 2」；亦即無法證明〔論證 II〕。

請再考慮下面兩個論證及其推論：

〔**論證 III**〕 $(x)(-P^1x \to R^1x)$　　〔**論證 IV**〕 $(x)(F^2xx \to R^1x)$

　　　　　　$(\exists x)(-P^1x)$　　　　　　　　　　　$(\exists x)(F^2ax)$

　　　　∴R^1a　　　　　　　　　　　　　∴$(\exists x)(R^1x)$

〔**推論 III**〕　$\{1\}$　⑴　$(x)(-P^1x \to R^1x)$　　　　P

　　　　　　　$\{2\}$　⑵　$(\exists x)(-P^1x)$　　　　　　　P

　　　　　　　$\{3\}$　⑶　$-P^1a$　　　　　　　　　　P

　　　　　　　$\{1\}$　⑷　$-P^1a \to R^1a$　　　　　1, US

　　　　　　$\{1, 3\}$　⑸　R^1a　　　　　　　　　3, 4, SI

〔**推論 IV**〕　$\{1\}$　⑴　$(x)(F^2xx \to R^1x)$　　　P

　　　　　　　$\{2\}$　⑵　$(\exists x)(F^2ax)$　　　　　P

　　　　　　　$\{3\}$　⑶　F^2aa　　　　　　　　　P

　　　　　　　$\{1\}$　⑷　$F^2aa \to R^1a$　　　　　1, US

　　　　　　$\{1, 3\}$　⑸　R^1a　　　　　　　　　3, 4, SI

　　　　　　$\{1, 3\}$　⑹　$(\exists x)(R^1x)$　　　　　5, EG

這兩個推論之所以能夠導出結論，乃是因為假設⑶所選用的個體常元「a」是在原來的前提或結論所出現的。當我們假設⑶時，若不選用

「a」而改用其他個體常元，則無法導出同樣的結論。因此，結論左邊
所註明的數字也就不可改成「1, 2」；因而也就無法完成這兩個論證的
推論。實際上，這兩個論證是無效的。

　　上面的四個論證，不管有效或無效，有一個共同之點，就是有一
個前提是以存在量詞控制整個句式的；亦即有一個前提是 $(\exists\alpha)\,\phi$。比
較這四個論證的推論，我們發現它們處理這種前提的方法是相同的：
首先，不直接由前提 $(\exists\alpha)\,\phi$ 導出任何句式，而暫且假設另外一個句式
為前提來代替 $(\exists\alpha)\,\phi$。這個暫時代替 $(\exists\alpha)\,\phi$ 的前提與 $(\exists\alpha)\,\phi$ 不同的
是：刪去 $(\exists\alpha)\,\phi$ 的存在量詞 $(\exists\alpha)$，並以任意一個個體常元 β 取代 ϕ
中 α 的每一個自由出現。簡言之，暫且以 $\phi\,\alpha\,/\,\beta$ 代替 $(\exists\alpha)\,\phi$。其次，
由 $(\exists\alpha)\,\phi$ 以外的前提和 $\phi\,\alpha\,/\,\beta$ 導出我們所要證明的結論。最後，如
果 $\phi\,\alpha\,/\,\beta$ 中的 β 既不出現於 $(\exists\alpha)\,\phi$ 之中，也不出現於結論以及導出
結論的前提之中，則可以把所導出的結論當做是由 $(\exists\alpha)\,\phi$ 以及其他前
提所導出的；換言之，在結論左邊所註明的數字中，可以把 $\phi\,\alpha\,/\,\beta$ 的
號碼改成 $(\exists\alpha)\,\phi$ 的號碼。反之，如果 β 出現於 $(\exists\alpha)\,\phi$ 或結論或導出
結論的前提之中（例如：〔推論 IV〕、〔推論 III〕、〔推論 II〕），則對結論
左邊所註明的號碼不可做上述的變動，因而也就未能完成這個論證的
推論。因此，若要使結論左邊所註明的數字可以做必要的變動，則最
簡便的辦法是：當我們假設 $\phi\,\alpha\,/\,\beta$ 來暫時代替 $(\exists\alpha)\,\phi$ 時，就故意選
用一個在論證的前提和結論都不出現的個體常元做為 β。例如：在〔推
論 II〕、〔推論 IV〕之中，「a」這個個體常元在前提中出現；在〔推論
III〕則出現於結論之中；因此，我們在(3)中就不要再選用「a」，而故
意選用其他個體常元「b」、「c」、「d」、…等等，以便結論左邊所註明
的數字「3」可以改成「2」。如果不選用「a」而改用其他個體常元就
無法導出我們所要證明的結論，則這個論證必定無效。

　　上述的推論步驟中，每一步驟所依據的推論規則都是前面所介紹

過的，只有最後改變結論左邊所註明的數字這個步驟沒有規則可以依據。現在就讓我們來介紹這個步驟所依據的規則。

　　首先，我們要指出的是：即使不介紹新的規則，而只依據我們已經介紹過的規則，也足以完成這個步驟，只是比較繁瑣而已。我們仍然以〔推論 I 〕為例，說明如下：

〔**推論 I″**〕	{1}	⑴	$(x)(-P^1x \to R^1x)$	P
	{2}	⑵	$(\exists x)(-P^1x)$	P
	{3}	⑶	$-P^1a$	P
	{1}	⑷	$-P^1a \to R^1a$	1, US
	{1, 3}	⑸	R^1a	3, 4, SI
	{1, 3}	⑹	$(\exists x)(R^1x)$	5, EG
	{1}	⑺	$-P^1a \to (\exists x)(R^1x)$	3, 6, C.P.
	{8}	⑻	$-(\exists x)(R^1x)$	P
	{1, 8}	⑼	$--P^1a$	7, 8, SI
	{1, 8}	⑽	$(x)(--P^1x)$	9, UG
	{2}	⑾	$-(x)(--P^1x)$	2, Q
	{1, 2, 8}	⑿	$(x)(--P^1x)\wedge-(x)(--P^1x)$	10, 11, SI
	{1, 2}	⒀	$(\exists x)(R^1x)$	8, 12, R.A.A.

這個推論中，⑴～⑹與〔推論 I 〕完全相同，是由⑴和⑶導出結論；而由⑺～⒀這七個步驟的目的是：在結論左邊所註明的數字中，要把「3」改成「2」。首先，我們依據 C.P. 規則導出一個以⑶為前件而以⑹為後件的條件句⑺；因為使用 C.P. 規則，故⑺左邊所註明的數字中必已刪去了「3」。其次，若能由⑵和⑺導出結論，則此結論左邊所註明的數字必定是「1, 2」，亦即：除了把「3」改成「2」之外，與⑹左邊所註明的數字完全相同。⑻～⒀就是用歸謬法由⑵和⑺導出結論的步驟。⑻是假設結論的否定句；因為⑺的後件是⑹，亦即是結論，故

由⑺和⑻可依據 SI 規則導出⑺的前件的否定句⑼；而⑺的前件是⑶，故⑼必是⑶的否定句。⑽是對⑼的「*a*」使用 UG 規則而導出的；依據 UG 規則：「*a*」必須不出現於⑼的前提之中，才可由⑼導出⑽。我們知道：⑼是由⑺和⑻導出的，⑺的前提與⑹的前提相同，只是刪去了「3」，而⑻本身就是我們為了要使用歸謬法所假設的前提；因此，⑼的前提，除了把「3」改成「8」之外，與⑹的前提完全相同。因此，所謂⑼的前提不出現「*a*」，意即：(ⅰ)⑹的前提，除了⑶之外，不出現「*a*」；換言之，除了我們暫時用來代替⑵所假設的那個前提之外，導出結論⑹的前提全都不出現「*a*」；(ⅱ)⑻不出現「*a*」，而⑻是結論的否定句，故亦即結論不出現「*a*」。因此，如果結論⑹不出現「*a*」，而除了⑶之外，⑹的前提也不出現「*a*」，則可由⑼導出⑽。很明顯的，「*a*」並不出現於⑴和⑹之中，故可依據 UG 規則由⑼導出⑽。我們知道⑼是⑶的否定句，因此⑽與⑶不同的是：把「*a*」改成「*x*」，並多了最前端的「(*x*)−」；而⑵與⑶不同的是：把「*a*」改成「*x*」，並多了最前端的「(∃*x*)」；因此，⑽與⑵不同的是：⑵最前端的「(∃*x*)」，在⑽變成「(*x*)−」。我們的下一步驟是依據 Q 規則把⑵最前端的 「(∃*x*)」 改成 「−(*x*)−」 而導出⑾。很明顯的 ，⑾必定比⑽多一個在最前端的否定號，而為⑽的否定句。⑿是⑽和⑾的連言，亦即矛盾句。⑿左邊所註明的數字是⑽和⑾所註明的；⑽左邊所註明的數字與⑼所註明的相同，亦即除了以「8」取代「3」之外，與⑹所註明的完全相同；而⑾所註明的是「2」；因此，⑿左邊所註明的數字，除了以「2」取代「3」，並多了一個「8」之外，與⑹所註明的完全相同。我們的最後一個步驟是使用 R.A.A. 規則導出⑻的否定句，亦即我們所要證明的結論；而左邊所註明的數字中也刪去了「8」，只剩「1, 2」。

　　7–4 中〔例Ⅳ〕 的推論就是用我們本節所敘述的步驟來處理前提「(∃*x*) (F¹*x*)」，而⒀～⒆就是我們上面所說明的七個步驟；該節中〔例

Ⅴ〕的推論也是用同樣的步驟來處理前提「(∃x) (F¹x)」，而⒅～⒁就是上面的七個步驟。

　　我們以上所舉的例子，都是說明處理前提 (∃α) φ 的固定推論步驟。其實，這種處理 (∃α) φ 的步驟，不一定當 (∃α) φ 是一個論證的前提時才可應用；換言之，不一定當 (∃α) φ 的右邊註明「P」而左邊註明本身的號碼時，才可應用。即使 (∃α) φ 不是一個前提，而是由前提導出的句式，只要我們還要從 (∃α) φ 導出別的句式，就可使用上述的步驟來處理 (∃α) φ。請看下面的例子：

〔論證Ⅴ〕 $-P^1a \to (\exists x) (R^1x)$

　　　　　 $(x) (R^1x \to S^1x)$

　　　　　 $-P^1a$

　　　　　 $\therefore (\exists x) (S^1x)$

〔推論Ⅴ〕

{1}	⑴	$-P^1a \to (\exists x) (R^1x)$	P
{2}	⑵	$(x) (R^1x \to S^1x)$	P
{3}	⑶	$-P^1a$	P
{1, 3}	⑷	$(\exists x) (R^1x)$	1, 3, SI
{5}	⑸	R^1b	P
{2}	⑹	$R^1b \to S^1b$	2, US
{2, 5}	⑺	S^1b	5, 6, SI
{2, 5}	⑻	$(\exists x) (S^1x)$	7, EG
{2}	⑼	$R^1b \to (\exists x) (S^1x)$	5, 8, C.P.
{10}	⑽	$-(\exists x) (S^1x)$	P
{2, 10}	⑾	$-R^1b$	9, 10, SI
{2, 10}	⑿	$(x) (-R^1x)$	11, UG
{1, 3}	⒀	$-(x) (-R^1x)$	4, Q
{1, 2, 3, 10}	⒁	$(x) (-R^1x) \wedge -(x) (-R^1x)$	12, 13, SI

$$\{1, 2, 3\} \quad (15) \quad (\exists x)\,(S^1 x) \qquad\qquad 10, 14, \text{R.A.A.}$$

這個推論是先由⑴和⑶導出⑷，然後由⑵和⑷導出結論。⑷雖然不是前提，而是由⑴和⑶導出的句式；然而，照樣可以用本節所敘述的步驟來處理。我們暫時假設⑸來代替⑷，⑸與⑷不同的是：刪去「$(\exists x)$」，並以「b」取代「x」的每一個自由出現。然後，由⑵和⑸導出我們所要證明的結論⑻。最後，再按照固定的七個步驟，以⑷左邊所註明的「1, 3」取代⑻左邊所註明的數字中的「5」，而得「1, 2, 3」。這七個固定的步驟與〔推論 I″〕以及 7–4 中〔例 IV〕和〔例 V〕的推論所用的步驟完全相同；只是最後的結果並不是使左邊所註明的數字中的「5」變成⑷本身的號碼，而是變成⑷左邊所註明的號碼。這是因為⑷本身不是前提的緣故。

　　現在讓我們把這七個步驟的一般形式列出：

$$\{n_1, \cdots, n_p\} \qquad (i) \qquad (\exists \alpha)\,\phi \qquad\qquad —$$

$$\vdots \qquad\qquad \vdots \qquad\quad \vdots \qquad\qquad\quad \vdots$$

$$\{j\} \qquad\quad (j) \qquad \phi\,\alpha\,/\,\beta \qquad\qquad \text{P}$$

$$\vdots \qquad\qquad \vdots \qquad\quad \vdots \qquad\qquad\quad \vdots$$

$$\{m_1, \cdots, m_q, j\} \qquad (k) \qquad\quad \psi \qquad\qquad —$$

$$\{m_1, \cdots, m_q\} \qquad (k+1) \quad \phi\,\alpha\,/\,\beta \rightarrow \psi \qquad j, k, \text{C.P.}$$

$$\{k+2\} \qquad\quad (k+2) \qquad -\psi \qquad\qquad \text{P}$$

$$\{m_1, \cdots, m_q, k+2\} \quad (k+3) \qquad -\phi\,\alpha\,/\,\beta \qquad k+1, k+2, \text{SI}$$

$$\{m_1, \cdots, m_q, k+2\} \quad (k+4) \qquad (\alpha)\,-\phi \qquad k+3, \text{UG}$$

$$\{n_1, \cdots, n_p\} \qquad (k+5) \qquad -(\alpha)\,-\phi \qquad i, \text{Q}$$

$$\{m_1, \cdots, m_q, n_1, \cdots, n_p, k+2\} \ (k+6) \ (\alpha)\,\phi \wedge -(\alpha)\,-\phi \quad k+4, k+5, \text{SI}$$

$$\{m_1, \cdots, m_q, n_1, \cdots, n_p\} \quad (k+7) \qquad \psi \qquad k+2, k+6, \text{R.A.A.}$$

在這個推論形式中，(i) 相當於〔推論 I″〕的(2)、〔推論 V〕的(4)，以及 7-4 中〔例 IV〕和〔例 V〕的(3)。〔推論 I″〕的(2)以及 7-4 中〔例 IV〕和〔例 V〕的(3)本身就是前提，因此在右邊註明「P」而在左邊註明本身的號碼；反之，〔推論 V〕的(4)並不是前提而是由前提導出的句式，因此在右邊不是註明「P」而在左邊也不是註明本身的號碼。由此可見，(i) 的右邊所要註明的字眼不是每一個推論都相同的，我們畫一條橫線就是表示這裡所要註明的字眼不是固定的；(i) 的右邊所要註明的數字也不是固定的，我們用「$n_1, n_2, n_3, \cdots, n_p$」來表示這些不固定的數字。$(j)$ 是為了暫時代替 (i) 而假設的前提，相當於〔推論 I″〕的(3)、〔推論 V〕的(5)，以及 7-4 中〔例 IV〕和〔例 V〕的(4)；(j) 與 (i) 不同的是：刪去 (i) 最前端的存在量詞 $(\exists \alpha)$，並以個體常元 β 取代 ϕ 中 α 的每一個自由出現，故 (j) 寫成 $\phi \alpha / \beta$。因為 (j) 是我們所假設的前提，因此右邊一定註明「P」而左邊一定註明本身的號碼。我們不把 (j) 列在 (i) 的下一行，這表示中間可能有其他句式。我們知道：一個論證的每一個前提不一定是導出結論所必須的，有些前提可能是多餘的；如果前提 (i) 並不是導出結論所必須的，則沒有假設 (j) 來暫時代替 (i) 的必要。此外，不管 (i) 是否為前提，即使要由 (i) 導出別的句式，也不一定須要假設 (j)；如果由 (i) 導出別的句式所依據的規則是 SI 規則，則不必假設 (j) 來暫時代替 (i)。例如：由「$(\exists x)(P^1 x)$」導出「$(\exists x)(P^1 x) \vee -P^1 a$」或由「$(\exists x)(P^1 x)$」和「$(\exists x)(P^1 x) \to P^1 a$」導出「$P^1 a$」，根本不必假設 (j)，而可由 (i) 直接導出。因此，我們沒有理由要求在 (i) 之後一定要緊接著列出 (j)。即使在推論中確實要由 (i) 導出其他的句式，也確實須要假設 (j) 來暫時代替 (i)；然而，是否有此必要，也不一定在列出 (i) 之後馬上就能夠確定，而往往是把推論進行到相當步驟時才發現有此必要。因此，我們若允許在任何必要的場合都可假設 (j)，而不要求一定要列在 (i) 的下一行，則將方

便得多。尤其是當 (i) 是前提之一，而 (i) 之後還有其他前提時，我們往往先把前提列完之後再開始列必要的假設。總之，(j) 不一定要緊接著在 (i) 的下一行。(k) 是由 (j) 和其他前提所導出的結論，相當於〔推論 I″〕的⑹、〔推論 V〕的⑻，以及 7–4 中〔例 IV〕的⑿和〔例 V〕的⒄。因為由 (j) 和其他前提導出 (k) 的步驟，以及最後一個步驟是由那些句式依據那一個規則導出 (k)，不一定在每一個推論中都相同；因此，(k) 的右邊不能註明固定的字眼。又因為 (k) 是由 (j) 和其他前提導出的，而所謂「其他前提」到底是指那些前提，在每一個推論中不一定相同；因此，(k) 左邊所註明的數字中，除了一定有「j」之外，其他數字都不是固定的，我們用「$m_1, m_2, m_3, \cdots, m_q$」來表示這些不固定的數字，亦即表示其他前提的號碼。這裡必須注意的是：(k) 的前提 (m_1)、(m_2)、$\cdots$、(m_q) 與 (i) 的前提 (n_1)、(n_2)、$\cdots$、(n_p) 不一定完全互不相同；很可能有些前提是導出 (k) 和 (i) 都須要的，例如：

〔論證 VI〕　$-G^1a$

$\qquad$ $G^1a \lor (\exists x)(-P^1x)$

$\qquad$ $G^1a \lor (x)(-P^1x \rightarrow R^1x)$

$\qquad$ $\therefore (\exists x)(R^1x)$

〔推論 VI〕

{1}	(1)	$-G^1a$	P
{2}	(2)	$G^1a \lor (\exists x)(-P^1x)$	P
{3}	(3)	$G^1a \lor (x)(-P^1x \rightarrow R^1x)$	P
{1, 2}	(4)	$(\exists x)(-P^1x)$	1, 2, SI
{1, 3}	(5)	$(x)(-P^1x \rightarrow R^1x)$	1, 3, SI
{6}	(6)	$-P^1b$	P
{1, 3}	(7)	$-P^1b \rightarrow R^1b$	5, US
{1, 3, 6}	(8)	R^1b	6, 7, SI
{1, 3, 6}	(9)	$(\exists x)(R^1x)$	8, EG

$\{1, 3\}$	(10)	$-P^1b \rightarrow (\exists x)(R^1x)$	6, 9, C.P.
$\{11\}$	(11)	$-(\exists x)(R^1x)$	P
$\{1, 3, 11\}$	(12)	$-(-P^1b)$	10, 11, SI
$\{1, 3, 11\}$	(13)	$(x)-(-P^1x)$	12, UG
$\{1, 2\}$	(14)	$-(x)-(-P^1x)$	4, Q
$\{1, 2, 3, 11\}$	(15)	$(x)-(-P^1x) \wedge -(x)-(-P^1x)$	13, 14, SI
$\{1, 2, 3\}$	(16)	$(\exists x)(R^1x)$	11, 15, R.A.A.

這個推論是先由(1)和(2)導出(4)，並由(1)和(3)導出(5)，然後由(4)和(5)導出結論「$(\exists x)(R^1x)$」；而由(4)和(5)導出結論的步驟與〔推論 I″〕完全相同。〔推論Ⅳ〕中的(4)就相當於上面那一般形式中的 (i)，而(6)相當於 (j)，(9)相當於 (k)；(4)的前提是(1)和(2)，而(9)的前提是(1)、(3)、(6)；(1)是導出(4)和(9)都須要的前提。可見，(k) 和 (i) 可能有相同的前提。當 (i) 本身是一個前提時，(k) 的前提中也可能有 (i)，例如：

〔**論證Ⅶ**〕 $(\exists x)(R^1x)$

$(\exists x)(R^1x) \rightarrow (x)(R^1x \rightarrow S^1x)$

$\therefore (\exists x)(S^1x)$

〔**推論Ⅶ**〕

$\{1\}$	(1)	$(\exists x)(R^1x)$	P
$\{2\}$	(2)	$(\exists x)(R^1x) \rightarrow (x)(R^1x \rightarrow S^1x)$	P
$\{1, 2\}$	(3)	$(x)(R^1x \rightarrow S^1x)$	1, 2, SI
$\{4\}$	(4)	R^1a	P
$\{1, 2\}$	(5)	$R^1a \rightarrow S^1a$	3, US
$\{1, 2, 4\}$	(6)	S^1a	4, 5, SI
$\{1, 2, 4\}$	(7)	$(\exists x)(S^1x)$	6, EG
$\{1, 2\}$	(8)	$R^1a \rightarrow (\exists x)(S^1x)$	4, 7, C.P.
$\{9\}$	(9)	$-(\exists x)(S^1x)$	P
$\{1, 2, 9\}$	(10)	$-R^1a$	8, 9, SI

$\{1, 2, 9\}$	(11)	$(x)(-R^1x)$	10, UG
$\{1\}$	(12)	$-(x)(-R^1x)$	1, Q
$\{1, 2, 9\}$	(13)	$(x)(-R^1x) \wedge -(x)(-R^1x)$	11, 12, SI
$\{1, 2\}$	(14)	$(\exists x)(S^1x)$	9, 13, R.A.A.

在這個推論中，(1)相當於 (i)，(4)相當於 (j)，(7)相當於 (k)；(1)是一個前提，而(7)的前提是(1)、(2)、(4)。可見 (i) 可能是 (k) 的前提之一。總而言之，(k) 左邊所註明的數字與 (i) 左邊所註明的數字，可能有相同的。現在，讓我們來說明最後的七個步驟 $(k+1)$～$(k+7)$。它們相當於〔推論 I″〕的(7)～(13)、〔推論 V〕的(9)～(15)，以及 7–4 中〔例 IV〕的(13)～(19)和〔例 V〕的(18)～(24)；它們是要把 (k) 左邊所註明的「j」改成 (i) 左邊所註明的數字「$n_1, n_2, \cdots, n_p$」。$(k+1)$ 是依據 C.P. 規則所導出的條件句，它以 (j) 為前件而以 (k) 為後件；因為 $(k+1)$ 是依據 C.P. 規則所導出的，所以它左邊所註明的數字必定沒有「j」而只剩「$m_1, m_2, \cdots, m_q$」。$(k+2)$～$(k+7)$ 是用歸謬法由 (i) 和 $(k+1)$ 導出結論 $(k+7)$；因為 (i) 左邊所註明的數字是「$n_1, n_2, \cdots, n_p$」而 $(k+1)$ 左邊所註明的數字 「$m_1, m_2, \cdots, m_q$」，所以 $(k+7)$ 的左邊必註明 「$m_1, m_2, \cdots, m_q, n_1, n_2, \cdots, n_p$」。

　　在最後這七個步驟之中，只有依據 UG 規則由 $(k+3)$ 導出 $(k+4)$ 這個步驟可能會遭遇到阻礙。按照 UG 規則的規定，要由 $\phi \alpha / \beta$ 導出 $(\alpha) \phi$，必須滿足兩個條件：(i) β 不出現於 $\phi \alpha / \beta$ 的前提之中，(ii) β 不出現於 ϕ 之中，亦即 $\phi \alpha / \beta$ 中的 β 必須都改成 α，$(\alpha) \phi$ 之中不允許再出現 β。根據這兩項限制，要依據 UG 規則由 $(k+3)$ 導出 $(k+4)$，也必須滿足兩個條件：(i) β 不出現於 $(k+3)$ 的前提 (m_1)、(m_2)、$\cdots$、(m_q)、$(k+2)$ 之中，(ii) β 不出現於 $-\phi$ 之中，亦即 $-\phi \alpha / \beta$ 中的 β 必須都改成 α，$(\alpha) -\phi$ 之中不允許再出現 β。我們先來考慮條件(i)。(k) 的全部前提，除了 (j) 之外，就是 (m_1)、(m_2)、$\cdots$、(m_q)；因此，限

制 β 不出現於 (m_1)、(m_2)、…、(m_q) 之中,亦即限制 β 不出現於除了 (j) 之外的任何一個 (k) 的前提之中。另外,因為 $(k+2)$ 是 (k) 的否定句;因此,限制 β 不出現於 $(k+2)$ 之中,亦即限制 β 不出現於 (k) 之中。總之,(i)的限制可敘述如下:

　　β 不出現於 (k) 以及除了 (j) 之外的任何一個 (k) 的前提之中。

換言之,

　　β 不出現於 ψ 以及除了 $\phi\,\alpha\,/\,\beta$ 之外的任何一個 ψ 的前提之中。

〔推論Ⅱ〕和〔推論Ⅲ〕就是沒有滿足這個條件的實例。現在讓我們來看看,如果要按照相當於 $(k+1)$～$(k+7)$ 這七個固定的步驟,把〔推論Ⅱ〕中(4)左邊所註明的數字由「1, 3」改成「1, 2」,以及把〔推論Ⅲ〕中(5)左邊所註明的數字由「1, 3」改成「1, 2」,會遭遇到什麼阻礙;這些阻礙是因為沒有遵守那一項限制而發生的。我們先考慮〔推論Ⅱ〕:

〔推論Ⅱ′〕

{1}	(1)	$-P^1a \rightarrow (\exists x)(R^1x)$	P
{2}	(2)	$(\exists x)(-P^1x)$	P
{3}	(3)	$-P^1a$	P
{1, 3}	(4)	$(\exists x)(R^1x)$	1, 3, SI
{1}	(5)	$-P^1a \rightarrow (\exists x)(R^1x)$	3, 4, C.P.
{6}	(6)	$-(\exists x)(R^1x)$	P
{1, 6}	(7)	$--P^1a$	5, 6, SI
{1, 6}	(8)	$(x)(--P^1x)$	7, UG 之誤用
{2}	(9)	$-(x)(--P^1x)$	2, Q
{1, 2, 6}	(10)	$(x)(--P^1x) \wedge -(x)(--P^1x)$	8, 9, SI
{1, 2}	(11)	$(\exists x)(R^1x)$	6, 10, R.A.A.

由(7)導出(8)這個步驟是錯誤的;因為(7)的前提(1)出現「a」,因此對(7)中的「a」不可使用 UG 規則。這個推論中的(2)相當於 (i),(3)相當於

(j)，⑷相當於 (k)，⑸～⑾相當於 $(k+1)$～$(k+7)$；而「x」相當於 α，「a」相當於 β，「$-\mathrm{P}^1 x$」相當於 ϕ，「$(\exists x)\,(\mathrm{R}^1 x)$」相當於 ψ。這個推論是在相當於由 $(k+3)$ 導出 $(k+4)$ 的步驟遭遇到阻礙 ; 而其原因乃是因為 β 出現於 (j) 以外的 (k) 的前提之中，亦即「a」出現於「3」以外的⑷的前提之中，即「a」出現於⑴之中。現在，讓我們考慮〔推論III〕：

〔推論III′〕

{1}	⑴	$(x)\,(-\mathrm{P}^1 x \to \mathrm{R}^1 x)$	P
{2}	⑵	$(\exists x)\,(-\mathrm{P}^1 x)$	P
{3}	⑶	$-\mathrm{P}^1 a$	P
{1}	⑷	$-\mathrm{P}^1 a \to \mathrm{R}^1 a$	1, US
{1, 3}	⑸	$\mathrm{R}^1 a$	3, 4, SI
{1}	⑹	$-\mathrm{P}^1 a \to \mathrm{R}^1 a$	3, 5, C.P.
{7}	⑺	$-\mathrm{R}^1 a$	P
{1, 7}	⑻	$--\mathrm{P}^1 a$	6, 7, SI
{1, 7}	⑼	$(x)\,(--\mathrm{P}^1 x)$	8, UG 之誤用
{2}	⑽	$-(x)\,(--\mathrm{P}^1 x)$	2, Q
{1, 2, 7}	⑾	$(x)\,(--\mathrm{P}^1 x) \wedge -(x)\,(--\mathrm{P}^1 x)$	9, 10, SI
{1, 2}	⑿	$\mathrm{R}^1 a$	7, 11, R.A.A.

由⑻導出⑼這個步驟是錯誤的；因為⑻的前提⑺出現「a」，因此對⑻中的「a」不可使用 UG 規則。這個推論中的⑵相當於 (i)，⑶相當於 (j)，⑸相當於 (k)，⑹～⑿相當於 $(k+1)$～$(k+7)$；而「x」相當於 α，「a」相當於 β，「$-\mathrm{P}^1 x$」相當於 ϕ，「$\mathrm{R}^1 a$」相當於 ψ。這個推論是在相當於由 $(k+3)$ 導出 $(k+4)$ 的步驟遭遇到阻礙；而其原因乃是因為 β 出現於 $(k+2)$ 之中，亦即「a」出現於⑺之中；又因 $(k+2)$ 是 (k) 的否定句，所以這項阻礙的原因也可說是因為 β 出現於 (k) 之中，亦即「a」出現於⑸之中。

其次，讓我們來考慮條件(ii)。這項限制要求 β 不出現於 $-\phi$ 之中。而 $-\phi$ 與 (i) 不同的只是：$-\phi$ 的最前端是否定號而 (i) 的最前端是存在量詞，除此之外，這兩個句式完全相同；因此，它們之中所出現的個體常元必定相同。所以，限制 β 不出現於 $-\phi$ 之中，也就是限制 β 不出現於 (i) 之中。換言之，當我們為了暫時代替 $(\exists\alpha)\,\phi$ 而假設前提 ϕ α/β 時，不要選用出現於 $(\exists\alpha)\,\phi$ 之中的個體常元做為 β。〔推論 IV〕就是沒有遵守這項限制的實例：

〔**推論 IV′**〕			
$\{1\}$	⑴	$(x)\,(\mathrm{F}^2xx \rightarrow \mathrm{R}^1x)$	P
$\{2\}$	⑵	$(\exists x)\,(\mathrm{F}^2ax)$	P
$\{3\}$	⑶	F^2aa	P
$\{1\}$	⑷	$\mathrm{F}^2aa \rightarrow \mathrm{R}^1a$	1, US
$\{1, 3\}$	⑸	R^1a	3, 4, SI
$\{1, 3\}$	⑹	$(\exists x)\,(\mathrm{R}^1x)$	6, EG
$\{1\}$	⑺	$\mathrm{F}^2aa \rightarrow (\exists x)\,(\mathrm{R}^1x)$	3, 6, C.P.
$\{8\}$	⑻	$-(\exists x)\,(\mathrm{R}^1x)$	P
$\{1, 8\}$	⑼	$-\mathrm{F}^2aa$	7, 8, SI
$\{1, 8\}$	⑽	$(x)\,(-\mathrm{F}^2ax)$	9, UG 之誤用
$\{2\}$	⑾	$-(x)\,(-\mathrm{F}^2ax)$	2, Q
$\{1, 2, 8\}$	⑿	$(x)\,(-\mathrm{F}^2ax) \wedge -(x)\,(-\mathrm{F}^2ax)$	10, 11, SI
$\{1, 2\}$	⒀	$(\exists x)\,(\mathrm{R}^1x)$	8, 12, R.A.A.

由⑼導出⑽這個步驟是錯誤的；因為⑼中的每一個「a」必須都改成「x」，⑽之中不能再出現「a」。這個推論中的⑵相當於 (i)，⑶相當於 (j)，⑹相當於 (k)，⑺～⒀相當於 $(k+1)$～$(k+7)$；而「x」相當於 α，「a」相當於 β，「F^2ax」相當於 ϕ，「$(\exists x)(\mathrm{R}^1x)$」相當於 ψ。這個推論是在相當於由 $(k+3)$ 導出 $(k+4)$ 的步驟遭遇到阻礙；而其原因乃是因為 β 出現於 $-\phi$ 之中，亦即「a」出現於「$-\mathrm{F}^2ax$」之中；又因為 $-\phi$ 與

(i) 所出現的個體常元必定相同，所以這項阻礙的原因也可說是因為 β 出現於(i)之中，亦即「a」出現於(2)之中。請注意：由(9)導出(10)的步驟中，我們若是正確的使用 UG 規則，把(10)寫成「$(x)\,(-F^2xx)$」，則依據 Q 規則由(2)導出的(11)就不是(10)的否定句，因而(10)與(11)的連言(12)也就不是矛盾句，(12)既不是矛盾句則無法依據 R.A.A. 規則導出(13)。可見，只要 β 出現於 (i) 之中，無論如何無法完成這七個固定的推論步驟。

綜合上面的說明，我們知道：只要 β 不出現於 (i)、(k)，以及除了 (j) 之外的任何一個 (k) 的前提之中，則一定可以按照 $(k+1) \sim (k+7)$ 的固定推論步驟，把 (k) 左邊所註明數字中的「j」改成 (i) 左邊所註明的全部數字「$n_1, n_2, \cdots, n_p$」；既然如此，則我們可以直接把 (k) 左邊所註明數字中的「j」改成 (i) 左邊所註明的全部數字，而把一定可以完成的固定推論步驟 $(k+1) \sim (k+7)$ 省略掉。下面的規則就是允許我們省略這七個固定的步驟：

設 $(\exists\alpha)\,\phi$ 是推論中一個句式的全式，其號碼為 (i)；$\phi\,\alpha\,/\,\beta$ 是在 (i) 之後的一個前提的全式，其號碼為 (j)；ψ 是在 (i) 和 (j) 之後的一個句式的全式，其號碼為 (k)；又設個體常元 β 既不出現於 ϕ 或 ψ 之中，也不出現於除了 $\phi\,\alpha\,/\,\beta$ 之外的任何一個 (k) 的前提之中；則可以導出一個句式 ψ，而其左邊所註明的數字是除了「j」之外的所有 (i) 和 (k) 左邊所註明的全部數字。

這個規則叫做「存在特殊化規則」(rule of existential specification)，記作「ES」。本來，假設 $\phi\,\alpha\,/\,\beta$ 來暫時代替 $(\exists\alpha)\,\phi$ 這個步驟是 EG 規則之反逆，所謂「存在特殊化」，顧名思義，似乎應指允許由 $(\exists\alpha)\,\phi$ 導出 $\phi\,\alpha\,/\,\beta$ 的規則而言。然而，我們已經指出：由 $(\exists\alpha)\,\phi$ 導出 $\phi\,\alpha\,/\,\beta$ 的規則不能成立；因此，我們就把允許在結論左邊改變數字，致使假設 $\phi\,\alpha\,/\,\beta$ 暫代 $(\exists\alpha)\,\phi$ 的整個推論步驟得以完成的規則，叫做「存在特殊化」。

依據 ES 規則的一般推論形式如下：

$$\{n_1, \cdots, n_p\} \qquad (i) \qquad (\exists\alpha)\,\phi \qquad\qquad —$$

$$\{j\} \qquad (j) \qquad \phi\,\alpha\,/\,\beta \qquad\qquad \text{P}$$

$$\{m_1, \cdots, m_q, j\} \qquad (k) \qquad \psi \qquad\qquad —$$

$$\{m_1, \cdots, m_q, n_1, \cdots, n_p\} \qquad (k+1) \qquad \psi \qquad i, j, k, \text{ES}$$

右邊註明「i, j, k, ES」是表示：$(k+1)$ 的整個句式與 (k) 完全相同，而 $(k+1)$ 左邊所註明的數字是除了 「j」 之外的 (i) 和 (k) 左邊所註明的全部數字。被刪去的「j」就是為了暫時代替 (i) 所假設的前提的號碼。

現在，依據 ES 規則，把〔推論 I″〕、〔推論 V〕、〔推論VI〕、〔推論VII〕，以及 7–4 中〔例IV〕和〔例 V〕的推論改寫如下：

〔推論 I‴〕

$\{1\}$	（1）	$(x)\,(-\text{P}^1x \to \text{R}^1x)$	P
$\{2\}$	（2）	$(\exists x)\,(-\text{P}^1x)$	P
$\{3\}$	（3）	$-\text{P}^1a$	P
$\{1\}$	（4）	$-\text{P}^1a \to \text{R}^1a$	1, US
$\{1, 3\}$	（5）	R^1a	3, 4, SI
$\{1, 3\}$	（6）	$(\exists x)\,(\text{R}^1x)$	5, EG
$\{1, 2\}$	（7）	$(\exists x)\,(\text{R}^1x)$	2, 3, 6, ES

〔推論 V′〕

$\{1\}$	（1）	$-\text{P}^1a \to (\exists x)\,(\text{R}^1x)$	P
$\{2\}$	（2）	$(x)\,(\text{R}^1x \to \text{S}^1x)$	P
$\{3\}$	（3）	$-\text{P}^1a$	P
$\{1, 3\}$	（4）	$(\exists x)\,(\text{R}^1x)$	1, 3, SI
$\{5\}$	（5）	R^1b	P

{2}	(6)	$R^1b \to S^1b$	2, US
{2, 5}	(7)	S^1b	5, 6, SI
{2, 5}	(8)	$(\exists x)(S^1x)$	7, EG
{1, 2, 3}	(9)	$(\exists x)(S^1x)$	4, 5, 8, ES

〔推論 VI′〕

{1}	(1)	$-G^1a$	P
{2}	(2)	$G^1a \lor (\exists x)(-P^1x)$	P
{3}	(3)	$G^1a \lor (x)(-P^1x \to R^1x)$	P
{1, 2}	(4)	$(\exists x)(-P^1x)$	1, 2, SI
{1, 3}	(5)	$(x)(-P^1x \to R^1x)$	1, 3, SI
{6}	(6)	$-P^1b$	P
{1, 3}	(7)	$-P^1b \to R^1b$	5, US
{1, 3, 6}	(8)	R^1b	6, 7, SI
{1, 3, 6}	(9)	$(\exists x)(R^1x)$	8, EG
{1, 2, 3}	(10)	$(\exists x)(R^1x)$	4, 6, 9, ES

這個推論中，(6)是暫時代替(4)的假設；在(6)中若選用「a」而不選用「b」，則不能依據 ES 規則導出(10)；因為除了(6)之外(9)的前提還有(1)和(3)，而「a」出現於(1)之中。反之，若選用「b」，則可依據 ES 規則導出(10)；因為「b」不出現於(1)、(3)、(4)或(9)之中。可見，要避免 ES 規則的限制，最簡便的方法是：當我們假設 $\phi \alpha / \beta$ 暫代 $(\exists \alpha) \phi$ 時，故意選用在此推論中尚未出現而且在我們依據 ES 規則所要導出的句式 ψ 中也不出現的個體常元當做 β；並且在以後導出 ψ 的過程中不要使用出現有該個體常元的前提。

〔推論 VII′〕

{1}	(1)	$(\exists x)(R^1x)$	P
{2}	(2)	$(\exists x)(R^1x) \to (x)(R^1x \to S^1x)$	P

{1, 2}	(3)	$(x)(R^1x \to S^1x)$	1, 2, SI
{4}	(4)	R^1a	P
{1, 2}	(5)	$R^1a \to S^1a$	3, US
{1, 2, 4}	(6)	S^1a	4, 5, SI
{1, 2, 4}	(7)	$(\exists x)(S^1x)$	6, EG
{1, 2}	(8)	$(\exists x)(S^1x)$	1, 4, 7, ES

7–4 中〔例 IV〕的推論改寫如下：

{1}	(1)	$(x)[F^1x \to (y)(S^1y \to K^2xy)]$	P
{2}	(2)	$(x)[F^1x \to (y)(P^1y \to -K^2xy)]$	P
{3}	(3)	$(\exists x)(F^1x)$	P
{4}	(4)	F^1a	P
{1}	(5)	$F^1a \to (y)(S^1y \to K^2ay)$	1, US
{1, 4}	(6)	$(y)(S^1y \to K^2ay)$	4, 5, SI
{2}	(7)	$F^1a \to (y)(P^1y \to -K^2ay)$	2, US
{2, 4}	(8)	$(y)(P^1y \to -K^2ay)$	4, 7, SI
{1, 4}	(9)	$S^1b \to K^2ab$	6, US
{2, 4}	(10)	$P^1b \to -K^2ab$	8, US
{1, 2, 4}	(11)	$S^1b \to -P^1b$	9, 10, SI
{1, 2, 4}	(12)	$(x)(S^1x \to -P^1x)$	11, UG
{1, 2, 3}	(13)	$(x)(S^1x \to -P^1x)$	3, 4, 12, ES

7–4 中〔例 V〕的推論可依據 EG 和 ES 兩規則改寫如下：

{1}	(1)	$(x)[F^1x \to (y)(S^1y \to -K^2xy)]$	P
{2}	(2)	$(x)[F^1x \to (\exists y)(P^1y \wedge K^2xy)]$	P
{3}	(3)	$(\exists x)(F^1x)$	P
{4}	(4)	F^1a	P
{1}	(5)	$F^1a \to (y)(S^1y \to -K^2ay)$	1, US

$\{1, 4\}$	(6)	$(y)(S^1y \rightarrow -K^2ay)$	4, 5, SI
$\{2\}$	(7)	$F^1a \rightarrow (\exists y)(P^1y \wedge K^2ax)$	2, US
$\{2, 4\}$	(8)	$(\exists y)(P^1y \wedge K^2ay)$	4, 7, SI
$\{9\}$	(9)	$P^1b \wedge K^2ab$	P
$\{1, 4\}$	(10)	$S^1b \rightarrow -K^2ab$	6, US
$\{1, 4, 9\}$	(11)	$P^1b \wedge -S^1b$	9, 10, SI
$\{1, 4, 9\}$	(12)	$(\exists x)(P^1x \wedge -S^1x)$	11, EG
$\{1, 2, 4\}$	(13)	$(\exists x)(P^1x \wedge -S^1x)$	8, 9, 12, ES
$\{1, 2, 3\}$	(14)	$(\exists x)(P^1x \wedge -S^1x)$	3, 4, 13, ES

這個推論中，(4)是暫時代替(3)的假設，(9)是暫時代替(8)的假設；在(4)中我們選用「a」，在(9)中我們選用「b」。如果我們在(9)中也選用「a」，則(9)可寫成　「$(P^1y \wedge K^2ay) \, y \, / \, a$」；「$a$」 既出現於(8)又出現於(12)的前提(4)，故不能依 ES 規則導出(13)。

下面再列出幾個使用 ES 規則的實例，供讀者參考：

〔例Ｉ〕 $(x)(C^1x \rightarrow A^1x)$

$\qquad (\exists x)(Y^1x \wedge -A^1x)$

$\qquad \therefore (\exists x)(Y^1x \wedge -C^1x)$

這是 7–4 中的〔例Ｉ〕，現在依據 EG 和 ES 兩規則重證如下：

$\{1\}$	(1)	$(x)(C^1x \rightarrow A^1x)$	P
$\{2\}$	(2)	$(\exists x)(Y^1x \wedge -A^1x)$	P
$\{3\}$	(3)	$Y^1a \wedge -A^1a$	P
$\{1\}$	(4)	$C^1a \rightarrow A^1a$	1, US
$\{1, 3\}$	(5)	$Y^1a \wedge -C^1a$	3, 4, SI
$\{1, 3\}$	(6)	$(\exists x)(Y^1x \wedge -C^1x)$	5, EG
$\{1, 2\}$	(7)	$(\exists x)(Y^1x \wedge -C^1x)$	2, 3, 6, ES

〔例 II〕　$(x)(E^1x \to I^1x)$

　　　　　$\therefore (x)\left[(\exists y)(E^1y \wedge M^2xy) \to (\exists y)(I^1y \wedge M^2xy)\right]$

這是 7–4 中的〔例III〕。

$\{1\}$	(1)	$(x)(E^1x \to I^1x)$	P
$\{2\}$	(2)	$(\exists y)(E^1y \wedge M^2ay)$	P
$\{3\}$	(3)	$E^1b \wedge M^2ab$	P
$\{1\}$	(4)	$E^1b \to I^1b$	1, US
$\{1,3\}$	(5)	$I^1b \wedge M^2ab$	3, 4, SI
$\{1,3\}$	(6)	$(\exists y)(I^1y \wedge M^2ay)$	5, EG
$\{1,2\}$	(7)	$(\exists y)(I^1y \wedge M^2ay)$	2, 3, 6, ES
$\{1\}$	(8)	$(\exists y)(E^1y \wedge M^2ay) \to (\exists y)(I^1y \wedge M^2ay)$	2, 7, C.P.
$\{1\}$	(9)	$(x)\left[(\exists y)(E^1y \wedge M^2xy) \to (\exists y)(I^1y \wedge M^2xy)\right]$	8, UG

〔例 III〕　任意 x 和 y，若 x 在 y 之前，則 y 不在 x 之前。

　　　　　任意 x、y 和 z，若 x 在 y 之前且 y 在 z 之前，則 x 在 z 之前。

　　　　　任意 x 和 y，若 x 在 y 之前，則 x 與 y 不重合。

　　　　　任意 x、y 和 z，若 y 介於 x 與 z 之間，則 x 在 y 之前且 y 在 z 之前，或 z 在 y 之前且 y 在 x 之前。

　　　　　任意 x 和 z，若 x 與 z 不重合，則有 y 介於 x 與 z 之間。

　　　　　因此，任意 x 和 z，若 x 在 z 之前，則有 y 使 x 在 y 之前且 y 在 z 之前。

表各述詞的英文字母如下：

　　　　　P^2xy：x 在 y 之前

　　　　　C^2xy：x 與 y 重合

$$B^3xyz : y\text{ 介於 }x\text{ 與 }z\text{ 之間}$$

這個論證可寫成

$$(x)(y)\,(P^2xy \to -P^2yx)$$

$$(x)(y)(z)\,(P^2xy \land P^2yz \to P^2xz)$$

$$(x)(y)\,(P^2xy \to -C^2xy)$$

$$(x)(y)(z)\,[B^3xyz \to (P^2xy \land P^2yz) \lor (P^2zy \land P^2yx)]$$

$$(x)(z)\,[-C^2xz \to (\exists y)\,(B^3xyz)]$$

$$\therefore (x)(z)\,[P^2xz \to (\exists y)\,(P^2xy \land P^2yz)]$$

其推論如下：

$\{1\}$	(1)	$(x)(y)\,(P^2xy \to -P^2yx)$	P
$\{2\}$	(2)	$(x)(y)(z)\,(P^2xy \land P^2yz \to P^2xz)$	P
$\{3\}$	(3)	$(x)(y)\,(P^2xy \to -C^2xy)$	P
$\{4\}$	(4)	$(x)(y)(z)\,[B^3xyz \to (P^2xy \land$ $P^2yz) \lor (P^2zy \land P^2yx)]$	P
$\{5\}$	(5)	$(x)(z)\,[-C^2xz \to (\exists y)\,(B^3xyz)]$	P
$\{6\}$	(6)	P^2ac	P
$\{3\}$	(7)	$P^2ac \to -C^2ac$	3, US, x/a, y/c
$\{5\}$	(8)	$-C^2ac \to (\exists y)\,(B^3ayc)$	5, US, x/a, z/c
$\{3, 5, 6\}$	(9)	$(\exists y)\,(B^3ayc)$	6, 7, 8, SI
$\{10\}$	(10)	B^3abc	P
$\{4\}$	(11)	$B^3abc \to (P^2ab \land P^2bc) \lor$ $(P^2cb \land P^2ba)$	4, US, x/a, y/b, z/c
$\{4, 10\}$	(12)	$(P^2ab \land P^2bc) \lor (P^2cb \land P^2ba)$	10, 11, SI
$\{1\}$	(13)	$P^2ac \to -P^2ca$	1, US, x/a, y/c
$\{2\}$	(14)	$P^2cb \land P^2ba \to P^2ca$	2, US, x/c, y/b, z/a

$\{1, 2, 6\}$	(15)	$-(P^2cb \wedge P^2ba)$	6, 13, 14, SI
$\{1, 2, 4, 6, 10\}$	(16)	$P^2ab \wedge P^2bc$	12, 15, SI
$\{1, 2, 4, 6, 10\}$	(17)	$(\exists y)(P^2ay \wedge P^2yc)$	16, EG
$\{1, 2, 3, 4, 5, 6\}$	(18)	$(\exists y)(P^2ay \wedge P^2yc)$	9, 10, 17, ES
$\{1, 2, 3, 4, 5\}$	(19)	$P^2ac \rightarrow (\exists y)(P^2ay \wedge P^2yc)$	6, 18, C.P.
$\{1, 2, 3, 4, 5\}$	(20)	$(x)(z)[P^2xz \rightarrow (\exists y)(P^2xy \wedge P^2yz)]$	19, UG, $x/a, z/c$

〔例IV〕有些習題是任何老師都無法解出的。任何習題，只要有
學生能夠解出，必定也有老師能夠解出。因此，有些習
題是任何學生都無法解出的。

以下列英文字母表各述詞：

$E^1x : x$ 是習題

$T^1x : x$ 是老師

$S^2xy : x$ 能夠解出 y

$P^1x : x$ 是學生

這個論證可寫成：

$$(\exists x)[E^1x \wedge (y)(T^1y \rightarrow -S^2yx)]$$

$$(x)[E^1x \wedge (\exists y)(P^1y \wedge S^2yx) \rightarrow (\exists y)(T^1y \wedge S^2yx)]$$

$$\therefore (\exists x)[E^1x \wedge (y)(P^1y \rightarrow -S^2yx)]$$

其推論如下：

$\{1\}$	(1)	$(\exists x)[E^1x \wedge (y)(T^1y \rightarrow -S^2yx)]$	P
$\{2\}$	(2)	$(x)[E^1x \wedge (\exists y)(P^1y \wedge S^2yx) \rightarrow$ $(\exists y)(T^1y \wedge S^2yx)]$	P
$\{3\}$	(3)	$E^1a \wedge (y)(T^1y \rightarrow -S^2ya)$	P
$\{4\}$	(4)	$-(P^1b \rightarrow -S^2ba)$	P
$\{4\}$	(5)	$P^1b \wedge S^2ba$	4, SI

{4}	(6)	$(\exists y)\,(P^1 y \wedge S^2 ya)$	5, EG
{3, 4}	(7)	$E^1 a \wedge (\exists y)\,(P^1 y \wedge S^2 ya)$	3, 6, SI
{2}	(8)	$E^1 a \wedge (\exists y)\,(P^1 y \wedge S^2 ya) \rightarrow$	
		$(\exists y)\,(T^1 y \wedge S^2 ya)$	2, US
{2, 3, 4}	(9)	$(\exists y)\,(T^1 y \wedge S^2 ya)$	7, 8, SI
{10}	(10)	$T^1 c \wedge S^2 ca$	P
{3}	(11)	$(y)\,(T^1 y \rightarrow -S^2 ya)$	3, SI
{3}	(12)	$T^1 c \rightarrow -S^2 ca$	11, US
{3, 10}	(13)	$S^2 ca \wedge -S^2 ca$	10, 12, SI
{10}	(14)	$-[E^1 a \wedge (y)\,(T^1 y \rightarrow -S^2 ya)]$	3, 13, R.A.A.
{2, 3, 4}	(15)	$-[E^1 a \wedge (y)\,(T^1 y \rightarrow -S^2 ya)]$	9, 10, 14, ES
{2, 3, 4}	(16)	$[E^1 a \wedge (y)\,(T^1 y \rightarrow -S^2 ya)] \wedge$	
		$-[E^1 a \wedge (y)\,(T^1 y \rightarrow -S^2 ya)]$	3, 15, SI
{2, 3}	(17)	$P^1 b \rightarrow -S^2 ba$	4, 16, R.A.A.
{2, 3}	(18)	$(y)\,(P^1 y \rightarrow -S^2 ya)$	17, UG
{2, 3}	(19)	$E^1 a \wedge (y)\,(P^1 y \rightarrow -S^2 ya)$	3, 18, SI
{2, 3}	(20)	$(\exists x)\,[E^1 x \wedge (y)\,(P^1 y \rightarrow -S^2 yx)]$	19, EG
{1, 2}	(21)	$(\exists x)\,[E^1 x \wedge (y)\,(P^1 y \rightarrow -S^2 yx)]$	1, 3, 20, ES

習　題

1. 用解釋的方法證明本節〔論證 II〕、〔論證 III〕、〔論證 IV〕皆無效。

2. 使用 EG 和 ES 兩規則，而不用 Q 規則，重證 7–4 中習題 3 (b)、(c)、(d)、(e)、(g)。

3. 指出下列各推論錯誤之所在：

(a)　{1}　　(1)　$(\exists x)\,(\mathrm{I}^1x\wedge\mathrm{O}^1x)$　　　　　　　P

　　　{2}　　(2)　$(\exists x)\,(\mathrm{I}^1x\wedge\mathrm{E}^1x)$　　　　　　　P

　　　{3}　　(3)　$\mathrm{I}^1a\wedge\mathrm{O}^1a$　　　　　　　　　P

　　　{4}　　(4)　$\mathrm{I}^1a\wedge\mathrm{E}^1a$　　　　　　　　　P

　{3, 4}　　(5)　$\mathrm{O}^1a\wedge\mathrm{E}^1a$　　　　　　　　3, 4, SI

　{3, 4}　　(6)　$(\exists x)\,(\mathrm{O}^1x\wedge\mathrm{E}^1x)$　　　　　　5, EG

　{2, 3}　　(7)　$(\exists x)\,(\mathrm{O}^1x\wedge\mathrm{E}^1x)$　　　　　　2, 4, 6, ES

　{1, 2}　　(8)　$(\exists x)\,(\mathrm{O}^1x\wedge\mathrm{E}^1x)$　　　　　　1, 3, 7, ES

(b)　{1}　　(1)　$(x)(\exists y)\,(\mathrm{F}^2xy)$　　　　　　　P

　　　{1}　　(2)　$(\exists y)\,(\mathrm{F}^2ay)$　　　　　　　　1, US

　　　{3}　　(3)　F^2ab　　　　　　　　　　　P

　　　{3}　　(4)　$(x)\,(\mathrm{F}^2xb)$　　　　　　　　3, UG

　　　{3}　　(5)　$(\exists y)(x)\,(\mathrm{F}^2xy)$　　　　　　　4, EG

　　　{1}　　(6)　$(\exists y)(x)\,(\mathrm{F}^2xy)$　　　　　　　1, 3, 5, ES

4. 下列各論證中，如果是有效的，則依據我們介紹過的推論規則，由前提導出結論；如果是無效的，則用解釋的方法證明其無效。

(a) 1 是最小的自然數。因此，任意自然數 x，必有自然數 y 小於或等於 x。（$a:1$；$\mathrm{N}^1x:x$ 是自然數；$\mathrm{G}^2xy:x\geq y$）

(b) 馬錫源殺害每一個留守城中而沒有自殺的人，而且不殺害任何其他的人。馬錫源本人也留守城中。因此，馬錫源沒有自殺。（$a:$ 馬錫源；$\mathrm{K}^2xy:x$ 殺害 y；$\mathrm{L}^1x:x$ 留守城中）

(c) 馬錫源殺害每一個留守城中而沒有自殺的人，而且不殺害任何其他的人。馬錫源本人也留守城中。因此，馬錫源自殺。（同上）

(d) 每一個學生都能夠解出一些習題，也必定有些習題是他所無法解出的。有些老師能夠解出全部習題。因此，有些老師不

是學生。（P^1x：x 是學生；S^2xy：x 能夠解出 y；E^1x：x 是習題；T^1x：x 是老師）

(e)納粹黨員一定不喜歡任何<u>猶太人</u>。<u>以色列人</u>都是<u>猶太</u>人。有<u>些</u>納粹黨員喜歡一<u>些</u>以色列人。因此，有<u>些猶太人</u>不是<u>以色</u><u>列人</u>。（N^1x：x 是納粹黨員；L^2xy：x 喜歡 y；J^1x：x 是<u>猶太</u>人；I^1x：x 是<u>以色列人</u>）

(f)沒有任何學生會喜歡自己所選修的每一課程，除非他所選修的都是輕鬆的課程。數學課程一定不輕鬆。有些學生不選修數學課程以外的任何課程，而且喜歡自己所選修的每一課程。因此，有些學生不選修任何課程。（P^1x：x 是學生；L^2xy：x 喜歡 y；T^2xy：x 選修 y；E^1x：x 是輕鬆的課程；M^1x：x 是數學課程）

(g)任何學生，如果有普通課程不及格，則不至於每一專門課程都不及格。有些學生是所有的普通課程和專門課程都不及格的。因此，只要有普通課程存在，則必定有些課程是每一個學生都不及格的。（F^1x：x 是學生；C^1x：x 是普通課程；P^2xy：x 通過 y 這門課程；S^1x：x 是專門課程）

(h)　$(x)(y)(F^2xy)$

　　∴$(y)(x)(F^2xy)$

(i)　$(x)(G^1x)$

　　∴$(y)(G^1y)$

(j)　$(x)(y)(F^2xy)$

　　∴$(x)(y)(F^2yx)$

(k)　$(\exists x)(G^1x)$

　　∴$(\exists y)(G^1y)$

(l)　$(x)(F^1x \wedge G^1x)$

　　∴$(x)(F^1x) \wedge (x)(G^1x)$

(m)　$(x)(F^1x) \vee (x)(G^1x)$

　　∴$(x)(F^1x \vee G^1x)$

(n)　$(\exists x)(G^1a \vee F^1x)$

　　∴$G^1a \vee (\exists x)(F^1x)$

(o)　$(x)(G^1a \wedge F^1x)$

　　∴$(x)(F^1x)$

(p)　$(x)(F^1x \rightarrow G^1x \vee H^1x)$

(q)　$(x)(F^1x \leftrightarrow G^1a)$

$G^1a \leftrightarrow H^1a \wedge -G^1a$ $\therefore (x)(F^1x) \leftrightarrow G^1a$

$\therefore -F^1a$

(r) $(x)(F^1x \rightarrow G^1x \vee H^1x)$ (s) $(\exists x)(\exists y)(F^2xy \vee F^2yx)$

      $-G^1a \wedge I^1a$ $\therefore (\exists x)(\exists y)(F^2xy)$

      $(\exists x)(F^1x \wedge I^1x)$

      $\therefore F^1a \rightarrow H^1a$

(t) $(\exists x)(F^1x) \rightarrow (x)(F^1x)$ (u) $(x)(F^1x \vee G^1x)$

      $\therefore (\exists x)(y)(F^1x \leftrightarrow F^1y)$ $(\exists x)(-G^1x)$

                                       $(x)(H^1x \rightarrow -F^1x)$

                                         $\therefore (\exists x)(-H^1x)$

(v) $(x)[F^1x \rightarrow (x)(G^1x)]$ (w) $(\exists x)(F^1x \wedge -G^1x)$

      $(x)(G^1x \vee H^1x) \rightarrow (x)(J^1x)$ $(x)(F^1x \rightarrow H^1x)$

      $\therefore (x)(F^1x \rightarrow J^1x)$ $(x)(J^1x \wedge I^1x \rightarrow F^1x)$

                                         $(\exists x)(H^1x \wedge -G^1x) \rightarrow$

                                         $(x)(I^1x \rightarrow -H^1x)$

                                         $\therefore (x)(J^1x \rightarrow -I^1x)$

5. 證明下列各論證有效或無效：

(a) $(x)(F^1x \rightarrow G^1x) \vee (\exists x)(F^1x \wedge H^1x)$

      $(x)(I^1x \rightarrow -J^1x \vee -H^1x)$

      $(x)(F^1x \rightarrow I^1x \wedge J^1x)$

      $(\exists x)(F^1x)$

    $\therefore (\exists x)(G^1x \wedge F^1x)$

(b) $(x)[F^1x \rightarrow (x)(G^1x)]$

      $(x)(G^1x \vee H^1x) \rightarrow (\exists x)(G^1x \wedge I^1x)$

      $(\exists x)(I^1x) \rightarrow (x)(J^1x \rightarrow K^1x)$

    $\therefore (x)(F^1x \wedge J^1x \rightarrow K^1x)$

⒞　$(\exists x)\,(\mathrm{F}^1x \to \mathrm{G}^1a)$

　　$(\exists x)\,(\mathrm{G}^1a \to \mathrm{F}^1x)$

　$\therefore(\exists x)\,(\mathrm{F}^1x \leftrightarrow \mathrm{G}^1a)$

⒟　$(x)(y)(z)\,(\mathrm{F}^2xy \wedge \mathrm{F}^2yz \to \mathrm{F}^2xz)$

　　$(x)(y)\,(\mathrm{F}^2xy \to \mathrm{F}^2yx)$

　$\therefore(x)\,(\mathrm{F}^2xx)$

⒠　$(x)(y)(z)\,(\mathrm{F}^2xy \wedge \mathrm{F}^2yz \to \mathrm{F}^2xz)$

　　$(x)(y)\,(\mathrm{F}^2xy \to \mathrm{F}^2yz)$

　$\therefore(x)\,[(\exists y)\,(\mathrm{F}^2xy) \to \mathrm{F}^2xx]$

⒡　$(x)\,[(y)\,(\mathrm{F}^1y \to \mathrm{H}^2xy) \to (\exists y)\,(-\mathrm{G}^1y \wedge \mathrm{H}^2xy)]$

　$\therefore(x)\,[(y)\,(\mathrm{H}^2xy \to \mathrm{G}^1y) \to (y)\,(\mathrm{F}^1y \to -\mathrm{H}^2xy)]$

⒢　F^1a

　$\therefore(x)\,(\mathrm{F}^1x \to \mathrm{G}^1x) \leftrightarrow (x)\,[(\mathrm{F}^1x \wedge \mathrm{G}^1x) \vee (-\mathrm{F}^1x \wedge \mathrm{G}^1a)]$

⒣　$(x)\,[(\exists y)\,(\mathrm{F}^2ya \wedge \mathrm{G}^2xy) \to (\exists y)\,(\mathrm{F}^2ya \to \mathrm{H}^2xb)]$

　$\therefore(y)\,(\mathrm{F}^2ya \wedge \mathrm{G}^2by \to \mathrm{H}^2bb)$

7–7　一致與不一致

　　我們在 4–5 曾經說明前提間的一致與不一致。從某些前提可以導出矛盾句，則這些前提互相不一致；反之，若有使這些前提全部為真的情形，則這些前提互相一致。同樣的觀念可以推廣到量限邏輯之中。我們知道：語句邏輯的有效論證必定是量限邏輯的有效論證；因此，如果由某些前提可依據語句推論規則導出矛盾句，則依據語句推論規則以及量限推論規則必定也能夠導出；換言之，在語句邏輯中互相不一致的前提，在量限邏輯中也必定不一致。反之，語句邏輯的無效論證，可能是量限邏輯的有效論證；因此，由某些前提，即使無法依據

語句推論規則導出矛盾句，但加上量限推論規則之後卻可能可以導出；換言之，在語句邏輯中互相一致的前提，在量限邏輯中卻可能是不一致的。至於要證明前提之間在量限邏輯中互相一致，則可用解釋的方法。某些前提如果在某一個解釋下全部為真，則這些前提在量限邏輯中互相一致，因而在語句邏輯中也互相一致；因此，我們只要列出這樣的一個解釋，即足以證明它們互相一致。

下面是證明在量限邏輯中前提之間互相一致或不一致的例子：

〔例１〕　$(\exists x)(y)\,(Q^2xy)$

$(x)(y)(\exists z)\,(Q^2xz \wedge Q^2zy)$

這兩個前提在下面的解釋下皆為真：

(i)　$D = \{1\}$

(ii)　$Q^2xy : x = y$

解釋的範圍可以縮小到只含一個個體；也就是說，討論的對象只限於這個個體。在此種解釋下，所謂「每一個個體」固然是指此解釋範圍之內的唯一個體，所謂「有的個體」也是指此唯一的個體；因此，若 β 為表此唯一個體之個體常元，則 $(\alpha)\,\phi$ 和 $(\exists\alpha)\,\phi$ 都與 $\phi\,\alpha\,/\,\beta$ 的意義相同。我們在上面的解釋中，把 1 當做此解釋範圍之內的唯一個體；所謂「每一個個體如何」，意即「1 如何」，所謂「有的個體如何」也是「1 如何」的意思。因此，「$(\exists x)(y)\,(Q^2xy)$」意即「$(y)\,(Q^2xy)\,x\,/\,1$」，亦即「$(y)\,(Q^21y)$」；而「$(y)\,(Q^21y)$」又可改成「$(Q^21y)\,y\,/\,1$」，亦即「Q^211」。我們又把「Q^2」解釋為等號，故「Q^211」亦可寫成「$1 = 1$」。同樣的，第二個前提在此解釋下可寫成「$1 = 1 \wedge 1 = 1$」。很明顯的，兩個前提在此解釋下皆為真。

我們列出上面的解釋範圍時，把解釋範圍之內的個體放在大括號「$\{\ \}$」之內，這是表示把它們當做一個集合來看待。上面的(i)就是表

示解釋的範圍是由唯一的個體所組成的集合，這唯一的個體就是 1。

　　我們既然把解釋的範圍當做集合，就必須限制不能以空集合當做解釋的範圍。所謂「空集合」是不含任何元素的集合；我們可以把解釋的範圍縮小到只討論一個個體，但不能縮小到不討論任何個體。如果不討論任何個體，則不但不必要任何論證，連語句也沒有必要。我們只要使用語句或論證，必定是要討論某些個體；討論的範圍可大可小，但絕對不至於是一個空集合。因此，所謂「論證有效」是指當我們討論任何一個範圍之內的個體時，不可能前提全真而結論假；至於在這個論證不討論任何個體的情形下，亦即在解釋範圍是空集合的情形下，即使前提全真而結論假，我們仍然認為是一個有效的論證。例如：下面的論證，雖然在空集合的解釋範圍之下，前提全真而結論假；但是，只要解釋範圍不是空集合，則不可能前提全真而結論假。

$$(x) \, (F^1 x)$$

$$\therefore (\exists x) \, (F^1 x)$$

前提是說：任何個體都是 F；結論是說：有 F 存在。若解釋範圍之內有個體存在，則既然這些個體都是 F，當然在此範圍之內有 F 存在。反之，若解釋範圍是空集合，亦即沒有任何個體，則結論表示在此範圍之內有 F 存在固然是假的；但前提卻是真的，因為我們要證明「(x) $(F^1 x)$」為假，必須找到一個個體不是 F，但是在空集合之內絕對找不到一個個體不是 F。上面的論證，雖然在空集合的解釋範圍之內，前提全真而結論假；但是，我們仍然認為它是有效的。我們可以依據量限推論規則，由前提導出結論；其推論如下：

{1}	(1)	$(x) \, (F^1 x)$	P
{1}	(2)	$F^1 a$	1, US
{1}	(3)	$(\exists x) \, (F^1 x)$	2, EG

可見，依據推論規則證明出來的有效論證，在空集合的解釋範圍之內，

可能前提全真而結論假。同樣的，當我們說某些前提可能全部為真而
互相一致時，也不把空集合的解釋範圍考慮在內；因此，要用解釋的
方法證明前提互相一致時，也不可把空集合當做解釋的範圍。

〔例 II〕 $(x)(y) (P^2xy \rightarrow -P^2yx)$

$(x) (P^2xx)$

由這兩個前提可導出矛盾句，故互相不一致。其推論如下：

{1}	(1)	$(x)(y) (P^2xy \rightarrow -P^2yx)$	P
{2}	(2)	$(x) (P^2xx)$	P
{1}	(3)	$P^2aa \rightarrow -P^2aa$	1, US, $x/a, y/a$
{2}	(4)	P^2aa	2, US
{1, 2}	(5)	$P^2aa \wedge -P^2aa$	3, 4, SI

習　題

1.證明下列各題中的前提互相一致或不一致：

(a) $(x)(y) (P^2xy \rightarrow -P^2yx)$

$(x)(y) (I^2xy)$

(b) $(x) (F^1x \rightarrow -G^1x)$

$(x) (F^1x \rightarrow G^1x)$

(c) $(x)(y)(z) (P^2xy \wedge P^2yz \rightarrow P^2xz)$

$(x)(y) (P^2xy \rightarrow P^2yx)$

$(x) (-P^2xx)$

(d) $(x)(y)(z) (P^2xy \wedge P^2yz \rightarrow P^2xz)$

$(x)(y) (P^2xy \rightarrow P^2yx)$

$(\exists x)(y)\,(\mathrm{P}^2xy)$

(e) $(x)(\exists y)\,(\mathrm{P}^2yx)$

$(x)(y)\,(\mathrm{P}^2xy \rightarrow -\mathrm{P}^2yx)$

$(x)(y)(z)\,(\mathrm{P}^2xy \wedge \mathrm{P}^2yz \rightarrow \mathrm{P}^2xz)$

(f) $(x)\,[\mathrm{G}^1x \rightarrow (\exists y)(\mathrm{F}^2yx)]$

$(\exists x)\,(\mathrm{G}^1x)$

$(x)(y)\,(-\mathrm{F}^2xy)$

(g) $(x)\,(\mathrm{P}^1x \vee \mathrm{Q}^1x) \rightarrow (\exists x)\,(\mathrm{R}^1x)$

$(x)\,(\mathrm{P}^1x)$

$(x)\,(\mathrm{P}^1x \rightarrow -\mathrm{R}^1x)$

(h) $(x)(\exists y)\,(\mathrm{F}^2xy)$

$(x)\,[\mathrm{G}^1x \rightarrow (\exists y)(\mathrm{F}^2yx)]$

$(\exists x)\,(\mathrm{G}^1x)$

$(x)\,(-\mathrm{F}^2xx)$

(i) $(x)\,(\mathrm{P}^1x \vee \mathrm{Q}^1x) \rightarrow (\exists x)\,(\mathrm{R}^1x)$

$(x)\,(\mathrm{R}^1x \rightarrow \mathrm{Q}^1x)$

$(\exists x)\,(\mathrm{P}^1x \wedge -\mathrm{Q}^1x)$

(j) $(x)\,(\mathrm{F}^1x \rightarrow -\mathrm{G}^1x)$

$(x)\,(\mathrm{F}^1x \rightarrow \mathrm{G}^1x)$

$(\exists x)\,(\mathrm{F}^1x)$

7–8　邏輯定理與量詞否定規則

我們在 4–7 曾介紹過沒有前提的論證。一個沒有前提而只有結論的論證如果是有效的，則這個結論在任何情形下為真。因此，一個沒有前提的結論，如果只依據語句推論規則就可導出，則此結論是一個

恆真句；如果除了語句推論規則之外，還須要依據量限推論規則，才
能導出，則這個結論雖然不是恆真句，卻也是一個在任何情形下皆為
真的語句；換言之，在任何解釋下為真。不管是否須要依據量限推論
規則，這種在任何解釋下皆為真的語句叫做「邏輯定理」(theorems of
logic)。很明顯的，恆真句必定是邏輯定理，但是邏輯定理卻不一定是
恆真句。

　　邏輯定理的否定句必定在任何解釋下為假。我們如果要證明某一
個語句在任何情形下皆假，則只要證明它的否定句是邏輯定理即可。
例如：要證明下面的語句在任何情形下為假

$$(x)\,(F^1x \to G^1x) \wedge (\exists x)\,(F^1x \wedge {-}G^1x)$$

則首先以這個語句為前提，導出矛盾句；然後依據 R.A.A. 規則導出這
個語句的否定句：

{1}	(1)	$(x)\,(F^1x \to G^1x) \wedge (\exists x)\,(F^1x \wedge {-}G^1x)$	P
{1}	(2)	$(x)\,(F^1x \to G^1x)$	1, SI
{1}	(3)	$(\exists x)\,(F^1x \wedge {-}G^1x)$	1, SI
{4}	(4)	$F^1a \wedge {-}G^1a$	P
{1}	(5)	$F^1a \to G^1a$	2, US
{1, 4}	(6)	$G^1a \wedge {-}G^1a$	4, 5, SI
{4}	(7)	${-}[(x)\,(F^1x \to G^1x) \wedge (\exists x)\,(F^1x \wedge {-}G^1x)]$	1, 6, R.A.A.
{1}	(8)	${-}[(x)\,(F^1x \to G^1x) \wedge (\exists x)\,(F^1x \wedge {-}G^1x)]$	1, 4, 7, ES
{1}	(9)	$[(x)\,(F^1x \to G^1x) \wedge (\exists x)\,(F^1x \wedge {-}G^1x)] \wedge$ ${-}[(x)\,(F^1x \to G^1x) \wedge (\exists x)\,(F^1x \wedge {-}G^1x)]$	1, 8, SI
Λ	(10)	${-}[(x)\,(F^1x \to G^1x) \wedge (\exists x)\,(F^1x \wedge {-}G^1x)]$	1, 9, R.A.A.

如果要證明一個語句不是邏輯定理，則只要列出一個使該語句為假的
解釋即可。反之，如果要證明一個語句不是邏輯定理的否定句，則只
要列出一個使該語句為真的解釋即可。因此，若能列出兩個解釋，使

某一個語句在一個解釋下為真而在另一個解釋下為假，則證明該語句既非邏輯定理又非邏輯定理的否定句。很明顯的，矛盾句必定是邏輯定理的否定句，但是邏輯定理的否定句卻不一定是矛盾句。

　　我們現在要利用邏輯定理的概念來說明：所謂「兩個句式的邏輯意義相同」是什麼意思？我們知道：句式可分為兩種，一種是沒有自由變元的語句，另一種是有自由變元的開放句式。我們先討論第一種。所謂「兩個語句的邏輯意義相同」意即：這兩個語句在任何解釋下不可能一真一假，它們的真假在任何情形下都一定相同。既然如此，則把邏輯意義相同的兩個語句連成雙條件句，則此雙條件句必定是邏輯定理。因為這兩個語句的真假既然一定相同，則它們所連成的雙條件句必定為真而不可能假，故為邏輯定理。我們可以有下面的定義：

　　　設 ϕ 和 ψ 是任意語句，所謂「ϕ 與 ψ 的邏輯意義相同」意即：

　　　$\phi \leftrightarrow \psi$ 是邏輯定理。

例如：「$(\exists x)(-F^1 x) \leftrightarrow -(x)(F^1 x)$」是一個邏輯定理，故「$(\exists x)(-F^1 x)$」與「$-(x)(F^1 x)$」的邏輯意義相同。然而，上面的說明和定義不能適用於開放句式。

　　因為開放句式並無真假可言，因此不能以「在任何情形下真假相同」來說明兩個開放句式的邏輯意義相同。又因為兩個開放句式所連成的雙條件句必定也是開放句式，而開放句式絕對不可能成為一個邏輯定理，因此不能以「此雙條件句是邏輯定理」來定義兩個開放句式的邏輯意義相同。例如：「$(\exists x)(-H^2 xy)$」和「$-(x)(H^2 xy)$」都是開放句式，上面的說明和定義都不能適用。但是開放句式中個體變元的自由出現若被個體常元所取代，則開放句式就變成有真假的語句。例如：以「a」取代「y」的自由出現，上面兩個開放句式就變成「$(\exists x)(-H^2 xa)$」和「$-(x)(H^2 xa)$」這兩個語句。如果不管以任何個體常元取代「y」的自由出現，所產生的兩個語句一定真假相同，則我們就認為

「$(\exists x)\,(-H^2xy)$」和「$-(x)\,(H^2xy)$」的邏輯意義相同。換言之，我們先把這兩個句式連成雙條件句「$(\exists x)\,(-H^2xy)\leftrightarrow-(x)\,(H^2xy)$」，若不管以任何個體常元取代「$y$」的自由變元所產生的語句必定為真，則此兩句式的邏輯意義相同。因此，所謂「$(\exists x)\,(-H^2xy)$」和「$-(x)\,(H^2xy)$」的邏輯意義相同，意即「$(y)\,[(\exists x)\,(-H^2xy)\leftrightarrow-(x)\,(H^2xy)]$」是邏輯定理。根據這個例子加以推廣，我們可以有下面的定義：

　　　　設 ϕ 和 ψ 是任意開放句式，而 α_1、α_2、α_3、$\cdots\alpha_n$ 是 ϕ 和 ψ 中的全部自由變元，所謂「ϕ 與 ψ 的邏輯意義相同」意即：$(\alpha_1)(\alpha_2)(\alpha_3)\cdots(\alpha_n)\,(\phi\leftrightarrow\psi)$ 是邏輯定理。

其實，我們不必指明 ϕ 和 ψ 是語句或開放句式，只要泛指任何句式即可。因此，我們可以把上述兩個定義合併成下面的定義：

　　　　設 ϕ 和 ψ 是任意句式，而 α_1、α_2、α_3、$\cdots\alpha_n$ 是 ϕ 和 ψ 中的全部自由變元，所謂「ϕ 與 ψ 的邏輯意義相同」意即：$(\alpha_1)(\alpha_2)(\alpha_3)\cdots(\alpha_n)\,(\phi\leftrightarrow\psi)$ 是邏輯定理。

在這個定義中，若 ϕ 和 ψ 只有一個自由變元 α_1，則 $(\alpha_1)(\alpha_2)(\alpha_3)\cdots(\alpha_n)\,(\phi\leftrightarrow\psi)$ 是指 $(\alpha_1)\,(\phi\leftrightarrow\psi)$ 而言；若有兩個自由變元 α_1、α_2，則是指 $(\alpha_1)(\alpha_2)\,(\phi\leftrightarrow\psi)$；若 ϕ 和 ψ 都是語句而沒有自由變元，則 $(\alpha_1)(\alpha_2)(\alpha_3)\cdots(\alpha_n)\,(\phi\leftrightarrow\psi)$ 是指 $(\phi\leftrightarrow\psi)$ 而言。$(\alpha_1)(\alpha_2)(\alpha_3)\cdots(\alpha_n)$ 這些連續的全稱量詞的個數，與 ϕ 和 ψ 中自由變元的個數是相等的；若 ϕ 和 ψ 之中自由變元的個數為零，換言之，沒有自由變元，則這些連續全稱量詞的個數也是零，換言之，沒有全稱量詞。這個合併的定義可以說明一個語句與一個開放句式之間邏輯意義相同。例如：根據這個定義，「H^2ab」與「$H^2ab\wedge(F^1x\vee-F^1x)$」的邏輯意義相同，因為「$(x)\,[H^2ab\leftrightarrow H^2ab\wedge(F^1x\vee-F^1x)]$」是一個邏輯定理。但是，根據頭兩個定義，無法說明這兩個句式的邏輯意義相同。因為那兩個定義只分別說明兩個語句之間以及兩個開放句式之間的邏輯意義相同，而沒有

顧慮到兩個句式中有一個是語句而另一個是開放句式的情形。

　　我們知道：若兩個句式的邏輯意義相同，則這兩個句式可在任意句式中的一部分進行代換，而不致影響整個句式的意義。例如：「$(\exists x)$ $(-H^2xy)$」與「$-(x)(H^2xy)$」的意義既然相同，則「$(y)[F^1y \to -(x)$ $(H^2xy)]$」中的「$-(x)(H^2xy)$」可換成「$(\exists x)(-H^2xy)$」而得「$(y)[F^1y$ $\to (\exists x)(-H^2xy)]$」。我們又知道：若 $(\alpha_1)(\alpha_2)(\alpha_3) \cdots (\alpha_n)(\phi \leftrightarrow \psi)$ 是邏輯定理，則 ϕ 與 ψ 的邏輯意義相同。既然如此，我們似乎可以有如下的規則：

　　　　若 $(\alpha_1)(\alpha_2)(\alpha_3) \cdots (\alpha_n)(\phi \leftrightarrow \psi)$ 是邏輯定理，則在任何句式中 ϕ
　　　　和 ψ 可隨意代換。

這個規則是可以成立的，但是我們並不採用做推論規則。因為邏輯定理的個數有無限多個，而要判斷某一語句是否為邏輯定理並沒有一個機械性的固定程序。因此，若採用上述的規則做為推論規則，則沒有一個機械性的固定程序可用來判斷每一個推論步驟是否為依據推論規則而進行的正確步驟。

　　我們雖然並不漫無限制的採取上述的規則，換言之，並不允許任意兩個邏輯意義相同的句式在推論中隨意代換；然而，我們卻允許某些特定形式的句式可以隨意代換。現在就把允許它們互相代換的規則敘述如下：

　　　　設 ϕ 是任意句式，而 α 是任意個體變元，則 $-(\alpha)\phi$ 與 $(\exists\alpha)-\phi$ 之
　　　　間，$-(\exists\alpha)\phi$ 與 $(\alpha)-\phi$ 之間，$-(\alpha)-\phi$ 與 $(\exists\alpha)\phi$ 之間，$-(\exists\alpha)-\phi$
　　　　與 $(\alpha)\phi$ 之間可隨意代換。

這個規則是有關量詞與否定號之間的變化規則，因此叫做「量詞否定規則」(rule of quantifier negation)，記作「QN」。這個規則允許 $-(\alpha)\phi$ 與 $(\exists\alpha)-\phi$ 可以隨意代換；換言之，可以把全稱量詞之前的否定號移到量詞之後，並且把全稱量詞改成存在量詞，也可以把存在量詞之後

的否定號移到量詞之前，並且把存在量詞改成全稱量詞。依據這個規則，我們可以由

(1) $(y)[F^1y \rightarrow -(x)(H^2xy)]$

導出

(2) $(y)[F^1y \rightarrow (\exists x)(-H^2xy)]$

也可由(2)導出(1)。(1)和(2)中的「x」相當於 QN 規則中的 α，「H^2xy」相當於 ϕ；因此，「$-(x)(H^2xy)$」與「$(\exists x)(-H^2xy)$」代換就相當於 $-(\alpha)\phi$ 與 $(\exists\alpha)-\phi$ 代換。現在問題是：我們一定要確知 $-(\alpha)\phi$ 與 $(\exists\alpha)-\phi$ 的邏輯意義相同，才能允許它們隨意代換。那麼，怎樣證明它們的邏輯意義相同呢？設 α_1、α_2、α_3、$\cdots$、α_n 是 $-(\alpha)\phi$ 和 $(\exists\alpha)-\phi$ 中的全部自由變元；若 $(\alpha_1)(\alpha_2)(\alpha_3)\cdots(\alpha_n)[-(\alpha)\phi \leftrightarrow (\exists\alpha)-\phi]$ 是邏輯定理，則 $-(\alpha)\phi$ 與 $(\exists\alpha)-\phi$ 的邏輯意義相同。我們現在先證明「$-(x)(H^2xy)$」與「$(\exists x)(-H^2xy)$」的邏輯意義相同，亦即證明「$(y)[-(x)(H^2xy) \leftrightarrow (\exists x)(-H^2xy)]$」是邏輯定理；然後，再列出這個證明的一般形式。

$\{1\}$	(1)	$-H^2ab$	P
$\{1\}$	(2)	$(\exists x)(-H^2xb)$	1, EG
Λ	(3)	$-H^2ab \rightarrow (\exists x)(-H^2xb)$	1, 2, C.P.
$\{4\}$	(4)	$-(\exists x)(-H^2xb)$	P
$\{4\}$	(5)	H^2ab	3, 4, SI
$\{4\}$	(6)	$(x)(H^2xb)$	5, UG
Λ	(7)	$-(\exists x)(-H^2xb) \rightarrow (x)(H^2xb)$	4, 6, C.P.
Λ	(8)	$-(x)(H^2xb) \rightarrow (\exists x)(-H^2xb)$	7, SI
$\{9\}$	(9)	$(\exists x)(-H^2xb)$	P
$\{10\}$	(10)	$(x)(H^2xb)$	P
$\{11\}$	(11)	$-H^2cb$	P
$\{10\}$	(12)	H^2cb	10, US

$\{10, 11\}$　(13)　$H^2cb \wedge -H^2cb$　　　　　　　　11, 12, SI

$\{11\}$　(14)　$-(x)(H^2xb)$　　　　　　　　10, 13, R.A.A.

$\{9\}$　(15)　$-(x)(H^2xb)$　　　　　　　　9, 11, 14, ES

Λ　(16)　$(\exists x)(-H^2xb) \to -(x)(H^2xb)$　　　　9, 15, C.P.

Λ　(17)　$-(x)(H^2xb) \leftrightarrow (\exists x)(-H^2xb)$　　　8, 16, SI

Λ　(18)　$(y)[-(x)(H^2xy) \leftrightarrow (\exists x)(-H^2xy)]$　　17, UG

在列出這個推論步驟的一般形式之前，必須先介紹一個記號法：設 ϕ 為任意句式，α_1、α_2、α_3、$\cdots$、α_n 為互不相同的任意個體變元，β_1、β_2、β_3、$\cdots$、β_n 為互不相同的任意個體常元，則 $\phi^{\alpha_1, \alpha_2, \alpha_3, \cdots, \alpha_n}_{\beta_1, \beta_2, \beta_3, \cdots, \beta_n}$ 是以 β_1、β_2、β_3、$\cdots$、β_n 分別取代 ϕ 中「$\alpha_1, \alpha_2, \alpha_3, \cdots, \alpha_n$」的每一個自由出現所產生的句式。

$\{1\}$　(1)　$-\phi^{\alpha_1, \alpha_2, \cdots, \alpha_n, \alpha}_{\beta_1, \beta_2, \cdots, \beta_n, \beta}$　　　　　P

$\{1\}$　(2)　$(\exists \alpha) -\phi^{\alpha_1, \alpha_2, \cdots, \alpha_n}_{\beta_1, \beta_2, \cdots, \beta_n}$　　　　　1, EG

Λ　(3)　$-\phi^{\alpha_1, \alpha_2, \cdots, \alpha_n, \alpha}_{\beta_1, \beta_2, \cdots, \beta_n, \beta} \to (\exists \alpha) -\phi^{\alpha_1, \alpha_2, \cdots, \alpha_n}_{\beta_1, \beta_2, \cdots, \beta_n}$　　1, 2, C.P.

$\{4\}$　(4)　$-(\exists \alpha) -\phi^{\alpha_1, \alpha_2, \cdots, \alpha_n}_{\beta_1, \beta_2, \cdots, \beta_n}$　　　　　P

$\{4\}$　(5)　$\phi^{\alpha_1, \alpha_2, \cdots, \alpha_n, \alpha}_{\beta_1, \beta_2, \cdots, \beta_n, \beta}$　　　　　3, 4, SI

$\{4\}$　(6)　$(\alpha) \phi^{\alpha_1, \alpha_2, \cdots, \alpha_n}_{\beta_1, \beta_2, \cdots, \beta_n}$　　　　　5, UG

Λ　(7)　$-(\exists \alpha) -\phi^{\alpha_1, \alpha_2, \cdots, \alpha_n}_{\beta_1, \beta_2, \cdots, \beta_n} \to (\alpha) \phi^{\alpha_1, \alpha_2, \cdots, \alpha_n}_{\beta_1, \beta_2, \cdots, \beta_n}$　　4, 6, C.P.

Λ　(8)　$-(\alpha) \phi^{\alpha_1, \alpha_2, \cdots, \alpha_n}_{\beta_1, \beta_2, \cdots, \beta_n} \to (\exists \alpha) -\phi^{\alpha_1, \alpha_2, \cdots, \alpha_n}_{\beta_1, \beta_2, \cdots, \beta_n}$　　7, SI

$\{9\}$　(9)　$(\exists \alpha) -\phi^{\alpha_1, \alpha_2, \cdots, \alpha_n}_{\beta_1, \beta_2, \cdots, \beta_n}$　　　　　P

$\{10\}$　(10)　$(\alpha) \phi^{\alpha_1, \alpha_2, \cdots, \alpha_n}_{\beta_1, \beta_2, \cdots, \beta_n}$　　　　　P

$\{11\}$　(11)　$-\phi^{\alpha_1, \alpha_2, \cdots, \alpha_n, \alpha}_{\beta_1, \beta_2, \cdots, \beta_n, \beta'}$　　　　　P

$\{10\}$　(12)　$\phi^{\alpha_1, \alpha_2, \cdots, \alpha_n, \alpha}_{\beta_1, \beta_2, \cdots, \beta_n, \beta'}$　　　　　10, US

$\{10, 11\}$　(13)　$\phi^{\alpha_1, \alpha_2, \cdots, \alpha_n, \alpha}_{\beta_1, \beta_2, \cdots, \beta_n, \beta'} \wedge -\phi^{\alpha_1, \alpha_2, \cdots, \alpha_n, \alpha}_{\beta_1, \beta_2, \cdots, \beta_n, \beta'}$　　10, 11, SI

$\{11\}$　(14)　$-(\alpha) \phi^{\alpha_1, \alpha_2, \cdots, \alpha_n}_{\beta_1, \beta_2, \cdots, \beta_n}$　　　　10, 13, R.A.A.

$\{9\}$　(15)　$-(\alpha) \phi^{\alpha_1, \alpha_2, \cdots, \alpha_n}_{\beta_1, \beta_2, \cdots, \beta_n}$　　　　9, 11, 14, ES

$$\Lambda \quad (16) \quad (\exists \alpha) -\phi^{\alpha_1, \alpha_2, \cdots, \alpha_n}_{\beta_1, \beta_2, \cdots, \beta_n} \rightarrow -(\alpha) \, \phi^{\alpha_1, \alpha_2, \cdots, \alpha_n}_{\beta_1, \beta_2, \cdots, \beta_n} \qquad 9, 15, \text{C.P.}$$

$$\Lambda \quad (17) \quad -(\alpha) \, \phi^{\alpha_1, \alpha_2, \cdots, \alpha_n}_{\beta_1, \beta_2, \cdots, \beta_n} \leftrightarrow (\exists \alpha) -\phi^{\alpha_1, \alpha_2, \cdots, \alpha_n}_{\beta_1, \beta_2, \cdots, \beta_n} \qquad 8, 16, \text{SI}$$

$$\Lambda \quad (18) \quad (\alpha_1)(\alpha_2) \cdots (\alpha_n) \, [-(\alpha) \, \phi \leftrightarrow (\exists \alpha) -\phi]$$

$$17, \text{UG}, \, \alpha_1 / \beta_1, \, \alpha_2 / \beta_2, \cdots, \alpha_n / \beta_n$$

QN 規則也允許 $-(\exists \alpha) \, \phi$ 與 $(\alpha) -\phi$ 可以隨意代換；換言之，可以把存在量詞之前的否定號移到量詞之後，並且把存在量詞改成全稱量詞，也可以把全稱量詞之後的否定號移到量詞之前，並且把全稱量詞改成存在量詞。依據這個規則，我們可以由

(3)　$(y) \, [-(\exists x) \, (F^1 x \wedge G^2 xy) \rightarrow F^1 y]$

導出

(4)　$(y) \, [(x) -(F^1 x \wedge G^2 xy) \rightarrow F^1 y]$

也可由(4)導出(3)。(3)和(4)中的「x」相當於規則中的 α，「$F^1 x \wedge G^2 xy$」相當於 ϕ；因此，「$-(\exists x) \, (F^1 x \wedge G^2 xy)$」與「$(x) -(F^1 x \wedge G^2 xy)$」代換就相當於 $-(\exists \alpha) \, \phi$ 與 $(\alpha) -\phi$ 代換。下面證明「$(y) \, [-(\exists x) \, (F^1 x \wedge G^2 xy) \leftrightarrow (x) -(F^1 x \wedge G^2 xy)]$」是邏輯定理。

$\{1\}$	(1)	$F^1 a \wedge G^2 ab$	P
$\{1\}$	(2)	$(\exists x) \, (F^1 x \wedge G^2 xb)$	1, EG
Λ	(3)	$F^1 a \wedge G^2 ab \rightarrow (\exists x) \, (F^1 x \wedge G^2 xb)$	1, 2, C.P.
$\{4\}$	(4)	$-(\exists x) \, (F^1 x \wedge G^2 xb)$	P
$\{4\}$	(5)	$-(F^1 a \wedge G^2 ab)$	3, 4, SI
$\{4\}$	(6)	$(x) -(F^1 x \wedge G^2 xb)$	5, UG
Λ	(7)	$-(\exists x) \, (F^1 x \wedge G^2 xb) \rightarrow (x) -(F^1 x \wedge G^2 xb)$	4, 6, C.P.
$\{8\}$	(8)	$(x) -(F^1 x \wedge G^2 xb)$	P
$\{9\}$	(9)	$(\exists x) \, (F^1 x \wedge G^2 xb)$	P
$\{10\}$	(10)	$F^1 c \wedge G^2 cb$	P
$\{8\}$	(11)	$-(F^1 c \wedge G^2 cb)$	8, US

{8, 10}	(12)	$F^1c \wedge -F^1c$	10, 11, SI
{10}	(13)	$-(x) -(F^1x \wedge G^2xb)$	8, 12, R.A.A.
{9}	(14)	$-(x) -(F^1x \wedge G^2xb)$	9, 10, 13, ES
Λ	(15)	$(\exists x)(F^1x \wedge G^2xb) \rightarrow -(x) -(F^1x \wedge G^2xb)$	9, 14, C.P.
Λ	(16)	$(x)-(F^1x \wedge G^2xb) \rightarrow -(\exists x)(F^1x \wedge G^2xb)$	15, SI
Λ	(17)	$-(\exists x)(F^1x \wedge G^2xb) \leftrightarrow (x) -(F^1x \wedge G^2xb)$	7, 16, SI
Λ	(18)	$(y) [-(\exists x)(F^1x \wedge G^2xy) \leftrightarrow$ $(x)-(F^1x \wedge G^2xy)]$	17, UG

下面是證明 $(\alpha_1)(\alpha_2) \cdots (\alpha_n) [-(\exists\alpha) \phi \leftrightarrow (\alpha) -\phi]$ 為邏輯定理的一般推論形式：

{1}	(1)	$\phi^{\alpha_1, \alpha_2, \cdots, \alpha_n, \alpha}_{\beta_1, \beta_2, \cdots, \beta_n, \beta}$	P
{1}	(2)	$(\exists\alpha) \phi^{\alpha_1, \alpha_2, \cdots, \alpha_n}_{\beta_1, \beta_2, \cdots, \beta_n}$	1, EG
Λ	(3)	$\phi^{\alpha_1, \alpha_2, \cdots, \alpha_n, \alpha}_{\beta_1, \beta_2, \cdots, \beta_n, \beta} \rightarrow (\exists\alpha) \phi^{\alpha_1, \alpha_2, \cdots, \alpha_n}_{\beta_1, \beta_2, \cdots, \beta_n}$	1, 2, C.P.
{4}	(4)	$-(\exists x) \phi^{\alpha_1, \alpha_2, \cdots, \alpha_n}_{\beta_1, \beta_2, \cdots, \beta_n}$	P
{4}	(5)	$-\phi^{\alpha_1, \alpha_2, \cdots, \alpha_n, \alpha}_{\beta_1, \beta_2, \cdots, \beta_n, \beta}$	3, 4, SI
{4}	(6)	$(\alpha) -\phi^{\alpha_1, \alpha_2, \cdots, \alpha_n}_{\beta_1, \beta_2, \cdots, \beta_n}$	5, UG
Λ	(7)	$-(\exists\alpha) \phi^{\alpha_1, \alpha_2, \cdots, \alpha_n}_{\beta_1, \beta_2, \cdots, \beta_n} \rightarrow (\alpha) -\phi^{\alpha_1, \alpha_2, \cdots, \alpha_n}_{\beta_1, \beta_2, \cdots, \beta_n}$	4, 6, C.P.
{8}	(8)	$(\alpha) -\phi^{\alpha_1, \alpha_2, \cdots, \alpha_n}_{\beta_1, \beta_2, \cdots, \beta_n}$	P
{9}	(9)	$(\exists\alpha) \phi^{\alpha_1, \alpha_2, \cdots, \alpha_n}_{\beta_1, \beta_2, \cdots, \beta_n}$	P
{10}	(10)	$\phi^{\alpha_1, \alpha_2, \cdots, \alpha_n, \alpha}_{\beta_1, \beta_2, \cdots, \beta_n, \beta'}$	P
{8}	(11)	$-\phi^{\alpha_1, \alpha_2, \cdots, \alpha_n, \alpha}_{\beta_1, \beta_2, \cdots, \beta_n, \beta'}$	8, US
{8, 10}	(12)	$\phi^{\alpha_1, \alpha_2, \cdots, \alpha_n, \alpha}_{\beta_1, \beta_2, \cdots, \beta_n, \beta'} \wedge -\phi^{\alpha_1, \alpha_2, \cdots, \alpha_n, \alpha}_{\beta_1, \beta_2, \cdots, \beta_n, \beta'}$	10, 11, SI
{10}	(13)	$-(\alpha) -\phi^{\alpha_1, \alpha_2, \cdots, \alpha_n}_{\beta_1, \beta_2, \cdots, \beta_n}$	8, 12, R.A.A.
{9}	(14)	$-(\alpha) -\phi^{\alpha_1, \alpha_2, \cdots, \alpha_n}_{\beta_1, \beta_2, \cdots, \beta_n}$	9, 10, 13, ES
Λ	(15)	$(\exists\alpha) \phi^{\alpha_1, \alpha_2, \cdots, \alpha_n}_{\beta_1, \beta_2, \cdots, \beta_n} \rightarrow -(\alpha) -\phi^{\alpha_1, \alpha_2, \cdots, \alpha_n}_{\beta_1, \beta_2, \cdots, \beta_n}$	9, 14, C.P.
Λ	(16)	$(\alpha) -\phi^{\alpha_1, \alpha_2, \cdots, \alpha_n}_{\beta_1, \beta_2, \cdots, \beta_n} \rightarrow -(\exists\alpha) \phi^{\alpha_1, \alpha_2, \cdots, \alpha_n}_{\beta_1, \beta_2, \cdots, \beta_n}$	15, SI

Λ　(17)　$-(\exists\alpha)\,\phi^{\alpha_1,\alpha_2,\cdots,\alpha_n}_{\beta_1,\beta_2,\cdots,\beta_n} \leftrightarrow (\alpha)\,-\phi^{\alpha_1,\alpha_2,\cdots,\alpha_n}_{\beta_1,\beta_2,\cdots,\beta_n}$　　　　7, 16, SI

Λ　(18)　$(\alpha_1)(\alpha_2)\cdots(\alpha_n)\,[-(\exists\alpha)\,\phi \leftrightarrow (\alpha)\,-\phi]$

$$17, \text{UG}, \alpha_1/\beta_1, \alpha_2/\beta_2, \cdots, \alpha_n/\beta_n$$

QN 規則又允許 $-(\alpha)\,-\phi$ 與 $(\exists\alpha)\,\phi$ 可以隨意代換。Q 規則只允許當 $-(\alpha)\,-\phi$ 與 $(\exists\alpha)\,\phi$ 是整個句式而不是整個句式中的一部分時才可互相代換；QN 規則並無此項限制。下面是證明 「$(\alpha_1)(\alpha_2)\cdots(\alpha_n)$ $[-(\alpha)\,-\phi \leftrightarrow (\exists\alpha)\,\phi]$」為邏輯定理的一般推論形式：

$\{1\}$　(1)　$-(\alpha)\,-\phi^{\alpha_1,\alpha_2,\cdots,\alpha_n}_{\beta_1,\beta_2,\cdots,\beta_n}$　　　　　P

$\{1\}$　(2)　$(\exists\alpha)\,\phi^{\alpha_1,\alpha_2,\cdots,\alpha_n}_{\beta_1,\beta_2,\cdots,\beta_n}$　　　　　1, Q

Λ　(3)　$-(\alpha)\,-\phi^{\alpha_1,\alpha_2,\cdots,\alpha_n}_{\beta_1,\beta_2,\cdots,\beta_n} \to (\exists\alpha)\,\phi^{\alpha_1,\alpha_2,\cdots,\alpha_n}_{\beta_1,\beta_2,\cdots,\beta_n}$　　1, 2, C.P.

$\{4\}$　(4)　$(\exists\alpha)\,\phi^{\alpha_1,\alpha_2,\cdots,\alpha_n}_{\beta_1,\beta_2,\cdots,\beta_n}$　　　　　P

$\{4\}$　(5)　$-(\alpha)\,-\phi^{\alpha_1,\alpha_2,\cdots,\alpha_n}_{\beta_1,\beta_2,\cdots,\beta_n}$　　　　　4, Q

Λ　(6)　$(\exists\alpha)\,\phi^{\alpha_1,\alpha_2,\cdots,\alpha_n}_{\beta_1,\beta_2,\cdots,\beta_n} \to -(\alpha)\,-\phi^{\alpha_1,\alpha_2,\cdots,\alpha_n}_{\beta_1,\beta_2,\cdots,\beta_n}$　　4, 5, C.P.

Λ　(7)　$-(\alpha)\,-\phi^{\alpha_1,\alpha_2,\cdots,\alpha_n}_{\beta_1,\beta_2,\cdots,\beta_n} \leftrightarrow (\exists\alpha)\,\phi^{\alpha_1,\alpha_2,\cdots,\alpha_n}_{\beta_1,\beta_2,\cdots,\beta_n}$　　3, 6, SI

Λ　(8)　$(\alpha_1)(\alpha_2)\cdots(\alpha_n)\,[-(\alpha)-\phi \leftrightarrow (\exists\alpha)\,\phi]$

$$7, \text{UG}, \alpha_1/\beta_1, \alpha_2/\beta_2, \cdots, \alpha_n/\beta_n$$

最後，QN 規則也允許 $-(\exists\alpha)\,-\phi$ 與 $(\alpha)\,\phi$ 可以隨意代換。下面是證明「$(\alpha_1)(\alpha_2)\cdots(\alpha_n)\,[-(\exists\alpha)-\phi \leftrightarrow (\alpha)\,\phi]$」為邏輯定理的一般推論形式：

$\{1\}$　(1)　$-\phi^{\alpha_1,\alpha_2,\cdots,\alpha_n,\alpha}_{\beta_1,\beta_2,\cdots,\beta_n,\beta}$　　　　　P

$\{1\}$　(2)　$(\exists\alpha)\,-\phi^{\alpha_1,\alpha_2,\cdots,\alpha_n}_{\beta_1,\beta_2,\cdots,\beta_n}$　　　　　1, EG

Λ　(3)　$-\phi^{\alpha_1,\alpha_2,\cdots,\alpha_n,\alpha}_{\beta_1,\beta_2,\cdots,\beta_n,\beta} \to (\exists\alpha)\,-\phi^{\alpha_1,\alpha_2,\cdots,\alpha_n}_{\beta_1,\beta_2,\cdots,\beta_n}$　　1, 2, C.P.

$\{4\}$　(4)　$-(\exists\alpha)\,-\phi^{\alpha_1,\alpha_2,\cdots,\alpha_n}_{\beta_1,\beta_2,\cdots,\beta_n}$　　　　　P

$\{4\}$　(5)　$\phi^{\alpha_1,\alpha_2,\cdots,\alpha_n,\alpha}_{\beta_1,\beta_2,\cdots,\beta_n,\beta}$　　　　　3, 4, SI

$\{4\}$　(6)　$(\alpha)\,\phi^{\alpha_1,\alpha_2,\cdots,\alpha_n}_{\beta_1,\beta_2,\cdots,\beta_n}$　　　　　5, UG

Λ　(7)　$-(\exists\alpha)\,-\phi^{\alpha_1,\alpha_2,\cdots,\alpha_n}_{\beta_1,\beta_2,\cdots,\beta_n} \to (\alpha)\,\phi^{\alpha_1,\alpha_2,\cdots,\alpha_n}_{\beta_1,\beta_2,\cdots,\beta_n}$　　4, 6, C.P.

{8}	(8)	$(\alpha)\ \phi^{\alpha_1,\ \alpha_2,\ \cdots,\ \alpha_n}_{\beta_1,\ \beta_2,\ \cdots,\ \beta_n}$	P
{9}	(9)	$(\exists\alpha)-\phi^{\alpha_1,\ \alpha_2,\ \cdots,\ \alpha_n}_{\beta_1,\ \beta_2,\ \cdots,\ \beta_n}$	P
{10}	(10)	$-\phi^{\alpha_1,\ \alpha_2,\ \cdots,\ \alpha_n,\ \alpha}_{\beta_1,\ \beta_2,\ \cdots,\ \beta_n,\ \beta}$	P
{8}	(11)	$\phi^{\alpha_1,\ \alpha_2,\ \cdots,\ \alpha_n,\ \alpha}_{\beta_1,\ \beta_2,\ \cdots,\ \beta_n,\ \beta'}$	8, US
{8, 10}	(12)	$\phi^{\alpha_1,\ \alpha_2,\ \cdots,\ \alpha_n,\ \alpha}_{\beta_1,\ \beta_2,\ \cdots,\ \beta_n,\ \beta'}\wedge-\phi^{\alpha_1,\ \alpha_2,\ \cdots,\ \alpha_n,\ \alpha}_{\beta_1,\ \beta_2,\ \cdots,\ \beta_n,\ \beta'}$	10, 11, SI
{10}	(13)	$-(\alpha)\ \phi^{\alpha_1,\ \alpha_2,\ \cdots,\ \alpha_n}_{\beta_1,\ \beta_2,\ \cdots,\ \beta_n}$	8, 12, R.A.A.
{9}	(14)	$-(\alpha)\ \phi^{\alpha_1,\ \alpha_2,\ \cdots,\ \alpha_n}_{\beta_1,\ \beta_2,\ \cdots,\ \beta_n}$	9, 10, 13, ES
Λ	(15)	$(\exists\alpha)-\phi^{\alpha_1,\ \alpha_2,\ \cdots,\ \alpha_n}_{\beta_1,\ \beta_2,\ \cdots,\ \beta_n}\rightarrow-(\alpha)\ \phi^{\alpha_1,\ \alpha_2,\ \cdots,\ \alpha_n}_{\beta_1,\ \beta_2,\ \cdots,\ \beta_n}$	9, 14, C.P.
Λ	(16)	$(\alpha)\ \phi^{\alpha_1,\ \alpha_2,\ \cdots,\ \alpha_n}_{\beta_1,\ \beta_2,\ \cdots,\ \beta_n}\rightarrow-(\exists\alpha)-\phi^{\alpha_1,\ \alpha_2,\ \cdots,\ \alpha_n}_{\beta_1,\ \beta_2,\ \cdots,\ \beta_n}$	15, SI
Λ	(17)	$-(\exists\alpha)-\phi^{\alpha_1,\ \alpha_2,\ \cdots,\ \alpha_n}_{\beta_1,\ \beta_2,\ \cdots,\ \beta_n}\leftrightarrow(\alpha)\ \phi^{\alpha_1,\ \alpha_2,\ \cdots,\ \alpha_n}_{\beta_1,\ \beta_2,\ \cdots,\ \beta_n}$	7, 16, SI
Λ	(18)	$(\alpha_1)(\alpha_2)\cdots(\alpha_n)\ [-(\exists\alpha)-\phi\leftrightarrow(\alpha)\ \phi]$	

$$17,\ \text{UG},\ \alpha_1/\beta_1,\ \alpha_2/\beta_2,\ \cdots,\ \alpha_n/\beta_n$$

　　到此為止，我們已介紹過量限推論的全部規則。下面我們將列出一些須要量限推論規則才能導出的邏輯定理，並選擇一部分加以證明，供讀者參考。

Q1　$(x)\,(\text{F}^1x\rightarrow\text{G}^1x)\rightarrow[(x)\,(\text{F}^1x)\rightarrow(x)\,(\text{G}^1x)]$

{1}	(1)	$(x)\,(\text{F}^1x\rightarrow\text{G}^1x)$	P
{2}	(2)	$(x)\,(\text{F}^1x)$	P
{1}	(3)	$\text{F}^1a\rightarrow\text{G}^1a$	1, US
{2}	(4)	F^1a	2, US
{1, 2}	(5)	G^1a	3, 4, SI
{1, 2}	(6)	$(x)\,(\text{G}^1x)$	5, UG
{1}	(7)	$(x)\,(\text{F}^1x)\rightarrow(x)\,(\text{G}^1x)$	2, 6, C.P.
Λ	(8)	$(x)\,(\text{F}^1x\rightarrow\text{G}^1x)\rightarrow$ $[(x)\,(\text{F}^1x)\rightarrow(x)\,(\text{G}^1x)]$	1, 7, C.P.

Q2　$(x)(F^1x \to G^1x) \to [(\exists x)(F^1x) \to (\exists x)(G^1x)]$

{1}	(1)	$(x)(F^1x \to G^1x)$	P
{2}	(2)	$(\exists x)(F^1x)$	P
{3}	(3)	F^1a	P
{1}	(4)	$F^1a \to G^1a$	1, US
{1, 3}	(5)	G^1a	3, 4, SI
{1, 3}	(6)	$(\exists x)(G^1x)$	5, EG
{1, 2}	(7)	$(\exists x)(G^1x)$	2, 3, 6, ES
{1}	(8)	$(\exists x)(F^1x) \to (\exists x)(G^1x)$	2, 7, C.P.
Λ	(9)	$(x)(F^1x \to G^1x) \to$	
		$[(\exists x)(F^1x) \to (\exists x)(G^1x)]$	1, 8, C.P.

Q3　$-(x)(F^1x) \leftrightarrow (\exists x)(-F^1x)$

{1}	(1)	$-(x)(F^1x)$	P
{1}	(2)	$(\exists x)(-F^1x)$	1, QN
Λ	(3)	$-(x)(F^1x) \to (\exists x)(-F^1x)$	1, 2, C.P.
{4}	(4)	$(\exists x)(-F^1x)$	P
{4}	(5)	$-(x)(F^1x)$	4, QN
Λ	(6)	$(\exists x)(-F^1x) \to -(x)(F^1x)$	4, 5, C.P.
Λ	(7)	$-(x)(F^1x) \leftrightarrow (\exists x)(-F^1x)$	3, 6, SI

Q4　$-(\exists x)(F^1x) \leftrightarrow (x)(-F^1x)$

Q5　$(x)(F^1x) \leftrightarrow -(\exists x)(-F^1x)$

Q6　$(\exists x)(F^1x) \leftrightarrow -(x)(-F^1x)$

Q7　$(\exists x)(F^1x \lor G^1x) \leftrightarrow [(\exists x)(F^1x) \lor (\exists x)(G^1x)]$

{1}	(1)	$(\exists x)(F^1x \lor G^1x)$	P
{2}	(2)	$-(\exists x)(F^1x)$	P
{3}	(3)	$F^1a \lor G^1a$	P

$\{2\}$	(4)	$(x)\,(-F^1x)$	2, QN
$\{2\}$	(5)	$-F^1a$	4, US
$\{2, 3\}$	(6)	G^1a	3, 5, SI
$\{2, 3\}$	(7)	$(\exists x)\,(G^1x)$	6, EG
$\{1, 2\}$	(8)	$(\exists x)\,(G^1x)$	1, 3, 7, ES
$\{1\}$	(9)	$-(\exists x)\,(F^1x) \to (\exists x)\,(G^1x)$	2, 8, C.P.
$\{1\}$	(10)	$(\exists x)\,(F^1x)\vee(\exists x)\,(G^1x)$	9, SI
Λ	(11)	$(\exists x)\,(F^1x\vee G^1x) \to$	
		$[(\exists x)\,(F^1x)\vee(\exists x)\,(G^1x)]$	1, 10, C.P.
$\{12\}$	(12)	$(\exists x)\,(F^1x)\vee(\exists x)\,(G^1x)$	P
$\{13\}$	(13)	$-(\exists x)\,(F^1x\vee G^1x)$	P
$\{13\}$	(14)	$(x)\,-(F^1x\vee G^1x)$	13, QN
$\{13\}$	(15)	$-(F^1a\vee G^1a)$	14, US
$\{13\}$	(16)	$-F^1a$	15, SI
$\{13\}$	(17)	$(x)\,(-F^1x)$	16, UG
$\{13\}$	(18)	$-(\exists x)\,(F^1x)$	17, QN
$\{12, 13\}$	(19)	$(\exists x)\,(G^1x)$	12, 18, SI
$\{13\}$	(20)	$-G^1a$	15, SI
$\{13\}$	(21)	$(x)\,(-G^1x)$	20, UG
$\{13\}$	(22)	$-(\exists x)\,(G^1x)$	21, QN
$\{12, 13\}$	(23)	$(\exists x)\,(G^1x)\wedge-(\exists x)\,(G^1x)$	19, 22, SI
$\{12\}$	(24)	$(\exists x)\,(F^1x\vee G^1x)$	13, 23, R.A.A.
Λ	(25)	$[(\exists x)\,(F^1x)\vee(\exists x)\,(G^1x)] \to$	
		$(\exists x)\,(F^1x\vee G^1x)$	12, 24, C.P.
Λ	(26)	$(\exists x)\,(F^1x\vee G^1x) \leftrightarrow$	
		$[(\exists x)\,(F^1x)\vee(\exists x)\,(G^1x)]$	11, 25, SI

Q8 $(x)\,(F^1x \wedge G^1x) \leftrightarrow (x)\,(F^1x) \wedge (x)\,(G^1x)$

Q9 $(\exists x)\,(F^1x \wedge G^1x) \rightarrow (\exists x)\,(F^1x) \wedge (\exists x)\,(G^1x)$

Q10 $(x)\,(F^1x) \vee (x)\,(G^1x) \rightarrow (x)\,(F^1x \vee G^1x)$

Q11 $[(\exists x)\,(F^1x) \rightarrow (\exists x)\,(G^1x)] \rightarrow (\exists x)\,(F^1x \rightarrow G^1x)$

{1}	(1)	$(\exists x)\,(F^1x) \rightarrow (\exists x)\,(G^1x)$	P
{2}	(2)	$-(\exists x)\,(F^1x \rightarrow G^1x)$	P
{2}	(3)	$(x)\,-(F^1x \rightarrow G^1x)$	2, QN
{2}	(4)	$-(F^1a \rightarrow G^1a)$	3, US
{2}	(5)	F^1a	4, SI
{2}	(6)	$(\exists x)\,(F^1x)$	5, EG
{1, 2}	(7)	$(\exists x)\,(G^1x)$	1, 6, SI
{2}	(8)	$-G^1a$	4, SI
{2}	(9)	$(x)\,(-G^1x)$	8, UG
{2}	(10)	$-(\exists x)\,(G^1x)$	9, QN
{1, 2}	(11)	$(\exists x)\,(G^1x) \wedge -(\exists x)\,(G^1x)$	7, 10, SI
{1}	(12)	$(\exists x)\,(F^1x \rightarrow G^1x)$	2, 11, R.A.A.
Λ	(13)	$[(\exists x)\,(F^1x) \rightarrow (\exists x)\,(G^1x)] \rightarrow$ $(\exists x)\,(F^1x \rightarrow G^1x)$	1, 12, C.P.

Q12 $[(x)\,(F^1x) \rightarrow (x)(G^1x)] \rightarrow (\exists x)(F^1x \rightarrow G^1x)$

Q13 $(x)\,(F^1x \leftrightarrow G^1x) \rightarrow [(x)(F^1x) \leftrightarrow (x)(G^1x)]$

Q14 $(x)\,(F^1x \leftrightarrow G^1x) \rightarrow [(\exists x)(F^1x) \leftrightarrow (\exists x)(G^1x)]$

Q15 $(x)\,(G^1a \wedge F^1x) \leftrightarrow G^1a \wedge (x)(F^1x)$

{1}	(1)	$(x)\,(G^1a \wedge F^1x)$	P
{1}	(2)	$G^1a \wedge F^1b$	1, US
{1}	(3)	F^1b	2, SI
{1}	(4)	$(x)\,(F^1x)$	3, UG

{1}	(5)	$G^1a \wedge (x)\,(F^1x)$	2, 4, SI
Λ	(6)	$(x)\,(G^1a \wedge F^1x) \to G^1a \wedge (x)\,(F^1x)$	1, 5, C.P.
{7}	(7)	$G^1a \wedge (x)\,(F^1x)$	P
{7}	(8)	$(x)\,(F^1x)$	7, SI
{7}	(9)	F^1b	8, US
{7}	(10)	$G^1a \wedge F^1b$	7, 9, SI
{7}	(11)	$(x)\,(G^1a \wedge F^1x)$	10, UG
Λ	(12)	$G^1a \wedge (x)\,(F^1x) \to (x)\,(G^1a \wedge F^1x)$	7, 11, C.P.
Λ	(13)	$(x)\,(G^1a \wedge F^1x) \leftrightarrow G^1a \wedge (x)\,(F^1x)$	6, 12, SI

Q16　$(\exists x)\,(G^1a \wedge F^1x) \leftrightarrow G^1a \wedge (\exists x)\,(F^1x)$

Q17　$(x)\,(G^1a \vee F^1x) \leftrightarrow G^1a \vee (x)\,(F^1x)$

Q18　$(\exists x)\,(G^1a \vee F^1x) \leftrightarrow G^1a \vee (\exists x)\,(F^1x)$

Q19　$(x)\,(G^1a \to F^1x) \leftrightarrow [G^1a \to (\exists x)\,(F^1x)]$

Q20　$(\exists x)\,(G^1a \to F^1x) \leftrightarrow [G^1a \to (\exists x)\,(F^1x)]$

Q21　$(x)\,(F^1x \to G^1a) \leftrightarrow [(\exists x)\,(F^1x) \to G^1a]$

{1}	(1)	$(x)\,(F^1x \to G^1a)$	P
{2}	(2)	$(\exists x)\,(F^1x)$	P
{3}	(3)	F^1b	P
{1}	(4)	$F^1b \to G^1a$	1, US
{1, 3}	(5)	G^1a	3, 4, SI
{1, 2}	(6)	G^1a	2, 3, 5, ES
{1}	(7)	$(\exists x)\,(F^1x) \to G^1a$	2, 6, C.P.
Λ	(8)	$(x)\,(F^1x \to G^1a) \to [(\exists x)\,(F^1x) \to G^1a]$	1, 7, C.P.
{9}	(9)	$(\exists x)\,(F^1x) \to G^1a$	P
{10}	(10)	F^1b	P
{10}	(11)	$(\exists x)\,(F^1x)$	10, EG

$\{9, 10\}$	(12)	G^1a	9, 11, SI
$\{9\}$	(13)	$F^1b \to G^1a$	10, 12, C.P.
$\{9\}$	(14)	$(x)\,(F^1x \to G^1a)$	13, UG
Λ	(15)	$[(\exists x)\,(F^1x) \to G^1a] \to (x)\,(F^1x \to G^1a)$	9, 14, C.P.
Λ	(16)	$(x)\,(F^1x \to G^1a) \leftrightarrow [(\exists x)\,(F^1x) \to G^1a]$	8, 15, SI

Q22 $(\exists x)\,(F^1x \to G^1a) \leftrightarrow [(x)\,(F^1x) \to G^1a]$

$\{1\}$	(1)	$(\exists x)\,(F^1x \to G^1a)$	P
$\{2\}$	(2)	$(x)\,(F^1x)$	P
$\{3\}$	(3)	$F^1b \to G^1a$	P
$\{2\}$	(4)	F^1b	2, US
$\{2, 3\}$	(5)	G^1a	3, 4, SI
$\{1, 2\}$	(6)	G^1a	1, 3, 5, ES
$\{1\}$	(7)	$(x)\,(F^1x) \to G^1a$	2, 6, C.P.
Λ	(8)	$(\exists x)\,(F^1x \to G^1a) \to [(x)\,(F^1x) \to G^1a]$	1, 7, C.P.
$\{9\}$	(9)	$(x)\,(F^1x) \to G^1a$	P
$\{10\}$	(10)	$-(\exists x)\,(F^1x \to G^1a)$	P
$\{10\}$	(11)	$(x)\,-(F^1x \to G^1a)$	10, QN
$\{10\}$	(12)	$-(F^1b \to G^1a)$	11, US
$\{10\}$	(13)	F^1b	12, SI
$\{10\}$	(14)	$(x)\,(F^1x)$	13, UG
$\{9, 10\}$	(15)	G^1a	9, 14, SI
$\{9, 10\}$	(16)	$G^1a \wedge -G^1a$	12, 15, SI
$\{9\}$	(17)	$(\exists x)\,(F^1x \to G^1a)$	10, 16, R.A.A.
Λ	(18)	$[(x)\,(F^1x) \to G^1a] \to (\exists x)\,(F^1x \to G^1a)$	9, 17, C.P.
Λ	(19)	$(\exists x)\,(F^1x \to G^1a) \leftrightarrow [(x)\,(F^1x) \to G^1a]$	8, 18, SI

Q23 $(x)\,(F^1x \leftrightarrow G^1a) \to [(x)\,(F^1x) \leftrightarrow G^1a]$

Q24　$(x)(F^1x \leftrightarrow G^1a) \rightarrow [(\exists x)(F^1x) \leftrightarrow G^1a]$

Q25　$[(\exists x)(F^1x) \leftrightarrow G^1a] \rightarrow (\exists x)(F^1x \leftrightarrow G^1a)$

Q26　$[(x)(F^1x) \leftrightarrow G^1a] \rightarrow (\exists x)(F^1x \leftrightarrow G^1a)$

{1}	(1)	$(x)(F^1x) \wedge G^1a$	P
{1}	(2)	$(x)(F^1x)$	1, SI
{1}	(3)	F^1b	2, US
{1}	(4)	$F^1b \leftrightarrow G^1a$	1, 3, SI
{1}	(5)	$(\exists x)(F^1x \leftrightarrow G^1a)$	4, EG
Λ	(6)	$(x)(F^1x) \wedge G^1a \rightarrow (\exists x)(F^1x \leftrightarrow G^1a)$	1, 5, C.P.
{7}	(7)	$-(x)(F^1x) \wedge -G^1a$	P
{7}	(8)	$-(x)(F^1x)$	7, SI
{7}	(9)	$(\exists x)(-F^1x)$	8, QN
{10}	(10)	$-F^1c$	P
{7, 10}	(11)	$F^1c \leftrightarrow G^1a$	7, 10, SI
{7, 10}	(12)	$(\exists x)(F^1x \leftrightarrow G^1a)$	11, EG
{7}	(13)	$(\exists x)(F^1x \leftrightarrow G^1a)$	9, 10, 12, ES
Λ	(14)	$-(x)(F^1x) \wedge -G^1a \rightarrow (\exists x)(F^1x \leftrightarrow G^1a)$	7, 13, C.P.
Λ	(15)	$[(x)(F^1x) \leftrightarrow G^1a] \rightarrow (\exists x)(F^1x \leftrightarrow G^1a)$	6, 14, SI

Q27　$(x)(G^1a) \leftrightarrow G^1a$

{1}	(1)	$(x)(G^1a)$	P
{1}	(2)	G^1a	1, US
Λ	(3)	$(x)(G^1a) \rightarrow G^1a$	1, 2, C.P.
{4}	(4)	G^1a	P
{4}	(5)	$(x)(G^1a)$	4, UG
Λ	(6)	$G^1a \rightarrow (x)(G^1a)$	4, 5, C.P.
Λ	(7)	$(x)(G^1a) \leftrightarrow G^1a$	3, 6, SI

Q28　$(\exists x)(G^1 a) \leftrightarrow G^1 a$

{1}	(1)	$(\exists x)(G^1 a)$	P
{2}	(2)	$G^1 a$	P
{2}	(3)	$G^1 a$	2, SI
{1}	(4)	$G^1 a$	1, 2, 3, ES
Λ	(5)	$(\exists x)(G^1 a) \to G^1 a$	1, 4, C.P.
{6}	(6)	$G^1 a$	P
{6}	(7)	$(\exists x)(G^1 a)$	6, EG
Λ	(8)	$G^1 a \to (\exists x)(G^1 a)$	6, 7, C.P.
Λ	(9)	$(\exists x)(G^1 a) \leftrightarrow G^1 a$	5, 8, SI

Q29　$(\exists x)[(\exists x)(F^1 x) \to F^1 x]$

{1}	(1)	$-(\exists x)[(\exists x)(F^1 x) \to F^1 x]$	P
{1}	(2)	$(x)-[(\exists x)(F^1 x) \to F^1 x]$	1, QN
{1}	(3)	$-[(\exists x)(F^1 x) \to F^1 a]$	2, US
{1}	(4)	$(\exists x)(F^1 x)$	3, SI
{1}	(5)	$-F^1 a$	3, SI
{1}	(6)	$(x)(-F^1 x)$	5, UG
{1}	(7)	$-(\exists x)(F^1 x)$	6, QN
{1}	(8)	$(\exists x)(F^1 x) \wedge -(\exists x)(F^1 x)$	4, 7, SI
Λ	(9)	$(\exists x)[(\exists x)(F^1 x) \to F^1 x]$	1, 8, R.A.A.

Q30　$(\exists x)[F^1 x \to (x)(F^1 x)]$

{1}	(1)	$-(\exists x)[F^1 x \to (x)(F^1 x)]$	P
{1}	(2)	$(x)-[F^1 x \to (x)(F^1 x)]$	1, QN
{1}	(3)	$-[F^1 a \to (x)(F^1 x)]$	2, US
{1}	(4)	$F^1 a$	3, SI
{1}	(5)	$(x)(F^1 x)$	4, UG

{1}	(6)	$-(x)\,(\mathrm{F}^1x)$	3, SI
{1}	(7)	$(x)\,(\mathrm{F}^1x) \wedge -(x)\,(\mathrm{F}^1x)$	5, 6, SI
Λ	(8)	$(\exists x)\,[\mathrm{F}^1x \to (x)(\mathrm{F}^1x)]$	1, 7, R.A.A.

Q31　$(x)\,(\mathrm{F}^1x) \leftrightarrow (y)\,(\mathrm{F}^1y)$

{1}	(1)	$(x)\,(\mathrm{F}^1x)$	P
{1}	(2)	F^1a	1, US
{1}	(3)	$(y)\,(\mathrm{F}^1y)$	2, UG
Λ	(4)	$(x)\,(\mathrm{F}^1x) \to (y)\,(\mathrm{F}^1y)$	1, 3, C.P.
{5}	(5)	$(y)\,(\mathrm{F}^1y)$	P
{5}	(6)	F^1a	5, US
{5}	(7)	$(x)\,(\mathrm{F}^1x)$	6, UG
Λ	(8)	$(y)\,(\mathrm{F}^1y) \to (x)\,(\mathrm{F}^1x)$	5, 7, C.P.
Λ	(9)	$(x)\,(\mathrm{F}^1x) \leftrightarrow (y)\,(\mathrm{F}^1y)$	4, 8, SI

Q32　$(\exists x)\,(\mathrm{F}^1x) \leftrightarrow (\exists y)\,(\mathrm{F}^1y)$

{1}	(1)	$(\exists x)\,(\mathrm{F}^1x)$	P
{2}	(2)	F^1a	P
{2}	(3)	$(\exists y)\,(\mathrm{F}^1y)$	2, EG
{1}	(4)	$(\exists y)\,(\mathrm{F}^1y)$	1, 2, 3, ES
Λ	(5)	$(\exists x)\,(\mathrm{F}^1x) \to (\exists y)\,(\mathrm{F}^1y)$	1, 4, C.P.
{6}	(6)	$(\exists y)\,(\mathrm{F}^1y)$	P
{7}	(7)	F^1b	P
{7}	(8)	$(\exists x)\,(\mathrm{F}^1x)$	7, EG
{6}	(9)	$(\exists x)\,(\mathrm{F}^1x)$	6, 7, 8, ES
Λ	(10)	$(\exists y)\,(\mathrm{F}^1y) \to (\exists x)\,(\mathrm{F}^1x)$	6, 9, C.P.
Λ	(11)	$(\exists x)\,(\mathrm{F}^1x) \leftrightarrow (\exists y)\,(\mathrm{F}^1y)$	5, 10, SI

Q33　$(x)\,[(\mathrm{F}^1x \to \mathrm{G}^1x) \wedge (\mathrm{G}^1x \to \mathrm{H}^1x)] \to (\mathrm{F}^1a \to \mathrm{H}^1a)$

Q34　$(x)[(F^1x \to G^1x) \wedge (G^1x \to H^1x) \to (F^1x \to H^1x)]$

Q35　$(x)(F^1x \to G^1x) \wedge (x)(G^1x \to H^1x) \to (x)(F^1x \to H^1x)$

Q36　$(x)(F^1x \leftrightarrow G^1x) \wedge (x)(G^1x \leftrightarrow H^1x) \to (x)(F^1x \leftrightarrow H^1x)$

Q37　$(x)(F^1x \to G^1x) \wedge (x)(F^1x \to H^1x) \to (x)(F^1x \to G^1x \wedge H^1x)$

{1}	(1)	$(x)(F^1x \to G^1x) \wedge (x)(F^1x \to H^1x)$	P
{1}	(2)	$(x)(F^1x \to G^1x)$	1, SI
{1}	(3)	$(x)(F^1x \to H^1x)$	1, SI
{1}	(4)	$F^1a \to G^1a$	2, US
{1}	(5)	$F^1a \to H^1a$	3, US
{1}	(6)	$F^1a \to G^1a \wedge H^1a$	4, 5, SI
{1}	(7)	$(x)(F^1x \to G^1x \wedge H^1x)$	6, UG
Λ	(8)	$(x)(F^1x \to G^1x) \wedge (x)(F^1x \to H^1x) \to$ $(x)(F^1x \to G^1x \wedge H^1x)$	1, 7, C.P.

Q38　$(x)(F^1x) \to (\exists x)(F^1x)$

Q39　$(x)(F^1x) \wedge (\exists x)(G^1x) \to (\exists x)(F^1x \wedge G^1x)$

Q40　$(x)(F^1x \to G^1x) \wedge (\exists x)(F^1x \wedge H^1x) \to (\exists x)(G^1x \wedge H^1x)$

Q41　$(x)(F^1x \to G^1x \vee H^1x) \to (x)(F^1x \to G^1x) \vee (\exists x)(F^1x \wedge H^1x)$

Q42　$-(x)(F^1x \to G^1x) \leftrightarrow (\exists x)(F^1x \wedge -G^1x)$

{1}	(1)	$-(x)(F^1x \to G^1x)$	P
{1}	(2)	$(\exists x) -(F^1x \to G^1x)$	1, QN
{3}	(3)	$-(F^1a \to G^1a)$	P
{3}	(4)	$F^1a \wedge -G^1a$	3, SI
{3}	(5)	$(\exists x)(F^1x \wedge -G^1x)$	4, EG
{1}	(6)	$(\exists x)(F^1x \wedge -G^1x)$	1, 3, 5, ES
Λ	(7)	$-(x)(F^1x \to G^1x) \to (\exists x)(F^1x \wedge -G^1x)$	1, 6, C.P.
{8}	(8)	$(\exists x)(F^1x \wedge -G^1x)$	P

{9}	(9)	$F^1a \wedge -G^1a$	P
{9}	(10)	$-(F^1a \to G^1a)$	9, SI
{9}	(11)	$(\exists x) -(F^1x \to G^1x)$	10, EG
{8}	(12)	$(\exists x) -(F^1x \to G^1x)$	8, 9, 11, ES
{8}	(13)	$-(x)(F^1x \to G^1x)$	12, QN
Λ	(14)	$(\exists x)(F^1x \wedge -G^1x) \to -(x)(F^1x \to G^1x)$	8, 13, C.P.
Λ	(15)	$-(x)(F^1x \to G^1x) \leftrightarrow (\exists x)(F^1x \wedge -G^1x)$	7, 14, SI

Q43 $-(\exists x)(F^1x \wedge G^1x) \leftrightarrow (x)(F^1x \to -G^1x)$

Q44 $-(\exists x)(F^1x) \to (x)(F^1x \to G^1x)$

Q45 $-(\exists x)(F^1x) \leftrightarrow (x)(F^1x \to G^1x) \wedge (x)(F^1x \to -G^1x)$

{1}	(1)	$-(\exists x)(F^1x)$	P
{1}	(2)	$(x)(-F^1x)$	1, QN
{1}	(3)	$-F^1a$	2, US
{1}	(4)	$F^1a \to G^1a$	3, SI
{1}	(5)	$(x)(F^1x \to G^1x)$	4, UG
{1}	(6)	$F^1a \to -G^1a$	3, SI
{1}	(7)	$(x)(F^1x \to -G^1x)$	6, UG
{1}	(8)	$(x)(F^1x \to G^1x) \wedge (x)(F^1x \to -G^1x)$	5, 7, SI
Λ	(9)	$-(\exists x)(F^1x) \to$ $(x)(F^1x \to G^1x) \wedge (x)(F^1x \to -G^1x)$	1, 8, C.P.
{10}	(10)	$(x)(F^1x \to G^1x) \wedge (x)(F^1x \to -G^1x)$	P
{10}	(11)	$(x)(F^1x \to G^1x)$	10, SI
{10}	(12)	$F^1a \to G^1a$	11, US
{10}	(13)	$(x)(F^1x \to -G^1a)$	10, SI
{10}	(14)	$F^1a \to -G^1a$	13, US
{10}	(15)	$-F^1a$	12, 14, SI

{10}	(16)	$(x)(-F^1x)$	15, UG
{10}	(17)	$-(\exists x)(F^1x)$	16, QN
$\wedge$	(18)	$(x)(F^1x \to G^1x)\wedge(x)(F^1x \to$	
		$-G^1x) \to -(\exists x)(F^1x)$	10, 17, C.P.
$\wedge$	(19)	$-(\exists x)(F^1x) \leftrightarrow$	
		$(x)(F^1x \to G^1x)\wedge(x)(F^1x \to -G^1x)$	9, 18, SI

Q46 $(x)(F^1x) \leftrightarrow (x)(y)(F^1x\wedge F^1y)$

Q47 $(\exists x)(F^1x)\wedge(\exists x)(G^1x) \to [(x)(F^1x \to H^1x)\wedge$

$(x)(G^1x \to J^1x) \leftrightarrow (x)(y)(F^1x\wedge G^1y \to H^1x\wedge J^1y)]$

{1}	(1)	$(\exists x)(F^1x)\wedge(\exists x)(G^1x)$	P
{2}	(2)	$(x)(F^1x \to H^1x)\wedge(x)(G^1x \to J^1x)$	P
{2}	(3)	$(x)(F^1x \to H^1x)$	2, SI
{2}	(4)	$F^1a \to H^1a$	3, US
{2}	(5)	$(x)(G^1x \to J^1x)$	2, SI
{2}	(6)	$G^1b \to J^1b$	5, US
{2}	(7)	$F^1a\wedge G^1b \to H^1a\wedge J^1b$	4, 6, SI
{2}	(8)	$(x)(y)(F^1x\wedge G^1y \to H^1x\wedge J^1y)$	7, UG, $x/a, y/b$
$\wedge$	(9)	$(x)(F^1x \to H^1x)\wedge(x)(G^1x \to J^1x) \to$	
		$(x)(y)(F^1x\wedge G^1y \to H^1x\wedge J^1y)$	2, 8, C.P.
{10}	(10)	$(x)(y)(F^1x\wedge G^1y \to H^1x\wedge J^1y)$	P
{1}	(11)	$(\exists x)(F^1x)$	1, SI
{1}	(12)	$(\exists x)(G^1x)$	1, SI
{13}	(13)	F^1c	P
{14}	(14)	G^1d	P
{10}	(15)	$F^1a\wedge G^1d \to H^1a\wedge J^1d$	10, US, $x/a, y/d$
{10, 14}	(16)	$F^1a \to H^1a$	14, 15, SI

{10, 14}	(17)	$(x)\,(F^1x \to H^1x)$	16, UG
{1, 10}	(18)	$(x)\,(F^1x \to H^1x)$	12, 14, 17, ES
{10}	(19)	$F^1c \wedge G^1a \to H^1c \wedge J^1a$	10, US, $x\,/\,c,\ y\,/\,a$
{10, 13}	(20)	$G^1a \to J^1a$	13, 19, SI
{10, 13}	(21)	$(x)\,(G^1x \to J^1x)$	20, UG
{1, 10}	(22)	$(x)\,(G^1x \to J^1x)$	11, 13, 21, ES
{1, 10}	(23)	$(x)\,(F^1x \to H^1x) \wedge (x)\,(G^1x \to J^1x)$	18, 22, SI

{1}　(24)　$(x)(y)\,(F^1x \wedge G^1y \to H^1x \wedge J^1y) \to$

$\quad\quad\quad (x)\,(F^1x \to H^1x) \wedge (x)\,(G^1x \to J^1x)$　　　10, 23, C.P.

{1}　(25)　$(x)\,(F^1x \to H^1x) \wedge (x)\,(G^1x \to J^1x) \leftrightarrow$

$\quad\quad\quad (x)(y)\,(F^1x \wedge G^1y \to H^1x \wedge J^1y)$　　　9, 24, SI

Λ　(26)　$(\exists x)\,(F^1x) \wedge (\exists x)\,(G^1x) \to \lceil (x)(F^1x \to$

$\quad\quad\quad H^1x) \wedge (x)\,(G^1x \to J^1x) \leftrightarrow (x)(y)\,(F^1x \wedge$

$\quad\quad\quad G^1y \to H^1x \wedge J^1y) \rceil$　　　1, 25, C.P.

Q48　$\lceil (\exists x)\,(F^1x) \leftrightarrow (\exists x)\,(G^1x) \rceil \wedge (x)(y)\,\lceil F^1x \wedge G^1y \to (H^1x \leftrightarrow J^1y) \rceil$

$\quad\quad \to \lceil (x)\,(F^1x \to H^1x) \leftrightarrow (x)(G^1x \to J^1x) \rceil$

{1}　(1)　$\lceil (\exists x)\,(F^1x) \leftrightarrow (\exists x)\,(G^1x) \rceil \wedge$

$\quad\quad\quad (x)(y)\,\lceil F^1x \wedge G^1y \to (H^1x \leftrightarrow J^1y) \rceil$　　　P

{2}	(2)	$(x)\,(F^1x \to H^1x)$	P
{3}	(3)	G^1a	P
{1}	(4)	$(\exists x)\,(F^1x) \leftrightarrow (\exists x)\,(G^1x)$	1, SI
{3}	(5)	$(\exists x)\,(G^1x)$	3, UG
{1, 3}	(6)	$(\exists x)\,(F^1x)$	4, 5, SI
{7}	(7)	F^1b	P
{1}	(8)	$(x)(y)\,\lceil F^1x \wedge G^1y \to (H^1x \leftrightarrow J^1y) \rceil$	1, SI
{1}	(9)	$F^1b \wedge G^1a \to (H^1b \leftrightarrow J^1a)$	8, $x\,/\,b,\ y\,/\,a$

$\{1, 3, 7\}$	(10)	$H^1b \leftrightarrow J^1a$	3, 7, 9, SI
$\{2\}$	(11)	$F^1b \to H^1b$	2, US
$\{1, 2, 3, 7\}$	(12)	J^1a	7, 10, 11, SI
$\{1, 2, 3\}$	(13)	J^1a	6, 7, 12, ES
$\{1, 2\}$	(14)	$G^1a \to J^1a$	3, 13, C.P.
$\{1,$	(15)	$(x)\,(G^1x \to J^1x)$	14, UG
$\{1\}$	(16)	$(x)\,(F^1x \to H^1x) \to (x)\,(G^1x \to J^1x)$	2, 15, C.P.
$\{17\}$	(17)	$(x)\,(G^1x \to J^1x)$	P
$\{18\}$	(18)	F^1a	P
$\{18\}$	(19)	$(\exists x)\,(F^1x)$	18, EG
$\{1, 18\}$	(20)	$(\exists x)\,(G^1x)$	4, 19, SI
$\{21\}$	(21)	G^1c	P
$\{1\}$	(22)	$F^1a \land G^1c \to (H^1a \leftrightarrow J^1c)$	8, US, $x\,/\,a,\ y\,/\,c$
$\{1, 18, 21\}$	(23)	$H^1a \leftrightarrow J^1c$	18, 21, 22, SI
$\{17\}$	(24)	$G^1c \to J^1c$	17, US
$\{1, 17, 18, 21\}$	(25)	H^1a	21, 23, 24, SI
$\{1, 17, 18\}$	(26)	H^1a	20, 21, 25, ES
$\{1,$	(27)	$F^1a \to H^1a$	18, 26, C.P.
$\{1,$	(28)	$(x)\,(F^1x \to H^1x)$	27, UG
$\{1\}$	(29)	$(x)\,(G^1x \to J^1x) \to (x)\,(F^1x \to H^1x)$	17, 28, C.P.
$\{1\}$	(30)	$(x)\,(F^1x \to H^1x) \leftrightarrow (x)\,(G^1x \to J^1x)$	16, 29, SI
Λ	(31)	$[(\exists x)\,(F^1x) \leftrightarrow (\exists x)\,(G^1x)] \land$ $(x)(y)\,[F^1x \land G^1y \to (H^1x \leftrightarrow J^1y)] \to$ $[(x)\,(F^1x \to H^1x) \leftrightarrow (x)\,(G^1x \to J^1x)]$	1, 30, C.P.

Q49 $(x)(y)\,(F^2xy) \to (\exists x)(\exists y)\,(F^2xy)$

Q50 $(x)(y)(z)\,(F^3xyz) \leftrightarrow -(\exists x)(\exists y)(\exists z)\,(-F^3xyz)$

Q51　$(x)(y)\,(F^2xy) \leftrightarrow (y)(x)\,(F^2xy)$

Q52　$(\exists x)(\exists y)\,(F^2xy) \leftrightarrow (\exists y)(\exists x)\,(F^2xy)$

Q53　$(\exists x)(y)\,(F^2xy) \rightarrow (y)(\exists x)\,(F^2xy)$

{1}	(1)	$(\exists x)(y)\,(F^2xy)$	P
{2}	(2)	$(y)\,(F^2ay)$	P
{2}	(3)	F^2ab	2, US
{2}	(4)	$(\exists x)\,(F^2xb)$	3, EG
{1}	(5)	$(\exists x)\,(F^2xb)$	1, 2, 4, ES
{1}	(6)	$(y)(\exists x)\,(F^2xy)$	5, UG
Λ	(7)	$(\exists x)(y)\,(F^2xy) \rightarrow (y)(\exists x)\,(F^2xy)$	1, 6, C.P.

Q54　$(\exists x)(\exists y)\,(F^2xy) \leftrightarrow (\exists x)(\exists y)\,(F^2xy \vee F^2yx)$

Q55　$-(\exists y)(x)\,(F^2xy \leftrightarrow -F^2xx)$

Q56　$(z)(\exists y)(x)\,(F^2xy \leftrightarrow F^2xz \wedge -F^2xx) \rightarrow -(\exists z)(x)\,(F^2xz)$

Q57　$(x)(y)\,(F^2xy) \rightarrow (y)(x)\,(F^2yx)$

Q58　$(y)(\exists x)\,(F^1x \leftrightarrow -F^1y) \leftrightarrow (\exists x)\,(F^1x) \wedge (\exists x)\,(-F^1x)$

{1}	(1)	$(y)(\exists x)\,(F^1x \leftrightarrow -F^1y)$	P
{2}	(2)	$-(\exists x)\,(F^1x)$	P
{2}	(3)	$(x)\,(-F^1x)$	2, QN
{1}	(4)	$(\exists x)\,(F^1x \leftrightarrow -F^1a)$	1, US
{5}	(5)	$F^1b \leftrightarrow -F^1a$	P
{2}	(6)	$-F^1b$	3, US
{2, 5}	(7)	F^1a	5, 6, SI
{2}	(8)	$-F^1a$	3, US
{2, 5}	(9)	$F^1a \wedge -F^1a$	7, 8, SI
{1, 2}	(10)	$F^1a \wedge -F^1a$	4, 5, 9, ES
{1}	(11)	$(\exists x)\,(F^1x)$	2, 10, R.A.A.

{12}	(12)	$-(\exists x)\,(-\mathrm{F}^1x)$	P
{12}	(13)	$(x)\,(\mathrm{F}^1x)$	12, QN
{12}	(14)	F^1b	13, US
{5, 12}	(15)	$-\mathrm{F}^1a$	5, 14, SI
{12}	(16)	F^1a	13, US
{5, 12}	(17)	$\mathrm{F}^1a\wedge-\mathrm{F}^1a$	15, 16, SI
{1, 12}	(18)	$\mathrm{F}^1a\wedge-\mathrm{F}^1a$	4, 5, 17, ES
{1}	(19)	$(\exists x)\,(-\mathrm{F}^1x)$	12, 18, R.A.A.
{1}	(20)	$(\exists x)\,(\mathrm{F}^1x)\wedge(\exists x)\,(-\mathrm{F}^1x)$	11, 19, SI
Λ	(21)	$(y)(\exists x)\,(\mathrm{F}^1x\leftrightarrow-\mathrm{F}^1y)\rightarrow$	
		$(\exists x)\,(\mathrm{F}^1x)\wedge(\exists x)\,(-\mathrm{F}^1x)$	1, 20, C.P.
{22}	(22)	$(\exists x)\,(\mathrm{F}^1x)\wedge(\exists x)\,(-\mathrm{F}^1x)$	P
{23}	(23)	$-(y)(\exists x)\,(\mathrm{F}^1x\leftrightarrow-\mathrm{F}^1y)$	P
{23}	(24)	$(\exists y)-(\exists x)\,(\mathrm{F}^1x\leftrightarrow-\mathrm{F}^1y)$	23, QN
{23}	(25)	$(\exists y)(x)\,-(\mathrm{F}^1x\leftrightarrow-\mathrm{F}^1y)$	24, QN
{26}	(26)	$(x)\,-(\mathrm{F}^1x\leftrightarrow-\mathrm{F}^1c)$	P
{22}	(27)	$(\exists x)\,(\mathrm{F}^1x)$	22, SI
{28}	(28)	F^1d	P
{26}	(29)	$-(\mathrm{F}^1d\leftrightarrow-\mathrm{F}^1c)$	26, US
{26, 28}	(30)	F^1c	28, 29, SI
{22, 26}	(31)	F^1c	27, 28, 30, ES
{22}	(32)	$(\exists x)\,(-\mathrm{F}^1x)$	22, SI
{33}	(33)	$-\mathrm{F}^1e$	P
{26}	(34)	$-(\mathrm{F}^1e\leftrightarrow-\mathrm{F}^1c)$	26, US
{26, 33}	(35)	$-\mathrm{F}^1c$	33, 34, SI
{22, 26}	(36)	$-\mathrm{F}^1c$	32, 33, 35, ES

$\{22, 26\}$	(37)	$F^1c \wedge -F^1c$	31, 36, SI
$\{22, 26\}$	(38)	$F^1a \wedge -F^1a$	37, SI
$\{22, 23\}$	(39)	$F^1a \wedge -F^1a$	25, 26, 38, ES
$\{22\}$	(40)	$(y)(\exists x)(F^1x \leftrightarrow -F^1y)$	23, 39, R.A.A.
Λ	(41)	$(\exists x)(F^1x) \wedge (\exists x)(-F^1x) \rightarrow$	
		$(y)(\exists x)(F^1x \leftrightarrow -F^1y)$	22, 40, C.P.
Λ	(42)	$(y)(\exists x)(F^1x \leftrightarrow -F^1y) \leftrightarrow$	
		$(\exists x)(F^1x) \wedge (\exists x)(-F^1x)$	21, 41, SI

Q59 $(\exists x)(y)(F^1x \leftrightarrow F^1y) \leftrightarrow -(\exists x)(F^1x) \vee (x)(F^1x)$

Q60 $(x)[F^1x \rightarrow (\exists y)(G^1y \wedge (H^1y \vee H^1x))] \leftrightarrow (\exists x)(G^1x \wedge H^1x) \vee$
$-(\exists x)(F^1x) \vee [(\exists x)(G^1x) \wedge (x)(F^1x \rightarrow H^1x)]$

Q61 $[(x)(F^1x) \rightarrow (x)(G^1x)] \leftrightarrow (\exists x)(y)(F^1x \rightarrow G^1y)$

$\{1\}$	(1)	$-(x)(F^1x)$	P
$\{1\}$	(2)	$(\exists x)(-F^1x)$	1, QN
$\{3\}$	(3)	$-F^1a$	P
$\{3\}$	(4)	$F^1a \rightarrow G^1b$	3, SI
$\{3\}$	(5)	$(y)(F^1a \rightarrow G^1y)$	4, UG
$\{3\}$	(6)	$(\exists x)(y)(F^1x \rightarrow G^1y)$	5, EG
$\{1\}$	(7)	$(\exists x)(y)(F^1x \rightarrow G^1y)$	2, 3, 6, ES
Λ	(8)	$-(x)(F^1x) \rightarrow (\exists x)(y)(F^1x \rightarrow G^1y)$	1, 7, C.P.
$\{9\}$	(9)	$(x)(G^1x)$	P
$\{9\}$	(10)	G^1a	9, US
$\{9\}$	(11)	$F^1b \rightarrow G^1a$	10, SI
$\{9\}$	(12)	$(y)(F^1b \rightarrow G^1y)$	11, UG
$\{9\}$	(13)	$(\exists x)(y)(F^1x \rightarrow G^1y)$	12, EG
Λ	(14)	$(x)(G^1x) \rightarrow (\exists x)(y)(F^1x \rightarrow G^1y)$	9, 13, C.P.

Λ	(15)	$[(x)(\mathrm{F}^1x) \to (x)(\mathrm{G}^1x)] \to$	
		$(\exists x)(y)(\mathrm{F}^1x \to \mathrm{G}^1y)$	8, 14, SI
{16}	(16)	$(\exists x)(y)(\mathrm{F}^1x \to \mathrm{G}^1y)$	P
{17}	(17)	$(x)(\mathrm{F}^1x)$	P
{18}	(18)	$(y)(\mathrm{F}^1c \to \mathrm{G}^1y)$	P
{18}	(19)	$\mathrm{F}^1c \to \mathrm{G}^1a$	18, US
{17}	(20)	F^1c	17, US
{17,	(21)	G^1a	19, 20, SI
{17,	(22)	$(x)(\mathrm{G}^1x)$	21, UG
{16,	(23)	$(x)(\mathrm{G}^1x)$	16, 18, 22, ES
{16}	(24)	$(x)(\mathrm{F}^1x) \to (x)(\mathrm{G}^1x)$	17, 23, C.P.
Λ	(25)	$(\exists x)(y)(\mathrm{F}^1x \to \mathrm{G}^1y) \to$	
		$[(x)(\mathrm{F}^1x) \to (x)(\mathrm{G}^1x)]$	16, 24, C.P.
Λ	(26)	$[(x)(\mathrm{F}^1x) \to (x)(\mathrm{G}^1x)] \leftrightarrow$	
		$(\exists x)(y)(\mathrm{F}^1x \to \mathrm{G}^1y)$	15, 25, SI

Q62 $[(x)(\mathrm{F}^1x) \leftrightarrow (\exists x)(\mathrm{G}^1x)] \leftrightarrow$
$(\exists x)(\exists y)(z)(w)[(\mathrm{F}^1x \to \mathrm{G}^1y) \wedge (\mathrm{G}^1z \to \mathrm{F}^1w)]$

Q63 $[(\exists x)(\mathrm{F}^1x) \to [(\exists x)(\mathrm{G}^1x) \to (x)(\mathrm{H}^1x)]] \leftrightarrow$
$(x)(y)(z)(\mathrm{F}^1x \wedge \mathrm{G}^1y \to \mathrm{H}^1z)$

Q64 $(x)[(\exists y)(\mathrm{H}^2xy \wedge \mathrm{F}^1y) \to (\exists y)(\mathrm{H}^2xy \wedge \mathrm{G}^1y)] \leftrightarrow$
$(x)(y)(\exists z)(\mathrm{H}^2xy \wedge \mathrm{F}^1y \to \mathrm{H}^2xz \wedge \mathrm{G}^1z)$

Q65 $(x)[\mathrm{F}^1x \wedge (\exists y)(\mathrm{G}^2xy) \to (\exists y)(\mathrm{H}^2xy \wedge (z)(\mathrm{J}^3xyz))] \leftrightarrow$
$(x)(y)(\exists w)(z)(\mathrm{F}^1x \wedge \mathrm{G}^2xy \to \mathrm{H}^2xw \wedge \mathrm{J}^3xwz)$

Q66 $(x)(\exists y)(\mathrm{F}^1x \to \mathrm{G}^1y) \to (\exists y)(x)(\mathrm{F}^1x \to \mathrm{G}^1y)$

{1}	(1)	$(x)(\exists y)(\mathrm{F}^1x \to \mathrm{G}^1y)$	P
{2}	(2)	$-(\exists y)(x)(\mathrm{F}^1x \to \mathrm{G}^1y)$	P

{2}	(3)	$(y)-(x)(F^1x \to G^1y)$	2, QN
{2}	(4)	$(y)(\exists x)-(F^1x \to G^1y)$	3, QN
{1}	(5)	$(\exists y)(F^1a \to G^1y)$	1, US
{6}	(6)	$F^1a \to G^1b$	P
{2}	(7)	$(\exists x)-(F^1x \to G^1b)$	4, US
{8}	(8)	$-(F^1c \to G^1b)$	P
{6, 8}	(9)	$-F^1a$	6, 8, SI
{2, 6}	(10)	$-F^1a$	7, 8, 9, ES
{1, 2}	(11)	$-F^1a$	5, 6, 10, ES
{1, 2}	(12)	$(x)(-F^1x)$	11, UG
{1, 2}	(13)	$-F^1c$	12, US
{1, 2, 8}	(14)	$F^1c \wedge -F^1c$	8, 13, SI
{1, 2, 8}	(15)	$F^1a \wedge -F^1a$	14, SI
{1, 2}	(16)	$F^1a \wedge -F^1a$	7, 8, 15, ES
{1}	(17)	$(\exists y)(x)(F^1x \to G^1y)$	2, 16, R.A.A.
Λ	(18)	$(x)(\exists y)(F^1x \to G^1y) \to (\exists y)(x)(F^1x \to$ $G^1y)$	1, 17, C.P.

Q67 $(\exists y)(x)(F^1x \to G^1y) \to (x)(\exists y)(F^1x \to G^1y)$

Q68 $(\exists y)(x)(F^1x \vee G^1y) \leftrightarrow (x)(\exists y)(F^1x \vee G^1y)$

Q69 $(\exists y)(x)(F^1x \wedge G^1y) \leftrightarrow (x)(\exists y)(F^1x \wedge G^1y)$

Q70 $(x)(y)(\exists z)(F^1x \wedge G^1y \to H^1z) \leftrightarrow (y)(\exists z)(x)(F^1x \wedge G^1y \to H^1z)$

習 題

1.證明下列論證的有效或無效：

　(a)　$(x)(F^1x \to G^1x \vee H^1x)$

$-(\exists x)\,(F^1x \wedge H^1x)$

$\therefore (x)\,(F^1x \rightarrow G^1x)$

(b)　$(\exists x)\,(F^1x \wedge S^1x) \rightarrow (y)\,(M^1y \rightarrow W^1y)$

　　　$(\exists y)\,(M^1y \wedge W^1y)$

　　$\therefore (x)\,(F^1x \rightarrow -S^1x)$

(c)　$(x)\,(M^1x \rightarrow W^1x) \rightarrow (\exists x)\,(F^1x \wedge S^1x)$

　　　$(x)\,(F^1x \rightarrow -S^1x)$

　　$\therefore (\exists y)\,(M^1y \wedge -W^1x)$

(d)　$(x)\,(W^1x \rightarrow T^1x) \rightarrow G^1a \vee R^1b$

　　　$-R^1b$

　　$\therefore G^1a \vee (\exists x)\,(W^1x \wedge -T^1x)$

(e)　$G^1a \rightarrow (x)\,(W^1x \rightarrow -L^1x \vee F^1x)$

　　　$(\exists x)\,(W^1x \wedge F^1x)$

　　$\therefore -G^1a$

2.證明下列各句式是邏輯定理或邏輯定理的否定句，或既非邏輯定理又非邏輯定理的否定句：

(a) $(x)\,(F^1x) \wedge (\exists y)\,(G^1y) \rightarrow (\exists y)\,(F^1y \wedge G^1y)$

(b) $(x)\,(F^1x \vee G^1x) \rightarrow (x)\,(F^1x) \vee (x)\,(G^1x)$

(c) $(x)(y)\,(F^2xy \rightarrow -F^2yx) \rightarrow (x)\,(-F^2xx)$

(d) $[(\exists x)\,(F^1x) \leftrightarrow G^1a] \rightarrow (x)\,(F^1x \leftrightarrow G^1a)$

(e) $(x)(\exists y)\,(F^1x \leftrightarrow G^1y) \leftrightarrow (\exists y)(x)\,(F^1x \leftrightarrow G^1y)$

(f) $(x)\,[F^1x \rightarrow (\exists y)\,(G^1y)] \leftrightarrow (x)(\exists y)\,(F^1x \rightarrow G^1y)$

(g) $(x)\,(F^1x \leftrightarrow G^1x) \leftrightarrow [(x)\,(F^1x) \leftrightarrow (x)\,(G^1x)]$

(h) $(\exists x)(y)\,(F^1x \rightarrow G^1y) \leftrightarrow (\exists y)(x)\,(F^1x \rightarrow G^1y)$

(i) $(x)(y)(z)\,(F^2xy \wedge F^2yz \rightarrow F^2xz)$

(j) $(x)(y)\,(F^1x \vee -F^1y)$

(k) $(x) (F^1x \leftrightarrow -F^1x) \rightarrow (\exists y) (F^1y)$

(l) $(x)(\exists y) (F^1x \wedge -F^1x \wedge -F^1y)$

(m) $(\exists x) (F^1x \vee -F^1x)$

(n) $(x) (F^1x) \vee (\exists y) (-F^1y)$

3. 本節所列的邏輯定理 Q1～Q70，在本節中未加證明者，請讀者自行證明。

4. 下面的敘述錯誤何在，請舉例詳加說明。

　　設 ϕ 和 ψ 是任意句式，α_1、α_2、…、α_m 是 ϕ 中的全部自由變元，β_1、β_2、…、β_n 是 ψ 中的全部自由變元，則所謂「ϕ 和 ψ 的邏輯意義相同」意即 $(\alpha_1)(\alpha_2) \cdots (\alpha_m) \phi \leftrightarrow (\beta_1)(\beta_2) \cdots (\beta_n) \psi$ 是邏輯定理。

5. 邏輯定理必定是語句，而不可能是開放句式。請詳述其理由。

第八章　等同關係、確定描述詞與運算符號

8-1　等同的性質與規則

　　我們到第七章結束為止，已經介紹了語句推論和量限推論的全部規則。任何語句邏輯或量限邏輯的有效論證，必定可以依據我們所介紹過的推論規則由前提導出結論。然而，有些我們通常認為是正確的論證，卻無法依據推論規則由前提導出結論，而且還可以用解釋的方法證明其無效。例如：下面的論證，我們通常都認為是正確的論證。

〔論證 I〕　張元凱比劉慶雲高。

　　　　　　劉慶雲比何炳輝高。

　　　∴張元凱比何炳輝高。

〔論證 II〕　張元凱殺害劉慶雲的兒子。

　　　∴劉慶雲痛恨張元凱。

然而，實際上，它們是無效的。我們以「H^2」表二元述詞「…比 ――― 高」，以「a」表「張元凱」，以「b」表「劉慶雲」，以「c」表「何炳輝」，則〔論證 I〕可寫成：

〔論證 I′〕　H^2ab

　　　　　　H^2bc

　　　∴H^2ac

我們以「K^2」表二元述詞「…殺害 ――― 」，以「S^2」表二元述詞「…是 ――― 的兒子」，以「H^2」表二元述詞「…痛恨 ――― 」，以「a」表

「張元凱」，以「b」表「劉慶雲」，則〔論證 II〕可寫成：

〔**論證 II ″**〕　$(\exists x)(S^2xa \wedge K^2bx)$

　　　　　　$\therefore H^2ba$

很明顯的，我們通常之所以認為〔論證 I〕是正確的論證，乃是因為我們知道二元述詞「…比 ――― 高」所敘述的關係是有傳遞性的。所謂某一關係有傳遞性，意思是說：任意三個個體 x、y、z，若 x 和 y 之間以及 y 和 z 之間具有該關係，則 x 和 z 之間也必定具有該關係。以邏輯符號式來表示，二元述詞「H^2」所敘述的關係有傳遞性可寫成：

(1)　$(x)(y)(z)\,(H^2xy \wedge H^2yz \rightarrow H^2xz)$

我們必須把(1)也當做〔論證 I′〕的前提之一，才能導出結論。我們因為沒有把(1)列為前提，才可能把「H^2」解釋為沒有傳遞性的關係，而使前提全部為真而結論假；若把(1)也列為前提，則可依據推論規則導出結論。可見，〔論證 I′〕必須添加前提才能顯示其有效。

　　〔論證 II′〕之為無效，更為明顯。在結論中所出現的述詞「H^2」，在前提中根本沒有出現。我們如果添加下面的前提就能使它變成有效的論證：

(2)　$(x)(y)(z)\,(S^2zx \wedge K^2yz \rightarrow H^2xy)$

有這個前提，我們才知道述詞「H^2」與其他述詞之間的關聯，因而才可能由前提導出結論。(2)是下面語句的邏輯符號式：

(2′)　任何人一定痛恨殺害他兒子的人。

　　我們之所以認為〔論證 II〕是正確的論證，正是因為假設了(2′)這個前提的緣故。

　　從上面的例子，我們可以看出：在論證的前提和結論之中所出現的個體常元和述詞，若有任何性質或相互關係是推論過程中必須用到的（例如：〔論證 I′〕中「H^2」的傳遞性以及〔論證 II′〕中「S^2」、「K^2」、「H^2」三個述詞之間的相互關係），則必須把這些性質和關係

在前提中加以明白的敘述；否則無法顯示論證的有效。這是因為個體
常元和述詞的意義可以隨意解釋的緣故。相反的，語句連詞和量詞的
意義卻是固定的，我們不可隨意加以解釋。我們不可把一個論證中的
條件號「→」解釋為「或者」，把全稱量詞「(x)」解釋為「有些」，
因而使得前提全真而結論為假，並斷定論證無效。如果對這些邏輯符
號也可以任意解釋，那麼只有當結論本身就是前提之一時，才是有效
的。舉例言之，下面的論證就不是有效的論證：

〔論證III〕　*所有的人都是動物。*

　　　　　孔子是人。

　　　　∴*孔子是動物。*

〔論證IV〕　*如果尼克森當選，則韓福瑞就會落選。*

　　　　　尼克森當選。

　　　　∴*韓福瑞落選。*

因為不但「孔子」、「尼克森」、「韓福瑞」等個體常元以及「是人」、
「是動物」、「當選」、「落選」等述詞可隨意解釋，連「所有的」、「如
果… ，則 ---」等量詞及語句連詞也可隨意解釋。若把「所有的」
解釋為「有些」，把「如果… ，則 ---」解釋為「或者」，則這兩個
論證都有前提全真而結論假的可能。我們說這兩個論證是不可能前提
全真而結論假，乃是因為不允許對量詞和語句連詞隨意解釋的緣故。
量詞和語句連詞是論證中經常出現的；因此，我們就使用固定的符號
來表示，並把它們當做意義固定的邏輯符號，不允許隨意加以解釋。
這些符號的意義既然是固定的，我們就不必顧慮它們會被解釋為別的
意義；因此，它們所具有的性質以及相互之間的關係就不必在論證的
前提中明白列出。我們在推論過程中，若須要用到這些性質及關係，
即使前提之中沒有列出，也可以使用；而允許我們使用這些性質及關
係的，就是推論規則。例如：有關「如果… ，則 ---」這個語句連

詞的性質以及它與其他語句連詞的關係，並不列在論證的前提之中，而是規定在 M.P.P.、M.T.T.、H.S.、C.D.、…等等語句推論規則之中。再如：有關量詞的性質及其相互間的關係也是規定於 US、UG、Q、…等等量限推論規則之中。

　　我們之所以把有關量詞和語句連詞的性質及關係規定於推論規則之中，而不列在論證的前提之中，有兩個理由：(i)量詞與語句連詞在論證中經常出現，如果每當它們出現時就要把它們的性質和關係在前提中列出，則將不勝其煩；若把這些前提轉換成對每一個論證都可以適用的推論規則，則將方便得多。(ii)更重要的理由是：有關量詞和語句連詞的性質及關係，根本無法在前提中加以敘述。現在讓我們以條件號「→」的性質為例，加以說明。條件號有一個性質，就是它所連成的條件可因為肯定其前件因而肯定其後件。換言之，由

$$P \rightarrow Q$$
$$P$$

可導出

$$Q$$

這個性質規定在 M.P.P. 規則之中。依據這個規則，我們可由〔論證IV〕的前提導出結論。如果我們不把條件句的這個性質規定在推論規則之中，而把它列在論證的前提之中，則〔論證IV〕必須添加下面的前提：

　　　　任意語句 P 和 Q，從 P→Q 與 P 可導出 Q。

我們要從這個前提以及〔論證IV〕的兩個前提導出結論，則必須假設「語句」、「與」、「從……可導出……」等這些字眼的意義是固定的，不能隨意加以解釋的；否則，若把「語句」解釋為「實數」，或者把「從……可導出……」解釋為「從……可以否定……」，則雖然添加這個前提，照樣導不出結論。如果我們還是不願意把這些字眼當做是

意義固定而不能隨意解釋的字眼，則必須再添加新的前提來敘述這些字眼的性質及關係。但是這些新添加的前提照樣有一些字眼的意義是必須固定的。如此層層相因，前提將多至無限多個。最後一定須要固定某些字眼的意義，也就是說必須利用推論規則來規定某些字眼的性質及關係；只用前提來敘述是行不通的。

　　根據以上的說明，量詞和語句連詞的性質及關係必須規定於推論規則之中，而其意義是固定而不能隨意加以解釋的；反之，個體常元和述詞的性質及關係則可在前提中加以敘述，而其意義是可以隨意加以解釋的。但是有一個二元述詞的性質是必須規定於推論規則之中，而無法只用前提來敘述的。這個述詞就是表示等同關係的述詞。

　　所謂「等同」(identity) 是同一個個體的意思。設有「a」和「b」兩個個體常元是指同一個個體，則我們說：a 和 b 之間具有等同關係。例如：「孫逸仙博士」和「孫中山先生」是指同一個人，因此我們說孫逸仙博士和孫中山先生之間具有等同關係。在邏輯上，我們用等同符號「＝」把兩個詞連成一個句式，來表示這兩個詞是指同一個個體；換言之，這兩個詞所指的個體之間具有等同關係。因此，下面的語句

　　⑶　孫逸仙博士就是孫中山先生。

可寫成

　　⑷　孫逸仙博士＝孫中山先生。

若以「a」表「孫逸仙博士」，以「b」表「孫中山先生」，則⑷又可寫成

　　⑸　$a = b$

再如：

　　⑹　最小的自然數 $= 1$

表示最小的自然數就是 1；換言之，「最小的自然數」和「1」是指同一個數。又如：

　　⑺　$5 + 7 = 12$

表示 5 加 7 之和就是 12；換言之，「5＋7」和「12」是指同一個數。

很明顯的，等同關係具有傳遞性。例如：由

孫逸仙博士＝孫中山先生。

孫中山先生＝孫文。

可推知

孫逸仙博士＝孫文。

又如：由

$$5 + 7 = 12$$

$$12 = 3 \times 4$$

可推知

$$5 + 7 = 3 \times 4$$

以邏輯符號式表示，等同關係具有傳遞性可寫成

(8)　$(x)(y)(z)\ (x = y \wedge y = z \rightarrow x = z)$。

除了傳遞性之外，等同關係還具有對稱性。所謂某一關係具有對稱性，意思是說：任意兩個個體 x 和 y，若 x 和 y 之間具有該關係，則 y 和 x 之間也必定具有該關係。例如：父子關係不是對稱的，因為若甲是乙的父親，則乙必定不是甲的父親；喜歡的關係也不是對稱的，因為若甲喜歡乙，則乙不一定就喜歡甲。很明顯的，等同關係是對稱的。例如：由

孫逸仙博士＝孫中山先生

可推知

孫中山先生＝孫逸仙博士。

又如：由

$$5 + 7 = 12$$

可推知

$$12 = 5 + 7$$

用邏輯符號式來表示等同關係的對稱性，可寫成

$$(9)\quad (x)(y)\,(x=y \rightarrow y=x)$$

除了傳遞性和對稱性之外，等同關係還具有自反性。所謂某一關係具有自反性，意思是說：任何個體與本身之間必定具有該關係。很明顯的，任何個體與本身之間必定具有等同關係；換言之，任何個體必定與本身是同一個個體。例如：下列的語句必定為真

$$\underline{孫逸仙博士}=\underline{孫逸仙博士}$$
$$5+7=5+7$$
$$a=a$$

等同關係的自反性可用邏輯符號式表示如下：

$$(10)\quad (x)\,(x=x)$$

如果等同關係只有傳遞性、對稱性、自反性三個性質，則只要在出現等同符號的論證中，添加(8)、(9)、(10)三個語句做為前提即可，不必把等同符號的性質規定於推論規則之中。然而，等同關係另外有一個性質是必須用推論規則來規定的。這個性質是可以隨意代換的性質。例如：我們既然知道孫逸仙博士就是孫中山先生，則任何有關孫逸仙博士的一切也就是有關孫中山先生的一切。因此，任何敘述孫逸仙博士的語句中，可隨意把「孫逸仙博士」改成「孫中山先生」。我們可由

　　　　孫逸仙博士是廣東人。

　　　　孫逸仙博士＝孫中山先生。

推知

　　　　孫中山先生是廣東人。

等同關係的這個性質可敘述如下：

設 α 和 β 為任意個體常元，ϕ 為任意語句，而 ψ 也是一個語句，它除了有的 α 被改成 β 或有的 β 被改成 α 之外，其他一切都與 ϕ 相同；如此，則由 ϕ 和 $\alpha=\beta$ 可導出 ψ。

我們若把這個敘述當做論證的前提，撇開其他的困難不談，只考慮「是個體常元」、「是語句」這兩個一元述詞可以隨意解釋，就會發現：即使添加這個新的前提，仍然無法導出結論。因此，我們不把這個敘述當做論證的前提，而把它當做一個推論規則。這個規則叫做「等同規則」(law of identity)，記作「I」。依據 I 規則，可由

$$H^1a$$
$$a = b$$

導出

$$H^1b$$

「a」相當於 I 規則中的 α，「b」相當於 β，「H^1a」相當於 ϕ，「H^1b」相當於 ψ；「H^1b」除了「a」被改成「b」之外，與「H^1a」完全相同，這相當於 ψ 除了 α 被改成 β 之外，與 ϕ 完全相同；因而由「H^1a」和「$a = b$」導出「H^1b」就相當於由 ϕ 和 $\alpha = \beta$ 導出 ψ。

　　除了這個規則之外，我們另外還須要下面的規則：

　　設 α 為任意個體常元，在推論中我們可以隨意列出 $\alpha = \alpha$，做為推論中的一個語句，而在此語句的左邊註明空集合的符號「Λ」。

依據這個規則，我們可以隨意列出

$$a = a$$
$$b = b$$
$$5 + 6 = 5 + 6$$
$$\vdots$$

等語句做為推論中的一個語句，並在左邊註明「Λ」表示這些語句之為真是不須假設任何前提，換言之，只依據推論規則就可證明其為真。這個規則是表示等同關係具有自反性；換言之，是把(10)轉換成推論規則。因為已轉換成推論規則，而不是當做論證的前提；因此，在左邊

並不註明本身的號碼，而註明「Λ」。這個規則也是有關等同號的規則，也記做「I」。

　　依據 I 規則，等同號的性質都可以證明出來；因此，就不必再把這些性質在論證的前提中列出。也就是說，依據 I 規則，可證明(8)、(9)、(10)都是邏輯定理；因此，當論證中出現等同符號時，不必再把(8)、(9)、(10)等敘述等同號性質的語句列做前提。下面的推論就是依據 I 規則以及其他推論規則證明(8)、(9)、(10)都是邏輯定理：

〔推論 I〕　{1}　(1) $a = b \land b = c$　　　　　P

　　　　　　{1}　(2) $a = b$　　　　　　　　　1, SI

　　　　　　{1}　(3) $b = c$　　　　　　　　　1, SI

　　　　　　{1}　(4) $a = c$　　　　　　　　　2, 3, I

　　　　　　Λ　(5) $a = b \land b = c \rightarrow a = c$　　1, 4, C.P.

　　　　　　Λ　(6) $(x)(y)(z)\ (x = y \land y = z$

　　　　　　　　　$\rightarrow x = z)$　　　　　　5, UG, $x / a, y / b, z / c$

由(2)和(3)導出(4)是依據 I 規則把(2)中的「b」改成「c」，「b」相當於 I 規則中的 α，「c」相當於 β，「$a = b$」相當於 ϕ，「$a = c$」相當於 ψ；「$a = b$」和「$a = c$」除了「b」改成「c」之外，完全相同，這相當於 ϕ 和 ψ 除了 α 改成 β 之外，完全相同；因而，由「$a = b$」和「$b = c$」導出「$a = c$」就相當於由 ϕ 和 $\alpha = \beta$ 導出 ψ。

〔推論 II〕　{1}　(1) $a = b$　　　　　　　　P

　　　　　　{1}　(2) $a = a$　　　　　　　　　I

　　　　　　{1}　(3) $b = a$　　　　　　　　　2, 1, I

　　　　　　Λ　(4) $a = b \rightarrow b = a$　　　　1, 3, C.P.

　　　　　　Λ　(5) $(x)(y)\ (x = y \rightarrow y = x)$　4, UG, $x / a, y / b$

(2)是依據 I 規則列出的，它本身可以隨意在推論中列出，而不是從別的語句導出的；因此，右邊只註明「I」，而沒有註明任何數字表示從

什麼語句導出的。⑶是依據 I 規則由⑵和⑴導出的，是把⑵的第一個
「a」改成「b」；在此，「a」相當於 α，「b」相當於 β，「$a=a$」相當
於 ϕ，「$b=a$」相當於 ψ。

〔推論Ⅲ〕　Λ　⑴　$a=a$　　　　　　　　　　I

　　　　　　Λ　⑵　$(x)(x=x)$　　　　　　　1, UG

　　等同號的性質既然規定於推論規則之中，而不是列在論證的前提
之中，則其意義是固定的，我們不可把等同號隨意解釋做別的二元述
詞，「$=$」與量詞和語句連詞一樣是意義固定邏輯符號。

　　下面的推論是使用 I 規則的實例：

〔例Ⅰ〕　馬崇明是廈門人。

　　　　　廈門人必定是福建人。

　　　　　上海人必定不是福建人。

　　　　　馬崇鳴是上海人。

　　　　$\therefore$馬崇明和馬崇鳴不是同一個人。

以下面的英文字母表個體常元和述詞：

　　　　a：馬崇明

　　　　b：馬崇鳴

　　　　H^1x：x 是廈門人

　　　　F^1x：x 是福建人

　　　　S^1x：x 是上海人

則這個論證可寫成：

　　　　H^1a

　　　　$(x)(H^1x \rightarrow F^1x)$

　　　　$(x)(S^1x \rightarrow -F^1x)$

　　　　S^1b

$\therefore a \neq b$

注意：我們通常把「$a = b$」的否定句「$-(a=b)$」寫成「$a \neq b$」。

這個論證可用歸謬法證明如下：

{1}	(1)	H^1a	P
{2}	(2)	$(x)(H^1x \to F^1x)$	P
{3}	(3)	$(x)(S^1x \to -F^1x)$	P
{4}	(4)	S^1b	P
{5}	(5)	$a = b$	P
{2}	(6)	$H^1a \to F^1a$	2, US
{3}	(7)	$S^1a \to -F^1a$	3, US
{1, 2, 3}	(8)	$-S^1a$	1, 6, 7, SI
{4, 5}	(9)	S^1a	4, 5, I
{1, 2, 3, 4, 5}	(10)	$S^1a \wedge -S^1a$	8, 9, SI
{1, 2, 3, 4}	(11)	$a \neq b$	5, 10, R.A.A.

〔例 II〕　這次考試只有孫民仁及格。

孫民仁和孫民人不是同一個人。

∴孫民人這次考試不及格。

以下列字母表個體常元和述詞：

a：孫民仁

b：孫民人

P^1x：x 這次考試及格

則這個論證可寫成：

$P^1a \wedge (x)(P^1x \to x = a)$

$a \neq b$

$\therefore -P^1b$

第一個前提是說：孫民仁這次考試及格；而且任何人若這次考試及格，則這個人必定就是孫民仁。換言之，除了孫民仁之外，沒有人及格。上面的邏輯式中，「P^1a」是表示孫民仁及格，「$(x)(P^1x \to x=a)$」是表示除了孫民仁之外沒有人及格。這個前提又可寫成：

$$(x)(P^1x \leftrightarrow x=a)$$

意即：任何人若這次考試及格，則這個人必是孫民仁；反之，任何人若與孫民仁是同一個人，則這個人這次考試必定及格。很明顯的，這兩個邏輯符號式的意義是相同的；換言之，「$P^1a \wedge (x)$ $(P^1x \to x=a) \leftrightarrow (x)(P^1x \leftrightarrow x=a)$」是邏輯定理。現在證明如下：

{1}	(1)	$P^1a \wedge (x)(P^1x \to x=a)$	P
{2}	(2)	P^1b	P
{1}	(3)	$(x)(P^1x \to x=a)$	1, SI
{1}	(4)	$P^1b \to b=a$	3, US
{1, 2}	(5)	$b=a$	2, 4, SI
{1}	(6)	$P^1b \to b=a$	2, 5, C.P.
{7}	(7)	$b=a$	P
{1}	(8)	P^1a	1, SI
{1, 7}	(9)	P^1b	8, 7, I
{1}	(10)	$b=a \to P^1b$	7, 9, C.P.
{1}	(11)	$P^1b \leftrightarrow b=a$	6, 10, SI
{1}	(12)	$(x)(P^1x \leftrightarrow x=a)$	11, UG
Λ	(13)	$P^1a \wedge (x)(P^1x \to x=a) \to (x)(P^1x \leftrightarrow x=a)$	1, 12, C.P.
{14}	(14)	$(x)(P^1x \leftrightarrow x=a)$	P
{14}	(15)	$P^1a \leftrightarrow a=a$	14, US
Λ	(16)	$a=a$	I
{14}	(17)	P^1a	15, 16, SI

{14}	(18)	$P^1b \leftrightarrow b = a$	14, US
{14}	(19)	$P^1b \rightarrow b = a$	18, SI
{14}	(20)	$(x)(P^1x \rightarrow x = a)$	19, UG
{14}	(21)	$P^1a \wedge (x)(P^1x \rightarrow x = a)$	17, 20, SI
Λ	(22)	$(x)(P^1x \leftrightarrow x = a) \rightarrow P^1a \wedge (x)(P^1x \rightarrow x = a)$	14, 21, C.P.
Λ	(23)	$P^1a \wedge (x)(P^1x \rightarrow x = a) \leftrightarrow (x)(P^1x \leftrightarrow x = a)$	13, 23, SI

上面論證的推論如下：

{1}	(1)	$P^1a \wedge (x)(P^1x \rightarrow x = a)$	P
{2}	(2)	$a \neq b$	P
{1}	(3)	$(x)(P^1x \rightarrow x = a)$	1, SI
{1}	(4)	$P^1b \rightarrow b = a$	3, US
{1, 2}	(5)	$-P^1b$	2, 4, SI

若把第一個前提寫成「$(x)(P^1x \leftrightarrow x = a)$」，則其推論如下：

{1}	(1)	$(x)(P^1x \leftrightarrow x = a)$	P
{2}	(2)	$a \neq b$	P
{1}	(3)	$P^1b \leftrightarrow b = a$	1, US
{1, 2}	(4)	$-P^1b$	2, 3, SI

〔例Ⅲ〕　由下面這一個前提

$(\exists y)(x)(F^1x \leftrightarrow x = y)$

導出下列結論：

(a)　$(\exists x)(F^1x)$

(b)　$(x)(y)(F^1x \wedge F^1y \rightarrow x = y)$

(c)　$(\exists x)(F^1x \wedge G^1x) \leftrightarrow (x)(F^1x \rightarrow G^1x)$

(d)　$(x)(G^1x) \rightarrow (\exists x)(F^1x \wedge G^1x)$

(e)　$(\exists y)(F^1y \wedge H^2yy) \leftrightarrow (\exists y)〔F^1y \wedge (\exists x)(F^1x \wedge H^2yx)〕$

(f)　$(\exists x)\,[F^1x \wedge (P^1a \to G^1x)] \leftrightarrow [P^1a \to (\exists x)\,(F^1x \wedge G^1x)]$

(g)　$(\exists x)\,[F^1x \wedge (G^1x \to P^1a)] \leftrightarrow [(\exists x)\,(F^1x \wedge G^1x) \to P^1a]$

(h)　$(\exists x)\,(F^1x \wedge -G^1x) \leftrightarrow -(\exists x)\,(F^1x \wedge G^1x)$

(i)　$(\exists x)\,[F^1x \wedge (y)\,(H^2xy)] \leftrightarrow (y)(\exists x)\,(F^1x \wedge H^2xy)$

從〔例 II〕我們知道

$$(x)\,(F^1x \leftrightarrow x = a)$$

是表示：只有 a 具有「F^1」所敘述的性質；因此，若不指明 a，而寫成

$$(\exists y)(x)\,(F^1x \leftrightarrow x = y)$$

則表示：只有一個個體具有「F^1」所敘述的性質。所謂「只有一個」，有兩層含意：(i)至少有一個；亦即至少有一個個體具有此性質，可寫成

$$(\exists x)\,(F^1x)$$

也就是我們所要證明的結論(a)。(ii)至多有一個；亦即任何具有此性質的個體，必定是同一個個體，可寫成

$$(x)(y)\,(F^1x \wedge F^1y \to x = y)$$

也就是我們所要證明的結論(b)。

　　下面我們將證明(a)～(d)，而把(e)～(i)留在習題讓讀者自行證明。

(a)　{1}　(1)　$(\exists y)(x)\,(F^1x \leftrightarrow x = y)$　　　　　P

　　　{2}　(2)　$(x)\,(F^1x \leftrightarrow x = a)$　　　　　　　P

　　　{2}　(3)　$F^1a \leftrightarrow a = a$　　　　　　　　　2, US

　　　Λ　(4)　$a = a$　　　　　　　　　　　　I

　　　{2}　(5)　F^1a　　　　　　　　　　　　3, 4, SI

　　　{2}　(6)　$(\exists x)\,(F^1x)$　　　　　　　　　5, EG

　　　{1}　(7)　$(\exists x)\,(F^1x)$　　　　　　　　　1, 2, 6, ES

(b)　{1}　(1)　$(\exists y)(x)\,(F^1x \leftrightarrow x = y)$　　　　　P

　　　{2}　(2)　$F^1a \wedge F^1b$　　　　　　　　　P

{3}	(3)	$(x)(\text{F}^1x \leftrightarrow x = c)$	P
{3}	(4)	$\text{F}^1a \rightarrow a = c$	3, US
{3}	(5)	$\text{F}^1b \rightarrow b = c$	3, US
{2, 3}	(6)	$a = c$	2, 4, SI
{2, 3}	(7)	$b = c$	2, 5, SI
{2, 3}	(8)	$a = b$	6, 7, I
{1, 2}	(9)	$a = b$	1, 3, 8, ES
{1}	(10)	$\text{F}^1a \wedge \text{F}^1b \rightarrow a = b$	2, 9, C.P.
{1}	(11)	$(x)(y)(\text{F}^1x \wedge \text{F}^1y \rightarrow x = y)$	10, UG, $x/a, y/b$

(c)

{1}	(1)	$(\exists y)(x)(\text{F}^1x \leftrightarrow x = y)$	P
{2}	(2)	$(\exists x)(\text{F}^1x \wedge \text{G}^1x)$	P
{3}	(3)	F^1a	P
{4}	(4)	$(x)(\text{F}^1x \leftrightarrow x = b)$	P
{5}	(5)	$\text{F}^1c \wedge \text{G}^1c$	P
{4}	(6)	$\text{F}^1a \leftrightarrow a = b$	4, US
{3, 4}	(7)	$a = b$	3, 6, SI
{4}	(8)	$\text{F}^1c \leftrightarrow c = b$	4, US
{4, 5}	(9)	$c = b$	5, 8, SI
{3, 4, 5}	(10)	$a = c$	7, 9, I
{5}	(11)	G^1c	5, SI
{3, 4, 5}	(12)	G^1a	11, 10, I
{2, 3, 4}	(13)	G^1a	2, 5, 12, ES
{1, 2, 3}	(14)	G^1a	1, 4, 13, ES
{1, 2}	(15)	$\text{F}^1a \rightarrow \text{G}^1a$	3, 14, C.P.
{1, 2}	(16)	$(x)(\text{F}^1x \rightarrow \text{G}^1x)$	15, UG

$\{1\}$ (17) $(\exists x)\,(F^1x \wedge G^1x) \to (x)\,(F^1x \to G^1x)$ 　　2, 16, C.P.

$\{18\}$ (18) $(x)\,(F^1x \to G^1x)$ 　　P

$\{4\}$ (19) $F^1b \leftrightarrow b = b$ 　　4, US

Λ (20) $b = b$ 　　I

$\{4\}$ (21) F^1b 　　19, 20, SI

$\{18\}$ (22) $F^1b \to G^1b$ 　　18, US

$\{4, 18\}$ (23) $F^1b \wedge G^1b$ 　　21, 22, SI

$\{4, 18\}$ (24) $(\exists x)\,(F^1x \wedge G^1x)$ 　　23, EG

$\{1, 18\}$ (25) $(\exists x)\,(F^1x \wedge G^1x)$ 　　1, 4, 24, ES

$\{1\}$ (26) $(x)\,(F^1x \to G^1x) \to (\exists x)\,(F^1x \wedge G^1x)$ 　　18, 25, C.P.

$\{1\}$ (27) $(\exists x)\,(F^1x \wedge G^1x) \leftrightarrow (x)\,(F^1x \to G^1x)$ 　　17, 26, SI

(d)　$\{1\}$ (1) $(\exists y)(x)\,(F^1x \leftrightarrow x = y)$ 　　P

$\{2\}$ (2) $(x)\,(G^1x)$ 　　P

$\{3\}$ (3) $(x)\,(F^1x \leftrightarrow x = a)$ 　　P

$\{3\}$ (4) $F^1a \leftrightarrow a = a$ 　　3, US

Λ (5) $a = a$ 　　I

$\{3\}$ (6) F^1a 　　4, 5, SI

$\{2\}$ (7) G^1a 　　2, US

$\{2, 3\}$ (8) $F^1a \wedge G^1a$ 　　6, 7, SI

$\{2, 3\}$ (9) $(\exists x)\,(F^1x \wedge G^1x)$ 　　8, EG

$\{1, 2\}$ (10) $(\exists x)\,(F^1x \wedge G^1x)$ 　　1, 3, 9, ES

$\{1\}$ (11) $(x)\,(G^1x) \to (\exists x)\,(F^1x \wedge G^1x)$ 　　2, 10, C.P.

習　題

1.使用等同符號，把下列語句寫成邏輯式：

　⒜這次考試只有<u>孫民仁</u>和<u>何元凱</u>兩人及格。

　⒝這次考試只有兩個人及格。

　⒞這次考試只有<u>孫民仁</u>、<u>何元凱</u>、<u>閔瑞雲</u>三人及格。

　⒟這次考試只有三個人及格。

　⒠這次考試最多有三個人及格。

　⒡這次考試最少有三個人及格。

2.證明本節〔例Ⅲ〕的⒠～⒤。

3.由

　⑴　$(\exists x)\,(x \neq a \wedge F^1 x)$

　　導出

　⑵　$(\exists x)\,(F^1 x) \wedge [F^1 a \rightarrow (\exists x)(\exists y)\,(x \neq y \wedge F^1 x \wedge F^1 y)]$

　　再由⑵導出⑴；並說明⑴和⑵表示什麼意思。

4.由

　⑴　$(\exists x)(\exists y)\,(x \neq y) \wedge (x)(y)(z)\,(x = y \vee x = z \vee y = z)$

　　導出

　⑵　$(\exists x)(\exists y)\,[x \neq y \wedge (z)\,(z = x \vee z = y)]$

　　再由⑵導出⑴；並說明⑴和⑵表示什麼意思。

8–2　等同關係的邏輯定理

　　下列邏輯定理是有關等同符號的邏輯定理，須要依據 I 規則才能證明。我們將選擇一部分加以證明，而把其餘的留給讀者自行證明。

I1 $(x)\,(x = x)$

I2 $(x)(y)\,(x = y \to y = x)$

I3 $(x)(y)(z)\,(x = y \wedge y = z \to x = z)$

I4 $(x)(y)\,[x = y \to (\mathrm{F}^1 x \leftrightarrow \mathrm{F}^1 y)]$

{1}	(1)	$a = b$	P
{2}	(2)	$\mathrm{F}^1 a$	P
{1, 2}	(3)	$\mathrm{F}^1 b$	2, 1, I
{1}	(4)	$\mathrm{F}^1 a \to \mathrm{F}^1 b$	2, 3, C.P.
{5}	(5)	$\mathrm{F}^1 b$	P
{1, 5}	(6)	$\mathrm{F}^1 a$	5, 1, I
{1}	(7)	$\mathrm{F}^1 b \to \mathrm{F}^1 a$	5, 6, C.P.
{1}	(8)	$\mathrm{F}^1 a \leftrightarrow \mathrm{F}^1 b$	4, 7, SI
Λ	(9)	$a = b \to (\mathrm{F}^1 a \leftrightarrow \mathrm{F}^1 b)$	1, 8, C.P.
Λ	(10)	$(x)(y)\,[x = y \to (\mathrm{F}^1 x \leftrightarrow \mathrm{F}^1 y)]$	9, UG, $x/a, y/b$

I5 $(x)\,[\mathrm{F}^1 x \leftrightarrow (y)\,(y = x \to \mathrm{F}^1 y)]$

{1}	(1)	$\mathrm{F}^1 a$	P
{2}	(2)	$b = a$	P
{1, 2}	(3)	$\mathrm{F}^1 b$	1, 2, I
{1}	(4)	$b = a \to \mathrm{F}^1 b$	2, 3, C.P.
{1}	(5)	$(y)\,(y = a \to \mathrm{F}^1 y)$	4, UG
Λ	(6)	$\mathrm{F}^1 a \to (y)\,(y = a \to \mathrm{F}^1 y)$	1, 5, C.P.
{7}	(7)	$(y)\,(y = a \to \mathrm{F}^1 y)$	P
{7}	(8)	$a = a \to \mathrm{F}^1 a$	7, US
Λ	(9)	$a = a$	I
{7}	(10)	$\mathrm{F}^1 a$	8, 9, SI
Λ	(11)	$(y)\,(y = a \to \mathrm{F}^1 y) \to \mathrm{F}^1 a$	7, 10, C.P.

	(12)	$F^1a \leftrightarrow (y)(y=a \rightarrow F^1y)$	6, 11, SI
Λ			
Λ	(13)	$(x)[F^1x \leftrightarrow (y)(y=x \rightarrow F^1y)]$	12, UG

I6　$(x)[F^1x \leftrightarrow (\exists y)(y=x \wedge F^1y)]$

{1}	(1)	F^1a	P
Λ	(2)	$a=a$	I
{1}	(3)	$a=a \wedge F^1a$	1, 2, SI
{1}	(4)	$(\exists y)(y=a \wedge F^1y)$	3, EG
Λ	(5)	$F^1a \rightarrow (\exists y)(y=a \wedge F^1y)$	1, 4, C.P.
{6}	(6)	$(\exists y)(y=a \wedge F^1y)$	P
{7}	(7)	$b=a \wedge F^1b$	P
{7}	(8)	F^1b	7, SI
{7}	(9)	$b=a$	7, SI
{7}	(10)	F^1a	8, 9, I
{6}	(11)	F^1a	6, 7, 10, ES
Λ	(12)	$(\exists y)(y=a \wedge F^1y) \rightarrow F^1a$	6, 11, C.P.
Λ	(13)	$F^1a \leftrightarrow (\exists y)(y=a \wedge F^1y)$	5, 12, SI
Λ	(14)	$(x)[F^1x \leftrightarrow (\exists y)(y=x \wedge F^1y)]$	13, UG

I7　$(x)(y)(F^1x \wedge x=y \leftrightarrow F^1y \wedge x=y)$

I8　$(x)(y)[x=y \leftrightarrow (z)(z=x \rightarrow z=y)]$

I9　$(x)(y)[x=y \leftrightarrow (\exists z)(z=x \wedge z=y)]$

I10　$(x)(y)[F^2xy \leftrightarrow (z)(w)(z=x \wedge w=y \rightarrow F^2zw)]$

I11　$(x)(y)[F^2xy \leftrightarrow (\exists z)(\exists w)(z=x \wedge w=y \wedge F^2zw)]$

I12　$(\exists x)(F^1x) \wedge (x)(y)(F^1x \wedge F^1y \rightarrow x=y) \leftrightarrow (\exists x)[F^1x \wedge (y)(F^1y \rightarrow x=y)]$

| {1} | (1) | $(\exists x)(F^1x) \wedge (x)(y)(F^1x \wedge F^1y \rightarrow x=y)$ P |
| {1} | (2) | $(\exists x)(F^1x)$ | 1, SI |

{3}	(3)	F^1a	P
{1}	(4)	$(x)(y)(F^1x \wedge F^1y \to x = y)$	1, SI
{5}	(5)	F^1b	P
{1}	(6)	$F^1a \wedge F^1b \to a = b$	4, US
{1, 3, 5}	(7)	$a = b$	3, 5, 6, SI
{1, 3}	(8)	$F^1b \to a = b$	5, 7, C.P.
{1, 3}	(9)	$(y)(F^1y \to a = y)$	8, UG
{1, 3}	(10)	$F^1a \wedge (y)(F^1y \to a = y)$	3, 9, SI
{1, 3}	(11)	$(\exists x)[F^1x \wedge (y)(F^1y \to x = y)]$	10, EG
{1}	(12)	$(\exists x)[F^1x \wedge (y)(F^1y \to x = y)]$	2, 3, 11, EG
Λ	(13)	$(\exists x)(F^1x) \wedge (x)(y)(F^1x \wedge F^1y \to x = y)$	
		$\to (\exists x)[F^1x \wedge (y)(F^1y \to x = y)]$	1, 12, C.P.
{14}	(14)	$(\exists x)[F^1x \wedge (y)(F^1y \to x = y)]$	P
{15}	(15)	$F^1a \wedge (y)(F^1y \to a = y)$	P
{15}	(16)	F^1a	15, SI
{15}	(17)	$(\exists x)(F^1x)$	16, EG
{15}	(18)	$(y)(F^1y \to a = y)$	15, SI
{19}	(19)	$F^1b \wedge F^1c$	P
{15}	(20)	$F^1b \to a = b$	18, US
{15, 19}	(21)	$a = b$	19, 20, SI
{15}	(22)	$F^1c \to a = c$	18, US
{15, 19}	(23)	$a = c$	19, 22, SI
{15, 19}	(24)	$b = c$	21, 23, I
{15}	(25)	$F^1b \wedge F^1c \to b = c$	19, 24, C.P.
{15}	(26)	$(x)(y)(F^1x \wedge F^1y \to x = y)$	25, UG
{15}	(27)	$(\exists x)(F^1x) \wedge (x)(y)(F^1x \wedge F^1y \to x = y)$	17, 26, SI

{14}　(28)　$(\exists x)\,(F^1x)\wedge(x)(y)\,(F^1x\wedge F^1y \to x = y)$　14, 15, 27, ES

Λ　(29)　$(\exists x)\,[F^1x\wedge(y)\,(F^1y \to x = y)] \to (\exists x)$

$(F^1x)\wedge(x)(y)\,(F^1x\wedge F^1y \to x = y)$　　14, 28, C.P.

Λ　(30)　$(\exists x)\,(F^1x)\wedge(x)(y)\,(F^1x\wedge F^1y \to x = y)$

$\leftrightarrow (\exists x)\,[F^1x\wedge(y)\,(F^1y \to x = y)]$　　13, 29, SI

I13　$(\exists x)\,(F^1x)\wedge(x)(y)\,(F^1x\wedge F^1y \to x = y) \leftrightarrow (\exists y)(x)\,(F^1x \leftrightarrow x = y)$

I14　$(\exists x)(\exists y)\,(F^1x\wedge F^1y\wedge x \neq y)\wedge(x)(y)(z)\,(F^1x\wedge F^1y\wedge F^1z \to x = y\vee x$
$= z\vee y = z) \leftrightarrow (\exists x)(\exists y)\,[F^1x\wedge F^1y\wedge x \neq y\wedge(z)\,(F^1z \to x = z\vee y = z)]$

I15　$(\exists x)(\exists y)\,(F^1x\wedge F^1y\wedge x \neq y)\wedge(x)(y)(z)\,(F^1x\wedge F^1y\wedge F^1z \to x = y\vee x$
$= z\vee y = z) \leftrightarrow (\exists x)(\exists y)\,[x \neq y\wedge(z)\,(F^1z \to z = x\vee z = y)]$

I16　$(y)(\exists x)\,(x = y)$

Λ　(1)　$a = a$　　　　　　　　　　　　　　　I

Λ　(2)　$(\exists x)\,(x = a)$　　　　　　　　1, EG

Λ　(3)　$(y)(\exists x)\,(x = y)$　　　　　　2, UG

I17　$(z)(\exists y)(x)\,(x = z\vee x = y)$

I18　$(u)(\exists y)(x)\,[(z)(x = z\vee z = u) \leftrightarrow x = y]$

I19　$(\exists y)\,[(x)\,(F^1x \leftrightarrow x = y)\wedge G^1y] \leftrightarrow (\exists y)(x)\,(F^1x \leftrightarrow x = y)\wedge$
$(x)(F^1x \to G^1x)$

I20　$(\exists y)(x)\,(F^1x \leftrightarrow x = y) \to [(x)\,(F^1x \to G^1x) \leftrightarrow (\exists x)\,(F^1x\wedge G^1x)]$

I21　$-(\exists y)(x)\,(x \neq x \leftrightarrow x = y)$

I22　$F^1a\wedge-F^1b \to (\exists x)(\exists y)\,(x \neq y)$

習　題

1.證明 I7～I22 中本節未證明的邏輯定理。

2.證明下列各式是邏輯定理或非邏輯定理：

(a) $(\exists x)(\exists y)\,(x \neq y) \rightarrow (\exists x)\,(F^1x) \wedge (\exists x)\,(-F^1x)$

(b) $(x)\,(F^1x \rightarrow G^1x \vee H^1x) \wedge (\exists y)(x)\,(G^1x \leftrightarrow x = y) \wedge (\exists y)(x)\,(H^1x \leftrightarrow$

　　$x = y) \rightarrow (\exists x)(\exists y)\,(F^1x \wedge F^1y \wedge x \neq y)$

(c) $(x)\,(F^1x \rightarrow G^1x \vee H^1x) \wedge (\exists y)(x)\,(G^1x \leftrightarrow x = y) \wedge (\exists y)(x)\,(H^1x \leftrightarrow$

　　$x = y) \rightarrow (x)(y)(z)\,(F^1x \wedge F^1y \wedge F^1z \wedge x \neq y \wedge x \neq z \rightarrow y = z)$

(d) $(\exists y)(x)\,[x = y \wedge F^1y \leftrightarrow (\exists z)\,(x = z) \wedge F^1x]$

(e) $(z)(y)(x)\,(x = y \vee F^1y \leftrightarrow x = z \vee F^1x)$

8-3　確定描述詞與個體常元

在日常語言中，我們除了使用專有名詞 (proper noun) 來指稱某一特定的個體之外，有時也使用確定描述詞 (definite description)。例如：我們可以使用專有名詞「王國維」來指稱王國維這個人，也可以使用確定描述詞「人間詞話的作者」來指稱同一個人。又如：我們可以使用「2」來指稱 2 這個數，也可以使用確定描述詞「最小的正偶數」來指稱同一個數。確定描述詞是把所要指稱的個體加以描述；根據它的描述，就可以確定它所指稱的個體。如果根據它的描述不能確定它所指稱的個體，則通常不叫做「確定描述詞」；例如：「愛的故事的譯者」並不是確定描述詞，因為翻譯愛的故事的人不只一個，我們不能確定它所指稱的是那一個人。在邏輯上，通常使用個體常元來指稱個體；因此，日常語言中的專有名詞及確定描述詞，在邏輯上都可寫成個體常元。例如：

(I)　人間詞話的作者是浙江人。

　　人間詞話的作者是王國維。

　∴王國維是浙江人。

我們以個體常元「a」表「人間詞話的作者」，以一元述詞「S^1」表「是

浙江人」，以個體常元「b」表「王國維」，則上面論證可寫成下列的邏輯式：

(II)　S^1a

　　　$a = b$

　　　$\therefore S^1b$

這很明顯是有效的論證：只要依據 I 規則，就可由前提導出結論。但是，有時我們把確定描述詞寫成個體常元卻無法顯示論證的有效性。例如：

(III)　人間詞話的作者是浙江人。

　　　$\therefore$ 有浙江人撰寫人間詞話。

很明顯的，這個論證是有效的。但是，我們若把其中的確定描述詞寫成個體常元，則無法顯示其有效性。設仍以個體常元「a」表「人間詞話的作者」，以一元述詞「S^1」表「是浙江人」，而另以二元述詞「W^2」表「…撰寫 － － －」，以個體常元「c」表「人間詞話」，則(III)可寫成

(IV)　S^1a

　　　$\therefore (\exists x)(S^1x \wedge W^2xc)$

(IV)是一個無效論證，因為它在下列解釋下前提真而結論假：

　(i)　D = 自然數。

　(ii)　$S^1x : x$ 是偶數

　　　$W^2xy : x$ 是 y 的倍數

　　　$a : 3$

　　　$b : 4$

我們不難看出：(III)之所以有效，乃是由於前提中的確定描述詞「人間詞話的作者」與結論中的「撰寫」及「人間詞話」之間有密切的關聯；而(IV)之所以不能顯示(III)的有效性，乃是因為在(IV)中我們僅以個體常元

「a」表確定描述詞「人間詞話的作者」，而沒有對這個確定描述詞的內部結構加以分析，以致無法顯示出它與二元述詞「W^2」及個體常元「c」之間的關聯。可見，在某些論證中，我們必須進一步分析確定描述詞的內部結構才能顯示其有效性。因此，在邏輯上，確定描述詞必須有另外的寫法，而不能只寫成個體常元。

　　確定描述詞既然描述它所要指稱的個體，則必然會使用述詞或等同符號，有時還會用到個體常元。假定我們要描述王國維這個人，說他是浙江人，則除了使用個體常元「b」表「王國維」之外，還要使用一元述詞「S^1」表「是浙江人」，而寫成

　　　　⑴　S^1a

我們若要描述他，說他撰寫人間詞話，則除了「b」之外還要用到二元述詞「W^2」表「⋯撰寫 －－－」及個體常元「c」表「人間詞話」，而寫成

　　　　⑵　W^2ac

我們知道，所謂「人間詞話的作者」，意即「撰寫人間詞話的個體」。但是，這個確定描述詞中並沒有出現專有名詞「王國維」，亦即並未指明撰寫人間詞話的個體就是王國維；因此，它的邏輯式也不能出現代表「王國維」的個體常元「a」。我們只好把⑵中的「a」刪掉，代之以個體變元「x」，而得

　　　　⑶　W^2xc

然而，⑶是一個含有自由變元的開放句式，不能用以指稱個體。我們不能說⑶指稱撰寫人間詞話的個體；我們只能說：撰寫人間詞話的個體具有⑶所描述的性質；詳言之，該個體的名稱能代入⑶中的「x」而使⑶為真；換言之，能夠滿足⑶中的「x」的個體即為撰寫人間詞話的個體。通常我們在⑶之前加上「$(ɿx)$」，用來指稱滿足⑶中的「x」的個體。於是，「撰寫人間詞話的個體」或「人間詞話的作者」可寫成：

　　⑷　$(\textit{2x})\text{W}^2xc$

我們必須注意：⑷並不是敘述事實的句式，而是用來指稱某一特定個體的確定描述詞；因此，它在語法上的地位與個體常元相同。我們把它寫在一元述詞的右邊，就產生一個語句。例如：

　　⑸　$\text{S}^1(\textit{2x})\text{W}^2xc$

就表示：人間詞話的作者是浙江人；而

　　⑹　$(\textit{2x})\text{W}^2xc = b$

表示：人間詞話的作者是王國維。

　　現在，我們再看看確定描述詞「最小的正偶數」如何寫成邏輯式。首先，以個體常元「a」表「0」，以個體常元「b」表「2」，以一元述詞「E^1」表「是偶數」，以二元述詞「G^2」表「…大於－－－」，則「2是最小的正偶數」可寫成：

　　⑺　$(\text{E}^1b \wedge \text{G}^2ba \wedge (y)\, (\text{E}^1y \wedge \text{G}^2ya \wedge y \neq b \rightarrow \text{G}^2yb))$

但是確定描述詞「最小的正偶數」中並未出現「2」，亦即該確定描述詞並未指明最小的正偶數就是 2；因此，它的邏輯式也不能出現代表「2」的個體常元「b」。我們只好把⑺中的「b」都改成「x」，而得

　　⑻　$(\text{E}^1x \wedge \text{G}^2xa \wedge (y)\, (\text{E}^1y \wedge \text{G}^2ya \wedge y \neq x \rightarrow \text{G}^2yx))$

能夠滿足⑻中的「x」的個體，即為確定描述詞「最小的正偶數」所指稱的個體；因此，該確定描述詞的邏輯式是在⑻之前加上「$(\textit{2x})$」所得的式子，亦即

　　⑼　$(\textit{2x})\, (\text{E}^1x \wedge \text{G}^2xa \wedge (y)\, (\text{E}^1y \wedge \text{G}^2ya \wedge y \neq x \rightarrow \text{G}^2yx))$

因而，若以個體常元「c」表「1」，則

　　⑽　$\text{G}^2(\textit{2x})\, (\text{E}^1x \wedge \text{G}^2xa \wedge (y)\, (\text{E}^1y \wedge \text{G}^2ya \wedge y \neq x \rightarrow \text{G}^2yx))c$

表示：最小的正偶數大於 1；而

　　⑾　$(\textit{2x})\, (\text{E}^1x \wedge \text{G}^2xa \wedge (y)\, (\text{E}^1y \wedge \text{G}^2ya \wedge y \neq x \rightarrow \text{G}^2yx)) = b$

則表示：最小的正偶數是 2。

從上面的例子，我們可以看出：一個含有自由變元「x」而不含其他自由變元的句式（例如：⑶和⑻），若在其前端加上「$(\imath x)$」，則所得的邏輯式（例如：⑷和⑼）即為確定描述詞，其所指稱的個體即為滿足原句式中「x」的個體。一般言之，設 ϕ 為一句式，含有自由變元 α 而不含其他自由變元，則 $(\imath\alpha)\,\phi$ 即為確定描述詞，其所指稱的個體即為滿足 ϕ 中之 α 的個體。請注意：若 ϕ 中除了含有自由變元 α 之外尚含其他自由變元，則我們無法確定某一個體是否滿足 ϕ 中的 α，因而 $(\imath\alpha)\,\phi$ 並非確定描述詞。例如：

⑿　　W^2xy

中除了「x」之外尚含自由變元「y」，我們無法確定某一個體是否滿足⑿中的「x」（因為含有自由變元「y」的句式無真假可言），亦即無法確定某一個體是否撰寫 y（因為「y」是變元，不能指稱某一特定個體），因而

⒀　　$(\imath x)\,\mathrm{W}^2xy$

並非確定描述詞。

現在，我們可以把論證⑴重寫如下：

(V)　　$\mathrm{S}^1(\imath x)\,\mathrm{W}^2xc$

　　　　$(\imath x)\,\mathrm{W}^2xc = b$

　　　$\therefore \mathrm{S}^1b$

(V)和(II)一樣是有效論證；因為確定描述詞既然與個體常元一樣用來指稱某一特定個體，則它與個體常元一樣可以適用 I 規則，把「$\mathrm{S}^1(\imath x)$ W^2xc」中的「$(\imath x)\,\mathrm{W}^2xc$」改成「$b$」，而得結論「$\mathrm{S}^1b$」。可見，不管把論證⑴寫成(II)或寫成(V)，都可以顯示其有效性。換言之，不管有沒有對確定描述詞「人間詞話的作者」的內部結構做進一步的分析，都可顯示⑴的有效性。反之，論證(III)必須分析確定描述詞的內部結構才能顯示其有效性。我們現在把論證(III)重寫如下：

(VI)　　$S^1(2x)\ W^2xc$

　　$\therefore (\exists x)\ (S^1x \wedge W^2xc)$

我們上面曾指出：(IV)之所以不能顯示論證(III)的有效性，乃是因為(IV)沒有顯示出確定描述詞「人間詞話的作者」與「撰寫」及「人間詞話」之間的關聯。現在，我們在(VI)中已顯示出其間的關聯：我們把該確定描述詞寫成「$(2x)\ W^2xc$」，其中已出現了表「撰寫」的二元述詞「W^2」及表「人間詞話」的個體常元「c」。

　　然而，只在邏輯符號式上顯示其間的關聯是不夠的。我們必須有新的邏輯規則來處理新的邏輯符號「$(2x)$」，方才能夠顯示(VI)的有效性。如果只把有關個體常元的規則，例如：US、EG、I 等規則，適用於確定描述詞，而沒有新的規則，則確定描述詞的作用與個體常元並無不同：使用個體常元不能顯示有效性的論證，改用確定描述詞之後仍然不能顯示出有效性。以上面的例子來說，我們必須有處理「$(2x)\ W^2xc$」的規則，才能顯示它與「W^2」及「c」之間的關聯；若是只把它當做一個個體常元，只能使用有關個體常元的規則，則把「a」改成「$(2x)$ W^2xc」並無任何用處，因而(VI)與(IV)並無區別，同樣不能顯示出有效性。正如我們介紹量詞的符號之後，必須介紹處理量詞的規則，例如：US、UG、Q、…等規則；否則，介紹量詞並無用處：語句邏輯無法顯示有效性的論證，寫成含有量詞的邏輯式之後，同樣不能顯示出有效性。例如：6–1 中的論證(I)寫成(III)之後，若無 US 規則，仍然和(II)一樣不能顯示其有效性。

　　但是，在設計某一符號的規則之前，必須先明瞭該符號的意義，然後才能按照它的意義來設計規則。例如：我們明瞭語句連詞「$\rightarrow$」的意義，才能設計 M.P.P. 規則；明瞭全稱量詞「(x)」的意義，才能設計 US 規則。因此，我們將在下一節分析「$(2x)$」這個符號的意義，然後設計規則來處理這個符號。

習　題

試將下列確定描述詞寫成邏輯式：

⒜加 3 之後等於 5 的數。

⒝乘以任何數 x 之後仍等於 x 的數。

⒞加上任何數 x 之後仍等於 x 的數。

⒟李世民的父親。（以「a」表「李世民」，以「F^2」表「…是 ─── 的父親」。）

⒠刺殺甘迺迪總統的兇手。（以「M^2」表「…刺殺 ───」，以「a」表「甘迺迪總統」。）

⒡張明忠的岳父。（以「a」表「張明忠」，以「W^2」表「…是 ─── 的妻子」，以「F^2」表「…是 ─── 的父親」。）

⒢劉昌源的獨生子的妻子。（以「a」表「劉昌源」，以「S^2」表「…是 ─── 的兒子」，以「W^2」表「…是 ─── 的妻子」。）

⒣劉昌源的唯一的媳婦。（同上題）

⒤劉宗洲的長子。（以「a」表「劉宗洲」，以「S^2」表「…是 ─── 的兒子」，以「E^2」表「…比 ─── 年長」。）

8–4　確定描述詞的意義及其規則⑴
──羅素的方法

　　確定描述詞是用來指稱某一特定的個體，我們使用確定描述詞即表示它必有所指；換言之，必定有合於它描述的個體存在。例如：我們使用確定描述詞「$(\imath x)\,W^2xc$」即表示必有合於它描述的個體（例如：王國維）；也就是說，必定有能滿足「W^2xc」中之「x」的個體。以邏

輯式來表示，即

(1)　$(\exists x)\, \mathrm{W}^2 xc$

　　再者，確定描述詞是用描述的方法來確定它所指稱的個體；因此，合於它描述的個體至多只能有一個；若有兩個以上，則不能確定它所指稱的到底是那一個。例如：我們使用確定描述詞「$(\textit{?}x)\, \mathrm{W}^2 xc$」即表示合於它描述的個體至多只有一個；亦即能滿足「$\mathrm{W}^2 xc$」中之「x」的個體最多只有一個。以邏輯式來表示，即

(2)　$(x)(y)\, (\mathrm{W}^2 xc \wedge \mathrm{W}^2 yc \to x = y)$

　　可見，當我們使用確定描述詞「$(\textit{?}x)\, \mathrm{W}^2 xc$」時，即表示：不多不少恰好有一個個體能滿足「$\mathrm{W}^2 xc$」中的「$x$」；我們可以用(1)和(2)的連言來表示：

(3)　$(\exists x)\, \mathrm{W}^2 xc \wedge (x)(y)\, (\mathrm{W}^2 xc \wedge \mathrm{W}^2 yc \to x = y)$

亦可寫成

(4)　$(\exists x)(y)\, (\mathrm{W}^2 yc \leftrightarrow x = y)$

由於(4)比(3)簡短，我們通常以(4)來表達。

　　一個語句中若含有確定描述詞，並敘述該確定描述詞所指稱的個體具有何種性質或關係，則這個語句表達兩層含意：(i)合於該確定描述詞描述的個體不多不少恰好有一個；(ii)該確定描述詞所指稱的個體（亦即合於該確定描述詞描述的個體）具有該語句所敘述的性質或關係。例如：

(5)　$\mathrm{S}^1 (\textit{?}x)\, \mathrm{W}^2 xc$

中含有確定描述詞「$(\textit{?}x)\, \mathrm{W}^2 xc$」，並敘述該確定描述詞所指稱的個體是浙江人。因此，(5)除了含有(4)的意思之外，還表示：滿足「$\mathrm{W}^2 xc$」中之「x」的個體是浙江人；因而(5)可寫成

(6)　$(\exists x)\, [(y)\, (\mathrm{W}^2 yc \leftrightarrow x = y) \wedge \mathrm{S}^1 x]$

　　根據上面的分析，我們似乎可以把處理確定描述詞的規則設計

如下：

設 α 和 β 為兩個互不相同的個體變元，ϕ 為一句式，其中不含 α 以外之其他自由變元，ψ 為含有 $(\imath\alpha)\phi$ 之語句，而 $\psi(\imath\alpha)\phi/\alpha$ 為 以 α 取代 ψ 中之每一個 $(\imath\alpha)\phi$ 所得之句式；則 ψ 與 $(\exists\alpha)\,[(\beta)\,(\phi$ $\alpha/\beta \leftrightarrow \alpha = \beta)\wedge\psi(\imath\alpha)\,\phi/\alpha]$ 可互相代換。

這個規則是英國邏輯大家羅素 (Bertrand Arthur William Russell, 1872～1969) 所設計的，他這種處理方法叫做「羅素的確定描述論」 (Russell's theory of definite descriptions)；因而我們稱此規則為「R.D. 規則」。利用 R.D. 規則，我們可以證明 8–3 的⑹如下：

{1}	(1)	$S^1(\imath x)\,W^2 xc$	P
{1}	(2)	$(\exists x)\,[(y)\,(W^2 yc \leftrightarrow x = y)\wedge S^1 x]$	1, R.D.
{3}	(3)	$(y)\,(W^2 yc \leftrightarrow a = y)\wedge S^1 a$	P
{3}	(4)	$(y)\,(W^2 yc \leftrightarrow a = y)$	3, SI
{3}	(5)	$W^2 ac \leftrightarrow a = a$	4, US
Λ	(6)	$a = a$	I
{3}	(7)	$W^2 ac$	5, 6, SI
{3}	(8)	$S^1 a\wedge W^2 ac$	3, 7, SI
{3}	(9)	$(\exists x)\,(S^1 x\wedge W^2 xc)$	8, EG
{1}	(10)	$(\exists x)\,(S^1 x\wedge W^2 xc)$	2, 3, 9, ES

本書並不採用羅素的方法來處理確定描述詞，因為它有許多不便 之處。現在，我們先看看它有什麼優點，然後再討論它的缺點。

按照 R.D. 規則，一個確定描述詞，若合於它描述的個體不恰好一 個（連一個也沒有或有兩個以上），則含有該確定描述詞的語句為假。 例如：

(7) 　$E^1(\imath x)\,(x + 1 = x)$

中含有確定描述詞「$(\imath x)\,(x + 1 = x)$」。按照 R.D. 規則，(7)可以改寫成

⑻　$(\exists x)\lceil(y)\,(y+1=y \leftrightarrow x=y) \wedge E^{1}x\rceil$

但是，沒有任何個體合於「$(2x)\,(x+1=x)$」的描述，亦即沒有任何個體能滿足「$x+1=x$」中的「x」；因而

⑼　$(\exists x)(y)\,(y+1=y \leftrightarrow x=y)$

為假；於是，⑻和⑺皆為假。一般言之，若合於確定描述詞 $(2\alpha)\,\phi$ 描述的個體不恰好一個，換言之，能滿足 ϕ 中之 α 的個體不恰好一個；則 $(\exists\alpha)(\beta)\,(\phi\,\alpha\,/\,\beta \leftrightarrow \alpha=\beta)$ 為假，因而 $(\exists\alpha)\lceil(\beta)\,(\phi\,\alpha\,/\,\beta \leftrightarrow \alpha=\beta)\wedge\psi(2\alpha)\,\phi\,/\,\alpha\rceil$ 為假，亦即含有 $(2\alpha)\,\phi$ 之語句 ψ 為假。要明瞭羅素這個方法的優點，必須與希爾伯特的方法做一比較。

　　確定描述詞既然是用來指稱某一特定的個體，則合於它描述的個體必定恰好一個；若不恰好一個，則通常我們認為它無所指，它並非確定描述詞，而只是一串無意義的符號排列而已。例如：「$\dfrac{x}{y}$」是指乘以 y 之後等於 x 的數，因此「$\dfrac{1}{0}$」是指乘以 0 之後等於 1 的數，亦即指稱 $(2x)\,(x\cdot0=1)$；然而，並無這樣的數存在，因而「$\dfrac{1}{0}$」或「$(2x)\,(x\cdot0=1)$」無所指，我們不認為它是確定描述詞，而只是一串無意義的符號而已。因此，「$\dfrac{1}{0}$ 是偶數」或「$E^{1}(2x)\,(x\cdot0=1)$」等皆不是有意義的句式。德國大數學家希爾伯特 (David Hilbert, 1862～1943) 即採用這種處理方法。設 ϕ 為一句式，其中含有自由變元 α 而不含其他自由變元。按照希爾伯特的方法，我們無法斷定 $(2\alpha)\,\phi$ 到底是確定描述詞或者只是一串無意義的符號排列。因為若滿足 ϕ 中之 α 的個體恰好有一個，換言之，若 $(\exists\alpha)(\beta)\,(\phi\,\alpha\,/\,\beta \leftrightarrow \alpha=\beta)$ 成立，則 $(2x)\,\phi$ 為確定描述詞；反之，若滿足 ϕ 中之 α 的個體不恰好一個，換言之，若 $(\exists\alpha)(\beta)\,(\phi\,\alpha\,/\,\beta \leftrightarrow \alpha=\beta)$ 不成立，則 $(2\alpha)\,\phi$ 即非確定描述詞，而只是沒有意義的符號排列而已。可見，若採用希爾伯特的方法，則必須先知道某些述詞及個體常元之意義或內容，並進一步知道一些有關此一內容的事實，方才能夠斷定一串邏輯符號到底是確定描述詞或者只是

一串無意義的符號排列而已。例如；我們必須先知道二元述詞「W^2」表「…撰寫－－－」，個體常元「c」表「人間詞話」，並知道撰寫人間詞話的個體是否恰好一個，方才能斷定「$(\imath x)\,W^2xc$」是否為確定描述詞；我們若不知道「W^2」和「c」的意義，或雖知其意義但不知滿足「W^2xc」中之「x」的個體是否恰好一個，則無法斷定「$(\imath x)\,W^2xc$」是否有意義，因而也無法斷定「$S^1(\imath x)\,W^2xc$」是否為有意義的語句。

　　希爾伯特的方法在邏輯上有缺點。我們不要忘記邏輯的一項基本性質，即：只根據論證的形式就可判斷論證是否有效，而不須知道其內容。例如：在下面的論證中

　　(I)　　$(x)\,(G^1x \to F^1x)$

　　　　　G^1a

　　　　　$\therefore F^1a$

我們無須知道「G^1」、「F^1」及「a」的意義，也無須知道那些個體具有「G^1」、「F^1」所表的性質，只從形式就可判斷其為有效論證。論證是由語句（前提及結論）所構成的，我們必須先判斷一串一串符號是否為有意義的語句；如果它們都是語句，才進一步判斷由這些語句所構成的論證是否有效；若不是語句，則它們所構成的並非論證，也就無須去判斷是否有效了。邏輯既然只根據形式來判斷論證的有效性，則我們也要求：只根據符號的形式，就能判斷一串符號是否為有意義的語句。然而，希爾伯特的方法卻不能滿足此項要求。例如：

　　(II)　　$S^1(\imath x)\,W^2xc$

　　　　　$(\imath x)\,W^2xc = b$

　　　　　$\therefore S^1b$

這個論證，我們只根據其形式就可判斷它是有效的。但是，若用希爾伯特的方法來處理確定描述詞　「$(\imath x)\,W^2xc$」，則在尚未知道滿足「W^2xc」　中之　「x」　的個體是否恰好一個之前，　我們不能斷定含有

「$(\imath x)\ W^2xc$」的一串符號為有意義的語句，因而也不能斷定它們所構成的是一個論證，更談不上要從形式來斷定其為有效論證。

明瞭希爾伯特方法的缺點之後，我們不難看出：羅素的方法可以避免這項缺點。根據羅素的方法，不管滿足「W^2xc」中之「x」的個體是否恰好一個，「$(\imath x)\ W^2xc$」必定是一個確定描述詞，而不是一串無意義的符號排列；因此，「$S^1(\imath x)\ W^2xc$」和「$(\imath x)\ W^2xc=b$」等皆為有意義的語句，而(II)是一個論證。我們可以像判斷論證(I)一樣，只從形式就可判斷(II)是一個有效論證，而不必顧慮：能滿足「W^2xc」中之「x」的個體是否恰好一個。即使能滿足「W^2xc」中之「x」的個體不恰好一個，根據 R.D. 規則，也不過使含有「$(\imath x)\ W^2xc$」的語句「$S^1(\imath x)\ W^2xc$」和「$(\imath x)\ W^2xc=b$」為假而已；而前提為假並不影響論證的有效性。

說明了羅素方法的優點之後，我們現在來看看它有什麼缺點。首先我們必須指出 R.D. 規則有含糊不清的毛病。設有一含有確定描述詞「$(\imath x)\ W^2xc$」的語句

(10)　$-K^1(\imath x)\ W^2xc$

依據 R.D. 規則，可寫成

(11)　$(\exists x)\ [(y)\ (W^2yc \leftrightarrow x=y) \wedge -K^1x]$

但是，同樣依據 R.D. 規則，可以把

(12)　$K^1(\imath x)\ W^2xc$

寫成

(13)　$(\exists x)\ [(y)\ (W^2yc \leftrightarrow x=y) \wedge K^1x]$

因而(10)亦可寫成

(14)　$-(\exists x)\ [(y)\ (W^2yc \leftrightarrow x=y) \wedge K^1x]$

同樣一個語句(10)，既可寫成(11)，又可寫成(14)；而(11)與(14)的意義並不相同。從(11)可證出：

(15)　　$(\exists x)(y)\,(W^2yc \leftrightarrow x = y)$

亦即能滿足「W^2xc」中之「x」的個體恰好一個，其證明如下：

$\{1\}$　　(1)　$(\exists x)\,[(y)\,(W^2yc \leftrightarrow x = y) \wedge -K^1x]$　　P

$\{2\}$　　(2)　$(y)\,(W^2yc \leftrightarrow a = y) \wedge -K^1a$　　P

$\{2\}$　　(3)　$(y)\,(W^2yc \leftrightarrow a = y)$　　2, SI

$\{2\}$　　(4)　$(\exists x)(y)\,(W^2yc \leftrightarrow x = y)$　　3, EG

$\{1\}$　　(5)　$(\exists x)(y)\,(W^2yc \leftrightarrow x = y)$　　1, 2, 4, ES

但是，從(14)無法證出(15)，因為在下面解釋下，(14)為真而(15)為假：

（ⅰ）　D＝自然數

（ⅱ）　$W^2xy : x > y$

　　　　$K^1x : x$ 是偶數

　　　　$c : 3$

可見(14)並不表示：能滿足「W^2xc」中之「x」的個體恰好一個。(11)與(14)的意義既不相同，則(10)的意義到底是與(11)相同還是與(14)相同呢？換言之，(10)是否表示恰好有一個個體能滿足「W^2xc」中之「x」？設「K^1」表「是廣東人」，則(10)的意思如下：

(16)　人間詞話的作者不是廣東人。

這句話有沒有表示恰好有一個個體撰寫人間詞話呢？若把(10)寫成(11)，則(16)的意思是

(17)　撰寫人間詞話的個體恰好一個，而且該個體是廣東人。

反之，若把(10)寫成(14)，則(16)的意思是

(18)　撰寫人間詞話的個體不恰好一個，或者雖恰好一個，而該個體不是廣東人。

依據 R.D. 規則，我們無法判斷到底是那一種意思；換言之，依據 R.D. 規則，(10)和(16)都是具有歧義的語句。羅素曾設計符號用來區別這兩種不同的意義。因為本書不採用羅素的方法，所以不打算介紹羅素

所設計的符號。本書所要採用的是佛烈格 (Gottlob Frege, 1848～1925) 的方法，這種方法不須特別設計符號來避免歧義。

　　其次，羅素方法的第二項缺點是：不能把有關個體常元的推論規則適用於確定描述詞。確定描述詞和個體常元都是用來指稱特定的個體；如果有關個體常元的推論規則能適用於確定描述詞，而不必特地為確定描述詞設計另一套推論規則，則將方便不少。然而，我們若採用羅素的方法來處理確定描述詞，則有關個體常元的推論規則適用於確定描述詞會產生無效的論證，亦即會由真的前提導出假的結論。例如：我們若使用 R.D. 規則，並將 US 規則適用於確定描述詞，則可證明下面論證：

$$(III)\quad (x)\, F^1 x$$

$$\therefore (\exists x)\, (x+1 = x)$$

其推論如下：

{1}	(1)	$(x)\, F^1 x$	P
{1}	(2)	$F^1(\boldsymbol{2}x)\, (x+1 = x)$	1, US
{1}	(3)	$(\exists x)\, [\,(y)\, (y+1 = y \leftrightarrow x = y) \wedge F^1 x\,]$	2, R.D.
{4}	(4)	$(y)\, (y+1 = y \leftrightarrow a = y) \wedge F^1 a$	P
{4}	(5)	$(y)\, (y+1 = y \leftrightarrow a = y)$	4, SI
{4}	(6)	$a+1 = a \leftrightarrow a = a$	5, US
Λ	(7)	$a = a$	I
{4}	(8)	$a+1 = a$	6, 7, SI
{4}	(9)	$(\exists x)\, (x+1 = x)$	8, EG
{1}	(10)	$(\exists x)\, (x+1 = x)$	3, 4, 9, ES

然而(III)是無效論證，因為它在下面解釋下前提真而結論假：

　（i）　D = 自然數

　（ii）　$F^1 x : x \geq 1$

這個推論之所以產生無效論證，乃是因為我們在第(2)行使用 US 規則時，在未確知是否恰有一個個體能滿足「$x+1=x$」中的「x」之前，即以「$(\imath x)\,(x+1=x)$」代入第(1)行中的「x」，而依據 R.D. 規則，只要出現「$(\imath x)\,(x+1=x)$」即表示恰有一個個體滿足「$x+1=x$」中之「x」。可見，我們若使用 R.D. 規則來處理確定描述詞 $(\imath\alpha)\,\phi$，則必須確知恰好有一個個體能滿足 ϕ 中之 α，才可依據 US 規則用 $(\imath\alpha)\,\phi$ 來取代受全稱量詞控制的變元。換言之，必須有下列兩個語句

⒆　　$(\exists\alpha)(\beta)\,(\phi\,\alpha\,/\,\beta\leftrightarrow\alpha=\beta)$

⒇　　$(r)\,\psi$

才可導出

⒇　　$\psi\,r\,/\,(\imath\alpha)\,\phi$

只有⒇，不可導出⒇。簡言之，當 US 適用於確定描述詞時，須做某些修正。

　　我們再另舉一例來說明。I 規則告訴我們：任意一個個體常元與其本身之間，可用等同符號「$=$」連成一個語句；而此語句為邏輯定理，不須假設任何前提即可判斷其為真。我們若將 I 規則適用於確定描述詞，且使用 R.D. 規則來處理確定描述詞，則可得下面的推論：

Λ	⑴	$(\imath x)\,(x+1=x)=(\imath x)\,(x+1=x)$	I
Λ	⑵	$(\exists x)\,[(y)\,(y+1=y\leftrightarrow x=y)\wedge x=x]$	1, R.D.
$\{3\}$	⑶	$(y)\,(y+1=y\leftrightarrow a=y)\wedge a=a$	P
$\{3\}$	⑷	$(y)\,(y+1=y\leftrightarrow a=y)$	3, SI
$\{3\}$	⑸	$a+1=a\leftrightarrow a=a$	4, US
Λ	⑹	$a=a$	I
$\{3\}$	⑺	$a+1=a$	5, 6, SI
$\{3\}$	⑻	$(\exists x)\,(x+1=x)$	7, EG
Λ	⑼	$(\exists x)\,(x+1=x)$	2, 3, 8, ES

這個推論居然證明「$(\exists x)(x+1=x)$」是一個邏輯定理，而事實上該語句是假的。產生這種結果的原因極為明顯：我們未確知是否恰有一個個體能滿足「$x+1=x$」中的「x」之前，就把 I 規則適用於確定描述詞「$(\imath x)(x+1=x)$」，而依據 R.D. 規則，只要出現此一確定描述詞即表示恰有一個個體滿足「$x+1=x$」中之「x」。可見，我們若使用 R.D. 規則來處理確定描述詞 $(\imath\alpha)\,\phi$，則必須確知恰好有一個個體能滿足 ϕ 中之 α，才可依據 I 規則寫出 $(\imath\alpha)\,\phi=(\imath\alpha)\,\phi$。換言之，必須有下列語句

(22)　$(\exists\alpha)(\beta)\,(\phi\,\alpha\,/\,\beta\leftrightarrow\alpha=\beta)$

才可導出

(23)　$(\imath\alpha)\,\phi=(\imath\alpha)\,\phi$

若無(22)，不可寫出(23)。也就是說，(23)並非無須任何前提的邏輯定理，而是以(22)為前提的結論。可見，I 規則也必須做適當修改，才可適用於確定描述詞。

　　綜上所述，<u>羅素</u>的方法有兩項缺點：第一，採用他的方法，可能把一個含有確定描述詞的語句寫成兩個意義互不相同的語句，例如：(10)既可寫成(11)，又可寫成(14)；而必須另外設計符號來加以區別。第二，有關個體常元的規則，例如：US 規則及 I 規則，必須加以適當的修改才可適用於確定描述詞。其實，這兩項缺點的來源是相同的。我們先來考慮第一項缺點。因為依據 R.D. 規則，一個語句若含有確定描述詞 $(\imath\alpha)\,\phi$，即表示恰好有一個個體滿足 ϕ 中之 α。因此，若把「$-\mathrm{K}^1(\imath x)\,\mathrm{W}^2xc$」整句當做一個含有確定描述詞「$(\imath x)\,\mathrm{W}^2xc$」的語句，則它即表示恰有一個個體滿足「$\mathrm{W}^2xc$」中之「$x$」；反之，若把「$-\mathrm{K}^1(\imath x)\,\mathrm{W}^2xc$」中的一部分「$\mathrm{K}^1(\imath x)\,\mathrm{W}^2xc$」當做一個含有確定描述詞「$(\imath x)\,\mathrm{W}^2xc$」的語句，則「$\mathrm{K}^1(\imath x)\,\mathrm{W}^2xc$」表示恰有一個個體滿足「$\mathrm{W}^2xc$」中之「$x$」，而其否定句「$-\mathrm{K}^1(\imath x)\,\mathrm{W}^2xc$」即無此含意。很明顯的，第二項缺點也

是同樣的原因所引起的。因為依據 R.D. 規則，一個含有確定描述詞的語句表示合於它描述的個體恰有一個；因此，當 US 規則及 I 規則適用於確定描述詞時，才會引起問題，而須要修改這些規則。

　　我們在下一節將介紹佛烈格處理確定描述詞的方法。依據他的方法，當一個語句含有確定描述詞時，並不表示合於它描述的個體恰有一個。因此，他的方法也就可以避免羅素方法的那兩項缺點。

習　題

1. 下列各論證都含有確定描述詞，試用 R.D. 規則 （即羅素的方法）處理確定描述詞。若論證有效，則依據推論規則，由前提導出結論；若論證無效，則用解釋的方法證明其無效。

　　(a) 人間詞話的作者是浙江人。王國維撰寫人間詞話。因此，王國維是浙江人。(以「c」表「人間詞話」，以「W^2」表「⋯撰寫 –––」，以「S^1」表「是浙江人」，以「b」表「王國維」。)

　　(b) 人間詞話的作者是浙江人。有人撰寫人間詞話和苕華詞。因此，苕華詞的作者是浙江人。(以「d」表「苕華詞」，其餘同(a)。)

　　(c) 人間詞話的作者撰寫苕華詞。撰寫苕華詞的人至多只有一個。因此，苕華詞的作者撰寫人間詞話。(同(b))

　　(d) 人間詞話的作者就是苕華詞的作者。因此，有人撰寫人間詞話和苕華詞。(同(b))

2. 我們在本節中曾指出：依據 R.D. 規則，「$-K^1(\imath x)\,W^2xc$」可寫成兩個意義互不相同的語句。下列各語句也都可寫成兩個意義互不相同的語句，試將它們寫出，並詳細說明它們的意義有何不同。

(a) $S^1(2x) W^2xc \rightarrow C^1(2x) W^2xc$

(b) $S^1(2x) W^2xc \vee C^1b$

8–5　確定描述詞的意義及其規則(II)
——佛烈格的方法

一個確定描述詞，若合於它描述的個體恰好一個，則這個個體即為該確定描述詞所指稱的對象。例如：合於「$(2x) W^2xc$」描述的個體恰好一個（即王國維），換言之，滿足「W^2xc」中之「x」的個體恰好一個，則「$(2x) W^2xc$」即指稱該個體，亦即指稱王國維。反之，如果合於一個確定描述的個體不恰好一個，則這個確定描述詞是指稱什麼呢？希爾伯特認為在這種情形下，它根本不是確定描述詞，因而也就無所指。羅素雖認為在這種情形下，它也是一個確定描述詞，但仍然不認為它指稱某一個個體；依據羅素的方法，含有這種確定描述詞的語句被認定為假，但並沒有認定指稱什麼個體。例如：因為能滿足「$x+1=x$」中之「x」的個體不恰好一個；因此，依據 R.D. 規則，含有「$(2x)(x+1=x)$」之語句「$E^1(2x)(x+1=x)$」為假。但依據 R.D. 規則，我們不能認定「$(2x)(x+1=x)$」到底指稱什麼個體。

從上面的說明，我們可以看出：一個確定描述詞，若合於它描述的個體不恰好一個，則希爾伯特和羅素都認為它無所指。佛烈格則認為它仍有所指。依據佛烈格的方法，一個確定描述詞，若合於它描述的個體不恰好一個，則指定某一特定的個體做為它所指稱的對象。例如：我們指定某一特定的個體做為「$(2x)(x+1=x)$」所指稱的對象；又如：滿足「$6>x>2$」中之「x」的個體不恰好一個，我們也指定某一特定的個體做為「$(2x)(6>x>2)$」所指稱的對象。為了簡便起見，我們指定同一個個體做為「$(2x)(x+1=x)$」及「$(2x)(6>x>2)$」所指

稱的對象；換言之，我們規定「$(\imath x)\,(x+1=x)$」及「$(\imath x)\,(6>x>2)$」
指稱同一個個體，而不使它們指稱互不相同的兩個個體。至於指定那
一個個體做為它們所指稱的對象，倒是無關緊要，而可以任意指定。
現在我們就指定 1 為它們指稱的對象。不但這兩個確定描述詞指稱 1，
任何確定描述詞，只要合於它描述的個體不恰好一個，則我們一律指
定 1 為它所指稱的對象。於是，「$(\imath x)\,(x\cdot 0=1)$」、「$(\imath x)\,(x+0=x)$」、
「$(\imath x)\,(x+3=3+x)$」、「$(\imath x)\,(x=x)$」、「$(\imath x)\,(x\neq x)$」等皆指稱 1。設以
「E^1」表「是偶數」，則下列語句皆為假：

(1)　$\mathrm{E}^1(\imath x)\,(x+1=x)$

(2)　$\mathrm{E}^1(\imath x)\,(6>x>2)$

(3)　$\mathrm{E}^1(\imath x)\,(x\cdot 0=1)$

(4)　$\mathrm{E}^1(\imath x)\,(x+0=x)$

(5)　$\mathrm{E}^1(\imath x)\,(x+3=3+x)$

(6)　$\mathrm{E}^1(\imath x)\,(x=x)$

(7)　$\mathrm{E}^1(\imath x)\,(x\neq x)$

因為 1 並非偶數。設以「O^1」表「是奇數」，則下列語句皆為真：

(8)　$\mathrm{O}^1(\imath x)\,(x+1=x)$

(9)　$\mathrm{O}^1(\imath x)\,(6>x>2)$

(10)　$\mathrm{O}^1(\imath x)\,(x\cdot 0=1)$

(11)　$\mathrm{O}^1(\imath x)\,(x+0=x)$

(12)　$\mathrm{O}^1(\imath x)\,(x+3=3+x)$

(13)　$\mathrm{O}^1(\imath x)\,(x=x)$

(14)　$\mathrm{O}^1(\imath x)\,(x\neq x)$

因為 1 確為奇數。依據佛烈格的方法，「$(\imath x)\,(x+1=x)$」、「$(\imath x)$
$(6>x>2)$」…等確定描述詞既然指稱 1，則(8)～(14)七個語句只表示 1
是奇數，並不表示恰有一個個體合於這些確定描述詞的描述。可見，

依據佛烈格的方法，一個含有確定描述詞的語句並不表示：合於它描述的個體恰有一個。詳言之，一個含有確定描述詞 $(\imath\alpha)\,\phi$ 的語句並不表示：恰有一個個體滿足 ϕ 中之 α。

我們確知恰有一個個體滿足「$x+2=5$」中之「x」；因此，確定描述詞「$(\imath x)\,(x+2=5)$」即指稱該個體；因而含有此確定描述詞的語句

$$(15)\quad O^1(\imath x)\,(x+2=5)$$

即表示：恰有一個個體滿足「$x+2=5$」中之「x」，且該個體為奇數。我們可以把(15)寫成

$$(16)\quad (\exists x)\,[(y)\,(y+2=5 \leftrightarrow x=y)\wedge O^1 x]$$

反之，我們確知滿足「$x+1=x$」中之「x」的個體不恰好一個；因此，確定描述詞「$(\imath x)\,(x+1=x)$」即指稱 1；因而含有此確定描述詞的語句

$$(17)\quad O^1(\imath x)\,(x+1=x)$$

即表示：滿足「$x+1=x$」中之「x」的個體不恰好一個，且 1 是奇數。設以「a」表「1」，則(17)可寫成

$$(18)\quad -(\exists x)(y)\,(y+1=y \leftrightarrow x=y)\wedge O^1 a$$

設有一述詞「F^1」，我們若知道恰有一個個體滿足「$F^1 x$」中之「x」，則

$$(19)\quad O^1(\imath x)\,F^1 x$$

之意義為

$$(20)\quad (\exists x)\,[(y)\,(F^1 y \leftrightarrow x=y)\wedge O^1 x]$$

反之，我們若知道滿足「$F^1 x$」中之「x」的個體不恰好一個，則(19)之意義為

$$(21)\quad -(\exists x)(y)\,(F^1 y \leftrightarrow x=y)\wedge O^1 a$$

假設我們不知道是否恰有一個個體滿足「$F^1 x$」中之「x」，則(19)既不可寫成(20)，也不可寫成(21)，而必須寫成(20)和(21)的選言：

(22)　　$(\exists x)[(y)(\mathrm{F}^1 y \leftrightarrow x = y) \wedge \mathrm{O}^1 x] \vee [-(\exists x)(y)(\mathrm{F}^1 y \leftrightarrow x = y) \wedge \mathrm{O}^1 a]$

其實，(22)才真正表達了(19)所可能表達的全部意義。若滿足「$\mathrm{F}^1 x$」中之「x」的個體恰有一個，則(22)的後半部為假，亦即(21)為假；因而依據 D.S. 規則得知(22)的前半部為真，亦即(20)為真。反之，若滿足「$\mathrm{F}^1 x$」中之「x」的個體不恰好一個，則(22)的前半部為假，亦即(20)為假；因而依據 D.S. 規則得知(22)的後半部為真，亦即(21)為真。可見，(22)表達了(19)在各種情況下所表達的意義。(20)只表達(19)在某一情況下的含意；(21)也只表達(19)在另一情況下的含意；都沒有完全表達出(19)的全部含意。因此，儘管我們確知滿足「$\mathrm{F}^1 x$」中之「x」的個體恰好一個，也不能把(19)寫成(20)，而必須寫成(22)；因為(20)表示恰有一個個體滿足「$\mathrm{F}^1 x$」中之「x」，而(19)並無此含意。我們是否知道是一回事，而(19)是否有此含意是另一回事。不能因為我們知道恰有一個個體滿足「$\mathrm{F}^1 x$」中之「x」，就因而認定(19)有此含意。正好像不能因為我們知道「P」為真，就因而認定「P∨Q」含有「P」為真的意思。同理，儘管我們確知滿足「$\mathrm{F}^1 x$」中之「x」的個體不恰好一個，也不可把(19)寫成(21)，而必須寫成(22)；(15)必須寫成

(23)　　$(\exists x)[(y)(y + 2 = 5 \leftrightarrow x = y) \wedge \mathrm{O}^1 x] \vee [-(\exists x)(y)(y + 2 = 5 \leftrightarrow x = y) \wedge \mathrm{O}^1 a]$

而不可寫成(16)；(17)必須寫成

(24)　　$(\exists x)[(y)(y + 1 = y \leftrightarrow x = y) \wedge \mathrm{O}^1 x] \vee [-(\exists x)(y)(y + 1 = y \leftrightarrow x = y) \wedge \mathrm{O}^1 a]$

而不可寫成(18)。

　　到此為止，我們一直指定 1 做為「$(\imath x)(x + 1 = x)$」、「$(\imath x)(6 > x > 2)$」等確定描述詞所指稱的個體；換言之，若滿足 ϕ 中之 α 的個體不恰好一個，則我們就指定 1 做為 $(\imath \alpha)\phi$ 指稱的對象。我們必須

強調一點，即：這個個體是任意選定的，我們同樣可以指定其他個體做為這種確定描述詞指稱的對象。例如：在自然數的範圍內，我們也可以指定 2、3、4、…等等其他數為其指稱的對象。如果我們討論的範圍不是自然數，而是人類，則可以指定任一特定之人為其指稱的對象。例如：我們可以指定朱元璋。任何一個確定描述詞，若合於它描述的個體不恰好一個，則指定朱元璋為其所指稱的對象。當我們選定這種確定描述詞所指稱的個體時，須受兩項限制：(i)在同一個論證中，所選定的個體必須始終如一，不可同時選定兩個互不相同的個體；(ii)所選定的個體必須是討論範圍之內的個體，不可選定討論範圍之外的個體。只要合乎這兩項限制，則可以隨意選定任何個體。

　　我們一直用個體常元「a」來表「1」。現在既然知道我們所選定的個體不一定是 1，而可能是討論範圍內的其他個體；則我們似乎可以使用「a」來指稱我們所選定的個體。例如：我們若選定 2，則使用「a」來表「2」；若選定朱元璋，則以「a」表「朱元璋」。然而，這種做法是不妥當的。因為我們一向把一個論證或語句中的個體常元當做是可以任意解釋的項目，我們若限制個體常元「a」必須解釋為指稱我們所選定的個體，而不能解釋為指稱其他個體，則與我們向來處理個體常元的方法不同；嚴格的說，這樣的「a」已不是普通的個體常元。我們與其把「a」當做一個特別的個體常元，倒不如另外用一個確定描述詞來指稱我們選定的個體，而仍然讓「a」做為普通的個體常元。這樣，我們就可以按照以往的方法來解釋一切個體常元；而不必選定一個特別的個體常元，並對它做特定的解釋。

　　那麼，我們要用那一個確定描述詞來指稱我們所指定的個體呢？任何一個確定描述詞，只要合於它描述的個體不恰好一個，我們即可用它來指稱我們所指定的個體。所謂「不恰好一個」，包括兩種情形：第一種是連一個也沒有，例如：「$(2x)(x+1=x)$」、「$(2x)(x\cdot0=1)$」、

「$(\imath x)\,(x \neq x)$」等確定描述詞，沒有任何個體合於它們的描述；第二種是有兩個以上，例如：「$(\imath x)\,(6 > x > 2)$」、「$(\imath x)\,(x + 0 = x)$」、「$(\imath x)\,(x + 3 = 3 + x)$」、「$(\imath x)\,(x = x)$」等確定描述詞，通常有兩個以上的個體合於它們的描述。但是，如果我們的討論範圍或解釋範圍中只有一個個體，則在此範圍內合於第二種確定描述詞描述的個體仍然只有一個。例如：若討論範圍之內的個體只有 1，則在此範圍內能滿足「$x + 0 = x$」、「$x + 3 = 3 + x$」、「$x = x$」等句式中之「x」的個體恰有一個，而沒有兩個以上。因此，我們不採用第二種確定描述詞來指稱我們所指定的個體。我們若採用第一種確定描述詞，則無類似的弊病。因為在任何討論範圍之內，都沒有個體會滿足「$x + 1 = x$」、「$x \cdot 0 = 1$」、「$x \neq x$」等句式中的「x」；因而在任何範圍之內，合於第一種確定描述詞描述的個體絕對不會恰好一個。但是，第一種確定描述詞中含有邏輯符號以外之其他符號者，我們不予採用。因為邏輯符號以外的其他符號都可以做各種各樣的解釋；我們若把「0」、「1」、「+」等符號做別種解釋，而不解釋為零、壹、加，則滿足「$x + 1 = x$」、「$x \cdot 0 = 1$」等句式中之「x」的個體可能恰好一個。因此，我們最好採用第一種確定描述詞中只含有邏輯符號而不含其他符號者，來指稱我們指定的個體。於是採用「$(\imath x)\,(x \neq x)$」最為恰當。但其中的個體變元並不一定要用「x」，其他個體變元亦無不可；因此，「$(\imath y)\,(y \neq y)$」、「$(\imath z)\,(z \neq z)$」等皆可。一般言之，設 α 為任意個體變元，一個確定描述詞，若合於它描述的個體不恰好一個，則我們指定某一特定的個體為其所指稱的對象，而一律用「$(\imath \alpha)\,(\alpha \neq \alpha)$」來指稱我們所指定的個體。據此，則(22)、(23)、(24)應分別改寫成

(25)　$(\exists x)\,[(y)\,(F^1 y \leftrightarrow x = y) \wedge O^1 x] \vee [-(\exists x)(y)\,(F^1 y \leftrightarrow x = y) \wedge O^1 (\imath x)\,(x \neq x)]$

(26)　$(\exists x)\,[(y)\,(y + 2 = 5 \leftrightarrow x = y) \wedge O^1 x] \vee [-(\exists x)(y)\,(y + 2 = 5 \leftrightarrow$

$$x = y) \wedge O^1(\imath x)\,(x \neq x)]$$

(27)　$(\exists x)\,[(y)\,(y + 1 = y \leftrightarrow x = y) \wedge O^1 x] \vee [-(\exists x)(y)\,(y + 1 = y \leftrightarrow$
$$x = y) \wedge O^1(\imath x)\,(x \neq x)]$$

現在，我們可以把佛烈格處理確定描述詞的規則敘述如下：

設 α 和 β 為兩個互不相同的個體常元，ϕ 為一句式，其中不含 α 以外之其他自由變元，ψ 為含有 $(\imath\alpha)\,\phi$ 之語句，而 $\psi(\imath\alpha)\,\phi\,/\,\alpha$ 為以 α 取代 ψ 中之每一個 $(\imath\alpha)\,\phi$ 所得之句式，$\psi(\imath\alpha)\,\phi\,/\,(\imath\alpha)\,(\alpha \neq \alpha)$ 為以 $(\imath\alpha)\,(\alpha \neq \alpha)$ 取代 ψ 中之每一個 $(\imath\alpha)\,\phi$ 所得之句式；則 ψ 與 $(\exists\alpha)\,[(\beta)\,(\phi\ \ \alpha\,/\,\beta \leftrightarrow \alpha = \beta) \wedge \psi(\imath\alpha)\ \ \phi\,/\,\alpha] \vee [-(\exists\alpha)(\beta)\,(\phi\ \ \alpha\,/\,\beta \leftrightarrow \alpha = \beta) \wedge \psi(\imath\alpha)\,\phi\,/\,(\imath\alpha)\,(\alpha \neq \alpha)]$ 可互相代換。

這個規則簡稱「F.D. 規則」，本書即採用此規則來處理確定描述詞，而不採用 R.D. 規則。

關於佛烈格的方法，有一點容易引起誤解，而必須加以澄清。一個確定描述詞，若合於它描述的個體不恰好一個，我們只是指定某一特定的個體做為它所指稱的對象，而不是把這個指定的個體當做是合於它描述的個體。例如：能滿足「$x + 1 = x$」中之「x」的個體不恰好一個，於是我們就指定 1 為「$(\imath x)\,(x + 1 = x)$」所指稱的對象；我們這樣指定，並不表示 1 能滿足「$x + 1 = x$」中的「x」。很明顯的，1 並不能滿足「$x + 1 = x$」中的「x」，絕對不會由於我們的指定而變成能夠滿足。總之，一個個體是否合於某一確定描述詞的描述，是一回事；而這個個體是否被指定為該確定描述詞所指稱的對象，卻是另一回事；兩者不可混為一談。若合於確定描述詞描述的個體恰好一個，則合於它描述的個體也就是它所指稱的個體；但是，若不恰好一個，則兩者不一定符合。

佛烈格的方法，一方面具有羅素方法的優點，避免了希爾伯特方法的缺點；另一方面也避免了羅素方法的缺點。按照佛烈格的方法，

當滿足 ϕ 中之 α 的個體不恰好一個時，我們仍認為 $(\imath\alpha)\,\phi$ 是一個確定描述詞，而不認為它是一串無意義的符號排列。於是，很明顯的，避免了希爾伯特方法的缺點。

羅素方法的第一項缺點是：可能把一個含有確定描述詞的語句寫成兩個意義互不相同的語句。佛烈格的方法可以避免此項缺點。我們仍以 8–4 中的(10)為例，加以說明。依據 F.D. 規則，

$$(28)\quad -K^1(\imath x)\,W^2xc$$

可寫成

$$(29)\quad (\exists x)\,[(y)\,(W^2yc \leftrightarrow x=y)\wedge -K^1x]\vee[-(\exists x)(y)\,(W^2yc \leftrightarrow x=y)\wedge -K^1(\imath x)\,(x \neq x)]$$

我們也可以依據 F.D. 規則，先把

$$(30)\quad K^1(\imath x)\,W^2xc$$

寫成

$$(31)\quad (\exists x)\,[(y)\,(W^2yc \leftrightarrow x=y)\wedge K^1x]\vee[-(\exists x)(y)\,(W^2yc \leftrightarrow x=y)\wedge K^1(\imath x)\,(x \neq x)]$$

然後，再把(30)的否定句(28)寫成(31)的否定句

$$(32)\quad -\{(\exists x)\,[(y)\,(W^2yc \leftrightarrow x=y)\wedge K^1x]\vee[-(\exists x)(y)\,(W^2yc \leftrightarrow x=y)\wedge K^1(\imath x)\,(x \neq x)]\}$$

可見，(28)既可寫成(29)，又可寫成(32)；正如 8–4 中的(10)，既可寫成(11)，又可寫成(14)。然而，8–4 中的(11)與(14)意義互不相同，而本節中的(29)與(32)意義卻完全相同。因此，依據 F.D. 規則，(28)並非具有歧義的語句；我們不須另外設計符號來區別互不相同的意義。現在證明(29)與(32)意義相同。首先，證明由(29)可導出(32)，其證明如下：

$\{1\}$　(1)　$(\exists x)\,[(y)\,(W^2yc \leftrightarrow x=y)\wedge -K^1x]\vee$
　　　　　$[-(\exists x)(y)\,(W^2yc \leftrightarrow x=y)\wedge K^1(\imath x)\,(x \neq x)]$　P

$\{2\}$　(2)　$(\exists x)\,[(y)\,(W^2yc \leftrightarrow x=y)\wedge K^1x]\vee$

		$[-(\exists x)(y)\,(W^2yc \leftrightarrow x = y) \wedge K^1(\pmb{2}x)\,(x \neq x)]$	P
$\{3\}$	(3)	$(\exists x)(y)\,(W^2yc \leftrightarrow x = y)$	P
$\{1, 3\}$	(4)	$(\exists x)\,[(y)\,(W^2yc \leftrightarrow x = y) \wedge -K^1x]$	1, 3, SI
$\{2, 3\}$	(5)	$(\exists x)\,[(y)\,(W^2yc \leftrightarrow x = y) \wedge K^1x]$	2, 3, SI
$\{6\}$	(6)	$(y)\,(W^2yc \leftrightarrow a = y) \wedge -K^1a$	P
$\{7\}$	(7)	$(y)\,(W^2yc \leftrightarrow b = y) \wedge K^1b$	P
$\{6\}$	(8)	$(y)\,(W^2yc \leftrightarrow a = y)$	6, SI
$\{6\}$	(9)	$W^2ac \leftrightarrow a = a$	8, US
Λ	(10)	$a = a$	I
$\{6\}$	(11)	W^2ac	9, 10, SI
$\{7\}$	(12)	$(y)\,(W^2yc \leftrightarrow b = y)$	7, SI
$\{7\}$	(13)	$W^2ac \leftrightarrow b = a$	12, US
$\{6, 7\}$	(14)	$b = a$	11, 13, SI
$\{7\}$	(15)	K^1b	7, SI
$\{6, 7\}$	(16)	K^1a	15, 14, I
$\{6, 7\}$	(17)	$K^1a \vee (K^1d \wedge -K^1d)$	16, SI
$\{6, 7\}$	(18)	$K^1d \wedge -K^1d$	6, 17, SI
$\{2, 3, 6\}$	(19)	$K^1d \wedge -K^1d$	5, 7, 18, ES
$\{1, 2, 3\}$	(20)	$K^1d \wedge -K^1d$	4, 6, 19, ES
$\{1, 2\}$	(21)	$-(\exists x)(y)\,(W^2yc \leftrightarrow x = y)$	3, 20, R.A.A.
$\{22\}$	(22)	$(\exists x)\,[(y)\,(W^2yc \leftrightarrow x = y) \wedge -K^1x]$	P
$\{23\}$	(23)	$(y)\,(W^2yc \leftrightarrow e = y) \wedge -K^1e$	P
$\{23\}$	(24)	$(y)\,(W^2yc \leftrightarrow e = y)$	23, SI
$\{23\}$	(25)	$(\exists x)(y)\,(W^2yc \leftrightarrow x = y)$	24, EG
$\{1, 2, 23\}$	(26)	$(\exists x)(y)\,(W^2yc \leftrightarrow x = y) \wedge -(\exists x)(y)$ $(W^2yc \leftrightarrow x = y)$	21, 25, SI

$\{1, 2, 22\}$　(27)　$(\exists x)(y)\,(W^2yc \leftrightarrow x = y) \wedge -(\exists x)(y)$

　　　　　　　　$(W^2yc \leftrightarrow x = y)$　　　　　　　22, 23, 26, ES

$\{1, 2\}$　(28)　$-(\exists x)\,[(y)\,(W^2yc \leftrightarrow x = y) \wedge -K^1x]$　　22, 27, R.A.A.

$\{1, 2\}$　(29)　$-(\exists x)(y)\,(W^2yc \leftrightarrow x = y) \wedge -K^1(\boldsymbol{2x})\,(x \neq x)$　　1, 28, SI

$\{1, 2\}$　(30)　$-K^1(\boldsymbol{2x})\,(x \neq x)$　　　　　　　29, SI

$\{31\}$　(31)　$(\exists x)\,[(y)\,(W^2yc \leftrightarrow x = y) \wedge K^1x]$　　P

$\{32\}$　(32)　$(y)\,(W^2yc \leftrightarrow f = y) \wedge K^1f$　　P

$\{32\}$　(33)　$(y)\,(W^2yc \leftrightarrow f = y)$　　　　32, SI

$\{32\}$　(34)　$(\exists x)(y)\,(W^2yc \leftrightarrow x = y)$　　33, EG

$\{31\}$　(35)　$(\exists x)(y)\,(W^2yc \leftrightarrow x = y)$　　31, 32, 34, ES

$\{1, 2, 31\}$　(36)　$(\exists x)(y)\,(W^2yc \leftrightarrow x = y) \wedge -(\exists x)\,(y)$

　　　　　　　　$(W^2yc \leftrightarrow x = y)$　　　　　　　21, 35, SI

$\{1, 2\}$　(37)　$-(\exists x)\,[(y)\,(W^2yc \leftrightarrow x = y) \wedge K^1x]$　　31, 36, R.A.A.

$\{1, 2\}$　(38)　$K^1(\boldsymbol{2x})\,(x \neq x)$　　　　　　　2, 37, SI

$\{1, 2\}$　(39)　$K^1(\boldsymbol{2x})\,(x \neq x) \wedge -K^1(\boldsymbol{2x})\,(x \neq x)$　　30, 38, SI

$\{1\}$　(40)　$-\{(\exists x)\,[(y)\,(W^2yc \leftrightarrow x = y) \wedge K^1x] \vee$

　　　　　　$[-(\exists x)(y)\,(W^2yc \leftrightarrow x = y) \wedge$

　　　　　　$K^1(\boldsymbol{2x})\,(x \neq x)]\}$　　　　　　2, 39, R.A.A.

其次，由(32)導出(29)，其證明如下：

$\{1\}$　(1)　$-\{(\exists x)\,[(y)\,(W^2yc \leftrightarrow x = y) \wedge K^1x] \vee$

　　　　　　$[-(\exists x)(y)\,(W^2yc \leftrightarrow x = y) \wedge K^1(\boldsymbol{2x})$

　　　　　　$(x \neq x)]\}$　　　　　　　　　P

$\{2\}$　(2)　$(\exists x)(y)\,(W^2yc \leftrightarrow x = y)$　　P

$\{3\}$　(3)　$(y)\,(W^2yc \leftrightarrow a = y)$　　　P

$\{1\}$　(4)　$-(\exists x)\,[(y)\,(W^2yc \leftrightarrow x = y) \wedge K^1x]$　　1, SI

$\{1\}$　(5)　$(x)\,-[(y)\,(W^2yc \leftrightarrow x = y) \wedge K^1x]$　　4, QN

{1}	(6)	$-[(y)\,(W^2yc \leftrightarrow a=y) \wedge K^1a]$	5, US
{1, 3}	(7)	$(y)\,(W^2yc \leftrightarrow a=y) \wedge -K^1a$	3, 6, SI
{1, 3}	(8)	$(\exists x)\,[(y)\,(W^2yc \leftrightarrow x=y) \wedge -K^1x]$	7, EG
{1, 2}	(9)	$(\exists x)\,[(y)\,(W^2yc \leftrightarrow x=y) \wedge -K^1x]$	2, 3, 8, ES
{1}	(10)	$(\exists x)(y)\,(W^2yc \leftrightarrow x=y) \rightarrow (\exists x)\,[(y)W^2yc \leftrightarrow x=y) \wedge -K^1x]$	2, 9, C.P.
{11}	(11)	$-(\exists x)(y)\,(W^2yc \leftrightarrow x=y)$	P
{1}	(12)	$(\exists x)(y)\,(W^2yc \leftrightarrow x=y) \vee -K^1(\iota x)\,(x \neq x)$	1, SI
{1, 11}	(13)	$-(\exists x)(y)\,(W^2yc \leftrightarrow x=y) \wedge -K^1(\iota x)\,(x \neq x)$	11, 12, SI
{1}	(14)	$-(\exists x)(y)\,(W^2yc \leftrightarrow x=y) \rightarrow [-(\exists x)(y)\,(W^2yc \leftrightarrow x=y) \wedge -K^1(\iota x)\,(x \neq x)]$	11, 13, C.P.
{1}	(15)	$(\exists x)\,[(y)\,(W^2yc \leftrightarrow x=y) \wedge -K^1x] \vee [-(\exists x)(y)\,(W^2yc \leftrightarrow x=y) \wedge -K^1(\iota x)\,(x \neq x)]$	10, 14, SI

羅素方法的第二項缺點是：有關個體常元的規則，必須加以修改才可適用於確定描述詞。佛烈格的方法也可以避免此項缺點。在 8–4，我們曾指出：依據羅素的方法，可證明下面的論證無效：

$$(x)F^1x$$
$$\therefore (\exists x)\,(x+1=x)$$

該論證的主要推論步驟如下：

先依據 US 規則，由前提

(33)　$(x)F^1x$

得

(34)　$F^1(\iota x)\,(x+1=x)$

然後依據 R.D. 規則，由(34)得

(35)　$(\exists x)\,[(y)\,(y+1=y \leftrightarrow x=y) \wedge F^1x]$

最後，由(35)導出結論

$$(36)\quad (\exists x)\,(x+1=x)$$

我們若採用 F.D. 規則，而不用 R.D. 規則，則由(34)不能導出(35)，只能導出

$$(37)\quad (\exists x)\,[(y)\,(y+1=y\leftrightarrow x=y)\wedge F^1 x]\vee[-(\exists x)(y)\,(y+1=y\leftrightarrow x=y)\wedge F^1\,(\imath x)\,(x\neq x)]$$

而由(37)無法導出結論(36)，因為在下面解釋下(37)為真而(36)為假：

(i)　　D = 自然數

(ii)　　$F^1 x : x\geq 1$

　　　　$(\imath x)\,(x\neq x) : 1$

上面最後一行表示：我們指定 1 做為「$(\imath x)\,(x\neq x)$」指稱的對象。由上面的說明，可見我們若採用 F.D. 規則來處理確定描述詞，則 US 規則適用於確定描述詞不致產生無效的論證，因而無須對 US 規則加以修改。同樣的，若採用 F.D. 規則，則 I 規則也不必修改就可以適用於確定描述詞。在 8–4，我們曾使用 R.D. 規則，由

$$(38)\quad (\imath x)\,(x+1=x)=(\imath x)\,(x+1=x)$$

導出假的語句

$$(39)\quad (\exists x)\,(x+1=x)$$

很明顯的，若改用 F.D. 規則，而不用 R.D. 規則，則無法由(38)導出(39)。其實，若採用佛烈格的方法來處理確定描述詞，則任意一個確定描述詞與其本身之間用等同符號連成的語句必然為真；換言之，設 $(\imath\alpha)\,\phi$ 為確定描述詞，則下面語句必然為真

$$(40)\quad (\imath\alpha)\,\phi=(\imath\alpha)\,\phi$$

理由非常明顯：若滿足 ϕ 中之 α 的個體恰好一個，則 $(\imath\alpha)\,\phi$ 指稱該個體；在此情形下，(40)中等同符號兩邊的 $(\imath\alpha)\,\phi$ 都指稱同樣一個個體，因而(40)為真。反之，若滿足 ϕ 中之 α 的個體不恰好一個，則我們指定某一特定個體做為 $(\imath\alpha)\,\phi$ 指稱的對象；在此情形下，(40)中等同符號兩

邊的 $(\imath\alpha)\,\phi$ 都同樣指稱該特定個體，因而(40)為真。可見，(40)在任何情形下為真，不可能為假。

　　有關個體常元的推論規則共有三條，即 US、EG、及 I，它們全都可以適用於確定描述詞。因此，以往我們敘述這些規則時使用「個體常元」的地方，都一律改成「個體常元或確定描述詞」。為了讀者方便起見，我們將修改後的規則敘述如下，以供參考：

　US 規則：設 ϕ 為任意一個句式，α 為任意一個個體變元，而 β 為任意一個個體常元或確定描述詞，則由 $(\alpha)\,\phi$ 可導出 $\phi\,\alpha\,/\,\beta$。

　EG 規則：設 ϕ 為任意一個句式，α 為任意一個個體變元，β 為任意一個個體常元或確定描述詞，則由 $\phi\,\alpha\,/\,\beta$ 可導出 $(\exists\alpha)\,\phi$。

　I 規則：設 α 和 β 為任意個體常元或確定描述詞，ϕ 為任意語句，而 ψ 也是一個語句，它除了有的 α 被改成 β 或有的 β 被改成 α 之外，其他一切都與 ϕ 相同；如此，則由 ϕ 和 $\alpha=\beta$ 可導出 ψ。

　　　　　設 α 為任意個體常元或確定描述詞，在推論中我們可以隨意列出 $\alpha=\alpha$，做為推論中的一個語句，而在此語句的左邊註明空集合的符號「Λ」。

　　下面的例題都是含有確定描述詞的論證。

　〔例 I〕 $S^1(\imath x)\,W^2 xc$

　　　　$\therefore (\exists x)\,(S^1 x \wedge W^2 xc)$

這個論證就是 8-3 的(VI)，我們曾在 8-4 中用 R.D. 規則證明其為有效。但是，若改用 F.D. 規則來處理確定描述詞，則此論證無效。因為依據 F.D. 規則，前提含有確定描述詞「$(\imath x)\,W^2 xc$」，並不表示恰有一個個體

滿足「W^2xc」中之「x」；當「$S^1(\imath x)\,W^2xc$」為真時，仍然可能沒有任何個體滿足「W^2xc」中之「x」。而結論「$(\exists x)\,(S^1x \wedge W^2xc)$」則表示至少有一個個體滿足「$W^2xc$」中之「$x$」。因此，無法由前提導出結論。

　　要證明論證無效須用解釋的方法。一個論證若含有確定描述詞，則先依據 F.D. 規則加以處理之後，再予解釋。我們先依據 F.D. 規則把上面的論證寫成

$$(\exists x)\,[(y)\,(W^2yc \leftrightarrow x=y) \wedge S^1x] \vee [-(\exists x)(y)\,(W^2yc \leftrightarrow$$
$$x=y) \wedge S^1(\imath x)\,(x \neq x)]$$
$$\therefore (\exists x)\,(S^1x \wedge W^2xc)$$

此論證在下面解釋下前提真而結論假，故為無效論證：

　　(i)　$D = $ 自然數

　　(ii)　$W^2xy : x$ 是 y 的倍數

　　　　$S^1x : x$ 是奇數

　　　　$c : 2$

　　　　$(\imath x)\,(x \neq x) : 1$

　　〔例 II〕　人間詞話的作者是浙江人。

　　　　　　$\therefore$ 有浙江人撰寫人間詞話。

這個論證就是 8–3 的(III)，我們曾在 8–3 中指出：若不使用確定描述詞，而只用個體常元來表「人間詞話的作者」，則不能顯示此論證的有效性；反之，若使用確定描述詞，把此論證寫成 8–3 的(VI)，則可依據 R.D. 規則證明其有效。但是，我們在本節〔例 I〕中卻證明：若依據 F.D. 規則，則 8–3 的(VI)無效。可見，我們若採用 F.D. 規則，則不可把該論證的前提

　　(41)　人間詞話的作者是浙江人。

寫成

(42)　$S^1 (\imath x) W^2 xc$

因為(42)並不表示恰有一個個體撰寫人間詞話，而(41)則有此含意。依據
F.D. 規則，若撰寫人間詞話的個體不恰好一個，則(42)只表示：我們指
定的特定個體是浙江人。這種處理確定描述詞的方法只是為了邏輯上
的方便（諸如：不必另外設計符號來避免歧義，不必修改推論規則），
而且只是告訴我們一個邏輯式（例如(42)）的含意；並不告訴我們一個
日常語言的語句（例如(41)）的含意。日常語言的含意不隨推論規則的
改變而改變。我們放棄 R.D. 規則而改用 F.D. 規則之後，(42)的含意改
變了，但(41)的含意並不改變。若採用 R.D. 規則，則(41)與(42)意義相同；
改用 F.D. 規則之後，兩者意義並不相同，因而必須把(41)改寫成

(43)　$S^1 (\imath x) W^2 xc \land (\imath x) W^2 xc \neq (\imath x) (x \neq x)$

(43)比(42)多了下面的連言因子

(44)　$(\imath x) W^2 xc \neq (\imath x) (x \neq x)$

其理由非常明顯。(41)並不表示：若撰寫人間詞話的個體不恰好一個，
則「人間詞話的作者」即指稱某一特別指定的個體；而依據 F.D. 規
則，(42)有此含意，因而必須指明(42)中的「$(\imath x) W^2 xc$」不指稱該特別指
定的個體，才會與(41)意義相同。我們知道「$(\imath x) (x \neq x)$」是用來指稱該
特別指定的個體；因此，(44)表示「$(\imath x) W^2 xc$」與「$(\imath x) (x \neq x)$」指稱互
不相同的個體，即等於表示「$(\imath x) W^2 xc$」不指稱該特別指定的個體。

總之，依 F.D. 規則，此論證可寫成

$$S^1 (\imath x) W^2 xc \land (\imath x) W^2 xc \neq (\imath x) (x \neq x)$$

$$\therefore (\exists x) (S^1 x \land W^2 xc)$$

其推論如下：

{1}　(1)　$S^1 (\imath x) W^2 xc \land (\imath x) W^2 xc \neq (\imath x) (x \neq x)$　　　　　　P

{1}　(2)　$\{(\exists x) [(y) (W^2 yc \leftrightarrow x = y) \land S^1 x] \lor [-(\exists x)(y)$

　　　　　　$(W^2 yc \leftrightarrow x = y) \land S^1 (\imath x) (x \neq x)]\} \land \{(\exists x) [(y)$

$$(\mathrm{W}^2 yc \leftrightarrow x = y) \wedge x \neq (\imath x)(x \neq x)] \vee [-(\exists x)(y)$$
$$(\mathrm{W}^2 yc \leftrightarrow x = y) \wedge (\imath x)(x \neq x) \neq (\imath x)(x \neq x)]\} \quad 1,\ \text{F.D.}$$

Λ	(3)	$(\imath x)(x \neq x) = (\imath x)(x \neq x)$	I
{1}	(4)	$\{(\exists x)\,[(y)\,(\mathrm{W}^2 yc \leftrightarrow x = y) \wedge \mathrm{S}^1 x] \vee [-(\exists x)(y)$	
		$(\mathrm{W}^2 yc \leftrightarrow x = y) \wedge \mathrm{S}^1 (\imath x)(x \neq x)]\} \wedge (\exists x)\,[(y)$	
		$(\mathrm{W}^2 yc \leftrightarrow x = y) \wedge x \neq (\imath x)(x \neq x)]$	2, 3, SI
{1}	(5)	$(\exists x)\,[(y)\,(\mathrm{W}^2 yc \leftrightarrow x = y) \wedge x \neq (\imath x)(x \neq x)]$	4, SI
{6}	(6)	$(y)\,(\mathrm{W}^2 yc \leftrightarrow a = y) \wedge a \neq (\imath x)(x \neq x)$	P
{6}	(7)	$(y)\,(\mathrm{W}^2 yc \leftrightarrow a = y)$	6, SI
{6}	(8)	$(\exists x)(y)\,(\mathrm{W}^2 yc \leftrightarrow x = y)$	7, EG
{1}	(9)	$(\exists x)(y)\,(\mathrm{W}^2 yc \leftrightarrow x = y)$	5, 6, 8, ES
{1}	(10)	$(\exists x)\,[(y)\,(\mathrm{W}^2 yc \leftrightarrow x = y) \wedge \mathrm{S}^1 x]$	4, 9, SI
{11}	(11)	$(y)\,(\mathrm{W}^2 yc \leftrightarrow b = y) \wedge \mathrm{S}^1 b$	P
{11}	(12)	$(y)\,(\mathrm{W}^2 yc \leftrightarrow b = y)$	11, SI
{11}	(13)	$\mathrm{W}^2 bc \leftrightarrow b = b$	12, US
Λ	(14)	$b = b$	I
{11}	(15)	$\mathrm{W}^2 bc$	13, 14, SI
{11}	(16)	$\mathrm{S}^1 b \wedge \mathrm{W}^2 bc$	11, 15, SI
{11}	(17)	$(\exists x)\,(\mathrm{S}^1 x \wedge \mathrm{W}^2 xc)$	16, EG
{1}	(18)	$(\exists x)\,(\mathrm{S}^1 x \wedge \mathrm{W}^2 xc)$	10, 11, 17, ES

　　從這個例題，我們得到一項啟示：當我們在一個語句 ψ 中使用確定描述詞 $(\imath\alpha)\,\phi$ 時，若欲表示合於 $(\imath\alpha)\,\phi$ 描述的個體恰有一個，則在 ψ 之後加上 $(\imath\alpha)\,\phi \neq (\imath\alpha)\,(\alpha \neq \alpha)$ 做為連言因子，而寫成

　　(45)　　$\psi \wedge (\imath\alpha)\,\phi \neq (\imath\alpha)\,(\alpha \neq \alpha)$

反之，若無此含意，則只寫成

　　(46)　　ψ

我們在 8–4 曾指出：下面的語句

　　(47)　人間詞話的作者不是廣東人。

具有歧義，它到底有沒有表示恰好有一個個體撰寫人間詞話，並不十分清楚。若採用羅素的方法來處理確定描述詞，則必須另外設計新符號來區別兩種不同的意義，而不能只寫成

　　(48)　$-K^1(2x)\ W^2xc$

反之，若採用佛烈格的方法，則(47)不表示恰有一個個體撰寫人間詞話，必須寫成

　　(49)　$-K^1(2x)\ W^2xc \wedge (2x)\ W^2xc \neq (2x)\ (x \neq x)$

方才表示此種含意。可見，依照佛烈格的方法，不須另外設計新符號就可區分兩種不同的意義。

　　〔例III〕　習題 I 中的某一問題比同一習題中的任何其他問題較難。

　　　　　　能夠解答習題 II 中的每一問題的學生也必能解答習題 I 中的每一問題。

　　　　　　魏景邁這個學生不能解答習題 I 中最難的那道問題。

　　　　　　任意 x 和 y，若 x 比 y 難，則 y 不比 x 難。

　　　∴習題 II 之中有些題目不是每一學生都能解答的。

以「P^1」表「是習題 I 中的問題」，以「H^2」表「…比 ––– 難」，以「Q^1」表「是習題 II 中的問題」，以「R^1」表「是學生」，以「S^2」表「…能解答 –––」，以「a」表「魏景邁」，則此論證可寫成

　　　　　$(\exists x)\ [P^1x \wedge (y)\ (P^1y \wedge x \neq y \rightarrow H^2xy)]$

　　　　　$(x)\ [R^1x \wedge (y)\ (Q^1y \rightarrow S^2xy) \rightarrow (y)\ (P^1y \rightarrow S^2xy)]$

　　　　　$R^1a \wedge -S^2a(2x)\ [P^1x \wedge (y)\ (P^1y \wedge x \neq y \rightarrow H^2xy)]$

　　　　　$(x)(y)\ (H^2xy \rightarrow -H^2yx)$

$$\therefore (\exists x) [Q^1 x \wedge -(y) (R^1 y \rightarrow S^2 yx)]$$

其推論如下：

{1}	(1)	$(\exists x) [P^1 x \wedge y) (P^1 y \wedge x \neq y \rightarrow H^2 xy)]$	P
{2}	(2)	$(x) [R^1 x \wedge (y) (Q^1 y \rightarrow S^2 xy) \rightarrow (y) (P^1 y \rightarrow S^2 xy)]$	P
{3}	(3)	$R^1 a \wedge -S^2 a (\mathbf{2}x) [P^1 x \wedge (y) (P^1 y \wedge x \neq y \rightarrow H^2 xy)]$	P
{4}	(4)	$(x)(y) (H^2 xy \rightarrow -H^2 yx)$	P
{5}	(5)	$P^1 b \wedge (y) (P^1 y \wedge b \neq y \rightarrow H^2 by)$	P
{6}	(6)	$P^1 c \wedge (y) (P^1 y \wedge c \neq y \rightarrow H^2 cy)$	P
{5}	(7)	$(y) (P^1 y \wedge b \neq y \rightarrow H^2 by)$	5, SI
{5}	(8)	$P^1 c \wedge b \neq c \rightarrow H^2 bc$	7, US
{6}	(9)	$(y) (P^1 y \wedge c \neq y \rightarrow H^2 cy)$	6, SI
{6}	(10)	$P^1 b \wedge c \neq b \rightarrow H^2 cb$	9, US
{5, 6}	(11)	$b \neq c \rightarrow H^2 bc$	6, 8, SI
{5, 6}	(12)	$c \neq b \rightarrow H^2 cb$	5, 10, SI
{13}	(13)	$b \neq c$	P
{5, 6, 13}	(14)	$H^2 bc$	11, 13, SI
{4}	(15)	$H^2 bc \rightarrow -H^2 cb$	4, US, $x/b, y/c$
{4, 5, 6, 13}	(16)	$-H^2 cb$	14, 15, SI
{5, 6, 13}	(17)	$H^2 cb$	12, 13, SI
{4, 5, 6, 13}	(18)	$H^2 cb \wedge -H^2 cb$	16, 17, SI
{4, 5, 6}	(19)	$b = c$	13, 18, R.A.A.
{4, 5}	(20)	$P^1 c \wedge (y) (P^1 y \wedge c \neq y \rightarrow H^2 cy) \rightarrow b = c$	6, 19, C.P.
{21}	(21)	$b = c$	P
{5, 21}	(22)	$P^1 c \wedge (y) (P^1 y \wedge c \neq y \rightarrow H^2 cy)$	5, 21, I

$\{5\}$　(23)　$b = c \to \mathrm{P}^1c \wedge (y)\,(\mathrm{P}^1y \wedge c \neq y \to \mathrm{H}^2cy)$　21, 22, C.P.

$\{4, 5\}$　(24)　$\mathrm{P}^1c \wedge (y)\,(\mathrm{P}^1y \wedge c \neq y \to \mathrm{H}^2cy) \leftrightarrow b = c$　20, 23, SI

$\{4, 5\}$　(25)　$(z)\,[\mathrm{P}^1z \wedge (y)\,(\mathrm{P}^1y \wedge z \neq y \to \mathrm{H}^2zy) \leftrightarrow b = z]$　24, UG

$\{4, 5\}$　(26)　$(\exists x)(z)\,[\mathrm{P}^1z \wedge (y)\,(\mathrm{P}^1y \wedge z \neq y \to \mathrm{H}^2zy) \leftrightarrow$
$\qquad x = z]$　25, EG

$\{1, 4\}$　(27)　$(\exists x)(z)\,[\mathrm{P}^1z \wedge (y)\,(\mathrm{P}^1y \wedge z \neq y \to \mathrm{H}^2zy) \leftrightarrow$
$\qquad x = z]$　1, 5, 26, ES

$\{3\}$　(28)　$\mathrm{R}^1a \wedge \{(\exists x)\,[(z)\,[\mathrm{P}^1z \wedge (y)\,(\mathrm{P}^1y \wedge z \neq y$
$\qquad \to \mathrm{H}^2zy) \leftrightarrow x = z] \wedge -\mathrm{S}^2ax] \vee [-(\exists x)(z)$
$\qquad [\mathrm{P}^1z \wedge (y)\,(\mathrm{P}^1y \wedge z \neq y \to \mathrm{H}^2zy) \leftrightarrow x = z] \wedge$
$\qquad -\mathrm{S}^2a(\boldsymbol{\imath}x)\,(x \neq x)]\}$　3, F.D.

$\{1, 3, 4\}$　(29)　$\mathrm{R}^1a \wedge (\exists x)\,[(z)\,[\mathrm{P}^1z \wedge (y)\,(\mathrm{P}^1y \wedge z \neq y \to$
$\qquad \mathrm{H}^2zy) \leftrightarrow x = z] \wedge -\mathrm{S}^2ax]$　27, 28, SI

$\{1, 3, 4\}$　(30)　$(\exists x)\,[(z)\,[\mathrm{P}^1z \wedge (y)\,(\mathrm{P}^1y \wedge z \neq y$
$\qquad \to \mathrm{H}^2zy) \leftrightarrow x = z] \wedge -\mathrm{S}^2ax]$　29, SI

$\{31\}$　(31)　$(z)\,[\mathrm{P}^1z \wedge (y)\,(\mathrm{P}^1y \wedge z \neq y \to \mathrm{H}^2zy) \leftrightarrow d = z]$
$\qquad \wedge -\mathrm{S}^2ad$　P

$\{31\}$　(32)　$(z)\,[\mathrm{P}^1z \wedge (y)\,(\mathrm{P}^1y \wedge z \neq y \to \mathrm{H}^2zy) \leftrightarrow d = z]$　31, SI

$\{31\}$　(33)　$\mathrm{P}^1d \wedge (y)\,(\mathrm{P}^1y \wedge d \neq y \to \mathrm{H}^2dy) \leftrightarrow d = d$　32, US

Λ　(34)　$d = d$　I

$\{31\}$　(35)　P^1d　33, 34, SI

$\{31\}$　(36)　$-(\mathrm{P}^1d \to \mathrm{S}^2ad)$　31, 35, SI

$\{31\}$　(37)　$(\exists y) -(\mathrm{P}^1y \to \mathrm{S}^2ay)$　36, EG

$\{31\}$　(38)　$-(y)\,(\mathrm{P}^1y \to \mathrm{S}^2ay)$　37, QN

$\{2\}$　(39)　$\mathrm{R}^1a \wedge (y)\,(\mathrm{Q}^1y \to \mathrm{S}^2ay) \to (y)\,(\mathrm{P}^1y \to \mathrm{S}^2ay)$　2, US

$\{2, 3, 31\}$　(40)　$-(y)\,(\mathrm{Q}^1y \to \mathrm{S}^2ay)$　3, 38, 39, SI

$\{1, 2, 3, 4\}$	(41)	$-(y)\,(Q^1y \rightarrow S^2ay)$	30, 31, 40, ES
$\{1, 2, 3, 4\}$	(42)	$(\exists y)\,-(Q^1y \rightarrow S^2ay)$	41, QN
$\{43\}$	(43)	$-(Q^1e \rightarrow S^2ae)$	P
$\{3, 43\}$	(44)	$-(R^1a \rightarrow S^2ae)$	3, 43, SI
$\{3, 43\}$	(45)	$(\exists y)\,-(R^1y \rightarrow S^2ye)$	44, EG
$\{3, 43\}$	(46)	$-(y)\,(R^1y \rightarrow S^2ye)$	45, QN
$\{3, 43\}$	(47)	$Q^1e \wedge -(y)\,(R^1y \rightarrow S^2ye)$	43, 46, SI
$\{3, 43\}$	(48)	$(\exists x)\,[Q^1x \wedge -(y)\,(R^1y \rightarrow S^2yx)]$	47, EG
$\{1, 2, 3, 4\}$	(49)	$(\exists x)\,[Q^1x \wedge -(y)\,(R^1y \rightarrow S^2yx)]$	42, 43, 48, ES

習　題

1. 使用 F.D. 規則證明 8–4 的習題 1。

2. 8–4 的習題 2 中的(a)、(b)兩個語句，若依據 R.D. 規則，則都可寫成兩個意義互不相同的語句；但若依據 F.D. 規則，則無此可能，換言之，(a)、(b)並非具有歧義的語句。試詳述之。

3. 依照佛烈格的方法，我們若要表示合於「$(2x)\,W^2xc$」描述的個體恰有一個，則 8–4 的習題 2 中的(a)、(b)兩個語句須如何改寫？

4. 證明下列論證有效或無效：

(a)只有一個學生不及格。魏景邁就是那個不及格的學生。不及格必須補考。因此，魏景邁必須補考。(以「S^1」表「是學生」，以「P^1」表「及格」，以「a」表「魏景邁」，以「R^1」表「必須補考」。)

(b)昨天拜訪蘇慶和教授的那個大四學生就是王鳳仁。老王是大四學生。老王是哲學系學生。哲學系學生昨天都拜訪了蘇慶

和教授。昨天拜訪蘇慶和教授的大四學生只有一個。因此，王鳳仁就是老王。（以「D^2」表「…昨天拜訪－－－」，以「a」表「蘇慶和教授」，以「S^1」表「是大四學生」，「b」表「王鳳仁」，以「c」表「老王」，以「P^1」表「是哲學系學生」。）

(c) 張小萍所愛的男人只有一個。愛王玲玲的男人只有一個。張小萍所愛的那個男人也就是王玲玲所愛的那個男人。林瑞祥就是王玲玲所愛的那個男人。張小萍愛上了愛王玲玲的那個男人。因此，愛王玲玲的那個男人就是林瑞祥。（以「a」表「張小萍」，以「L^2」表「…愛－－－」，以「M^1」表「是男人」，以「b」表「王玲玲」，以「c」表「林瑞祥」。）

(d) 偶數的質數只有一個。2 即為該偶數的質數。4 的正平方根既是偶數又是質數。因此，2 即為 4 的唯一正平方根。（以「E^1」表「是偶數」，以「P^1」表「是質數」，以「a」表「2」，以「b」表「4」，以「Q^2」表「…是－－－的正平方根」。）

(e) 　$(\exists x)(y)\,(F^1 y \leftrightarrow x = y)$

　　　$(\imath x)\,F^1 x = (\imath x)\,G^1 x$

　　　$(x)\,(G^1 x \rightarrow H^1 x)$

　　$\therefore H^1 (\imath x)\,F^1 x$

(f) 　$(\imath x)\,F^1 x \neq (\imath x)\,(x \neq x)$

　　　$(\imath x)\,F^1 x = (\imath x)\,G^1 x$

　　$\therefore (\exists x)\,[(y)\,(F^1 y \leftrightarrow x = y) \wedge G^1 x]$

(g) 　$(x)\,(G^1 x \leftrightarrow F^1 x)$

　　$\therefore (\imath x)\,G^1 x = (\imath x)\,F^1 x$

(h) 　$F^1 (\imath x)\,(x \neq x) \vee a \neq (\imath x)\,(x \neq x)$

$$a = (\mathbf{z}x)\,\mathrm{F}^1 x$$

$$\therefore (x)\,(\mathrm{F}^1 x \leftrightarrow x = a)$$

(i)　$(\exists x)\,[\mathrm{P}^1 x \wedge (y)\,(\mathrm{P}^1 y \wedge x \neq y \to \mathrm{H}^2 xy)]$

　　$(x)\,[\mathrm{R}^1 x \wedge (y)\,(\mathrm{Q}^1 y \to \mathrm{S}^2 xy) \to (y)\,(\mathrm{P}^1 y \to \mathrm{S}^2 xy)]$

　　$\mathrm{R}^1 a \wedge -\mathrm{S}^2 a(\mathbf{z}x)\,[\mathrm{P}^1 x \wedge (y)\,(\mathrm{P}^1 y \wedge x \neq y \to \mathrm{H}^2 xy)]$

　　$\therefore (\exists x)\,[\mathrm{Q}^1 x \wedge -(y)\,(\mathrm{R}^1 y \to \mathrm{S}^2 yx)]$

(j)　$(\exists x)\,[(y)\,(\mathrm{F}^1 y \wedge \mathrm{G}^1 y \leftrightarrow x = y) \wedge x = a]$

　　$(x)\,(\mathrm{F}^1 x \wedge x \neq a \to \mathrm{H}^2 ax)$

　　$(\exists x)\,(\mathrm{F}^1 x \wedge \mathrm{G}^1 x \wedge \mathrm{H}^2 bx)$

　　$\therefore -\mathrm{F}^1 b$

(k)　$(\exists x)\,[(y)\,(\mathrm{F}^1 y \wedge \mathrm{G}^1 y \leftrightarrow x = y) \wedge x = a]$

　　$(x)\,(\mathrm{F}^1 x \wedge x \neq a \to \mathrm{H}^2 ax)$

　　$(\exists x)\,(\mathrm{F}^1 x \wedge \mathrm{G}^1 x \wedge \mathrm{H}^2 bx)$

　　$(x)(y)\,(\mathrm{H}^2 xy \to -\mathrm{H}^2 yx)$

　　$\therefore -\mathrm{F}^1 b$

(l)　$(\exists x)\,\mathrm{F}^2 xa$

　　$\mathrm{G}^1 b$

　　$-\mathrm{H}^2 b(\mathbf{z}x)\,\mathrm{F}^2 xa$

　　$\therefore (\exists x)\,[\mathrm{F}^2 xa \wedge (\exists z)\,(\mathrm{G}^1 z \wedge -\mathrm{H}^2 zx)]$

(m)　$\mathrm{H}^1 a \wedge a = (\mathbf{z}x) - (\exists y)\,(\mathrm{H}^1 y \wedge \mathrm{G}^2 yx)$

　　$(x)\,[-\mathrm{F}^1 x \wedge \mathrm{H}^1 x \to (\exists y)\,(\mathrm{G}^2 yx \wedge \mathrm{H}^1 y)]$

　　$\therefore \mathrm{F}^1 a$

(n)　$(x)\,(\mathrm{F}^1 x \leftrightarrow x = a)$

　　$\therefore (\mathbf{z}x)\,\mathrm{F}^1 x = (\mathbf{z}x)\,(x = a)$

8-6 確定描述詞的邏輯定理

下列邏輯定理是有關確定描述詞的邏輯定理，須要依據 F.D. 規則才能證明。沒有證明的定理，請讀者自行證明。

D1 $(x)\,(\mathrm{F}^1x \leftrightarrow a = x) \rightarrow (\pmb{\imath} x)\,\mathrm{F}^1x = a$

$\{1\}$	(1)	$(x)\,(\mathrm{F}^1x \leftrightarrow a = x)$	P
$\{1\}$	(2)	$\mathrm{F}^1b \leftrightarrow a = b$	1, US
$\{1\}$	(3)	$(y)\,(\mathrm{F}^1y \leftrightarrow a = y)$	3, UG
Λ	(4)	$a = a$	I
$\{1\}$	(5)	$(y)\,(\mathrm{F}^1y \leftrightarrow a = y) \wedge a = a$	3, 4, SI
$\{1\}$	(6)	$(\exists x)\,\lceil (y)\,(\mathrm{F}^1y \leftrightarrow x = y) \wedge x = a \rceil$	5, EG
$\{1\}$	(7)	$(\exists x)\,\lceil (y)\,(\mathrm{F}^1y \leftrightarrow x = y) \wedge x = a \rceil \vee$	
		$\lceil -(\exists x)(y)\,(\mathrm{F}^1y \leftrightarrow x = y) \wedge (\pmb{\imath} x)$	
		$(x \neq x) = a \rceil$	6, SI
$\{1\}$	(8)	$(\pmb{\imath} x)\,\mathrm{F}^1x = a$	7, F.D.
Λ	(9)	$(x)\,(\mathrm{F}^1x \leftrightarrow a = x) \rightarrow (\pmb{\imath} x)\,\mathrm{F}^1x = a$	1, 8, C.P.

D2 $(\exists x)(y)\,(\mathrm{F}^1y \leftrightarrow x = y) \rightarrow \mathrm{F}^1(\pmb{\imath} x)\,\mathrm{F}^1x$

$\{1\}$	(1)	$(\exists x)(y)\,(\mathrm{F}^1y \leftrightarrow x = y)$	P
$\{2\}$	(2)	$(y)\,(\mathrm{F}^1y \leftrightarrow a = y)$	P
$\{2\}$	(3)	$\mathrm{F}^1a \leftrightarrow a = a$	2, US
Λ	(4)	$a = a$	I
$\{2\}$	(5)	F^1a	3, 4, SI
$\{2\}$	(6)	$(y)\,(\mathrm{F}^1y \leftrightarrow a = y) \wedge \mathrm{F}^1a$	2, 5, SI
$\{2\}$	(7)	$(\exists x)\,\lceil (y)\,(\mathrm{F}^1y \leftrightarrow x = y) \wedge \mathrm{F}^1x \rceil$	6, EG
$\{1\}$	(8)	$(\exists x)\,\lceil (y)\,(\mathrm{F}^1y \leftrightarrow x = y) \wedge \mathrm{F}^1x \rceil$	1, 2, 7, ES

$\{1\}$　(9)　$(\exists x)\,[(y)\,(F^1y \leftrightarrow x=y) \wedge F^1x] \vee$

　　　　　　$[-(\exists x)(y)\,(F^1y \leftrightarrow x=y) \wedge F^1(\imath x)$

　　　　　　$(x \neq x)]$　　　　　　　　　　8, SI

$\{1\}$　(10)　$F^1(\imath x)\ F^1x$　　　　　　　9, F.D.

Λ　(11)　$(\exists x)(y)\,(F^1y \leftrightarrow x=y) \to F^1(\imath x)\ F^1x$　　1, 10, C.P.

D3　$-(\exists x)(y)\,(F^1y \leftrightarrow x=y) \to (\imath x)\ F^1x = (\imath x)\,(x \neq x)$

$\{1\}$　(1)　$-(\exists x)(y)\,(F^1y \leftrightarrow x=y)$　　　　P

Λ　(2)　$(\imath x)\,(x \neq x) = (\imath x)\,(x \neq x)$　　　　I

$\{1\}$　(3)　$-(\exists x)(y)\,(F^1y \leftrightarrow x=y) \wedge (\imath x)\,(x \neq x)$

　　　　　　$= (\imath x)\,(x \neq x)$　　　　　　　1, 2, SI

$\{1\}$　(4)　$(\exists x)\,[(y)\,(F^1y \leftrightarrow x=y) \wedge x = (\imath x)$

　　　　　　$(x \neq x)] \vee [-(\exists x)(y)\,(F^1y \leftrightarrow x=y)$

　　　　　　$\wedge (\imath x)\,(x \neq x) = (\imath x)\,(x \neq x)]$　　3, SI

$\{1\}$　(5)　$(\imath x)\ F^1x = (\imath x)\,(x \neq x)$　　　　4, F.D.

Λ　(6)　$-(\exists x)(y)\,(F^1y \leftrightarrow x=y) \to (\imath x)\ F^1x$

　　　　　　$= (\imath x)\,(x \neq x)$　　　　　　　1, 5, C.P.

D4　$(\imath x)\ F^1x = (\imath y)\ F^1y$

$\{1\}$　(1)　$(\exists x)(y)\,(F^1y \leftrightarrow x=y)$　　　　P

$\{2\}$　(2)　$(y)\,(F^1y \leftrightarrow a=y)$　　　　　P

$\{2\}$　(3)　$F^1b \leftrightarrow a=b$　　　　　　2, US

$\{2\}$　(4)　$(z)\,(F^1z \leftrightarrow a=z)$　　　　3, UG

Λ　(5)　$a=a$　　　　　　　　　I

$\{2\}$　(6)　$(z)\,(F^1z \leftrightarrow a=z) \wedge a=a$　　　4, 5, SI

$\{2\}$　(7)　$(\exists y)\,[(z)\,(F^1z \leftrightarrow y=z) \wedge a=y]$　　6, EG

$\{2\}$　(8)　$(\exists y)\,[(z)\,(F^1z \leftrightarrow y=z) \wedge a=y] \vee$

　　　　　　$[-(\exists y)(z)\,(F^1z \leftrightarrow y=z) \wedge a = (\imath y)$

		$(y \neq y)]$	7, SI
{2}	(9)	$a = (℩y)\, F^1 y$	8, F.D.
{2}	(10)	$(y)\,(F^1 y \leftrightarrow a = y) \wedge a = (℩y)\, F^1 y$	2, 9, SI
{2}	(11)	$(\exists x)\,[(y)\,(F^1 y \leftrightarrow x = y) \wedge x = (℩y)\, F^1 y]$	10, EG
{1}	(12)	$(\exists x)\,[(y)\,(F^1 y \leftrightarrow x = y) \wedge x = (℩y)\, F^1 y]$	1, 2, 11, ES
{1}	(13)	$(\exists x)\,[(y)\,(F^1 y \leftrightarrow x = y) \wedge x = (℩y)$ $F^1 y] \vee [-(\exists x)(y)\,(F^1 y \leftrightarrow x = y) \wedge$ $(℩x)\,(x \neq x) = (℩y)\, F^1 y]$	12, SI
{1}	(14)	$(℩x)\, F^1 x = (℩y)\, F^1 y$	13, F.D.
Λ	(15)	$(\exists x)(y)\,(F^1 y \leftrightarrow x = y) \rightarrow (℩x)\, F^1 x$ $= (℩y)\, F^1 y$	1, 14, C.P.
{16}	(16)	$-(\exists x)(y)\,(F^1 y \leftrightarrow x = y)$	P
Λ	(17)	$(℩x)\,(x \neq x) = (℩x)\,(x \neq x)$	I
{16}	(18)	$-(\exists x)(y)\,(F^1 y \leftrightarrow x = y) \wedge (℩x)\,(x \neq x)$ $= (℩x)\,(x \neq x)$	16, 17, SI
{16}	(19)	$(\exists x)\,[(y)\,(F^1 y \leftrightarrow x = y) \wedge x = (℩x)$ $(x \neq x)] \vee [-(\exists x)(y)\,(F^1 y \leftrightarrow x = y)$ $\wedge (℩x)\,(x \neq x) = (℩x)\,(x \neq x)]$	18, SI
{16}	(20)	$(℩x)\, F^1 x = (℩x)\,(x \neq x)$	19, F.D.
{16}	(21)	$(x) - (y)\,(F^1 y \leftrightarrow x = y)$	16, QN
{16}	(22)	$(x)(\exists y) - (F^1 y \leftrightarrow x = y)$	21, QN
{16}	(23)	$(\exists y) - (F^1 y \leftrightarrow a = y)$	22, US
{24}	(24)	$-(F^1 b \leftrightarrow a = b)$	P
{24}	(25)	$(\exists z) - (F^1 z \leftrightarrow a = z)$	24, EG
{16}	(26)	$(\exists z) - (F^1 z \leftrightarrow a = z)$	23, 24, 25, ES
{16}	(27)	$(y)(\exists z) - (F^1 z \leftrightarrow y = z)$	26, UG

{16}	(28)	$(y)-(z) (F^1z \leftrightarrow y = z)$	27, QN
{16}	(29)	$-(\exists y)(z) (F^1z \leftrightarrow y = z)$	28, QN
{16}	(30)	$-(\exists y)(z) (F^1z \leftrightarrow y = z) \wedge (\imath x) (x \neq x)$	
		$= (\imath x) (x \neq x)$	17, 29, SI
{16}	(31)	$(\exists y) \lceil (z) (F^1z \leftrightarrow y = z) \wedge y = (\imath x)$	
		$(x \neq x) \rceil \vee \lceil -(\exists y)(z) (F^1z \leftrightarrow y = z) \wedge$	
		$(\imath x) (x \neq x) = (\imath x) (x \neq x) \rceil$	30, SI
{16}	(32)	$(\imath y) F^1 y = (\imath x) (x \neq x)$	31, F.D.
{16}	(33)	$(\imath x) F^1 x = (\imath y) F^1 y$	20, 32, I
Λ	(34)	$-(\exists x)(y) (F^1y \leftrightarrow x = y) \rightarrow (\imath x) F^1 x$	
		$= (\imath y) F^1 y$	16, 33, C.P.
Λ	(35)	$(\imath x) F^1 x = (\imath y) F^1 y$	15, 34, SI

D5 $(x) (F^1x \leftrightarrow G^1x) \rightarrow (\imath x) F^1 x = (\imath x) G^1 x$

D6 $(x) (F^1x \leftrightarrow x = (\imath x) F^1 x) \leftrightarrow (\exists y)(x) (F^1x \leftrightarrow x = y)$

{1}	(1)	$(x) (F^1x \leftrightarrow x = (\imath x) F^1 x)$	P
{1}	(2)	$(\exists y)(x) (F^1x \leftrightarrow x = y)$	1, EG
Λ	(3)	$(x) (F^1x \leftrightarrow x = (\imath x) F^1 x) \rightarrow (\exists y)(x)$	
		$(F^1x \leftrightarrow x = y)$	1, 2, C.P.
{4}	(4)	$(\exists y)(x) (F^1x \leftrightarrow x = y)$	P
{5}	(5)	$F^1 a$	P
{6}	(6)	$(x) (F^1x \leftrightarrow x = b)$	P
{7}	(7)	$F^1 c$	P
{6}	(8)	$F^1 c \leftrightarrow c = b$	6, US
{6, 7}	(9)	$c = b$	7, 8, SI
{6}	(10)	$F^1 a \leftrightarrow a = b$	6, US
{5, 6}	(11)	$a = b$	5, 10, SI

$\{5, 6, 7\}$	(12)	$a = c$	9, 11, I
$\{5, 6\}$	(13)	$F^1c \rightarrow a = c$	7, 12, CP
$\{14\}$	(14)	$a = c$	P
$\{5, 14\}$	(15)	F^1c	5, 14, I
$\{5\}$	(16)	$a = c \rightarrow F^1c$	14, 15, C.P.
$\{5, 6\}$	(17)	$F^1c \leftrightarrow a = c$	13, 16, SI
$\{5, 6\}$	(18)	$(y)\,(F^1y \leftrightarrow a = y)$	17, UG
$\{4, 5\}$	(19)	$(y)\,(F^1y \leftrightarrow a = y)$	4, 6, 18, ES
Λ	(20)	$a = a$	I
$\{4, 5\}$	(21)	$(y)\,(F^1y \leftrightarrow a = y) \wedge a = a$	19, 20, SI
$\{4, 5\}$	(22)	$(\exists x)\,[(y)\,(F^1y \leftrightarrow x = y) \wedge a = x]$	21, EG
$\{4, 5\}$	(23)	$(\exists x)\,[(y)\,(F^1y \leftrightarrow x = y) \wedge a = x] \vee$ $[-(\exists x)\,(y)\,(F^1y \leftrightarrow x = y) \wedge a = (\imath x)$ $(x \neq x)]$	22, SI
$\{4, 5\}$	(24)	$a = (\imath x)\,F^1x$	23, F.D.
$\{4\}$	(25)	$F^1a \rightarrow a = (\imath x)\,F^1x$	5, 24, C.P.
$\{26\}$	(26)	$a = (\imath x)\,F^1x$	P
$\{26\}$	(27)	$(\exists x)\,[(y)\,(F^1y \leftrightarrow x = y) \wedge a = x] \vee$ $[-(\exists x)(y)\,(F^1y \leftrightarrow x = y) \wedge a = (\imath x)$ $(x \neq x)]$	26, F.D.
$\{28\}$	(28)	$(x)\,(F^1x \leftrightarrow x = d)$	P
$\{28\}$	(29)	$F^1e \leftrightarrow e = d$	28, US
$\{30\}$	(30)	F^1e	P
$\{28, 30\}$	(31)	$e = d$	29, 30, SI
Λ	(32)	$e = e$	I
$\{28, 30\}$	(33)	$d = e$	32, 31, I

{28}	(34)	$F^1e \to d = e$	30, 33, C.P.
{35}	(35)	$d = e$	P
Λ	(36)	$d = d$	I
{35}	(37)	$e = d$	36, 35, I
{28, 35}	(38)	F^1e	29, 37, SI
{28}	(39)	$d = e \to F^1e$	35, 38, C.P.
{28}	(40)	$F^1e \leftrightarrow d = e$	34, 39, SI
{28}	(41)	$(y)\,(F^1y \leftrightarrow d = y)$	40, UG
{28}	(42)	$(\exists x)(y)\,(F^1y \leftrightarrow x = y)$	41, EG
{4}	(43)	$(\exists x)(y)\,(F^1y \leftrightarrow x = y)$	4, 28, 42, ES
{4, 26}	(44)	$(\exists x)\,[(y)\,(F^1y \leftrightarrow x = y) \wedge a = x]$	27, 43, SI
{45}	(45)	$(y)\,(F^1y \leftrightarrow f = y) \wedge a = f$	P
{45}	(46)	$(y)\,(F^1y \leftrightarrow f = y)$	45, SI
{45}	(47)	$F^1f \leftrightarrow f = f$	46, US
Λ	(48)	$f = f$	I
{45}	(49)	F^1f	47, 48, SI
{45}	(50)	$a = f$	45, SI
{45}	(51)	F^1a	49, 50, I
{4, 26}	(52)	F^1a	44, 45, 51, ES
{4}	(53)	$a = (\imath x)\,F^1x \to F^1a$	26, 52, C.P.
{4}	(54)	$F^1a \leftrightarrow a = (\imath x)\,F^1x$	25, 53, SI
{4}	(55)	$(x)\,(F^1x \leftrightarrow x = (\imath x)\,F^1x)$	54, UG
Λ	(56)	$(\exists y)(x)\,(F^1x \leftrightarrow x = y) \to (x)\,(F^1x \leftrightarrow x = (\imath x)\,F^1x)$	4, 55, C.P.
Λ	(57)	$(x)\,(F^1x \leftrightarrow x = (\imath x)\,F^1x) \leftrightarrow (\exists y)(x)\,(F^1x \leftrightarrow x = y)$	3, 56, SI

D7 $[(\exists x)(y) (F^1y \leftrightarrow x = y) \wedge F^1a] \rightarrow a = (\imath x) F^1x$

D8 $[(\exists x)(y) (F^1y \leftrightarrow x = y) \wedge a = (\imath x) F^1x] \rightarrow F^1a$

D9 $[(\exists x)(y) (F^1y \leftrightarrow x = y) \wedge (\exists x)(y) (G^1y \leftrightarrow x = y)] \rightarrow [(x) (F^1x \leftrightarrow G^1x) \leftrightarrow (\imath x) F^1x = (\imath x) G^1x]$

D10 $F^1(\imath x) F^1x \leftrightarrow [(\exists x)(y) (F^1y \leftrightarrow x = y) \vee F^1(\imath x) (x \neq x)]$

D11 $[(a \neq (\imath x) (x \neq x) \vee F^1(\imath x) (x \neq x)) \wedge a = (\imath x) F^1x] \rightarrow F^1a$

D12 $(\exists x)(y) (F^1y \leftrightarrow x = y) \rightarrow [(x) (F^1x \leftrightarrow x = a) \leftrightarrow (\imath x) F^1x = a]$

D13 $[-(\exists x)(y) (F^1y \leftrightarrow x = y) \wedge -(\exists x)(y) (G^1y \leftrightarrow x = y)] \rightarrow (\imath x) F^1x = (\imath x) G^1x$

D14 $a = (\imath x) F^1x \leftrightarrow (x) (F^1x \leftrightarrow x = a) \vee [-(\exists x)(y) (F^1y \leftrightarrow x = y) \wedge a = (\imath x) (x \neq x)]$

D15 $(\imath x) (x = a) = a$

D16 $(\imath x) (x = x) = (\imath x) (x \neq x)$

{1}	(1)	$(\exists x)(y) (y = y \leftrightarrow x = y)$	P
{2}	(2)	$(y) (y = y \leftrightarrow a = y)$	P
{2}	(3)	$(\imath x) (x \neq x) = (\imath x) (x \neq x) \leftrightarrow$ $a = (\imath x) (x \neq x)$	2, US
Λ	(4)	$(\imath x) (x \neq x) = (\imath x) (x \neq x)$	I
{2}	(5)	$a = (\imath x) (x \neq x)$	3, 4, SI
{2}	(6)	$(y) (y = y \leftrightarrow a = y) \wedge a = (\imath x) (x \neq x)$	2, 5, SI
{2}	(7)	$(\exists x) [(y) (y = y \leftrightarrow x = y) \wedge$ $x = (\imath x) (x \neq x)]$	6, EG
{2}	(8)	$(\exists x) [(y) (y = y \leftrightarrow x = y) \wedge x =$ $(\imath x) (x \neq x)] \vee [-(\exists x)(y) (y = y \leftrightarrow$ $x = y) \wedge (\imath x) (x \neq x) = (\imath x) (x \neq x)]$	7, SI
{2}	(9)	$(\imath x) (x = x) = (\imath x) (x \neq x)$	8, F.D.

$\{1\}$	(10)	$(\imath x)\,(x=x)=(\imath x)\,(x\neq x)$	1, 2, 9, ES
Λ	(11)	$(\exists x)(y)\,(y=y\leftrightarrow x=y)\rightarrow(\imath x)\,(x=x)$	
		$=(\imath x)\,(x\neq x)$	1, 10, C.P.
$\{12\}$	(12)	$-(\exists x)(y)\,(y=y\leftrightarrow x=y)$	P
Λ	(13)	$(\imath x)\,(x\neq x)=(\imath x)\,(x\neq x)$	I
$\{12\}$	(14)	$-(\exists x)(y)\,(y=y\leftrightarrow x=y)\wedge$	
		$(\imath x)\,(x\neq x)=(\imath x)\,(x\neq x)$	12, 13, SI
$\{12\}$	(15)	$(\exists x)\,[(y)\,(y=y\leftrightarrow x=y)\wedge x=$	
		$(\imath x)\,(x\neq x)]\vee[-(\exists x)(y)\,(y=y\leftrightarrow$	
		$x=y)\wedge(\imath x)\,(x\neq x)=(\imath x)\,(x\neq x)]$	14, SI
$\{12\}$	(16)	$(\imath x)\,(x=x)=(\imath x)\,(x\neq x)$	15, F.D.
Λ	(17)	$-(\exists x)(y)\,(y=y\leftrightarrow x=y)\rightarrow(\imath x)\,(x=$	
		$x)=(\imath x)\,(x\neq x)$	12, 16, C.P.
Λ	(18)	$(\imath x)\,(x=x)=(\imath x)\,(x\neq x)$	11, 17, SI

D17 $(\imath x)\,\mathrm{F}^1a=(\imath x)\,(x\neq x)$

$\{1\}$	(1)	$(\exists x)(y)\,(\mathrm{F}^1a\leftrightarrow x=y)$	P
$\{2\}$	(2)	$(y)\,(\mathrm{F}^1a\leftrightarrow b=y)$	P
$\{2\}$	(3)	$\mathrm{F}^1a\leftrightarrow b=b$	2, US
Λ	(4)	$b=b$	I
$\{2\}$	(5)	F^1a	3, 4, SI
$\{2\}$	(6)	$\mathrm{F}^1a\leftrightarrow b=(\imath x)\,(x\neq x)$	2, US
$\{2\}$	(7)	$b=(\imath x)\,(x\neq x)$	5, 6, SI
$\{2\}$	(8)	$(y)\,(\mathrm{F}^1a\leftrightarrow b=y)\wedge b=(\imath x)\,(x\neq x)$	2, 7, SI
$\{2\}$	(9)	$(\exists x)\,[(y)\,(\mathrm{F}^1a\leftrightarrow x=y)\wedge x=(\imath x)$	
		$(x\neq x)]$	8, EG
$\{1\}$	(10)	$(\exists x)\,[(y)\,(\mathrm{F}^1a\leftrightarrow x=y)\wedge x=(\imath x)$	

		$(x \neq x)$〕	1, 2, 9, ES
{1}	⑾	$(\exists x)〔(y)(F^1 a \leftrightarrow x = y) \wedge x = (\imath x)$ $(x \neq x)〕 \vee 〔-(\exists x)(y)(F^1 a \leftrightarrow x = y) \wedge$ $(\imath x)(x \neq x) = (\imath x)(x \neq x)〕$	10, SI
{1}	⑿	$(\imath x) F^1 a = (\imath x)(x \neq x)$	11, F.D.
Λ	⒀	$(\exists x)(y)(F^1 a \leftrightarrow x = y) \rightarrow (\imath x) F^1 a$ $= (\imath x)(x \neq x)$	1, 12, C.P.
{14}	⒁	$-(\exists x)(y)(F^1 a \leftrightarrow x = y)$	P
Λ	⒂	$(\imath x)(x \neq x) = (\imath x)(x \neq x)$	I
{14}	⒃	$-(\exists x)(y)(F^1 a \leftrightarrow x = y) \wedge (\imath x)(x \neq x)$ $= (\imath x)(x \neq x)$	14, 15, SI
{14}	⒄	$(\exists x)〔(y)(F^1 a \leftrightarrow x = y) \wedge x =$ $(\imath x)(x \neq x)〕 \vee 〔-(\exists x)(y)(F^1 a \leftrightarrow x = y)$ $\wedge (\imath x)(x \neq x) = (\imath x)(x \neq x)〕$	16, SI
{14}	⒅	$(\imath x) F^1 a = (\imath x)(x \neq x)$	17, F.D.
Λ	⒆	$-(\exists x)(y)(F^1 a \leftrightarrow x = y) \rightarrow (\imath x) F^1 a$ $= (\imath x)(x \neq x)$	14, 18, C.P.
Λ	⒇	$(\imath x) F^1 a = (\imath x)(x \neq x)$	13, 19, SI

習　題

1. 證明 D1～D17 中本節未證明的邏輯定理。

2. 說明 D1～D17 中每一邏輯定理的意義。

3. D15 告訴我們：與 a 等同的那個個體就是 a。但是 D1～D17 中沒有任何一個定理告訴我們：與 a 不等同的那個個體不是 a。換言之，並無下列定理：

　　　　　$(\imath x) (x \neq b) \neq b$。

　　其實，此句式並非邏輯定理。請問在何種情形下，此句式為假？

4.若採用<u>羅素</u>的方法來處理確定描述詞，換言之，即採用 R.D. 規則；請問

　　　　　$(\imath x) (x \neq b) \neq b$

　　是否為邏輯定理？試證明之。

8–7　開放確定描述式

　　確定描述詞 $(\imath \alpha) \phi$ 中的句式 ϕ 不能含有 α 以外之自由個體變元（或簡稱「自由變元」），否則即不成為確定描述詞。例如：

　　⑴　$(\imath x) \mathrm{W}^2 xa$

中的句式

　　⑵　$\mathrm{W}^2 xa$

只含有自由變元「x」，而不含其他自由變元。若滿足⑵中之「x」的個體恰有一個，則⑴即指稱該個體；若不恰好一個，則⑴即指稱某一特別指定的個體。無論如何，⑴皆有所指，且其所指的個體只有一個，故為確定描述詞。反之，例如：

　　⑶　$(\imath x) \mathrm{W}^2 xy$

中的句式

　　⑷　$\mathrm{W}^2 xy$

除了含有自由變元「x」之外，尚含有自由變元「y」。我們以個體常元，例如：「a」、「b」、「c」、…等等，代入⑷中的「x」之後，所得的句式為含有自由變元「y」的開放句式，例如：

　　⑸　$\mathrm{W}^2 ay$

　　⑹　$\mathrm{W}^2 by$

　　⑺　W^2cy

　　　⋮

等等，而非有真假值的語句。因此，無法判斷 a、b、c、…等個體是否滿足⑷中之「x」，也無法判斷是否恰有一個個體滿足⑷中之「x」。因而，⑶也就不能成為指稱個體的確定描述詞。

　　⑶雖然不是確定描述詞，但只要以任意一個個體常元，例如：「a」、「b」、「c」、…等等，代入⑶中的「y」，則⑶即變成確定描述詞，例如：⑴以及

　　⑻　$(2x)\, W^2xb$

　　⑼　$(2x)\, W^2xc$

　　　⋮

等等。因此，我們把⑶稱為「開放確定描述式」(open definite descriptive form)。一般言之，設 α 為個體變元，ϕ 為含有 α 以外之其他自由變元的句式，則 $(2\alpha)\, \phi$ 為開放確定描述式；而開放確定描述式及確定描述詞統稱之為「確定描述式」。開放確定描述式與確定描述詞之間的關係，頗類似於開放句式與語句之間的關係；然而有一點不同；即：開放句式中的前面加上量詞之後，可變成語句；但開放確定描述式的前面加上量詞之後，卻不會變成確定描述詞。例如：在⑶的前面加上量詞即成為

　　⑽　$(y)(2x)\, W^2xy$

或

　　⑾　$(\exists y)(2x)\, W^2xy$

它們既不是確定描述詞，也不是語句或句式。依據語法，量詞一定要在句式之前來控制句式，方才有意義；因此，⑽和⑾不是有意義的邏

輯式，而只是一串無意義的符號排列而已。當然，若寫成

(12)　　$(\imath x)(y)\ W^2xy$

(13)　　$(\imath x)(\exists y)\ W^2xy$

則為確定描述詞；因為量詞「(y)」和「$(\exists y)$」都在句式「W^2xy」之前，並控制該句式。同樣的，下列式子都是含有自由個體變元「y」的開放句式

(14)　　$(\imath x)\ W^2xy = (\imath x)\ P^2xy$

(15)　　$(\imath x)\ W^2xy = a \rightarrow L^1y$

因此，可在它們前面加上量詞來控制它們。我們在(14)前面加上「$(\exists y)$」，在(15)前面加上「(y)」即得下列兩個語句：

(16)　　$(\exists y)\ [(\imath x)\ W^2xy = (\imath x)\ P^2xy]$

(17)　　$(y)\ [(\imath x)\ W^2xy = a \rightarrow L^1y]$

設「W^2」表「…撰寫 －－－」，「P^2」表「…發行 －－－」，「L^1」表「是文學著作」，「a」表「吳梅」。則(16)的意思是：有些書的作者和發行者是同一個人；而(17)的意思是：任何一本書，若其作者是吳梅，則必為文學著作。

　　從(14)和(15)可以看出：開放確定描述式可成為一個句式的構成部分，而不一定要把它改成確定描述詞之後才能放進句式之中；換言之，我們不必用個體常元來取代開放確定描述式中的自由變元，就可以把開放確定描述式放進句式之中。開放確定描述式與個體變元相同，不能用來指稱某一特定的個體；而含有開放確定描述式的句式，也和含有個體變元的句式相同，必須用量詞來控制其所含的自由變元，才會成為語句，否則只是開放句式。可見，開放確定描述式所含的自由變元也可以用量詞來控制，例如：(16)和(17)即是。既然如此，則 US 規則對開放確定描述式中所含的變元亦可適用。例如：依據 US 規則，可由(17)得

(18)　　$(\imath x)\, W^2xb \to L^1b$

設「b」表「詞學通論」，則(18)的意思是：若詞學通論的作者是<u>吳梅</u>，則它是一本文學著作。很明顯的，以(17)為前提而以(18)為結論的論證是有效的。不但 US 規則可以適用，ES 規則也同樣可以適用。例如：由(16)和

(19)　　$(y)\,[\,(\imath x)\, W^2xy = (\imath x)\, P^2xy \to L^1y\,]$

可導出

(20)　　$(\exists x)\, L^1x$

其推論如下：

{1}	(1)	$(\exists y)\,[\,(\imath x)\, W^2xy = (\imath x)\, P^2xy\,]$	P
{2}	(2)	$(y)\,[\,(\imath x)\, W^2xy = (\imath x)\, P^2xy \to L^1y\,]$	P
{3}	(3)	$(\imath x)\, W^2xa = (\imath x)\, P^2xa$	P
{2}	(4)	$(\imath x)\, W^2xa = (\imath x)\, P^2xa \to L^1a$	2, US
{2, 3}	(5)	L^1a	3, 4, SI
{2, 3}	(6)	$(\exists x)\, L^1x$	5, EG
{1, 2}	(7)	$(\exists x)\, L^1x$	1, 3, 6, ES

由此推論，可見對「$(\imath x)\, W^2xy$」和「$(\imath x)\, W^2xy$」等開放確定描述式中的「y」也可適用 ES 規則。

　　開放確定描述式中所含的自由變元既然和其他自由變元一樣，可用量詞加以控制，而且可以適用 US 和 ES 規則；則確定描述式中所含的個體常元也可以適用 UG 和 EG 規則把它們改成變元。請看下面的推論：

{1}	(1)	$(y)\,[\,(\imath x)\, W^2xy = a \to L^1y\,]$	P
{2}	(2)	$(y)\,[\,L^1y \to R^1(\imath x)\, W^2xy\,]$	P
{1}	(3)	$(\imath x)\, W^2xb = a \to L^1b$	1, US
{2}	(4)	$L^1b \to R^1(\imath x)\, W^2xb$	2, US

$\{1, 2\}$　(5)　$(\imath x)\,W^2 xb = a \to R^1 (\imath x)\,W^2 xb$　　　　　3, 4, SI

$\{1, 2\}$　(6)　$(y)\,[(\imath x)\,W^2 xy = a \to R^1 (\imath x)\,W^2 xy]$　　　　5, UG

最後一個步驟就是使用 UG 規則把確定描述詞「$(\imath x)\,W^2 xb$」中的個體常元「b」改成變元「y」。同樣的，我們可以使用 EG 規則把

　　　　(21)　$(\imath x)\,W^2 xb = (\imath x)\,P^2 xb$

中的「b」改成「y」而得(16)。

　　　　確定描述式中所含的個體常元也可以適用 I 規則。例如：使用 I 規則，可由

　　　　(22)　$(\imath x)\,F^2 xb = a$

　　　　(23)　$b = c$

得

　　　　(24)　$(\imath x)\,F^2 xc = a$

即把(22)中的「b」改為「c」而得(24)。設「F^2」表「…是 --- 的父親」，「a」表「李淵」，「b」表「李世民」，「c」表「唐太宗」。既知李世民的父親是李淵，又知李世民就是唐太宗；當然可推知唐太宗的父親是李淵。

　　　　總之，有關個體常元和個體變元的推論規則，對確定描述式中所含的個體常元和個體變元也可以適用。

習　題

1. 一個句式中若含有確定描述式 $(\imath\alpha)\,\phi$，則此句式中被 $(\imath\alpha)$ 所控制的個體變元 α 並非自由變元而是拘限變元。試詳述其理由。

2. 我們在 8 - 3 曾指出：確定描述詞與個體變元在邏輯上的作用相同；因此，有關個體常元的推論規則都可適用於確定描述詞。現在請讀者比較開放確定描述式與個體變元在邏輯上的作用有

何相同之處，並仔細考察有關個體變元的推論規則是否皆可適用於開放確定描述式。

3. 設「W^2」表「…撰寫 − − −」，「P^2」表「…發行 − − −」，「L^1」表「是文學著作」，「a」表「吳梅」，「R^1」表「是文學家」，試說明本節中的(19)及下面語句的意義：

$$(y) \left[(2x) \ W^2xy = a \rightarrow R^1(2x) \ W^2xy \right]$$

8-8　運算符號

運算可分為：一元運算 (unary operations)、二元運算 (binary operations)、三元運算 (ternary operations)、……、以至 n 元運算 (n-ary operations)。一元運算使一個個體變成一個個體，例如：開平方運算使 9 變成 3，使 4 變成 2；二元運算使兩個個體變成一個個體，例如：加法運算使 3 和 2 變成 5，使 9 和 14 變成 23；一般言之，n 元運算使 n 個個體變成一個個體。用來表示運算的符號叫做「運算符號」(operation symbols)。數學上最常見的運算符號大多是一元運算符號，例如：「$\sqrt{\ }$」、「$-$」（負號）、…等，以及二元運算符號，例如：「$+$」、「$-$」（減）、「$\times$」、「$\div$」、…等；而很少使用三元以上的運算符號。

在數學上，必須能確定某些個體經過某種運算之後所產生的個體恰有一個，才能對那些個體使用該運算符號。例如：我們確知 3 和 2 經過加法運算之後所產生的個體只有一個（即 5）；因而就可對 3 和 2 使用加號「$+$」，而得「$3+2$」。反之，我們若把

$$(1) \quad x \div y = z$$

的意思解釋為

$$(2) \quad x = y \times z$$

則因為沒有任何數會乘 0 以後得 1，亦即沒有任何個體會滿足下式中

的「z」

　　　　(3)　$1 \div 0 = z$

因而不可對 1 和 0 使用除法「$\div$」而得「$1 \div 0$」。

　　　設以「$\circ$」表任意二元運算符號，若把

　　　　(4)　$x \circ y = z$

解釋為：x, y, z 之間具有「R^3」所敘述的三元關係；換言之，即

　　　　(5)　$R^3 xyz$

則必須能確定恰有一個個體滿足(5)中之「z」，亦即必須能確定

　　　　(6)　$(\exists z)(w) (R^3 xyw \leftrightarrow z = w)$

才能對 x, y 使用「$\circ$」而得「$x \circ y$」。可見「$x \circ y$」是指稱能滿足(5)中之
「z」的個體，因此可寫成

　　　　(7)　$(\imath z)\, R^3 xyz$

我們若採用希爾伯特的方法來處理確定描述，則必須能確定恰有一個
個體滿足(5)中之「z」，才能寫出確定描述式(7)或「$x \circ y$」。這種方法與
通常數學上處理運算符號的方法相同。但是，我們若採用佛烈格的方
法，則不須先確定是否恰有一個個體滿足(5)中之「z」；當不恰好一個
時，則(7)或「$x \circ y$」即指稱某一特別指定的個體 $(\imath x)\, (x \neq x)$。例如：雖
然沒有任何個體能滿足

　　　　(8)　$1 = 0 \times z$

中之「z」，但我們仍可寫出「$1 \div 0$」；而「$1 \div 0$」是指稱特別指定的個
體 $(\imath x)\, (x \neq x)$。

　　　由上面的說明，我們可以看出：二元運算符號可用三元述詞來加
以定義。例如：設「A^3」表「$\cdots$與$---$之和為$\times\times\times$」，則加號
「$+$」可定義如下：

　　　　(9)　$(x)(y)\, [x + y = (\imath z)\, A^3 xyz]$

而減號「$-$」可定義如下：

　　⑽　　$(x)(y)[x-y=(\imath z)A^3yzx]$

設「M^3」表「⋯與 −−− 之積為×××」，則乘號「×」可定義為

　　⑾　　$(x)(y)[x\times y=(\imath z)M^3xyz]$

而除號「÷」則定義為

　　⑿　　$(x)(y)[x\div y=(\imath z)M^3yzx]$

若 $y=0$ 而 $x\neq 0$，則沒有任何個體能滿足「M^3yzx」中之「z」；在此情形下，「$(\imath z)M^3yzx$」即指稱特別指定的個體 $(\imath x)(x\neq x)$。試根據 US 規則以表「0」之個體常元「a」代入⑿中的「y」，以表「1」之個體常元「b」代入⑿中的「x」，則得

　　⒀　　$b\div a=(\imath z)M^3azb$

因為沒有任何個體滿足「M^3azb」中之「z」，故「$(\imath z)M^3azb$」指稱 $(\imath x)(x\neq x)$，亦即

　　⒁　　$b\div a=(\imath x)(x\neq x)$

我們若指定 0 為「$(\imath x)(x\neq x)$」所指稱的特別個體，則得

　　⒂　　$1\div 0=0$

若 $y=0$ 且 $x=0$，則一切實數皆滿足「M^3yzx」中之「z」，換言之，滿足「M^3yzx」中之「z」的個體不只一個，因此「$(\imath z)M^3yzx$」指稱 $(\imath x)(x\neq x)$。試以表「0」之個體常元「a」代入⑿中的「x」和「y」，則得

　　⒃　　$a\div a=(\imath z)M^3aza$

因為滿足「M^3aza」中之「z」的個體不恰好一個，故「$(\imath z)M^3aza$」指稱 $(\imath x)(x\neq x)$，亦即

　　⒄　　$a\div a=(\imath x)(x\neq x)$

若仍指定 0 為「$(\imath x)(x\neq x)$」所指稱的特別個體，則得

　　⒅　　$0\div 0=0$

　　可見，若採用通常數學上對運算符號的處理方法（亦即希爾伯特對確定描述詞的處理方法），則除數不能是 0；換言之，以 0 來除任何

數皆無意義。反之，若採用佛烈格的方法，則不管被除數為何，只要除數是 0，則其商必為 0 或其他特別指定的數。

　　我們上面指出：二元運算符號可用三元述詞來定義。其實不一定要用三元述詞，只要用含有三個自由變元的句式即可。同樣的，一元運算符號也可用含有兩個自由變元的句式來定義。例如：設以「A^3」表「…和 ––– 之和為×××」，以「a」表「0」，則負號「–」可定義如下：

　　　　(19)　$(x)〔-x = (\imath y)\, A^3 yxa〕$

(19)中的句式「$A^3 yxa$」含有兩個自由變元。設以「M^3」表「…和 –––之積為×××」，以「P^1」表「是正數」，則開平方號「$\sqrt{\ }$」可定義為

　　　　(20)　$(x)〔\sqrt{x} = (\imath y)\,(P^1 y \wedge M^3 yyx)〕$

(20)中的句式「$P^1 y \wedge M^3 yyx$」也含有兩個自由變元。

　　一般言之，n 元運算符號可用含有 $n+1$ 個自由變元的句式來定義。設 θ^n 為 n 元運算符號，$\alpha_1, \alpha_2, \cdots, \alpha_n$ 及 β 皆為個體變元，$\theta^n(\alpha_1, \alpha_2, \cdots, \alpha_n)$ 為由 θ^n 及 $\alpha_1, \alpha_2, \cdots, \alpha_n$ 所構成之運算式，ϕ 為含有 $\alpha_1, \alpha_2, \cdots, \alpha_n$ 及 β 等 $n+1$ 個自由變元之句式，則 θ^n 之定義可寫成

　　　　(21)　$(\alpha_1)(\alpha_2) \cdots (\alpha_n)〔\theta^n(\alpha_1, \alpha_2, \cdots, \alpha_n) = (\imath\beta)\,\phi〕$

　　由運算符號及個體變元或個體常元所構成的運算式，如「$x+y$」、「$a \div y$」、「$x-b$」等，既然可以看做確定描述式，則它在邏輯上的作用與確定描述式相同：當其所含的自由變元都改成個體常元之後，即指稱某一特定的個體，與確定描述詞相同。因此，對確定描述式可以適用的推論規則也可適用於運算式。詳言之，對不含自由變元的運算式，可適用 US、EG 及 I 規則，例如：依據 US 規則，可用「$a+b$」代入下式中的「x」

　　　　(22)　$(x)\,(E^1 x \to I^1 x)$

而得

(23)　$E^1a+b \rightarrow I^1a+b$

依據 EG 規則，可把

(24)　$E^1a+b \wedge I^1a+b$

中的「$a+b$」改成「x」，而得

(25)　$(\exists x)(E^1x \wedge I^1x)$

依據 I 規則，可由

(26)　E^1a+b

(27)　$a+b=c$

得

(28)　E^1c

另外，對運算式中所含的自由變元及個體常元，也可適用 US、UG、ES、EG 及 I 等規則。例如：依據 US 規則，可用個體常元代入

(29)　$(x)(y)(x+y=y+x)$

中運算式「$x+y$」及「$y+x$」中的自由變式，而得

(30)　$a+b=b+a$

依據 EG 規則，可由(30)得

(31)　$(\exists x)(x+b=b+x)$

依據 I 規則，可由

(32)　$a+b=c$

(33)　$a=d$

得

(34)　$d+b=c$

依據 UG 規則可得下列推論：

{1}　（1）　$(x)(y)(x+y=y+x)$　　　　　　P

{2}　（2）　$(x)(x+a=x)$　　　　　　　　P

{3}　（3）　$(y)(y+b=y)$　　　　　　　　P

{3}	(4)	$a+b=a$	3, US
{1}	(5)	$a+b=b+a$	1, US, $x/a, y/b$
{1, 3}	(6)	$b+a=a$	4, 5, I
{2}	(7)	$b+a=b$	2, US
{1, 2, 3}	(8)	$b=a$	6, 7, I
{1, 2}	(9)	$(y)(y+b=y) \rightarrow b=a$	3, 8, C.P.
{1, 2}	(10)	$(x)[(y)(y+x=y) \rightarrow x=a]$	9, UG

至於對運算式中的變元適用 ES 規則的實例，則留給讀者做為習題（見 8–8 習題 4）。

下面的例子是要由三個公理導出九個定理，這些公理和定理中都有運算符號。三個公理是

A1　$(x)(y)(z)[x \circ (y \circ z) = (x \circ y) \circ z]$

A2　$(x)(x \circ e = x)$

A3　$(x)(x \circ x^{-1} = e)$

九個定理是：

Th.1　$(x)(y)(z)(x \circ z = y \circ z \rightarrow x = y)$

Th.2　$(x)(x \circ e = e \circ x)$

Th.3　$(y)[(x)(x \circ y = x) \rightarrow y = e]$

Th.4　$(x)(x \circ x^{-1} = x^{-1} \circ x)$

Th.5　$(x)(y)(z)(z \circ x = z \circ y \rightarrow x = y)$

Th.6　$(x)(y)(x \circ y = e \rightarrow y = x^{-1})$

Th.7　$(x)[(x^{-1})^{-1} = x]$

Th.8　$(x)(y)(\exists z)[x = y \circ z \land (w)(x = y \circ w \rightarrow w = z)]$

Th.9　$(x)(z)(\exists y)[x = y \circ z \land (w)(x = w \circ z \rightarrow w = y)]$

在下面兩個解釋之下，A1～A3 皆為真：

(i)　D = 整數　　　(i)　D = 有理數

$$(ii)\ \ x{\circ}y:x+y \qquad\qquad (ii)\ \ x{\circ}y:x{\cdot}y$$

$$e:0 \qquad\qquad\qquad\qquad e:1$$

$$x^{-1}:-x \qquad\qquad\qquad x^{-1}:\frac{1}{x}$$

因此，若 Th.1～Th.9 可由 A1～A3 導出，則 Th.1～Th.9 也必定在這兩個解釋下為真。現在將導出這九個定理的推論列出：

Th.1	{1}	(1)	$(x)(y)(z)\,[x{\circ}(y{\circ}z)=(x{\circ}y){\circ}z]$	P
	{2}	(2)	$(x)\,(x{\circ}e=x)$	P
	{3}	(3)	$(x)\,(x{\circ}x^{-1}=e)$	P
	{4}	(4)	$a{\circ}c=b{\circ}c$	P
	Λ	(5)	$(a{\circ}c){\circ}c^{-1}=(a{\circ}c){\circ}c^{-1}$	I
	{4}	(6)	$(a{\circ}c){\circ}c^{-1}=(b{\circ}c){\circ}c^{-1}$	5, 4, I
	{1}	(7)	$a{\circ}(c{\circ}c^{-1})=(a{\circ}c){\circ}c^{-1}$	1, US, $x/a, y/c, z/c^{-1}$
	{1, 4}	(8)	$a{\circ}(c{\circ}c^{-1})=(b{\circ}c)c^{-1}$	6, 7, I
	{1}	(9)	$b{\circ}(c{\circ}c^{-1})=(b{\circ}c){\circ}c^{-1}$	1, US, $x/b, y/c, z/c^{-1}$
	{1, 4}	(10)	$a{\circ}(c{\circ}c^{-1})=b{\circ}(c{\circ}c^{-1})$	8, 9, I
	{3}	(11)	$c{\circ}c^{-1}=e$	3, US, x/c
	{1, 3, 4}	(12)	$a{\circ}e=b{\circ}e$	10, 11, I
	{2}	(13)	$a{\circ}e=a$	2, US
	{1, 2, 3, 4}	(14)	$a=b{\circ}e$	12, 13, I
	{2}	(15)	$b{\circ}e=b$	2, US
	{1, 2, 3, 4}	(16)	$a=b$	14, 15, I
	{1, 2, 3}	(17)	$a{\circ}c=b{\circ}c\to a=b$	4, 16, C.P.
	{1, 2, 3}	(18)	$(x)(y)(z)\,(x{\circ}z=y{\circ}z\to x{\circ}y)$	17, UG, $x/a, y/b, z/c$
Th.2	{1}	(1)	$(x)(y)(z)\,[x{\circ}(y{\circ}z)=(x{\circ}y){\circ}z]$	P
	{2}	(2)	$(x)\,(x{\circ}e=x)$	P

{3}	(3)	$(x)(x \circ x^{-1} = e)$	P
{2}	(4)	$e \circ e = e$	2, US
{3}	(5)	$a \circ a^{-1} = e$	3, US
{2, 3}	(6)	$e \circ (a \circ a^{-1}) = a \circ a^{-1}$	4, 5, I
{1}	(7)	$e \circ (a \circ a^{-1}) = (e \circ a) \circ a^{-1}$	1, US, $x/e, y/a, z/a^{-1}$
{1, 2, 3}	(8)	$a \circ a^{-1} = (e \circ a) \circ a^{-1}$	7, 6, I
{1, 2, 3}	(9)	$(x)(y)(z)(x \circ z = y \circ z \to x = y)$	Th.1
{1, 2, 3}	(10)	$a \circ a^{-1} = (e \circ a) \circ a^{-1} \to a = e \circ a$	9, US, $x/a, y/e \circ a, z/a^{-1}$
{1, 2, 3}	(11)	$a = e \circ a$	8, 10, SI
{2}	(12)	$a \circ e = a$	2, US
{1, 2, 3}	(13)	$a \circ e = e \circ a$	11, 12, I
{1, 2, 3}	(14)	$(x)(x \circ e = e \circ x)$	13, UG

證明定理時，除了使用公理之外，已經證過的定理也可以使用。我們既已證明了 Th.1，因此在證明 Th.2 的過程中可使用 Th.1。在推論的過程中，若發現必須使用已證過的定理，則可以隨意把所須要的定理列出，並在右邊註明它是第幾個定理，在左邊註明它是由那些公理導出的。例如：在 Th.2 的推論中，我們須要 Th.1，因此就把 Th.1 列出，做為此推論中的(9)，並在右邊註明它是第一個定理，在左邊註明它是由(1)、(2)、(3)導出的。

Th.3	{1}	(1)	$(x)(y)(z)[x \circ (y \circ z) = (x \circ y) \circ z]$	P
	{2}	(2)	$(x)(x \circ e = x)$	P
	{3}	(3)	$(x)(x \circ x^{-1} = e)$	P
	{4}	(4)	$(x)(x \circ a = x)$	P
	{4}	(5)	$e \circ a = e$	4, US
	{1, 2, 3}	(6)	$(x)(x \circ e = e \circ x)$	Th.2

$\{1, 2, 3\}$	(7)	$a \circ e = e \circ a$	6, US
$\{1, 2, 3, 4\}$	(8)	$a \circ e = e$	5, 7, I
$\{2\}$	(9)	$a \circ e = a$	2, US
$\{1, 2, 3, 4\}$	(10)	$a = e$	8, 9, I
$\{1, 2, 3\}$	(11)	$(x)\,(x \circ a = x) \to a = e$	4, 10, C.P.
$\{1, 2, 3\}$	(12)	$(y)\,[(x)(x \circ y = x) \to y = e]$	11, UG

Th.4　$\{1\}$	(1)	$(x)(y)(z)\,[x \circ (y \circ z) = (x \circ y) \circ z]$	P
$\{2\}$	(2)	$(x)\,(x \circ e = x)$	P
$\{3\}$	(3)	$(x)\,(x \circ x^{-1} = e)$	P
$\{1, 2, 3\}$	(4)	$(x)\,(x \circ e = e \circ x)$	Th.2
$\{1, 2, 3\}$	(5)	$a^{-1} \circ e = e \circ a^{-1}$	4, US
$\{3\}$	(6)	$a \circ a^{-1} = e$	3, US
$\{1, 2, 3\}$	(7)	$a^{-1} \circ (a \circ a^{-1}) = e \circ a^{-1}$	5, 6, I
$\{1\}$	(8)	$a^{-1} \circ (a \circ a^{-1}) = (a^{-1} \circ a) \circ a^{-1}$	1, US, x / a^{-1}, y / a, z / a^{-1}
$\{1, 2, 3\}$	(9)	$(a^{-1} \circ a) \circ a^{-1} = e \circ a^{-1}$	7, 8, I
$\{1, 2, 3\}$	(10)	$(x)(y)(z)\,(x \circ z = y \circ z \to x = y)$	Th.1
$\{1, 2, 3\}$	(11)	$(a^{-1} \circ a) \circ a^{-1} = e \circ a^{-1} \to a^{-1} \circ a = e$	10, US, $x / a^{-1} \circ a$, y / e, z / a^{-1}
$\{1, 2, 3\}$	(12)	$a^{-1} \circ a = e$	9, 11, SI
$\{1, 2, 3\}$	(13)	$a^{-1} \circ a = a \circ a^{-1}$	12, 6, I
$\{1, 2, 3\}$	(14)	$(x)\,(x^{-1} \circ x = x \circ x^{-1})$	13, UG

Th.5　$\{1\}$	(1)	$(x)(y)(z)\,[x \circ (y \circ z) = (x \circ y) \circ z]$	P
$\{2\}$	(2)	$(x)\,(x \circ e = x)$	P
$\{3\}$	(3)	$(x)\,(x \circ x^{-1} = e)$	P

$\{4\}$	(4)	$c \circ a = c \circ b$	P
Λ	(5)	$c^{-1} \circ (c \circ a) = c^{-1} \circ (c \circ a)$	I
$\{4\}$	(6)	$c^{-1} \circ (c \circ a) = c^{-1} \circ (c \circ b)$	5, 4, I
$\{1\}$	(7)	$c^{-1} \circ (c \circ a) = (c^{-1} \circ c) \circ a$	1, US, $x / c^{-1}, y / c, z / a$
$\{1, 4\}$	(8)	$(c^{-1} \circ c) \circ a = c^{-1} \circ (c \circ b)$	6, 7, I
$\{1\}$	(9)	$c^{-1} \circ (c \circ b) = (c^{-1} \circ c) \circ b$	1, US, $x / c^{-1}, y / c, z / b$
$\{1, 4\}$	(10)	$(c^{-1} \circ c) \circ a = (c^{-1} \circ c) \circ b$	8, 9, I
$\{1, 2, 3\}$	(11)	$(x) (x^{-1} \circ x = x \circ x^{-1})$	Th.4
$\{1, 2, 3\}$	(12)	$c^{-1} \circ c = c \circ c^{-1}$	11, US
$\{3\}$	(13)	$c \circ c^{-1} = e$	3, US
$\{1, 2, 3\}$	(14)	$c^{-1} \circ c = e$	12, 13, I
$\{1, 2, 3, 4\}$	(15)	$e \circ a = e \circ b$	10, 14, I
$\{1, 2, 3\}$	(16)	$(x) (x \circ e = e \circ x)$	Th.2
$\{1, 2, 3\}$	(17)	$a \circ e = e \circ a$	16, US
$\{2\}$	(18)	$a \circ e = a$	2, US
$\{1, 2, 3\}$	(19)	$a = e \circ a$	17, 18, I
$\{1, 2, 3, 4\}$	(20)	$a = e \circ b$	15, 19, I
$\{1, 2, 3\}$	(21)	$b \circ e = e \circ b$	16, US
$\{2\}$	(22)	$b \circ e = b$	2, US
$\{1, 2, 3\}$	(23)	$b = e \circ b$	21, 22, I
$\{1, 2, 3, 4\}$	(24)	$a = b$	20, 23, I
$\{1, 2, 3\}$	(25)	$c \circ a = c \circ b \rightarrow a = b$	4, 24, C.P.
$\{1, 2, 3\}$	(26)	$(x)(y)(z) (z \circ x = z \circ y \rightarrow x = y)$	25, UG, $x / a, y / b, z / c$
Th.6　$\{1\}$	(1)	$(x)(y)(z) [x \circ (y \circ z) = (x \circ y) \circ z]$	P
$\{2\}$	(2)	$(x) (x \circ e = x)$	P

{3}	(3)	$(x)\,(x{\circ}x^{-1} = e)$	P
{4}	(4)	$a{\circ}b = e$	P
{3}	(5)	$a{\circ}a^{-1} = e$	3, US
{3, 4}	(6)	$a{\circ}b = a{\circ}a^{-1}$	4, 5, I
{1, 2, 3}	(7)	$(x)(y)(z)\,(z{\circ}x = z{\circ}y \rightarrow x = y)$	Th.5
{1, 2, 3}	(8)	$a{\circ}b = a{\circ}a^{-1} \rightarrow b = a^{-1}$	7, US, $x\,/\,b,\ y\,/\,a^{-1},\ z\,/\,a$
{1, 2, 3, 4}	(9)	$b = a^{-1}$	6, 8, SI
{1, 2, 3}	(10)	$a{\circ}b = e \rightarrow b = a^{-1}$	4, 9, C.P.
{1 ,2, 3}	(11)	$(x)(y)\,(x{\circ}y = e \rightarrow y = x^{-1})$	10, UG, $x\,/\,a,\ y\,/\,b$

Th.7	{1}	(1)	$(x)(y)(z)\,[x{\circ}(y{\circ}z) = (x{\circ}y){\circ}z]$	P
	{2}	(2)	$(x)\,(x{\circ}e = x)$	P
	{3}	(3)	$(x)\,(x{\circ}x^{-1} = e)$	P
	{1, 2, 3}	(4)	$(x)(y)\,(x{\circ}y = e \rightarrow y = x^{-1})$	Th.6
	{1, 2, 3}	(5)	$a^{-1}{\circ}a = e \rightarrow a = (a^{-1})^{-1}$	4, US, $x\,/\,a^{-1},\ y\,/\,a$
	{3}	(6)	$a{\circ}a^{-1} = e$	3, US
	{1, 2, 3}	(7)	$(x)\,(x{\circ}x^{-1} = x^{-1}{\circ}x)$	Th.4
	{1, 2, 3}	(8)	$a{\circ}a^{-1} = a^{-1}{\circ}a$	7, US
	{1, 2, 3}	(9)	$a^{-1}{\circ}a = e$	6, 8, I
	{1, 2, 3}	(10)	$a = (a^{-1})^{-1}$	5, 9, SI
	Λ	(11)	$a = a$	I
	{1, 2, 3}	(12)	$(a^{-1})^{-1} = a$	11, 10, I
	{1, 2, 3}	(13)	$(x)\,[(x^{-1})^{-1} = x]$	12, UG

Th.8	{1}	(1)	$(x)(y)(z)\,[x{\circ}(y{\circ}z) = (x{\circ}y){\circ}z]$	P
	{2}	(2)	$(x)\,(x{\circ}e = x)$	P
	{3}	(3)	$(x)\,(x{\circ}x^{-1} = e)$	P

$\{1, 2, 3\}$	(4)	$(x)\,(x \circ e = e \circ x)$	Th.2
$\{1, 2, 3\}$	(5)	$a \circ e = e \circ a$	4, US
$\{2\}$	(6)	$a \circ e = a$	2, US
$\{1, 2, 3\}$	(7)	$a = e \circ a$	5, 6, I
$\{3\}$	(8)	$b \circ b^{-1} = e$	3, US
$\{1, 2, 3\}$	(9)	$a = (b \circ b^{-1}) \circ a$	7, 8, I
$\{1\}$	(10)	$b \circ (b^{-1} \circ a) = (b \circ b^{-1}) \circ a$	1, US, $x\,/\,b,\ y\,/\,b^{-1},\ z\,/\,a$
$\{1, 2, 3\}$	(11)	$a = b \circ (b^{-1} \circ a)$	9, 10, I
$\{12\}$	(12)	$a = b \circ d$	P
Λ	(13)	$b^{-1} \circ a = b^{-1} \circ a$	I
$\{12\}$	(14)	$b^{-1} \circ a = b^{-1} \circ (b \circ d)$	13, 12, I
$\{1\}$	(15)	$b^{-1} \circ (b \circ d) = (b^{-1} \circ b) \circ d$	1, US, $x\,/\,b^{-1},\ y\,/\,b,\ z\,/\,d$
$\{1, 12\}$	(16)	$b^{-1} \circ a = (b^{-1} \circ b) \circ d$	14, 15, I
$\{1, 2, 3\}$	(17)	$(x)\,(x \circ x^{-1} = x^{-1} \circ x)$	Th.4
$\{1, 2, 3\}$	(18)	$b \circ b^{-1} = b^{-1} \circ b$	17, US
$\{1, 2, 3, 12\}$	(19)	$b^{-1} \circ a = (b \circ b^{-1}) \circ d$	16, 18, I
$\{3\}$	(20)	$b \circ b^{-1} = e$	3, US
$\{1, 2, 3, 12\}$	(21)	$b^{-1} \circ a = e \circ d$	19, 20, I
$\{1, 2, 3\}$	(22)	$d \circ e = e \circ d$	4, US
$\{1, 2, 3, 12\}$	(23)	$b^{-1} \circ a = d \circ e$	21, 22, I
$\{2\}$	(24)	$d \circ e = d$	2, US
$\{1, 2, 3, 12\}$	(25)	$b^{-1} \circ a = d$	23, 24, I
Λ	(26)	$d = d$	I
$\{1, 2, 3, 12\}$	(27)	$d = b^{-1} \circ a$	26, 25, I
$\{1, 2, 3\}$	(28)	$a = b \circ d \to d = b^{-1} \circ a$	12, 27, C.P.
$\{1, 2, 3\}$	(29)	$(w)\,(a = b \circ w \to w = b^{-1} \circ a)$	28, UG

$\{1, 2, 3\}$　(30)　$a = b \circ (b^{-1} \circ a) \wedge (w)\ (a = b \circ w \to$

$\qquad\qquad\qquad w = b^{-1} \circ a)$　　　　　　　　11, 29, SI

$\{1, 2, 3\}$　(31)　$(\exists z)\ [a = b \circ z \wedge (w)$

$\qquad\qquad\qquad (a = b \circ w \to w = z)]$　　　　30, EG

$\{1, 2, 3\}$　(32)　$(x)(y)(\exists z)\ [x = y \circ z \wedge$

$\qquad\qquad\qquad (w)\ (x = y \circ w \to w = z)]$　　31, UG, $x / a, y / b$

由(30)導出(31)的步驟是對(30)中的「$b^{-1} \circ a$」使用 EG 規則。Th.9 留在習題中，讓讀者自行證明。

習　題

1. 證明本節中的 Th.9。

2. 在本節中，我們曾列出使 A1～A3 皆為真的兩個解釋。請分別說明在這兩個解釋下 A1～A3 以及 Th.1～Th.9 的意義。

3. 下列每一題中，各語句之間若互相一致，則用解釋的方法證明其互相一致；若不一致，則從這些語句導出矛盾句。

(a) $(x)(y)\ (x \circ y = y \circ x)$

　　$(\exists z)(x)(y)\ (x \circ y = z)$

(b) $(x)(y)\ (x \circ y = y \circ x)$

　　$(x)(y)\ (x \circ y = y)$

　　$(x)(\exists y)\ (x \neq y)$

(c) $(x)(\exists y)\ (x \circ y = 1)$

　　$(x)(\exists z)\ (x \circ z = 0)$

　　$(x)(\exists w)\ (x \circ 1 = w)$

(d) $(\exists x)(\exists y)\ (x \circ y \neq y \circ x)$

　　$(x)(\exists y)\ (x \circ y = 0)$

$(x)(\exists z)\,(z{\circ}x=0)$

(e) $(x)(y)\,(x{\circ}y=y{\circ}x)$

$(x)(y)(z)\,(x{\circ}z=y{\circ}z \to x=y)$

$(\exists x)(\exists y)(\exists z)\,(z{\circ}x=z{\circ}y \wedge x \neq y)$

4.由下列三個公理

A1　$(x)(y)(z)\,[x{\circ}(y{\circ}z)=(x{\circ}y){\circ}z]$

A2　$(x)(y)(\exists z)\,(x=y{\circ}z)$

A3　$(x)(z)(\exists y)\,(x=y{\circ}z)$

導出下列四個定理

Th.1　$(\exists y)(x)\,(x{\circ}y=x)$

Th.2　$(\exists y)(x)\,(y{\circ}x=x)$

Th.3　$(y)(z)\,[(x)\,(x{\circ}y=x \wedge x{\circ}z=x) \to y=z]$

Th.4　$(y)(z)\,[(x)\,(y{\circ}x=x \wedge z{\circ}x=x) \to y=z]$

5.列出兩個解釋，使上題中的 A1～A3 皆為真。並分別說明在這兩個解釋下，上題中的 A1～A3 以及 Th.1～Th.4 的意義。

進修書目

　　讀者讀完本書之後，若不以學會初等符號邏輯為滿足，而想繼續學習這個學科中比較艱深的部分，則可細讀下列著作：

　　⑴ Mates, Benson. *Elementary Logic*. New York, 1965.

　　這是一本精簡而內容豐富的教本，全書共 227 頁，十二章。第一、三、五、六、七、九等六章是我們講過的題材，而且所採用的規則與我們所講的大同小異，因此讀者不致太費力。第四章所介紹的解釋方法與我們所講的方法不同，讀者不妨細心比較。第二章說明符號之使用與指涉的區別及對象語言與後設語言的區別等等。我們在敘述邏輯規則時雖然也做了此類區別，但沒有加以說明。第八章證明量限邏輯規則的正確性、一致性及完備性。這些是我們沒有講過的，而且也是比較複雜的題材，必須細心研讀，可同時參照⑹的Ⅲ. 16。第十章用公理法來處理邏輯；換言之，把邏輯定理構成公理系統。這本來是數理邏輯的題材，此書以十八頁的篇幅來介紹，自然語焉不詳；讀者欲知其詳可細讀⑽的第Ⅴ、第Ⅹ兩章，⑾的第二、第三兩章，⑿的第 1、第 2 兩章，或⒀的第Ⅰ～第Ⅳ等四章。第十一章介紹如何使用初階邏輯把一個理論加以形式化。此章也太過簡略，讀者可參照⑷的第Ⅵ～第Ⅹ等五章，⑶的第 7、第 8 兩章，以及⑵的第Ⅷ、第Ⅸ兩章。第十二章是一篇邏輯簡史，讀者若無興趣，不讀亦可。

　　⑵ Kalish, Donald, and Montague, Richard. *Logic: Techniques of Formal Reasoning*. New York, 1964.

　　這是一本極出色而常被提到的教本，例題和習題極豐富，特別強調自然語言與邏輯符號之間的互譯，在每章之後附有該章題材之發展簡史及參考文獻。全書共 350 頁，九章。第Ⅰ章到第Ⅶ章包括我們講

過的全部題材，但推論規則及推論的寫法與我們所講的不同。第Ⅷ、第Ⅸ兩章敘述理論的形式化及定義的形式和規則。

⑶ Suppes, Patrick. *Introduction to Logic.* New Jersey, 1957.

這也是一本極有名的教本，對基本概念及規則的解說較⑴和⑵詳細。全書共 312 頁，十二章，分為兩部分。第Ⅰ部分有八章。第 1 章到第 5 章介紹語句邏輯、量限邏輯及等同關係。此書之量限規則，例如：US、UG、ES、EG 等規則，與⑴相較，顯得頗為麻煩；⑴之規則是根據此書修改而得的。讀者既已熟悉⑴的規則，則不必再讀這五章，可從第 6 章讀起。第 6 章說明符號之使用與指涉之區別，較⑴之說明為詳細。第 7 章說明非正式證明的寫法。第 8 章討論定義，比任何一本邏輯教本詳細得多。讀者讀此章時不妨考慮幾個問題：若使用開放確定描述式來定義運算符號而使用確定描述詞來定義個體常元，並且採用佛烈格的方法來處理確定描述詞，則(i)此書中的定義規則須如何修改？(ii)條件定義有無必要？(iii)除以 0 的問題如何解決？

第Ⅱ部分有四章。第 9 章到第 11 章介紹初等集合論，解說極清楚，但內容不完備，不能做為集合論的教本；習題則頗為別緻。第 12 章說明公理法在其他學科中的應用，非常精彩，但須精讀才可瞭解；對公理法不甚明瞭的讀者可先讀⑷的第Ⅵ章到第Ⅹ章。

⑷ Tarski, Alfred. *Introduction to Logic and to the Methodology of Deductive Sciences.* (revised ed.) New York, 1964.

作者 Tarski 是近代邏輯大家，他在邏輯領域內貢獻之大、影響之深，只有 G. Frege、B. Russell 及 K. Gödel 等人足以相比。此書共 252 頁，十章，分兩部分。第一部分有六章，第Ⅰ章到第Ⅴ章介紹一些邏輯基本概念，並未設計一套推論規則，不讀亦無妨；第Ⅵ章說明公理化或形式化的一些基本概念。第二部分有四章，以數學為例，詳細說明建立一個理論系統的方法。書後有一份詳細的進修書目。

⑸ Lemmon, E. J. *Beginning Logic*. London, 1965.

這是一本精簡的小書。全書共 225 頁，四章，另有兩個附錄。大部分題材是我們講過的，讀者只須讀第 2 章的第 4、第 5 兩節。這兩節證明該書中語句邏輯規則的正確性及完備性，讀者可以仿照它的證法來證明我們講過的語句邏輯規則的正確性及完備性。

⑹ Pollock, John L. *Introduction to Symbolic Logic*. New York, 1969.

全書共 241 頁，四章。大部分題材是我們講過的，讀者只須讀 II. 12、III. 15、III. 16 及 IV. 5 等四節。II. 12 用標準型來證明語句邏輯規則的完備性，與⑸的證法不同，讀者仍可仿照它的證法來證明我們的語句邏輯規則的完備性。III. 15 討論如何使用邏輯規則來處理用自然語言寫出的論證，頗有獨到之處。III. 16 證明量限邏輯規則的完備性，解說較⑴詳細。IV. 5 介紹數字量詞及羅素的確定描述論。此書排版錯誤極多，請注意。

⑺ Quine, Willard van Orman. *Methods of Logic*. New York, 1950.

作者 Quine 是著名的邏輯家，文筆謹嚴而典雅。他的每一本著作都經過精心的設計與安排，結構極為優美。此書自不例外。全書共 272 頁，分為四部分，42 節，另有附錄一篇。第 I 部分介紹語句邏輯，第 II、第 III 兩部分介紹量限邏輯，大多是我們講過的題材；但是它有別出心裁的處理方法與極精彩的解說方式。作者往往在重要的關鍵上用簡短的文字作深入的討論，時有畫龍點睛的妙筆。第 IV 部分討論單詞、泛詞、等同、描述詞（採羅素的方法）及存在問題；並且把由邏輯推展到實數的過程作一鳥瞰，可做為研讀⑾之預備。附錄則證明量限邏輯規則的完備性。

總之，此書並沒有什麼特別的題材，為其他書所沒有的；但是，由於它的謹嚴、深刻及優美，仍然值得我們細讀。

⑻ Lambert, Karel, and van Fraassen, Bas C. *Derivation and*

Counterexample. California, 1972.

　　這是最近出版的教本，題材新穎而具有特色；副題為「哲學邏輯導論」(An Introduction to Philosophical Logic)，顧名思義，可知必有濃厚的哲學意味。全書共 227 頁，十章，除導論外分為五部分。第一章導論，用萊布尼茲的可能世界概念來解說邏輯真、邏輯假、一致、有效及無效等概念，由此解說可領會邏輯概念的哲學含意。第Ⅰ部分介紹語句邏輯，第Ⅱ部分介紹含有等同號的量限邏輯。這兩部分有兩項特點：(i)推論的寫法採用 F. B. Fitch 設計的方法，與(2)的方法較為近似。而證明論證無效的方法，則採用 E. Beth 設計的圖解法而加以改進。最近出版的邏輯書很多採用這個方法，值得我們注意。(ii)量限邏輯的推論規則與一般通用的不同：它的規則在空集合論域中仍可適用；因此，依據這套規則所證出的論證，在解釋範圍為空集合時仍然有效。第Ⅲ部分討論單詞及確定描述詞，詳細介紹羅素的確定描述論。第Ⅳ部分證明前三部分的推論規則的正確性與完備性。第Ⅴ部分討論這套邏輯的哲學含意以及在哲學上的應用。

⑼ Carnap, Rudolf. *Meaning and Necessity*. Chicago, 1956.

　　作者 Carnap 是本世紀具有創造力的大哲學家。他的哲學方法偏重解析技巧，他所討論的哲學問題也局限於知識論及方法論方面的某些問題；因此，許多哲學家不喜歡他的哲學。但是，他的貢獻及影響是不可否認的。他是邏輯經驗論的主要領導人，語意學、解析哲學、以及近代科學哲學的開創者之一，另外對模態邏輯、數學哲學、歸納邏輯、以及或然率理論的邏輯基礎等方面都有重要的貢獻。此書為語意學及模態邏輯方面的最重要著作之一，對這方面沒有興趣的讀者不必全讀；我們列出此書乃是因為第 7、第 8 兩節談到確定描述詞，比較各家處理方法之異同及得失，極為清晰而扼要，值得細讀。

⑽ Thomason, Richmond H. *Symbolic Logic*. Toronto, 1970.

　　這是一本非常優秀的教本，雖然不是很有名的書，但比某些名教科書（例如：I. M. Copi 的 *Symbolic Logic* 及 A. H. Basson & D. J. O'Connor 的 *Introduction to Symbolic Logic*）要好得多；尤其是已經熟悉初等邏輯的讀者，以此書做為跨入數理邏輯的津梁，最為合適。全書共 367 頁，十四章。第 I 章到第Ⅶ章介紹語句邏輯，第Ⅷ章到第Ⅻ章介紹含有等同號的量限邏輯。這十二章有四項特點：(i)自然演繹法與公理法都加以介紹，而且詳細說明兩者間的關係。但還是比較偏重自然演繹法；公理系統則未加以充分的推展。(ii)自然演繹法採用 F. B. Fitch 的寫法（作者是 Fitch 的學生）。(iii)介紹一個邏輯系統之後就立刻證明有關此系統之後設定理；而且對證明後設定理所用的證法（大部分是數學上常用的證法）都有詳細的解說，數學基礎較差的讀者也可瞭解。(iv)將後設定理區分為語法及語意兩類，然後再以完備性定理來顯示兩者之間的關係，條理井然。同時，一方面，後設定理之多超過任何一本符號邏輯的教本；而另一方面，對後設定理之含意及其證法，解說之詳盡明瞭，又為任何數理邏輯書所不及。我們認為它可做為初等邏輯與數理邏輯間的津梁，其理由即在於此。第ⅩⅢ章介紹一些集合論的基本概念，第ⅩⅣ章介紹數學歸納法。這些都是瞭解前面的十二章所必備的常識。

　　⑾ Quine, Willard van Orman. *Mathematical Logic*. (revised ed.) Massachusetts, 1951.

　　這是數理邏輯的名著，出版以來備受各邏輯家的推崇；雖然出版較早（第一版在 1940 年出版），沒有把近年發展的成果納入，但仍值得初學者細心精讀。全書共 346 頁，七章。從語句邏輯、量限邏輯、類邏輯（即集合論）一直講到實數系及語法，結構嚴密，條理井然。讀者若嫌全書份量太重，可先讀與初階邏輯有關的前三章。第一章介紹語句邏輯，並未構成公理系統；第二、第三兩章則把含有等同符號

的量限邏輯構成公理系統，並一步一步的加以推展。它把表示歸屬關係的符號「∈」當做無定義符號，並用來定義等同符號。換言之，在量限邏輯中即預設了類（或集合）及元素的概念。這與目前習見的公理系統不同。

⑿ Mendelson, Elliott. *Introduction to Mathematical Logic.* New Jersey, 1964.

這是一本題材較新，內容較完備，而且編排得很好的數理邏輯教本。全書共 300 頁，五章。敘述簡潔而緊湊，必須耐心細讀；讀者若已讀過⑽和⑾，則不致感覺太難，但習題卻非常艱深。讀完此書之後，邏輯的知識與訓練已大體具備。

⒀ Church, Alonzo. *Introduction to Mathematical Logic.* Vol. Ⅰ. New Jersey, 1956.

作者 Church 是當今少數的邏輯大家之一，而這本書是到二階量限邏輯為止，題材最豐富，內容最完備，編排最整齊的著作。初版於 1944 年發行，迄今將近三十年，仍未見第二卷問世。第一卷共 378 頁，除導論外，分成五章。導論對名稱、指稱、意義、常元、變元、函數、命題、命題函數、連詞、量詞、邏輯系統、語法、以及語意等等基本概念做有系統的嚴格敘述。第Ⅰ章和第Ⅱ章討論語句邏輯，第Ⅲ章和第Ⅳ章討論初階量限邏輯，第Ⅴ章討論二階量限邏輯；全都用公理法加以處理。他蒐集一切有關的文獻，比較各種不同的見解、學說及方法，對每一個論題都做極詳盡而徹底的探討；同時還有許多有趣的習題，其中有一大半是難題。另外，有兩節分別詳述語句邏輯及量限邏輯的歷史發展，也是很有價值的參考資料。

總之，這是一本百科全書式的著作；讀者若不想對邏輯做專門研究，則不必讀。

⒁ Smullyan, Raymond M. *First-Order Logic.* New York, 1968.

　　這是一本研究初階邏輯的專著。它一方面用新的方法來處理舊的題材；另一方面，介紹一些最近發展的新成果，並對某些專題加以探討。全書共 158 頁，十七章，分成三部分。第Ⅰ、第Ⅱ兩部分用樹枝狀法及圖解法處理語句邏輯與量限邏輯；第Ⅲ部分是專題討論，有許多題材是前面各書所沒有的。不想專究邏輯者不必讀此書。

　　以上所列的書籍，僅限於語句邏輯與量限邏輯的著作；其他相關領域的著作則未列出。對此有興趣的讀者可參考(4)的書目。此外，Paul Edwards 主編的 *The Encyclopedia of Philosophy* 有關邏輯的各條（主要在第五卷及第八卷），對邏輯的整個領域做了概括性的敘述，並列出重要文獻，值得參考。讀者若不想費太多時間學習邏輯，則只須讀(1)、(4)、(10)；或只讀(10)一書亦可。讀者若急於進入數理邏輯的領域，則可逕讀(10)、(12)兩書。初讀(12)也許會覺得有些困難，但若因此而可以省去讀其他各書的時間，還是很合算。讀書貴精不貴多，我們列出十四本書是要供讀者選擇的，並不建議讀者把它們全部讀完。

哲學概論　　　　　　　　冀劍制／著

　　本書為哲學入門教科書，著重在引發學生對哲學的興趣，希望透過與哲學的簡單接觸，就能吸收養分，轉換成生活的智慧。本書另一項特點是廣泛介紹各種哲學議題，不偏重於任何特定主題，並且在篇首與篇末設計了一些值得討論的問題，訓練學生的思考能力。這本教材的目標，是要讓學生在學習的過程中，發現哲學思考的樂趣與應用價值，讓每個人都能依照自己的思路，汲取智慧的活水，讓生命更有意義。

知識論　　　　　　　　　彭孟堯／著

　　「求知」是人之所以為人的一項重要特徵，而《知識論》就是人類這種求知活動的菁華。什麼是知識的本質？眼見為憑是否保證了知識的正確性？夢中場景可以成為知識嗎？真正的知識要如何證明呢？本書除了介紹西方傳統的知識論之外，著重在解說當代英美哲學界在知識論領域的研究成果與發展，並引進認知科學以及科學哲學的相關研究成果，以輔助並擴充對於知識論各項議題的掌握。

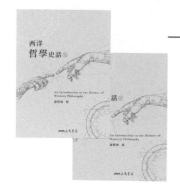

西洋哲學史話（上／下）　　鄔昆如／著

　　本書以編年史的形式，將西洋哲學歷史分為希臘哲學、中世哲學、近代哲學和現代哲學四個部分，清楚地解說每一時期的沿革發展，並選擇數名或數個具代表性的哲學家或思想流派來介紹。在哲學概念的介紹上，作者不以譯本作為材料來源，而是盡量還原原作語言，以期提供全面而完整的西洋哲學史料。以深入淺出的文筆，從繁榮到哲學之死，從黑暗到迎接曙光，帶你一起找到進入西洋哲學的門徑，一窺哲學世界的萬千風貌及深厚底蘊。

倫理學釋論　　　　　陳特／著

　　西方大哲亞里斯多德以為道德教育可分為兩方面：一是培養年輕人的道德習慣；二是使年輕人明白道德的價值，或人之所以要道德的理由。一般的道德教育較強調的是前者，對於後者卻非常欠缺。本書介紹了一些很基本的倫理學說，在其中，讀者可以看到道德對於個人和社會的各種意義與價值，亦即人之所以要道德的各種理由。希望讀者能透過這些學說，思索並反省道德對於我們的生命可能會產生什麼樣的變化，進而找到新的人生方向與意義。

心與認知哲學　　　　彭孟堯／著

　　人具有高超程度的心與認知能力，但幾千年來人們根本不知要如何研究心與認知，只是將之歸因到神祕不可知的靈魂。隨著腦科學的進步，一般人很簡單地將心與認知歸因到大腦的作用，然而，大腦和靈魂當然是兩回事。如果人的心與認知可以訴諸大腦來解釋，又何須訴諸靈魂？研究心與認知，又何必侷限在對人腦的瞭解？本書介紹心與認知哲學最近這幾十年來的研究成果，包括基本的哲學難題、新學說的提出、遭遇的理論困難等，提供讀者一個完整詳實的介紹。

形上學　　　　　　　王文方／著

　　長久以來，中文學界一直缺乏一本內容夠深入，範圍夠廣泛，而且能夠與西方當代分析哲學相接軌的形上學教科書，而本書做到了。本書討論的問題包括：形上學的範圍與方法為何？可能世界是否存在？是否有虛構的事物？自由意志如何可能？真理是什麼？構成等同的條件為何？殊相之外是否還有共相？是否有抽象的事物？實在論與反實在論之間的爭議如何評斷？皆為當代分析哲學中熱烈討論的問題。透過本書的介紹，讀者們足以一窺當代形上學討論的全貌。

哲學很有事：十九世紀　　　　Cibala／著

　　強烈情感以及徹底解放的浪漫主義崛起，十九世紀裡又有什麼哲學故事呢？最愛說故事的 Cibala 老師，這次要帶領大家，認識浪漫主義蓬勃發展的十九世紀，在這個站在「理性」與「進步」對立面上的時代，會有哪些哲學故事呢？馬爾薩斯認為人口的增長對未來有哪些影響呢？馬克思共產主義的核心價值是什麼？實用主義是種什麼樣的理論呢？快跟著 Cibala 老師一起探索，找出意想不到的大小事吧！本書二十個故事，帶您二十次解讀，二十次腦力激盪！

哲學很有事：二十世紀　　　　Cibala／著

　　當二十世紀來臨時，哲學竟分裂成英美哲學與歐陸哲學兩大陣營，在這樣動盪的二十世紀中又會有什麼哲學故事呢？最愛說故事的 Cibala 老師，這次要帶領大家，認識百花齊放的二十世紀，在這個一開始由「分析」與「解放」互相對立，到最後互相傾聽、理解的時代，會有哪些有趣的哲學故事呢？人類只不過就是一臺會思考的機器嗎？一家人之間長得像不像竟然也可以有哲學問題？快跟著 Cibala 老師一起探索，找出意想不到的大小事吧！本書二十八個故事，帶您二十八次解讀，二十八次腦力激盪！

青春超哲學　　　　冀劍制／著

　　青春期，是兒童長至成人的過渡期，也是一個探索、發現自我的階段。如果在這特殊時期，能獲得多元的思考方向，也將擁有更多自覺能力，逐步確立回應世界、看待自己的方式，自信地邁向未來。本書運用哲學觀點省思世界上正在發生的時事議題，將看似艱深的理論應用於日常生活中的實例，除了有助理解，更能增添趣味，提高一般大眾深度思考的能力，引領哲學進入我們的生活中。期望有一天，哲學能成為普羅大眾茶餘飯後的閒聊話題。

海德格與胡塞爾現象學　　　張燦輝／著

　　海德格被公認為二十世紀最重要的哲學家之一，其《存在與時間》一書更是引領現象學開啟一個新的境界。想要了解海德格哲學，則不能不從他的老師胡塞爾開始講起。本書於一九九六年首次出版，對當時漢語世界剛剛起步的海德格研究，有重要的參考價值。作者層層剖析海德格與胡塞爾這對師生的關係，對於現象學的發展、變化乃至超越與困境，都有淋漓盡致的分析，為漢語世界讀者，開啟一道通往現象學的大門。

三民網路書店　會員

獨享好康
大　放　送

書種最齊全
服務最迅速

超過百萬種繁、簡體書、原文書5折起

通關密碼：A8704

憑通關密碼
登入就送100元e-coupon。
(使用方式請參閱三民網路書店之公告)

生日快樂
生日當月送購書禮金200元。
(使用方式請參閱三民網路書店之公告)

好康多多
購書享3%～6%紅利積點。
消費滿350元超商取書免運費。
電子報通知優惠及新書訊息。

三民網路書店 www.sanmin.com.tw

國家圖書館出版品預行編目資料

邏輯／林正弘著.－－四版二刷.－－臺北市：三民，
2022
　　面；　　公分.－－（哲學）

　　ISBN 978-957-14-6966-9　（平裝）
　　1. 邏輯

150　　　　　　　　　　　　　　　　109015200

◠◡◠ 哲學

邏輯

作　者	林正弘
發 行 人	劉振強
出 版 者	三民書局股份有限公司
地　址	臺北市復興北路 386 號 (復北門市) 臺北市重慶南路一段 61 號 (重南門市)
電　話	(02)25006600
網　址	三民網路書店 https://www.sanmin.com.tw
出版日期	初版一刷 1970 年 9 月 重印三版九刷 2017 年 5 月 四版一刷 2020 年 11 月 四版二刷 2022 年 4 月
書籍編號	S150020
ＩＳＢＮ	978-957-14-6966-9

著作權所有，侵害必究
※ 本書如有缺頁、破損或裝訂錯誤，請寄回敝局更換。

◠◠◠ 三民書局